Old English Reader

Old English Reader

Edited by Murray McGillivray

broadview press

Library and Archives Canada Cataloguing in Publication

Old English reader / edited by Murray McGillivray.

ISBN 978-1-55111-842-0

1. English literature—Old English, ca. 450-1100.   I. McGillivray, Murray, 1953-

PR1505.O445 2011   829'.08   C2011-900799-1

Broadview Press is an independent, international publishing house, incorporated in 1985.

We welcome comments and suggestions regarding any aspect of our publications—please feel free to contact us at the addresses below or at broadview@broadviewpress.com.

North America
Post Office Box 1243, Peterborough, Ontario, Canada K9J 7H5
2215 Kenmore Avenue, Buffalo, NY, USA 14207
Tel: (705) 743-8990; Fax: (705) 743-8353
email: customerservice@broadviewpress.com

UK, Europe, Central Asia, Middle East, Africa, India, and Southeast Asia
Eurospan Group, 3 Henrietta St., London WC2E 8LU, United Kingdom
Tel: 44 (0) 1767 604972; Fax: 44 (0) 1767 601640
email: eurospan@turpin-distribution.com

Australia and New Zealand
NewSouth Books
c/o TL Distribution, 15-23 Helles Ave., Moorebank, NSW, Australia 2170
Tel: (02) 8778 9999; Fax: (02) 8778 9944
email: orders@tldistribution.com.au

www.broadviewpress.com

Broadview Press acknowledges the financial support of the Government of Canada through the Canada Book Fund for our publishing activities.

This book is printed on paper containing 100% post-consumer fibre.

Copy-edited by Martin Boyne

Typesetting and assembly: True to Type Inc., Claremont, Canada.

PRINTED IN CANADA

Contents

Introduction

This Reader of Old English texts is intended for undergraduate and graduate students of Old English language and literature. It presents most of the works traditionally studied in undergraduate and graduate courses, including prose texts from Alfred and Wulfstan and most of the canonical poems, but supplements these materials with interesting texts that are not as commonly studied, such as *Wonders of the East*, saints' lives, a substantial chunk of the *Anglo-Saxon Chronicle*, and non-canonical poetry such as metrical charms. The Reader is therefore better adapted than some commonly available textbooks to courses of study where a wider view is taken of Anglo-Saxon culture and literature. The anthology is supplemented with an online site, www.oereader.ca, where all of the texts are available in a form that allows the reader immediate access to glossary readings and annotations at the click of a mouse.

Recent scholarship on Old English literature has tended to expand the range of texts mentioned under that rubric in a variety of ways, from a dismantling of the previous century's emphasis on "heroic" and "Germanic" texts (to the exclusion of Christian works and those featuring women), to an increased emphasis on kinds of prose previously considered unliterary, to an explicit denial of the usefulness of the category of the "literary" to the Anglo-Saxon period at all. Conversely, historians have tended to range further afield in the texts they consider germane to historical understanding, the model of history that concentrates on the actions of great rulers has been thoroughly discredited, and an interest in social and ideological forces has prompted increased interest in the social portrayals in texts formerly considered merely literary and therefore of no documentary value.

No anthology could hope to present all of the Old English texts that any teacher or student of literature or history could conceivably want, of course. In addition, it is certainly the case, and a good thing too, that most teachers and students will want to pay considerable attention to those texts that for good reason have for a long time constituted the core of the canon of Old English, texts like *The Seafarer*, *The Wanderer*, *The Dream of the Rood*, and *Beowulf*. This anthology attempts to strike a balance between presenting such canonical texts and adding texts of current interest from outside the canon. It does so not by limiting the scope of canonical texts presented, but by adding other texts to supplement a very substantial presentation of the canon.

Where possible, fragments and excerpts are avoided in favor of texts that are complete in themselves, but some excerpting is unavoidable in an anthology of this kind. In particular, excerpts are given from the Old English version of Bede's *Ecclesiastical History*, from the Old English *Orosius*, from *Apollonius of Tyre*, from the *Wonders of the East*, and from *Genesis A*. The *Anglo-Saxon Chronicle* is also excerpted, but in addition to the canonical story of Cynewulf and Cyneheard, a fairly substantial sequence of entries is included recounting the movements of the Great Army and the events leading to the peace of Wedmore (866–878), which should help students to form a clearer image of what kind of a text the *Chronicle* is. *Beowulf* also is not presented in its entirety, but the entire first episode up to line 1062, the fight with the monster Grendel, is included, and it is hoped that this will give students a good understanding of the poem's method and aesthetics. The remainder of the poem is being made available, fully glossed and annotated, on the author's poetic corpus site, www.oepoetry.ca, which also contains a full edition of *Genesis A* and *B*.

Texts are presented with a full glossary but with minimal notes and introductions, on the theory that undergraduate students as well as graduate students will want to try to figure out themselves what each text is saying or implying and why, rather than being told so by an editor. From this point of view as well, the glossary itself attempts to avoid the trap into which so many glossaries of Old English texts have fallen, of simply presenting the editor's desired translation of the text in the guise of a helpful gloss by defining each word of the text so narrowly that only one reading is possible.

The texts themselves are punctuated·even though punctuation itself, hardly used at all in the actual manuscripts of the period, is an interpretive act, on the theory that beginners in the language require some guidance as to where sentences, phrases or clauses begin and end, but the reader should always keep in mind the possibility that an editor's period or colon is an interpretation and that other punctuation schemes are possible. Unlike the companion *A Gentle Introduction to Old English*, long vowels and palatalized consonants are not marked, bringing the Reader more in line with the standards for scholarly editions of Old English texts.

The texts themselves stick as close to the manuscript versions from which they derive as seems feasible, though there are a number of emendations to well-studied works such as *Beowulf* or *The Seafarer* that almost all scholars would agree on, and these are often adopted. Where as editor I have made decisions that from that or any other point of view are novel (or possibly even eccentric in rare instances), I have provided an account of what I have done. Other changes (especially those that have the advantage of scholarly precedent) are adopted silently in the printed text of the Reader, but made explicit in the corresponding electronic texts, which have full textual notes, as the texts in the printed volume do not to avoid distracting the beginner. Details of the manuscripts from which the readings are taken may also be found on the website.

The advantages of the electronic versions of texts from the Reader that are presented on the accompanying website (that is, all of the texts) are many. Because a student can click on each word of the text in turn and get a full glossary entry for each word with each click, the time lost flipping to the back of the book to look up the word in the glossary disappears, as does the strong possibility of finding the wrong entry. It is therefore much easier and less time-consuming for the student to construe a text, or to understand its meaning.

Of course, there are corresponding dangers, chief among them being that the student will simply skip over a full grammatical understanding of a sentence to get its gist, without seeing how words and grammar conspire together to produce meaning. In most university courses in which this Reader will be used, doing so will not be a winning strategy. The student is therefore well advised to spend at least as much time with the printed version of this Reader as with the online materials, and in particular to make sure that she or he understands not only the broad significance of each sentence or poetic line, but how, precisely, it signifies, word by word and case by case. One particularly effective strategy would be first to read online the text that has been assigned in order to get an overview of it, then to work through it carefully in the printed book to make sure it is understood in detail, and then, possibly, to go back to the online version clicking only on the words the student does not remember, to firm up understanding.

It will be helpful to have access to an Old English grammar when reading the texts, either the minimal grammar given in the companion *A Gentle Introduction to Old English* or another of the many Old English grammar books on the market. The notes and glosses to the texts try to assume a familiarity with Old English inflections and syntax similar to what would be obtained by working through the *Gentle Introduction* conscientiously. A fairly full grammar of Old English, much more complete than in the *Gentle Introduction*, is also available online on the website for that book, www.oegrammar.ca.

My motive for creating this reader and its accompanying website is largely evangelical: I think Old English language and literature are wonderful survivals that put us in touch with an alien past that is at the same time rather familiar both in its attractive features and the more repellent ones, and I want to encourage others to similar opinions by making it as easy as possible to read these texts and think about them. I will most certainly have failed in this attempt in numerous ways, but I would be particularly grateful to be informed about errors in the printed book or the Internet materials, in the hope that they can be later corrected. Please e-mail me at mmcgilli@ucalgary.ca.

I am grateful to Lars Hedlund and Martin Boyne for improvements to the glossary and to the University of Calgary for funds used to employ Lars. All errors are of course my own.

Prose

1

Alfred's Preface to Gregory

Several ambitious translations from the Latin are associated with the reign of King Alfred the Great of Wessex, of which the one to which the following text is a preface, the Cura pastoralis *or* Pastoral Care *of Pope Gregory the Great (d. 604), may well have been the first. The work itself is a manual of priestly responsibilities, and Alfred's effort in translating it (or collaborating to have it translated) and sending a copy to each bishop in his kingdom was at least partly directed toward improving the functioning of the church at what the preface portrays as a time of collapse. The preface is a remarkable document in a number of ways, since it both constitutes a rather grim "state of the kingdom" address and lays out an ambitious scheme for advancing learning in England with two prongs: an educational program for all free men who could be spared for it to learn to read and write English (with those destined for higher office, probably particularly in the church, to be taught Latin), and a translation effort to make important books available to those who did not read Latin.*

Ælfred Kyning hateð gretan Wærferð Biscep[1] his wordum luflice ond freondlice; ond ðe cyðan hate[2] ðæt me com swiðe oft on gemynd, hwelce wiotan[3] iu wæron giond Angelcynn, ægðer ge godcundra hada ge woruldcundra; ond hu gesæliglica tida ða wæron giond Angelcynn; ond hu ða kyningas ðe ðone onwald hæfdon ðæs folces Gode ond his ærendwrecum hiersumedon; ond hie ægðer ge hiora sibbe ge hiora siodu ge hiora onweald innanbordes gehioldon, ond eac ut hiora eðel rymdon; ond hu him ða speow ægðer ge mid wige ge mid wisdome; ond eac ða godcundan hadas, hu giorne hie wæron ægðer ge ymb lare ge ymb liornunga, ge ymb ealle ða ðiowotdomas ðe hie Gode don scoldon; ond hu man utanbordes wisdom ond lare hieder on lond sohte;[4] ond hu we hie nu sceoldon ute begietan, gif we hie habban sceoldon.

---

1 **hateð gretan Wærferð Biscep**: translate the infinitive as passive: "commands Bishop Waerferth to be greeted."

2 **ðe cyðan hate**: "(I) command that you be told"—the preface starts with Alfred speaking of himself in the third person, but he switches immediately to the first person. Both uses of the verb **hatan** would seem to imply the dictation of a letter.

3 **hwelce wiotan**: "what wise men."

4 **hu man utanbordes wisdom ond lare hieder on lond sohte**: perhaps a specific reference to the recruitment to France by Charlemagne of the Anglo-Saxon scholar Alcuin, whose presence on the continent was important in the Carolingian Renaissance.

Swæ clæne heo wæs oðfeallenu on Angelcynne ðæt swiðe feawa wæron behio-
nan Humbre ðe hiora ðeninga cuðen understondan on Englisc, oððe furðum an
ærendgewrit of Lædene on Englisc areccean; ond ic wene ðætte noht monige
begiondan Humbre næren. Swæ feawa hiora wæron[1] ðæt ic furðum anne anlepne
ne mæg geðencean be suðan Temese ða ða ic to rice feng. Gode ælmihtegum sie
ðonc ðætte we nu ænigne onstal habbað lareowa. Ond forðon ic ðe bebiode ðæt
ðu do swæ ic geliefe ðæt ðu wille, ðæt ðu ðe ðissa woruldðinga to ðæm geæmetige[2]
swæ ðu oftost mæge, ðæt ðu ðone wisdom ðe ðe God sealde ðær ðær ðu hiene
befæstan mæge, befæste.[3] Geðenc hwelc witu us ða becomon for ðisse worulde, ða
ða we hit nohwæðer ne selfe ne lufodon ne eac oðrum monnum ne lefdon! Ðone
naman ænne we lufodon ðætte we Cristne wæren, ond swiðe feawa ða ðeawas.

Ða ic ða ðis eall gemunde, ða gemunde ic eac hu ic geseah, ær ðæm ðe hit eall
forhergod wære ond forbærned, hu ða ciricean giond eall Angelcynn stodon
maðma ond boca gefylda, ond eac micel mengeo Godes ðiowa; ond ða swiðe
lytle fiorme ðara boca wiston, for ðæm ðe hie hiora nanwuht ongietan ne meah-
ton, for ðæm ðe hie næron on hiora agen geðiode awritene. Swelce hie cwæden,
"Ure ieldran, ða ðe ðas stowa ær hioldon, hie lufodon wisdom, ond ðurh ðone
hie begeaton welan ond us læfdon. Her mon mæg giet gesion hiora swæð, ac we
him ne cunnon æfter spyrigean. Ond for ðæm we habbað nu ægðer forlæten ge
ðone welan ge ðone wisdom, for ðæm ðe we noldon to ðæm spore mid ure mode
onlutan."

Ða ic ða ðis eall gemunde, ða wundrade ic swiðe swiðe ðara godena wiotena ðe
giu wæron giond Angelcynn, ond ða bec ealla be fullan geliornod hæfdon, ðæt
hie hiora ða nænne dæl noldon on hiora agen geðiode wendan. Ac ic ða sona eft
me selfum andwyrde ond cwæð: "Hie ne wendon ðætte æfre menn sceolden swæ
reccelease weorðan ond sio lar swæ oðfeallan; for ðære wilnunga hie hit forleton,
ond woldon[4] ðæt her ðy mara wisdom on londe wære ðy we ma geðeoda cuðon."

Ða gemunde ic hu sio æ wæs ærest on Ebrisc geðiode funden, ond eft, ða hie
Creacas geliornodon, ða wendon hie hie[5] on hiora agen geðiode ealle, ond eac
ealle oðre bec. Ond eft Lædenware swæ same, siððan hie hie geliornodon, hie hie
wendon ealla ðurh wise wealhstodas on hiora agen geðiode. Ond eac eall oðra
Cristna ðioda sumne dæl hiora on hiora agen geðiode wendon. For ðy me ðyncð

---

1 **Swæ feawa hiora wæron**: "there were so few of them."
2 **ðæt ðu ðe ðissa woruldðinga to ðæm geæmetige**: "that you free yourself from these worldly
    affairs for this" (**to ðæm** coordinates with the **ðæt** at the beginning of the following clause).
3 **ðær ðær ðu hiene befæstan mæge, befæste**: "apply it (i.e., the wisdom) where you may be able
    to apply it."
4 **for ðære wilnunga hie hit forleton, ond woldon**: "they left it undone for this desire, and
    wanted ...," i.e., "they left it undone because they wanted...."
5 **wendon hie hie**: "they translated it" (the first **hie** is the feminine accusative pronoun,
    antecedent **sio æ**).

betre, gif iow swæ ðyncð, ðæt we eac sume bec, ða ðe niedbeðearfosta sien eallum
monnum to wiotonne, ðæt we ða on ðæt geðiode wenden ðe we ealle gecnawan
mægen, ond gedon, swæ we swiðe eaðe magon mid Godes fultume, gif we ða stil-
nesse habbað, ðætte eall sio gioguð ðe nu is on Angelcynne friora monna,[1] ðara
ðe ða speda hæbben ðæt hie ðæm befeolan mægen, sien to liornunga oðfæste, ða
hwile ðe hie wel cunnen Englisc gewrit arædan. Lære mon siððan furður on
Lædengeðiode ða ðe mon furðor læran wille[2] ond to hierran hade don wille.

Ða ic ða gemunde hu sio lar Lædengeðiodes ær ðissum afeallen wæs giond
Angelcynn, ond ðeah monige cuðon Englisc gewrit arædan, ða ongan ic ongemang
oðrum mislicum ond manigfealdum bisgum ðisses kynerices ða boc wendan on
Englisc ðe is genemned on Læden Pastoralis, ond on Englisc Hierdeboc, hwilum
word be worde, hwilum andgit of andgiete, swæ swæ ic hie geliornode æt Pleg-
munde minum ærcebiscepe, ond æt Assere minum biscepe, ond æt Grimbolde
minum mæssepreoste. Siððan ic hie ða geliornod hæfde, swæ swæ ic hie forstod
ond swæ ic hie andgitfullicost areccean meahte, ic hie on Englisc awende, ond to
ælcum biscepstole on minum rice wille ane onsendan; ond on ælcre bið an æstel,
se bið on fiftegum mancessa. Ond ic bebiode on Godes naman ðæt nan mon ðone
æstel from ðære bec ne do, ne ða boc from ðæm mynstre—uncuð hu longe ðær
swæ gelærede biscepas sien, swæ swæ nu, Gode ðonc, welhwær siendon. For ðy ic
wolde ðætte hie ealneg æt ðære stowe wæren, buton se biscep hie mid him hab-
ban wille, oððe hio hwær to læne sie, oððe hwa oðre bi write.[3]

---

1 **sio gioguð ... friora monna**: whether or not this ambitious educational program was carried
   out, it is difficult to tell how broad it was intended to be. Certainly slaves were excluded, proba-
   bly women, and if the word **gioguð** carries its normal baggage from poetry, likely all but the
   nobility (those who could be spared for it).
2 **Lære mon siððan furður on Lædengeðiode ða ðe mon furðor læran wille**: "Let those be
   taught further in the Latin language whom one wants to teach further."
3 **hwa oðre bi write**: i.e., unless someone is making another copy from it.

Apollonius of Tyre

The story of Apollonius of Tyre is the sole example in Old English of the genre of romance. Translated into Old English from a Latin original, the story is Greek in origin. It tells of the adventures and journeys of Apollonius, exiled from his homeland after (by guessing the answer to a riddle) he reveals the king of Antioch's rape of his own daughter. After a series of disasters and reversals, his natural nobility asserts itself and he returns in triumph to rule Antioch, Tyre, and Cirenensium. A plot like this one, featuring the exile and return of a central male character whose nobility reveals itself despite him, is common in later romances, such as those involving the knights of the Round Table.

In this excerpt from the story, Apollonius has been shipwrecked in the country of King Archestrates. When Apollonius arrives, Archestrates is playing a ball game. Apollonius joins in and sends the ball back to the king with magnificent skill, so Archestrates invites him to dinner, where, in the excerpt presented here, he meets Archestrate, the king's daughter and his own future wife, and wins her love with his superiority in music and in dramatic performance.

Apollonius Makes a Conquest

Mid þi ðe se cyning þas word gecwæð, ða færinga þar eode in ðæs cynges iunge dohtor, and cyste hyre fæder and ða ymbsittendan. Ða heo becom to Apollonio, þa gewænde heo ongean to hire fæder and cwæð, "Ðu goda cyningc and min se leofesta fæder, hwæt is þes iunga man þe ongean ðe on swa wurðlicum setle sit mid sarlicum andwlitan? Nat ic hwæt he besorgað." Ða cwæð se cyningc, "Leofe dohtor, þes iunga man is forliden, and he gecwemde me manna betst on ðam plegan.[1] Forðam ic hine gelaðode to ðysum urum gebeorscipe. Nat ic hwæt he is ne hwanon he is, ac gif ðu wille witan hwæt he sy, axsa hine, forðam þe gedafenað þæt þu wite." Ða eode þæt mæden to Apollonio, and mid forwandigendre spræce cwæð: "Ðeah ðu stille sy and unrot, þeah[2] ic þine æðelborennesse on ðe geseo. Nu þonne gif ðe to hefig ne þince, sege me þinne naman and þin gelymp arece me." Ða cwæð Apollonius: "Gif ðu for neode axsast æfter minum naman, ic secge þe, 'Ic hine forleas on sæ.' Gif ðu wilt mine æðelborennesse witan, wite ðu þæt ic hig forlet on Tharsum." Ðæt mæden cwæð, "Sege me gewislicor, þæt ic hit mæge

---

1 **gecwemde me manna betst on ðam plegan**: the shipwrecked Apollonius had met the king playing ball with his courtiers, joined in, and demonstrated his nobility by the excellence of his play.

2 **Ðeah ..., þeah**: "Although ..., nevertheless."

understandan." Apollonius þa soðlice hyre arehte ealle his gelymp and æt þare spræcan ende him feollon tearas of ðam eagum.

Mid þy þe se cyngc þæt geseah, he bewænde hine ða to ðare dohtor and cwæð, "Leofe dohtor, þu gesinnodest mid þy þe þu woldest witan his naman and his gelimp. Þu hafast nu geedniwod his ealde sar. Ac ic bidde þe þæt þu gife him swa hwæt swa ðu wille." Ða ða þæt mæden gehirde þæt hire wæs alyfed fram hire fæder þæt heo ær hyre silf gedon wolde, ða cwæð heo to Apollonio, "Apolloni, soðlice þu eart ure.[1] Forlæt þine murcnunge and nu ic mines fæder leafe habbe, ic gedo ðe weligne."[2] Apollonius hire þæs þancode,[3] and se cyngc blissode on his dohtor welwillendnesse and hyre to cwæð, "Leofe dohtor, hat feccan þine hearpan, and gecig ðe to þinum frynd,[4] and afirsa fram þam iungan his sarnesse."

Ða eode heo ut and het feccan hire hearpan, and sona swa heo hearpian ongan, heo mid winsumum sange gemægnde þare hearpan sweg. Ða ongunnon ealle þa men hi herian on hyre swegcræft, and Apollonius ana swigode. Ða cwæð se cyningc, "Apolloni, nu ðu dest yfele, forðam þe ealle men heriað mine dohtor on hyre swegcræfte, and þu ana hi swigende tælst." Apollonius cwæð, "Eala ðu goda cyngc, gif ðu me gelifst, ic secge þæt ic ongite þæt soðlice þin dohtor gefeol on swegcræft,[5] ac heo næfð hine na wel geleornod, ac hat me nu sillan[6] þa hearpan, þonne wast þu þæt þu nu git nast." Arcestrates se cyning cwæð, "Apolloni, ic oncnawe soðlice þæt þu eart on eallum þingum wel gelæred." Ða het se cyng sillan Apollonige þa hearpan. Apollonius þa ut eode and hine scridde and sette ænne cynehelm uppon his heafod and nam þa hearpan on his hand and ineode, and swa stod þæt se cyngc and ealle þa ymbsittendan wendon þæt he nære Apollonius ac þæt he wære Apollines[7] ðara hæðenra god. Ða wearð stilnes and swige geworden innon ðare healle, and Apollonius his hearpenægl genam, and he þa hearpestrengas mid cræfte astirian ongan, and þare hearpan sweg mid winsumum sange gemægnde, and se cyngc silf and ealle þe þar andwearde wæron micelre stæfne cliopodon and hine heredon. Æfter þisum forlet Apollonius þa hearpan and plegode and fela fægera þinga þar forðteah þe þam folce ungecnawen wæs and ungewunelic, and heom eallum þearle licode ælc þara þinga ðe he forðteah.[8]

---

1 **þu eart ure**: "you are ours"; "you are one of us."
2 **ic gedo ðe weligne**: "I will make you rich."
3 **hire þæs þancode**: "thanked her for that."
4 **gecig ðe to þinum frynd**: "call your friends to you."
5 **gefeol on swegcræft**: "fell into musicianship," that is, picked up playing the harp on her own without fully understanding the art.
6 **hat me nu sillan**: "now command to be given to me."
7 **Apollines**: i.e., Apollo; the form Apollines in the text is an erroneous back-formation.
8 **plegode ... forðteah**: Critics have seen in the vague vocabulary used here and in the omission of the Latin text's mention of Apollonius dressing as both a comic and then a tragic actor an indication that Anglo-Saxons were generally unfamiliar with the concept of dramatic performance, but this is not necessarily the case.

Soðlice mid þy þe þæs cynges dohtor geseah þæt Apollonius on eallum godum cræftum swa wel wæs getogen, þa gefeol hyre mod on his lufe.[1] Ða æfter þæs beorscipes geendunge, cwæð þæt mæden to ðam cynge, "Leofa fæder, þu lyfdest me litle ær þæt ic moste gifan Apollonio swa hwæt swa ic wolde of þinum goldhorde." Arcestrates se cyng cwæð to hyre, "Gif him swa hwæt swa ðu wille." Heo ða sweoðe bliðe uteode and cwæð, "Lareow Apolloni, ic gife þe be mines fæder leafe twa hund punda goldes and feower hund punda gewihte seolfres and þone mæstan dæl[2] deorwurðan reafes and twentig ðeowa-manna." And heo þa þus cwæð to ðam þeowum-mannum: "Berað þas þingc mid eow þe ic behet Apollonio minum lareowe, and lecgað innon bure beforan minum freondum." Ðis wearð þa þus gedon æfter þare cwene hæse and ealle þa men hire gife heredon ðe hig gesawon. Ða soðlice geendode se gebeorscipe and þa men ealle arison and gretton þone cyngc and ða cwene and bædon hig gesunde beon[3] and ham gewændon. Eac swilce Apollonius cwæð, "Ðu goda cyngc and earmra gemiltsigend and þu cwen lare lufigend, beon ge gesunde." He beseah eac to ðam þeowum-mannum þe þæt mæden him forgifen hæfde, and heom cwæð to, "Nimað þas þing mid eow þe me seo cwen forgeaf and gan we secan ure gesthus þæt we magon us gerestan."

Ða adred þæt mæden þæt heo næfre eft Apollonium ne gesawe swa raðe swa heo wolde, and eode þa to hire fæder and cwæð, "Ðu goda cyningc, licað ðe wel þæt Apollonius þe þurh us todæg gegodod is þus heonon fare and cuman yfele men and bereafian hine?" Se cyngc cwæð, "Wel þu cwæde. Hat him findan hwar he hine mæge wurðlicost gerestan." Ða dide þæt mæden swa hyre beboden wæs, and Apollonius onfeng þare wununge ðe hym betæht wæs and ðar ineode, gode þancigende ðe him ne forwyrnde cynelices wurðscipes and frofre. Ac þæt mæden hæfde unstille niht mid þare lufe onæled þara worda and sanga þe heo gehyrde æt Apollonige, and na leng heo ne gebad ðonne hit dæg wæs, ac eode sona swa hit leoht wæs and gesæt beforan hire fæder bedde. Ða cwæð se cyngc, "Leofe dohtor, for hwi eart ðu þus ærwacol?" Ðæt mæden cwæð, "Me awehton þa gecnerdnessan þe ic girstandæg gehyrde. Nu bidde ic ðe forðam þæt þu befæste me urum cuman Apollonige to lare." Ða wearð se cyningc þearle geblissod and het feccan Apollonium and him to cwæð, "Min dohtor girnð þæt heo mote leornian æt ðe ða gesæligan lare ðe þu canst, and gif ðu wilt ðisum þingum gehyrsum beon, ic swerige ðe þurh mines rices mægna þæt swa hwæt swa ðu on sæ forlure, ic ðe þæt on lande gestaðelige."[4] Ða ða Apollonius þæt gehyrde, he onfengc þam mædenne to lare, and hire tæhte swa wel swa he silf geleornode.

---

1   **gefeol hyre mod on his lufe:** "her mind fell into love of him," i.e., she fell in love with him.

2   **þone mæstan dæl:** "a very large amount."

3   **bædon hig gesunde beon:** "wished them good health."

4   **swa hwæt swa ðu on sæ forlure, ic ðe þæt on lande gestaðelige:** "whatever you may have lost at sea, I will restore to you on land."

Bede's Account of the Conversion of Edwin of Northumbria

Edwin (d. 632/633) was king of both Bernicia and Deira, which would be combined later to form the kingdom of Northumbria. When he married Æthelburg of Kent c. 620, Paulinus, a Roman missionary who would later be the first bishop of York, came with the party as part of the marriage contract that allowed Æthelburg to remain Christian, and then exerted effort to convert Edwin and his people to Christianity. In this excerpt from his Historia ecclesiastica, *Bede tells the story of that conversion, presumably as it was told many years later in Northumbria. Some details are highly implausible, such as the argument of the pagan "chief bishop" named Cefi against his own religion. The story may nevertheless give us some insight into the nature of pagan religion, however, and all students of Old English should know the famous sparrow metaphor.*

Þa se cyning þa þas word gehyrde, þa andswarode he him and cwæð, þæt he æghwæþer ge wolde ge sceolde þam geleafan onfon þe he lærde. Cwæð hwæþere, þæt he wolde mid his freondum and mid his wytum gesprec and geþeaht habban, þæt gif hi mid hine þæt geþafian woldan, þæt hi ealle ætsomne on lifes willan Criste gehalgade wæran. Þa dyde se cyning swa swa he cwæð, and se bisceop þæt geþafade.

Þa hæfde he gesprec and geþeaht mid his witum and syndriglice wæs fram him eallum frignende,[1] hwylc him þuhte and gesawen wære þeos niwe lar and þære godcundnesse bigong, þe þær læred wæs. Him þa andswarode his ealdorbisceop, Cefi wæs haten:[2] "Geseoh þu, cyning, hwelc[3] þeos lar sie, þe us nu bodad is. Ic þe soðlice andette þæt ic cuðlice geleornad hæbbe, þæt eallinga nawiht mægenes ne nyttnes hafað sio æfæstnes, þe we oð ðis hæfdon and beeodon. Forðon nænig þinra þegna neodlicor ne gelustfullicor hine sylfne underþeodde to ura goda bigange þonne ic; and noht þon læs monige syndon,[4] þa þe maran gefe and fremsumnesse æt þe onfengon þonne ic, and in eallum þingum maran gesynto hæfdon. Hwæt ic wat, gif ure godo ænige mihte hæfdon, þonne woldan hie me ma fultumian, forþon ic him geornlicor þeodde and hyrde. Forþon me þynceð wislic, gif þu geseo þa þing beteran and strangran[5] þe us niwan bodad syndon, þæt we þam onfon."

---

1 **syndriglice wæs fram him eallum frignende**: "asked them all individually."
2 **Cefi wæs haten**: "(who) was named Cefi."
3 **hwelc**: "what kind of a (teaching)."
4 **monige syndon**: "there are many."
5 **geseo þa þing beteran and strangran**: "consider those things better and stronger."

Þæs wordum oþer cyninges wita and ealdormann geþafunge sealde, and to þære spræce feng[1] and þus cwæð: "Þyslic me is gesewen, þu cyning, þis andwearde lif manna on eorðan to wiðmetenesse þære tide, þe us uncuð is, swylc swa þu æt swæsendum sitte mid þinum ealdormannum and þegnum on wintertide, and sie fyr onælæd and þin heall gewyrmed, and hit rine and sniwe and styrme ute; cume an spearwa and hrædlice þæt hus þurhfleo, cume þurh oþre duru in þurh oþre ut gewite. Hwæt, he on þa tid, þe he inne bið, ne bið hrinen mid þy storme þæs wintres; ac þæt bið an eagan bryhtm and þæt læsste fæc,[2] ac he sona of wintra on þone winter[3] eft cymeð. Swa þonne þis monna lif to medmiclum fæce ætyweð;[4] hwæt þær foregange, oððe hwæt þær æfterfylige, we ne cunnun. Forðon gif þeos lar owiht cuðlicre and gerisenlicre brenge, þæs weorþe is þæt[5] we þære fylgen." Þeossum wordum gelicum[6] oðre aldormen and ðæs cyninges geþeahteras spræcan.

Þa gen toætyhte Cefi and cwæð, þæt he wolde Paulinus þone bisceop geornlicor gehyran be þam Gode sprecende þam þe he bodade.[7] Þa het se cyning swa don. Þa he þa his word gehyrde, þa clypode he and þus cwæð: "Geare ic þæt ongeat, þæt ðæt nowiht wæs, þæt we beeodan. Forþon swa micle swa ic geornlicor on þam bigange þæt sylfe soð sohte,[8] swa ic hit læs mette. Nu þonne ic openlice ondette, þæt on þysse lare þæt sylfe soð scineð, þæt us mæg þa gyfe syllan ecre eadignesse and eces lifes hælo. Forþon ic þonne nu lære, cyning, þæt þæt templ and þa wigbedo, þa ðe we buton wæstmum ænigre nytnisse[9] halgodon, þæt we þa hraþe forleosen and fyre forbærnen." Ono hwæt he þa se cyning openlice ondette þæm biscope ond him eallum, þæt he wolde fæstlice þæm deofolgildum wiðsacan ond Cristes geleafan onfon.

Mid þy þe he þa se cyning from þæm foresprecenan biscope sohte and ahsode heora halignesse,[10] þe heo ær bieodon, hwa ða wigbed and þa hergas þara deofolgilda mid heora hegum, þe heo ymbsette wæron, heo ærest aidligan and toweorpan scolde, þa ondsworede he: "Efne ic. Hwa mæg þa nu, þa þe ic longe mid dysig-

---

1 **to þære spræce feng:** "began to speak," "took the floor."

2 **þæt læsste fæc:** "the smallest interval."

3 **of wintra on þone winter:** "from winter into winter."

4 **to medmiclum fæce ætyweð:** "appears as a short interval."

5 **þæs weorþe is þæt ...:** "it deserves that ..." (literally, "it is worthy of this, that ...").

6 **Þeossum wordum gelicum:** "in words like these."

7 **be þam Gode sprecende þam þe he bodade:** "speaking about the God he preached about."

8 **swa micle swa ic geornlicor on þam bigange þæt sylfe soð sohte:** "as much as I more eagerly sought the truth itself in that worship."

9 **buton wæstmum ænigre nytnisse:** "without fruits of any usefulness," i.e., "without any useful result."

10 **Mid þy þe he þa se cyning from þæm foresprecenan biscope sohte and ahsode heora halignesse:** "When he, the king, then asked and sought from the aforesaid bishop of their religion."

nesse beeode, to bysene oðerra monna gerisenlecor toweorpan,[1] þonne ic seolfa þurh þa snytro þe ic from þæm soðan Gode onfeng?"

Ond he ða sona from him awearp þa idlan dysignesse þe he ær beeode[2] ond þone cyning bæd þæt he him wæpen sealde and stodhors, þæt he meahte on cuman and deofolgyld toweorpan. Forðon þam biscope heora halignesse ne wæs alyfed, þæt he moste wæpen wegan, ne elcor buton on myran ridan. Þa sealde se cyning him sweord, þæt he hine mid gyrde; and nom his spere on hond and hleop on þæs cyninges stedan and to þæm deofulgeldum ferde. Þa ðæt folc hine þa geseah swa gescyrpedne, þa wendon heo þæt he teola ne wiste, ac þæt he wedde. Sona þæs þe[3] he nealehte to þæm herige, þa sceat he mid þy spere,[4] þæt hit sticode fæste on þæm herige, ond wæs swiðe gefeonde þære ongytenesse[5] þæs soðan Godes bigonges. Ond he ða heht his geferan toweorpan ealne þone herig and þa getimbro and for-bærnan.

Is seo stow gyt æteawed[6] gu þara deofulgilda, noht feor east from Eoforwic-ceastre begeondan Deorwentan þære ea, ond gen to dæge is nemned God-mundingaham, þær se biscop þurh þæs soðan Godes inbryrdnesse towearp and fordyde þa wigbed, þe he seolfa ær gehalgode.

Ða onfeng Eadwine cyning mid eallum þæm æðelingum his þeode and mid micle folce Cristes geleafan and fulwihte bæðe þy endlyftan geare his rices.

---

1 **to bysene oðerra monna gerisenlecor toweorpan**: "more appropriately cast down in the sight of other people."
2 **þa idlan dysignesse þe he ær beeode**: a reference to some special trappings of office?
3 **Sona þæs þe**: "as soon as."
4 **sceat he mid þy spere**: omit *mid* in your translation: "he threw the spear."
5 **wæs swiðe gefeonde þære ongytenesse**: "rejoiced greatly in the knowledge."
6 **gyt æteawed**: "still pointed out."

4

Bede's Account of the Poet Caedmon

Caedmon, the subject of this extract from the Old English translation of Bede's Latin Ecclesiastical History of the English People *(*Historia ecclesiastica gentis Anglorum*), is the earliest English poet known by name. All we know about him is contained in the story: an illiterate layman who helped look after cattle, he was also unskilled in poetic performance and composition, apparently expectations of his social circle, until a mysterious visitor appeared to him in a dream and commanded him to compose a poem or song about Creation; he died a saintly death. Of his poetry, we have only the brief excerpt quoted in the story (if, as most scholars assume, it is genuinely his), which shows that he was among the first to adapt traditional Germanic diction and meter to biblical verse.*

The story of Caedmon as told by Bede is of great interest for what it may tell or imply about the composition and performance of oral poetry during the period shortly after the arrival of Christianity in Britain and about relations between oral and written literature during that early period. We must guard ourselves, however, from naively taking the story at face value: Bede, who must have gotten the story from local oral tradition, is telling it as a series of miraculous events and is careful to shape the story elements to that end, so although the events and circumstances must have been such as to be plausible to his audience, it would be a mistake to give them the value of historical fact.

In ðeosse abbudissan[1] mynstre wæs sum broðor syndriglice mid godcundre gife gemæred ond geweorðad, forþon he gewunade gerisenlice leoð wyrcan, þa ðe to æfæstnisse ond to arfæstnisse belumpen, swa ðætte, swa hwæt swa he of godcundum stafum þurh boceras geleornode, þæt he æfter medmiclum fæce in scopgereorde mid þa mæstan swetnisse ond inbryrdnisse geglængde ond in Engliscgereorde wel geworht forþbrohte.

Ond for his leoþsongum monigra monna mod oft to worulde forhogdnisse ond to geþeodnisse þæs heofonlican lifes onbærnde wæron.

Ond eac swelce monige oðre æfter him in Ongelþeode ongunnon æfæste leoð wyrcan, ac nænig hwæðre him þæt gelice don meahte, forþon he nales from monnum ne þurh mon gelæred wæs, þæt he þone leoðcræft leornade, ac he wæs godcundlice gefultumed ond þurh Godes gife þone songcræft onfeng.

---

1 **ðeosse abbudissan**: the abbess is Hild of Northumbria (d. 680), also known as Saint Hilda.

Ond he forðon næfre noht leasunge,[1] ne idles leoþes wyrcan meahte, ac efne þa an þa ðe[2] to æfæstnesse belumpon, ond his þa æfestan tungan[3] gedafenode singan.

Wæs he, se mon, in weoruldhade geseted oð þa tide þe he wæs gelyfdre ylde, ond næfre nænig leoð geleornade.

Ond he forþon oft in gebeorscipe, þonne þær wæs blisse intinga gedemed,[4] þæt heo ealle sceolden þurh endebyrdnesse be hearpan singan, þonne he geseah þa hearpan him nealecan, þonne aras he for scome from þæm symble ond ham eode to his huse.

Þa he þæt þa sumre tide dyde, þæt he forlet þæt hus þæs gebeorscipes, ond ut wæs gongende to neata scipene, þara heord him wæs þære neahte beboden—þa he ða þær in gelimplicre tide his leomu on reste gesette ond onslepte, þa stod him sum mon æt þurh swefn ond hine halette ond grette ond hine be his noman nemnde: "Cedmon, sing me hwæthwugu."

Þa ondswarede he ond cwæð: "Ne con ic noht singan; ond ic forþon of þeossum gebeorscipe ut eode, ond hider gewat, forþon ic naht singan ne cuðe."

Eft he cwæð, se ðe mid hine sprecende wæs: "Hwæðre þu meaht singan."

Þa cwæð he: "Hwæt sceal ic singan?"

Cwæð he: "Sing me frumsceaft."

Þa he ða þas andsware onfeng, þa ongon he sona singan in herenesse Godes Scyppendes þa fers ond þa word þe he næfre gehyrde, þara endebyrdnes þis is:[5]

"Nu sculon herigean[6]   heofonrices Weard,
Meotodes meahte   ond his modgeþanc,
weorc Wuldorfæder,   swa he wundra gehwæs,
ece Drihten,   or onstealde.
He ærest sceop   eorðan bearnum
heofon to hrofe   halig Scyppend.
Þa middangeard   monncynnes Weard,
ece Drihten,   æfter teode
firum foldan,   Frea ælmihtig."

---

1 leasunge: literally meaning "lying," this is a reference to the fictions of heroic poetry.

2 efne þa an þa ðe: "just those alone which," i.e., "only those which."

3 his þa æfestan tungan: "that righteous tongue of his."

4 þonne þær wæs blisse intinga gedemed: "when there was judged to be cause for merriment."

5 þara endebyrdnes þis is: "of which this is the sequence," a phrase that makes sense only in the Latin original, where it constitutes an apology for not providing the actual text of Caedmon's poem but a Latin translation. Most scholars believe that the Old English text of Caedmon's hymn copied into Latin manuscripts is his original Old English poem or part of it, rather than a retranslation from Latin.

6 sculon herigean: the subject is either an understood "we" or "weorc" in line 3, in which latter case the poem exhorts God's creations in general to praise him.

Þa aras he from þæm slæpe, ond eal þa þe he slæpende song fæste in gemynde hæfde ond þæm wordum sona monig word in þæt ilce gemet Gode wyrðes songes[1] togeþeodde.

Þa com he on morgenne to þæm tungerefan, þe his ealdormon wæs: sægde him hwylce gife he onfeng, ond he hine sona to þære abbudissan gelædde ond hire þa[2] cyðde ond sægde.

Þa heht heo gesomnian ealle þa gelæredestan men ond þa leorneras: ond him ondweardum het secgan þæt swefn, ond þæt leoð singan, þæt ealra heora dome gecoren wære,[3] hwæt oððe hwonon þæt cuman wære.[4]

Þa wæs him eallum gesegen, swa swa hit wæs, þæt him wære from Drihtne sylfum heofonlic gifu forgifen.

Þa rehton heo him ond sægdon sum halig spell ond godcundre lare word; bebudon him þa, gif he meahte, þæt he in swinsunge leoþsonges þæt gehwyrfde.

Þa he ða hæfde þa wisan onfongne,[5] þa eode he ham to his huse ond cwom eft on morgenne ond þy betstan leoðe geglenged him asong ond ageaf þæt him beboden wæs.

Ða ongan seo abbudisse clyppan ond lufigean þa Godes gife in þæm men, ond heo hine þa monade ond lærde þæt he woruldhad anforlete ond munuchad onfenge, ond he þæt wel þafode.

Ond heo hine in þæt mynster onfeng mid his godum, ond hine geþeodde to gesomnunge þara Godes þeowa; ond heht hine læran[6] þæt getæl þæs halgan stæres ond spelles.

Ond he eal þa he in gehyrnesse geleornian meahte mid hine gemyndgade ond swa swa clæne neten eodorcende in þæt sweteste leoð gehwerfde; ond his song ond his leoð wæron swa wynsumu to gehyranne, þætte seolfan þa his lareowas[7] æt his muðe wreoton ond leornodon.

Song he ærest be middangeardes gesceape ond bi fruman moncynnes ond eal þæt stær Genesis, þæt is seo æreste Moyses booc, ond eft bi utgonge Israhela folces of Ægypta londe ond bi ingonge þæs gehatlandes; ond bi oðrum monegum spellum þæs halgan gewrites canones boca; ond bi Cristes menniscnesse; ond bi his þrowunge; ond bi his upastignesse in heofonas; ond bi þæs Halgan Gastes

---

1 **Gode wyrðes songes**: "of noble song to God."

2 **þa**: probably "those things," but could also be a singular feminine with "gife" as antecedent: "that (gift)."

3 **þæt ealra heora dome gecoren wære**: "so that by the judgment of all of them it should be decided."

4 **hwæt oððe hwonon þæt cuman wære**: the grammar of this phrase goes two ways: "what that might be or from where that might have come."

5 **hæfde þa wisan onfongne**: "had gotten the hang of it."

6 **heht hine læran**: "commanded that he be taught."

7 **þa his lareowas**: "those teachers of his."

cyme, ond þara apostola lare. Ond eft bi þæm dæge þæs toweardan domes, ond bi fyrhtu þæs tintreglican wiites, ond bi swetnesse þæs heofonlecan rices, he monig leoð geworhte.

Ond swelce eac oðer monig be þæm godcundan fremsumnessum ond domum he geworhte.

In eallum þæm he geornlice gemde, þæt he men atuge from synna lufan ond mandæda, ond to lufan ond to geornfulnesse awehte godra dæda.

Forþon he wæs, se mon, swiþe æfæst ond regollecum þeodscipum eaðmodlice underþeoded.

Ond wið þæm,[1] þa ðe in oðre wisan don woldon, he wæs mid welme micelre ellenwodnisse onbærned.

Ond he forðon fægre ænde his lif betynde ond geendade.

Forþon þa ðære tide nealæcte his gewitenesse ond forðfore, þa wæs he feower-tynum dagum ær, þæt he wæs lichomlicre untrymnesse þrycced ond hefgad, hwæðre to þon gemetlice,[2] þæt he ealle þa tid meahte ge sprecan ge gongan.

Wæs þær in neaweste untrumra monna hus, in þæm heora þeaw wæs, þæt heo þa untrumran, ond þa ðe æt forðfore wæron, inlædan sceoldon ond him þær ætsomne þegnian.

Þa bæd he his þegn on æfenne þære neahte, þe he of worulde gongende wæs, þæt he in þæm huse him stowe gegearwode, þæt he gerestan meahte.

Þa wundrode se þegn, for hwon he ðæs bæde, forþon him þuhte þæt his forð-for swa neah ne wære; dyde hwæðre swa swa he cwæð ond bibead.

Ond mid þy he ða þær on reste eode, ond he gefeonde mode sumu þing mid him sprecende ætgædere ond gleowiende wæs, þe þær ær inne wæron,[3] þa wæs ofer middeneaht þæt he frægn, hwæðer heo ænig husl inne hæfdon.

Þa ondswarodon heo ond cwædon: "Hwylc þearf is ðe husles? Ne þinre forþ-fore swa neah is, nu þu þus rotlice ond þus glædlice to us sprecende eart."

Cwæð he eft: "Berað me husl to."

Þa he hit þa on honda hæfde, þa frægn he hwæþer heo ealle smolt mod ond buton eallum incan bliðe to him hæfdon.

Þa ondswaredon hy ealle ond cwædon, þæt heo nænigne incan to him wiston, ac heo ealle him swiðe bliðemode wæron. Ond heo wrixendlice hine bædon, þæt he him eallum bliðe wære.

Þa ondswarade he ond cwæð: "Mine broðor, mine þa leofan, ic eom swiðe bliðe-mod to eow ond to eallum Godes monnum," ond swa wæs hine getrymmende mid þy heofonlecan wegneste,[4] ond him oðres lifes ingong gegearwode.

---

1 **wið þæm**: "towards those (monks)."

2 **hwæðre to þon gemetlice**: "but so moderately."

3 **mid him ... þe þær ær inne wæron**: "with those ... who were already there within."

4 **wegneste**: when Communion is given to a dying person, as in Caedmon's case, it is referred to as the *viaticum*, a word that means provisions for a journey.

Þa gyt he frægn, hu neah þære tide wære, þætte þa broðor arisan scolden ond Godes lof ræran ond heora uhtsong singan.

Þa ondswaredon heo: "Nis hit feor to þon."

Cwæð he, "Teala, wuton we wel þære tide bidan," ond þa him gebæd[1] ond hine gesegnode mid Cristes rodetacne, ond his heafod onhylde to þæm bolstre ond medmicel fæc onslepte ond swa mid stilnesse his lif geendade.

Ond swa wæs geworden, þætte swa swa he hluttre mode ond bilwitre ond smyltre wilsumnesse Drihtne þeode, þæt he eac swylce swa smylte deaðe middangeard wæs forlætende, ond to his gesihðe becwom.[2]

Ond seo tunge, þe swa monig halwende word in þæs Scyppendes lof gesette, he ða swelce eac þa ytmæstan word in his herenisse, hine seolfne segniende ond his gast in his honda bebeodende, betynde.

Eac swelce þæt is gesegen,[3] þæt he wære gewis his seolfes forðfore, of þæm we nu secgan hyrdon.

---

1 **þa him gebæd**: "then prayed" ("him" is reflexive).
2 **to his gesihðe becwom**: "and came into His presence."
3 **þæt is gesegen**: "it is evident."

5

Cynewulf and Cyneheard

[*Anglo-Saxon Chronicle* (Parker MS) entry for the years 754 and 755]

The Anglo-Saxon Chronicle *is a year-by-year account of events in Anglo-Saxon England, begun during the reign of Alfred the Great, King of Wessex (d. 899). Before the reign of Alfred himself, its entries are usually short and confined in content to the accessions and deaths of kings and bishops. The story of Cynewulf and Cyneheard, presented here, is unusual for the early part of the* Chronicle *both because it is fairly lengthy and because it is a coherent narrative. Since the main figures involved are ancestors in the royal line of Wessex, it seems likely that the story was passed down through the generations as a notable tale about the royal house, perhaps in oral form.*

Some details of the events are obscure to modern readers because we do not have a thorough knowledge of such things as social customs or the architectural layout of an early Anglo-Saxon royal compound, but other aspects can be clarified when we realize that there is one important ideological presumption we do not necessarily share with the people in the story: that it is the solemn duty of a warrior not to desert his lord even when that lord has died, and in fact to remain on the battlefield attempting to revenge a slain lord even if that means the warrior's own certain death. Both lords command this extreme of loyalty from their warriors, and that fact and their parallel burials and the mention of royal descent suggest that for the author or authors, what some might describe as the treachery of surrounding and attacking a thinly guarded king is just clever strategy that ought not to diminish our respect for either man.

754. Her Cuþred forþferde, and Cyneheard onfeng biscepdome æfter Hunferþe on Wintanceastre; and Cantwara burg forbærn þy geare, and Sigebryht feng to Wesseaxna rice, and heold an gear.

755. Her Cynewulf benam Sigebryht his rices and Westseaxna wiotan[1] for unryhtum dædum, buton Hamtunscire. And he hæfde þa[2] oþ he ofslog þone aldormon þe him lengest wunode, and hiene þa Cynewulf on Andred adræfde. And he þær

---

1   **Cynewulf benam Sigebryht his rices and Westseaxna wiotan**: both "Cynewulf" and "Westseaxna wiotan" are subjects: "Cynewulf and the West Saxon Council deprived Sigebryht of his kingdom."

2   **þa**: *acc sing fem,* "it," i.e., Hampshire.

wunade oþ þæt hiene an swan ofstang æt Pryfetesflodan; and he wræc þone aldor-
mon, Cumbran.[1]

And se Cynewulf oft miclum gefeohtum feaht wiþ Bretwalum. And ymb xxxi
wintra þæs þe he rice hæfde,[2] he wolde adræfan anne æþeling se was Cyneheard
haten, and se Cyneheard wæs þæs Sigebryhtes broþur.

And þa geascode he þone cyning lytle werode on wifcyþþe on Merantune, and
hine þær berad, and þone bur utan beeode ær hine þa men onfunden þe mid þam
kyninge wærun.

And þa ongeat se cyning þæt, and he on þa duru eode,[3] and þa unheanlice hine
werede, oþ he on þone æþeling locude, and þa utræsde on hine, and hine miclum
gewundode. And hie alle on þone cyning wærun feohtende[4] oþ þæt hie hine ofs-
lægenne hæfdon.

And þa on þæs wifes gebærum[5] onfundon þæs cyninges þegnas þa unstilnesse
and þa þider urnon, swa hwelc swa þonne gearo wearþ and radost.[6] And hiera se
æþeling gehwelcum feoh and feorh gebead, and hiera nænig hit geþicgean nolde,
ac hie simle feohtende wæran[7] oþ hie alle lægon butan anum Bryttiscum gisle,
and se swiþe gewundad wæs.

Ða on morgenne gehierdun þæt þæs cyninges þegnas þe him beæftan wærun[8]
þæt se cyning ofslægen wæs, þa ridon hie þider, and his aldormon Osric, and
Wiferþ his þegn,[9] and þa men þe he beæftan him læfde ær, and þone æþeling on
þære byrig metton þær se cyning ofslægen læg, and þa gatu him to belocen hæf-
don[10] and þa þær to eodon.

And þa gebead he him hiera agenne dom feos and londes[11] gif hie him þæs rices
uþon,[12] and him cyþdon þæt hiera mægas him mid wæron þa þe him from

---

1 **he wræc þone aldormon, Cumbran:** "he (that is, the swineherd) was avenging the aldormann,
   (whose name was) Cumbra."
2 **ymb xxxi wintra þæs þe he rice hæfde:** "31 years after he got the kingdom."
3 **on þa duru eode:** "went to the door": the king is apparently separated from his warriors in the
   woman's *bur* or sleeping quarters.
4 **wærun feohtende:** "kept fighting."
5 **gebærum:** "behaviors," presumably here including yelling for help.
6 **swa hwelc swa þonne gearo wearþ and radost:** "whichever then was ready and quickest," i.e.,
   "each one as quick as he could arm himself."
7 **simle feohtende wæran:** "always were fighting," i.e., "kept on fighting without pause."
8 **þe him beæftan wærun:** i.e., who had not accompanied him on his trip to visit the woman in
   Merton.
9 **and his aldormon Osric, and Wiferþ his þegn ...:** "both Aldorman Osric and Thegn Wiferth ..."
10 **þa gatu him to belocen hæfdon:** "they (i.e., Cyneheard's men) had locked the gates against
   them (the king's men)."
11 **gebead he him hiera agenne dom feos and londes:** "he offered them their own judgment of
   money and land," i.e., he told them they could name their price.
12 **him þæs rices uþon:** "granted him the kingdom." In early Anglo-Saxon England, accession to
   the throne required the assent of the most powerful nobles.

noldon.[1] And þa cuædon hie þæt him nænig mæg leofra nære þonne hiera hlaford, and hie næfre his banan folgian noldon.

And þa budon hie hiera mægum þæt hie gesunde from eodon. And hie cuædon þæt þæt ilce hiera geferum geboden wære,[2] þe ær mid þam cyninge wærun. Þa cuædon hie þæt hie hie þæs ne onmunden "þon ma þe eowre geferan þe mid þam cyninge ofslægene wærun."

And hie þa ymb þa gatu feohtende wæron oþþæt hie þær inne fulgon, and þone æþeling ofslogon, and þa men þe him mid wærun alle butan anum. Se wæs þæs aldormonnes[3] godsunu, and he his feorh generede and þeah he wæs oft gewundad.

And se Cynewulf ricsode xxxi wintra, and his lic liþ æt Wintanceastre, and þæs æþelinges æt Ascanmynster, and hiera ryhtfæderencyn gæþ to Cerdice.[4]

And þy ilcan geare mon ofslog Æþelbald Miercna cyning on Seccandune, and his lic liþ on Hreopadune; and Beornræd feng to rice, and lytle hwile heold and ungefealice. And þy ilcan geare Offa feng to rice,[5] and heold xxxviiii wintra, and his sunu Egfer heold xli daga and c daga.

Se Offa wæs Þincgferþing, Þincgferþ Eanwulfing, Eanwulf Osmoding, Osmod Eawing, Eawa Pybing, Pybba Creoding, Creoda Cynewalding, Cynewald Cnebing, Cnebba Iceling, Icel Eomæring, Eomær Angelþowing, Angelþeow Offing, Offa Wærmunding, Wærmund Wyhtlæging, Wihtlæg Wodening.

---

1   **him from noldon:** "did not want to leave him," i.e., were prepared to die in his defense.

2   **þæt ilce hiera geferum geboden wære:** "the same thing had been offered to their (the king's men's) companions."

3   **þæs aldormonnes:** i.e., Osric's.

4   **gæþ to Cerdice:** "goes back to Cerdic" (the ancestor of the West Saxon royal line).

5   **Offa feng to rice:** Offa of Mercia was a famous and powerful king who controlled most of southern England during his reign; here the annalist breaks with the year-by-year style to give the length of his reign, his genealogy, and his succession.

6

The Great Army

In the entries from 866 to 878, the Anglo-Saxon Chronicle *redactor uses the annals (i.e., year-by-year account) form established in the early part of the* Chronicle *to tell the story of the events comprising the struggle that most defined later Anglo-Saxon England: the war between the resident Anglo-Saxons, who themselves had been invaders 500 years earlier, and an invading Norse army, called the* micel here *(big or great army). At the beginning of the period this excerpt from the* Chronicle *recounts, England was divided into several Anglo-Saxon kingdoms, of which Wessex was one and between which wars and skirmishes frequently broke out, and this internal structure had been oppressed but not compromised for some time by frequent raids and demands for protection money from increasingly large groups of Vikings. By the end of the period, a massive Viking army, led by the sons of Ragnar Lothbrok ("Shaggy Breeches") and others, had subdued all of England but Wessex, and by making peace with Alfred the Great at Wedmore they established their right to continued ownership, thus creating the Danelaw and providing a foundation for future Danish claims to the throne of England. The story is naturally told from the Anglo-Saxon (in fact, West Saxon) point of view, and the tale is for that reason one of heroic resistance against a treacherous and lying enemy, dire straits, impossible odds, and near disaster for our heroes, and a final battle led by a single great man who prevails and conquers.*

866. Her feng Æþered Æþelbryhtes broþur[1] to Wesseaxna rice; and þy ilcan geare cuom micel here[2] on Angelcynnes lond, and wintersetl namon on Eastenglum, and þær gehorsude wurdon, and hie him friþ wiþ namon.[3]

867. Her for se here of Eastenglum ofer Humbre muþan to Eoforwicceastre on Norþhymbre, and þær wæs micel ungeþuærnes þære þeode betweox him selfum, and hie hæfdun hiera cyning aworpenne Osbryht, and ungecyndne cyning[4] under-

---

1 **Æþered Æþelbryhtes broþur**: Aethelred was the older brother of Alfred the Great; he succeeded his brother Aethelbryht to the West Saxon throne.

2 **micel here**: This army was led by the sons of Ragnar Lothbrok, Halfdan, Ivar the Boneless, and Ubbe; it had earlier been busy in France.

3 **gehorsude wurdon, and hie him friþ wiþ namon**: Although presented here as two separate events, these may of course be connected: the East Anglians may have bought protection from the invading Scandinavians by providing them with horses and promising no resistance.

4 **ungecyndne cyning**: "an unnatural (non-royal) king": kingship was not necessarily hereditary early in the Anglo-Saxon period; instead, claimants to the throne needed to come from the royal kin group.

fengon Ællan; and hie late on geare to þam gecirdon[1] þæt hie wiþ þone here win-
nende wærun, and hie þeah[2] micle fierd gegadrodon, and þone here sohton æt
Eoforwicceastre, and on þa ceastre bræcon, and hie sume inne wurdon,[3] and þær
was ungemetlic wæl geslægen Norþanhymbra, sume binnan, sume butan; and þa
cyningas begen ofslægene,[4] and sio laf wiþ þone here friþ nam; and þy ilcan geare
gefor Ealchstan Biscep, and he hæfde þæt bisceprice .l. wintra æt Scireburnan, and
his lic liþ þær on tune.

868. Her for se ilca here innan Mierce to Snotengaham, and þær wintersetl namon;
and Burgræd Miercna Cyning and his wiotan bædon Æþered Westseaxna Cyning
and Ælfred his broþur þæt hie him gefultumadon, þæt hie wiþ þone here gefuh-
ton; and þa ferdon hie mid Wesseaxna fierde innan Mierce oþ Snotengaham, and
þone here þær metton on þam geweorce, and þær nan hefelic gefeoht ne wearþ, and
Mierce friþ namon wiþ þone here.

869. Her for se here eft to Eoforwicceastre, and þær sæt .i. gear.

870. Her rad se here ofer Mierce innan Eastengle and wintersetl namon æt Þeod-
forda, and þy wintre Eadmund Cyning him wiþ feaht, and þa Deniscan sige namon,
and þone cyning ofslogon, and þæt lond all geeodon. And þy geare gefor Ceolnoþ
Ærcebiscop, and Æþered Wiltunscire Biscop wearþ gecoren to Ærcebiscpe to Can-
tuareberi.

871. Her cuom se here to Readingum on Westseaxe, and þæs ymb .iii. niht ridon
.ii. eorlas[5] up. Þa gemette hie Æþelwulf Aldorman on Englafelda, and him þær wiþ
gefeaht and sige nam; þæs ymb .iiii. niht Æþered Cyning and Ælfred his broþur
þær micle fierd to Readingum gelæddon, and wiþ þone here gefuhton, and þær
wæs micel wæl geslægen on gehwæþre hond, and Æþelwulf Aldormon wearþ of-
slægen, and þa Deniscan ahton wælstowe gewald;[6] and þæs ymb .iiii. niht gefeaht
Æþered Cyning and Ælfred his broþur wiþ alne þone here on Æscesdune, and hie
wærun on twæm gefylcum, on oþrum wæs Bachsecg[7] and Halfdene þa hæþnan
cyningas, and on oþrum wæron þa eorlas; and þa gefeaht se cyning Æþered wiþ
þara cyninga getruman, and þær wearþ se cyning Bagsecg ofslægen; and Ælfred his
broþur wiþ þara eorla getruman, and þær wearþ Sidroc Eorl ofslægen se Alda, and

1 **to þam gecirdon**: "made up their minds."
2 **þeah**: "nevertheless," i.e., despite their internal quarrels and indecision.
3 **hie sume inne wurdon**: "some of them got in."
4 **þa cyningas begen ofslægene**: presumably Osbryht and Aella, just mentioned.
5 **eorlas**: "jarls." In later Scandinavian history the word has a fairly precise meaning, but the
   Chronicle writers here use it for any Scandinavian war leader they do not consider to be a king.
6 **ahton wælstowe gewald**: "had control of the battlefield," i.e., "won the battle."
7 **Bachsecg**: an otherwise unknown Scandinavian "king."

Sidroc Eorl se Gioncga, and Osbearn Eorl, and Fræna Eorl, and Hareld Eorl, and
þa hergas begen gefliemde, and fela þusenda ofslægenra, and onfeohtende wæron
oþ niht. And þæs ymb .xiiii. niht gefeaht Æþered Cyning and Ælfred his broður
wiþ þone here æt Basengum, and þær þa Deniscan sige namon; and þæs ymb .ii.
monaþ gefeaht Æþered Cyning and Ælfred his broþur wiþ þone here æt Mere-
tune, and hie wærun on tuæm gefylcium, and hie butu gefliemdon,[1] and longe on
dæg sige ahton, and þær wearþ micel wælsliht on gehwæþere hond, and þa Denis-
can ahton wælstowe gewald; and þær wearþ Heahmund Biscep ofslægen,[2] and fela
godra monna; and æfter þissum gefeohte cuom micel sumorlida;[3] and þæs ofer
Eastron gefor Æþered Cyning, and he ricsode .v. gear, and his lic liþ æt Winbur-
nan. Þa feng Ælfred Æþelwulfing his broþur to Wesseaxna rice; and þæs ymb anne
monaþ gefeaht Ælfred Cyning wiþ alne þone here lytle werede æt Wiltune, and
hine[4] longe on dæg gefliemde, and þa Deniscan ahton wælstowe gewald; and þæs
geares[5] wurdon .viiii. folcgefeoht gefohten wiþ þone here on þy cynerice[6] be suþan
Temese, and butan þam þe him Ælfred þæs cyninges broþur, and anlipig aldor-
mon, and cyninges þegnas oft rade onridon[7] þe mon na ne rimde, and þæs geares
wærun ofslægene .viiii. eorlas and an cyning; and þy geare namon Westseaxe friþ
wiþ þone here.

872. Her for se here to Lundenbyrig from Readingum, and þær wintersetl nam,
and þa namon Mierce friþ wiþ þone here.

873. Her for se here on Norþhymbre, and he nam wintersetl on Lindesse æt Ture-
cesiege, and þa namon Mierce friþ wiþ þone here.

874. Her for se here from Lindesse to Hreopedune, and þær wintersetl nam, and
þone cyning Burgræd ofer sæ adræfdon ymb .xxii. wintra þæs þe he rice hæfde,[8]
and þæt lond all geeodon; and he for to Rome and þær gesæt[9] and his lic liþ on
Sancta Marian Ciricean on Angelcynnes scole; and þy ilcan geare hie[10] sealdon

---

1 **hie butu gefliemdon:** "(they) drove them both off," i.e., both Scandinavian divisions.
2 **wearþ Heahmund Biscep ofslægen:** Heahmund is one of several warrior bishops known from
   the period.
3 **sumorlida:** in contrast to the unusual event of an occupying and overwintering Great Army, a
   sumorlida, although here reinforcing the Great Army, was a more traditional temporary army
   destined to return with booty after a summer of raiding.
4 **hine:** "it," i.e., the army.
5 **þæs geares:** the genitive signals duration: "in the course of the year."
6 **on þy cynerice:** "in the kingdom," i.e., on the territory of the West Saxons.
7 **rade onridon:** "rode out on raiding expeditions."
8 **ymb .xxii. wintra þæs þe he rice hæfde:** "32 years after he had taken the throne."
9 **and þær gesæt:** "and stayed there."
10 **hie:** i.e., the invading Scandinavians.

anum unwisum cyninges þegne Miercna rice to haldanne, and he him aþas swor and gislas salde, þæt he him gearo wære swa hwelce dæge swa hie hit habban wolden, and he gearo wære mid him selfum and on allum þam þe him læstan woldon to þæs heres þearfe.

875. Her for se here from Hreopedune, and Healfdene for mid sumum þam here[1] on Norþhymbre. and nam wintersetl be Tinan þære ea, and se here þæt lond geeode. and oft hergade on Peohtas, and on Stræcled Walas; and for Godrum and Oscytel and Anwynd,[2] þa .iii. cyningas, of Hreopedune to Grantebrycge mid micle here, and sæton þær an gear; and þy sumera for Ælfred Cyning ut on sæ mid sciphere, and gefeaht wiþ .vii. sciphlæstas, and hiera an[3] gefeng. and þa oþru gefliemde.

876. Her hiene bestæl se here into Werham Wesseaxna fierde,[4] and wiþ þone here se cyning friþ nam, and him þa aþas sworon on þam halgan beage,[5] þe hie ær nanre þeode noldon, þæt hie hrædlice of his rice foren; and hie þa, under þam[6] hie nihtes bestælon þære fierde se gehorsoda here into Escanceaster; and þy geare Healfdene Norþanhymbra lond gedælde, and ergende wæron[7] and hiera[8] tilgende.

877. Her cuom se here into Escanceastre from Werham, and se sciphere sigelede west ymbutan, and þa mette hie micel yst on sæ, and þær forwearþ .cxx. scipa æt Swanawic; and se cyning Ælfred æfter þam gehorsudan here mid fierde rad oþ Exanceaster and hie hindan ofridan ne meahte ær hie on þam fæstene wæron, þær him mon to ne meahte;[9] and hie him þær foregislas saldon. swa fela swa he habban wolde, and micle aþas sworon, and þa godne friþ heoldon; and þa on hærfæste gefor se here on Miercna lond, and hit gedældon sum, and sum Ceolwulfe[10] saldon.

---

1   **sumum þam here**: "part of the army."

2   **for Godrum and Oscytel and Anwynd**: "Godrum and Oscytel and Anwynd went"—in the case of a postposed compound subject, the verb agrees in number with the first element in the compound.

3   **hiera an**: "one of them."

4   **hiene bestæl se here ... Wesseaxna fierde**: "the army snuck past ... the West Saxon militia" ("hiene" is reflexive: "the army bestole itself").

5   **on þam halgan beage**: it is unclear whether the reference is to some pagan ceremony or to a Christian bishop's ring.

6   **under þam**: i.e., despite that (solemn oath).

7   **ergende wæron**: "set about plowing it."

8   **hiera**: their individual plots of land.

9   **mon to ne meahte**: "they could not be got at."

10   **Ceolwulfe**: This Ceolwulf must be the unwise king's thegn made a puppet king in the 874 entry.

878. Her hiene bestæl se here on midne winter ofer tuelftan niht to Cippan-
hamme, and geridon Wesseaxna lond and gesæton micel þæs folces and ofer sæ
adræfdon, and þæs oþres þone mæstan dæl hie geridon, and him to gecirdon[1] buton
þam cyninge Ælfrede. and he lytle werede unieþelice æfter wudum for, and on
morfæstenum; and þæs ilcan wintra wæs Inwæres broþur and Healfdenes on West-
seaxum[2] on Defenascire mid .xxiii. scipum, and hiene mon þær ofslog, and .dccc.
monna mid him, and .xl. monna his heres; and þæs on Eastron worhte Ælfred
cyning lytle werede geweorc æt Æþelinga eigge, and of þam geweorce was win-
nende wiþ þone here, and Sumursætna se dæl, se þær niehst wæs.[3] Þa on þære seo-
foðan wiecan ofer Eastron he gerad to Ecgbryhtes stane be eastan Sealwyda, and
him to com mon þær ongen Sumorsæte alle, and Wilsætan, and Hamtunscir se
dæl, se hiere behinon sæ was, and his gefægene wærun;[4] and he for ymb ane niht
of þam wicum to Iglea, and þæs ymb ane to Eþandune, and þær gefeaht wiþ alne
þone here, and hiene gefliemde, and him æfter rad oþ þæt geweorc, and þær sæt
.xiiii. niht; and þa salde se here him foregislas and micle aþas, þæt hie of his rice
uuoldon, and him eac geheton þæt hiera kyning fulwihte onfon wolde, and hie þæt
gelæston swa; and þæs ymb .iii. wiecan com se cyning to him Godrum þritiga sum
þara monna þe in þam here weorþuste wæron[5] æt Alre, and þæt is wiþ Æþelingga
eige; and his se cyning þær onfeng æt fulwihte,[6] and his crismlising was æt Weþ-
mor, and he was .xii. niht mid þam cyninge, and he hine miclum and his geferan
mid feo weorðude.

---

1 **him to gecirdon**: "they submitted to them."

2 **on Westseaxum**: i.e., in Wessex.

3 **Sumursætna se dæl, se þær niehst wæs**: i.e., the men of the part of Somerset that was closest.

4 **his gefægene wærun**: "they were glad to see him."

5 **com se cyning to him Godrum þritiga sum þara monna þe in þam here weorþuste wæron**:
   "Godrum the king came to him with thirty of the men who were highest ranked in the army."

6 **his se cyning þær onfeng æt fulwihte**: "the king received him there at baptism," i.e., acted as
   his baptismal sponsor.

7

Sermo Lupi ad Anglos

Wulfstan, Archbishop of York (d. 1023), was an important political figure and legis-lator of the early eleventh century and a prolific writer, particularly of homilies. He sometimes called himself by the Latin version of the first element in his name Wulfstan ("wolf-stone"), which is Lupus. Sermo Lupi ad Anglos ("The Sermon of the Wolf to the English" or "What the Wolf Said to the English") is his most famous homily. Gener-ically, it is a jeremiad, or lamenting description of the evils of the writer's own society blaming the downfall of that society on corruption and moral depravity. Specifically, Wulfstan says that the immorality of the Anglo-Saxons is to blame for the Danish inva-sions and for various oppressive actions and atrocities carried out by Danish invaders against English people. (If the date given in the manuscript heading is correct, the spe-cific circumstance Wulfstan was reacting to must be the invasion of 1013 of Sweyn Forkbeard, who became King of England after driving out Æthelræd the Unready.) There are biblical models for such a jeremiad, including the Book of Jeremiah itself, and Wulfstan also mentions that he has a model in Gildas, a Briton who wrote a Latin jer-emiad blaming the invasion of the Anglo-Saxons on the depravity of the Britons.

Sermo Lupi is probably the best-known homily of the Anglo-Saxon period. It is remarkable not only for its sustained heightened emotional pitch of outrage and invec-tive, directed at both the Danes for their ferocity and the English for their depravity, but also for its highly sophisticated use of rhetorical and poetic devices, the most notable of which are probably the thundering volleys of listed atrocities, heightened by the use of rhyme and alliteration, that punctuate and structure the homily. As a prose composi-tion, it shows the power and sophistication of Old English as a medium of expression and persuasion, and the reader can perhaps glimpse in its rhythms some of the spell-binding passion that a really fine orator could bring to the language.

Sermo Lupi ad anglos quando Dani maxime persecuti sunt eos, quod fuit anno millesimo .xiiii. ab incarnatione Domine Nostri Iesu Cristi

[The speech of the Wolf[1] (i.e., Wulfstan, Archbishop of York and Worcester) to the English when the Danes were persecuting them most severely, which was the year 1014 from the incarnation of Our Lord Jesus Christ.]

---

1   Punning on the first element of Wulfstan's name, "Sermo Lupi" ("the speech of the wolf," "what the wolf said") suggests both animal ferocity and (to Anglo-Saxons for whom the wolf was one of the "beasts of battle" who feasted on the corpses of the slain) human armed conflict.

Leofan men, gecnawað þæt soð is:[1] ðeos worold is on ofste, and hit nealæcð þam ende,[2] and þy[3] hit is on worolde aa swa leng swa wyrse;[4] and swa hit sceal nyde for folces synnan ær Antecristes tocyme[5] yfelian swyþe, and huru hit wyrð þænne egeslic and grimlic wide on worolde.

Understandað eac georne þæt deofol þas þeode nu fela geara dwelode to swyþe,[6] and þæt lytle getreowþa wæran mid mannum, þeah hy wel spæcan, and unrihta to fela[7] ricsode on lande.

And næs a[8] fela manna þe smeade ymbe þa bote swa georne swa man scolde, ac dæghwamlice man ihte yfel æfter oðrum and unriht rærde and unlaga manege ealles to wide[9] gynd ealle þas þeode.

And we eac forþam habbað fela byrsta and bysmara gebiden, and gif we ænige bote gebidan scylan, þonne mote we þæs to Gode earnian[10] bet þonne we ær þysan dydan.

Forþam mid miclan earnungan we geearnedan þa yrmða þe us onsittað, and mid swyþe micelan earnungan we þa bote motan æt Gode geræcan[11] gif hit sceal heonanforð godiende[12] weorðan.

La hwæt,[13] we witan ful georne þæt to miclan bryce sceal micel bot nyde,[14] and to miclan bryne wæter unlytel, gif man þæt fyr sceal to ahte acwencan.

And micel is nydþearf manna gehwilcum þæt he Godes lage gyme heonanforð georne and Godes gerihta mid rihte gelæste.

---

1 gecnawað þæt soð is: "recognize what the truth is."

2 hit nealæcð þam ende: this mention of the end of the world, perhaps connected with the millennial fever of the period, sets the Scandinavian depredations within the context of the "wars and rumors of wars" of the Books of Matthew and Revelation.

3 þy: "for that reason."

4 swa leng swa wyrse: "the longer, the worse."

5 Antecristes tocyme: the arrival of the Antichrist, a figure who appears by name in the epistles of John and in conventional exegesis is equated with several figures in the Book of Revelation, including the Dragon, the Beast, and the False Prophet. His arrival would be one of the signs of the "last days."

6 to swyþe: "too much."

7 to fela: "too many."

8 a: "at all."

9 ealles to wide: "entirely too broadly."

10 þæs to Gode earnian: "deserve this from God."

11 æt Gode geræcan: "get from God."

12 godiende: "improving, getting better."

13 La hwæt: an exclamation underlining the importance of what is about to be said: "oh," "indeed," "certainly."

14 to miclan bryce sceal micel bot nyde: "for a great infraction a great remedy is necessary" or "for a great transgression a great atonement is necessary"—the terms have both legal and spiritual resonance.

On hæþenum þeodum ne dear man forhealdan lytel ne micel þæs þe gelagod is to gedwolgoda weorðunge, and we forhealdað æghwær Godes gerihta[1] ealles to gelome.[2]

And ne dear man gewanian on hæþenum þeodum inne ne ute ænig þæra þinga þe gedwolgodan broht bið and to lacum betæht bið, and we habbað Godes hus inne and ute clæne berypte.

And Godes þeowas syndan mæþe and munde gewelhwær bedælde; and gedwolgoda þenan ne dear man misbeodan on ænige wisan mid hæþenum leodum, swa swa man Godes þeowum nu deð to wide þær Cristene scoldan Godes lage healdan and Godes þeowas griðian.

Ac soð is þæt ic secge, þearf is þære bote, forþam Godes gerihta wanedan to lange innan þysse þeode on æghwylcan ende,[3] and folclaga wyrsedan ealles to swyþe, and halignessa syndan to griðlease wide, and Godes hus syndan to clæne berypte ealdra gerihta[4] and innan bestrypte ælcra gerisena, and wydewan syndan fornydde on unriht to ceorle,[5] and to mænege foryrmde and gehynede swyþe, and earme men syndan sare beswicene and hreowlice besyrwde and ut of þysan earde wide gesealde,[6] swyþe unforworhte, fremdum to gewealde, and cradolcild geþeowede þurh wælhreowe unlaga for lytelre þyfþe wide gynd þas þeode, and freoriht fornumene and þrælriht genyrwde and ælmesriht gewanode.

And, hrædest is to cweþenne, Godes laga laðe[7] and lara forsawene.

And þæs[8] we habbað ealle þurh Godes yrre bysmor gelome, gecnawe se ðe cunne;[9] and se byrst wyrð gemæne, þeh man swa ne wene, eallre þysse þeode,[10] butan God beorge.

Forþam hit is on us eallum swutol and gesene þæt we ær þysan oftor bræcan þonne we bettan, and þy is þysse þeode fela onsæge.

Ne dohte hit nu lange inne ne ute,[11] ac wæs here and hunger, bryne and blodgyte, on gewelhwylcan ende oft and gelome.

And us stalu and cwalu, stric and steorfa, orfcwealm and uncoþu, hol and hete and rypera reaflac derede swyþe þearle, and us ungylda swyþe gedrehtan, and us unwedera foroft weoldan unwæstma.

---

1 **Godes gerihta**: here, legally required tithes and offerings to the church.

2 **ealles to gelome**: "all too commonly."

3 **on æghwylcan ende**: "in each end (district)," i.e., everywhere.

4 **ealdra gerihta**: "of longstanding privileges."

5 **fornydde on unriht to ceorle**: i.e., wrongly forced into remarriage.

6 **gesealde**: i.e., into slavery.

7 **Godes laga laðe**: understand **syndan** from previous sentence: "God's laws are hateful."

8 **þæs**: "(as a result) of that."

9 **gecnawe se ðe cunne**: "may he who is able to do so understand."

10 **gemæne ... eallre þysse þeode**: "common ... to this whole nation."

11 **inne ne ute**: i.e., either within the kingdom or in foreign affairs.

Forþam on þysan earde wæs, swa hit þincan mæg, nu fela geara unriht fela and tealte getrywða æghwær mid mannum.

Ne bearh nu foroft gesib gesibban þe ma þe fremdan, ne fæder his bearne, ne hwilum bearn his agenum fæder, ne broþor oþrum; ne ure ænig his lif ne fadode swa swa he scolde, ne gehadode regollice, ne læwede lahlice,[1] ac worhtan lust us to lage[2] ealles to gelome, and naþor ne heoldan ne lare ne lage Godes ne manna swa swa we scoldan.

Ne ænig wið oþerne getrywlice þohte swa rihte swa he scolde, ac mæst ælc swicode and oþrum derede wordes and dæde,[3] and huru unrihtlice mæst ælc[4] oþerne æftan heaweþ sceandlican onscytan, do mare gif he mæge.[5]

Forþam her syn on lande ungetrywþa micle for Gode and for worolde,[6] and eac her syn on earde on mistlice wisan hlafordswican manege.

And ealra mæst hlafordswice se bið on worolde[7] þæt man his hlafordes saule beswice; and ful micel hlafordswice eac bið[8] on worolde þæt man his hlaford of life forræde oððon of lande lifiendne drife; and ægþer is geworden[9] on þysan earde.

Eadweard[10] man forrædde and syððan acwealde and æfter þam forbærnde.[11]

And godsibbas and godbearn to fela man forspilde wide gynd þas þeode toeacan oðran ealles to manegan[12] þe man unscyldgige forfor ealles to wide.

And ealles to manege halige stowa wide forwurdan þurh þæt þe man sume men ær þam gelogode swa man na ne scolde, gif man on Godes griðe mæþe witan

---

1 **ne gehadode regollice, ne læwede lahlice**: "neither monks by the monastic Rule, nor laypeople by the law."

2 **worhtan lust us to lage**: "made desire/pleasure our law."

3 **wordes and dæde**: "in word and deed."

4 **mæst ælc**: "just about everyone."

5 **do mare gif he mæge**: "and will do more if he is able."

6 **for Gode and for worolde**: "before (i.e., apparent to) God and before the world."

7 **ealra mæst hlafordswice se bið on worolde**: "the worst of all acts of treachery against a lord there is in the world (is)."

8 **ful micel hlafordswice eac bið**: "it is also a very great act of treachery against a lord."

9 **ægþer is geworden**: "each has happened." Æthelræd the Unready was driven from England by Swein Forkbeard in 1013; other versions of *Sermo Lupi* mention him by name, and the sentence about him may have been removed from this version because the text was revised during the reign of Swein's son Cnut (Canute), when to mention Æthelræd's exile with regret might have been impolitic.

10 **Eadweard**: Edward the Martyr, who was killed in 978 in mysterious circumstances that certainly involved plotting against his life, probably by supporters of his step-brother Æthelræd allied with his step-mother Ælfthryth.

11 **æfter þam forbærnde**: Wulfstan is the only authority to mention the burning of Edward's body.

12 **toeacan oðran ealles to manegan**: "in addition to all too many others."

wolde;[1] and Cristenes folces to fela man gesealde[2] ut of þysan earde nu ealle hwile. And eal þæt is Gode lað, gelyfe se þe wille.

And scandlic is to specenne þæt geworden is to wide and egeslic is to witanne þæt oft doð to manege þe dreogað þa yrmþe,[3] þæt sceotað togædere and ane cwenan gemænum ceape bicgað gemæne,[4] and wið þa ane fylþe adreogað, an after anum and ælc æfter oðrum, hundum gelicost þe for fylþe ne scrifað, and syððan wið weorðe syllað of lande feondum to gewealde[5] Godes gesceafte and his agenne ceap þe he deore gebohte.

Eac we witan georne hwær seo yrmð gewearð þæt fæder gesealde[6] bearn wið weorþe and bearn his modor, and broþor sealde oþerne fremdum to gewealde; and eal þæt syndan micle and egeslice dæda, understande se þe wille.

And git hit is mare and eac mænigfealdre þæt dereð þysse þeode.

Mænige synd forsworene and swyþe forlogene, and wed synd tobrocene oft and gelome, and þæt is gesyne on þysse þeode þæt us Godes yrre hetelice onsit, gecnawe se þe cunne.

And la, hu mæg mare scamu þurh Godes yrre mannum gelimpan þonne us deð gelome for agenum gewyrhtum?

Ðeah þræla hwylc hlaforde ætleape and of Cristendome to wicinge weorþe, and hit æfter þam eft geweorþe þæt wæpengewrixl weorðe gemæne þegene and þræle, gif þræl þæne þegen fullice afylle, licge ægylde ealre his mægðe.

And gif se þegen þæne þræl þe he ær ahte fullice afylle, gylde þegengylde.[7]

Ful earhlice laga and scandlice nydgyld þurh Godes yrre us syn gemæne, understande se þe cunne. And fela ungelimpa gelimpð þysse þeode oft and gelome.

Ne dohte hit nu lange inne ne ute, ac wæs here and hete on gewelhwilcan ende oft and gelome, and Engle nu lange eal sigelease and to swyþe geyrgde þurh Godes yrre, and flotmen swa strange þurh Godes þafunge þæt oft on gefeohte an feseð tyne and hwilum læs, hwilum ma, eal for urum synnum.

And oft tyne oððe twelfe, ælc æfter oþrum, scendað to bysmore þæs þegenes cwenan and hwilum his dohtor oððe nydmagan þær he on locað þe læt hine sylfne rancne and ricne and genoh godne[8] ær þæt gewurde.

---

1 **þurh þæt þe ... mæþe witan wolde**: "because of the fact that they were given into the control of a certain man, which ought not to have been done, if people had been willing to give honor to God's peace."

2 **gesealde**: i.e., into slavery.

3 **dreogað þa yrmþe**: not "endure misery" but "perform the wretched deed."

4 **gemænum ceape bicgað gemæne**: "buy together as a common purchase."

5 **feondum to gewealde**: "into the power of enemies."

6 **gesealde**: again, "sold into slavery" is understood.

7 The syntax of this and the preceding sentence suggests that they are texts of a proposed law that has been inserted into the speech without alteration.

8 **þe læt hine sylfne rancne and ricne and genoh godne**: "who considered himself to be noble and powerful and good enough."

And oft þræl þæne þegen þe ær wæs his hlaford cnyt swyþe fæste and wyrcð him to þræle þurh Godes yrre.

Wala þære yrmðe[1] and wala þære woroldscame þe nu habbað Engle eal þurh Godes yrre.

Oft twegen sæmen oððe þry hwilum drifað þa drafe Cristenra manna fram sæ to sæ ut þurh þas þeode gewelede togædere, us eallum to woroldscame, gif we on eornost ænige cuþon ariht understandan.[2]

Ac ealne þæne bysmor þe we oft þoliað we gyldað mid weorðscipe þam þe us scendað.[3]

We him[4] gyldað singallice, and hy us hynað dæghwamlice.

Hy hergiað and hy bærnað, rypaþ and reafiað and to scipe lædað; and la, hwæt is ænig oðer on eallum þam gelimpum butan Godes yrre ofer þas þeode, swutol and gesæne?

Nis eac nan wundor þeah us mislimpe, forþam we witan ful georne þæt nu fela geara men na ne rohtan foroft hwæt hy worhtan wordes oððe dæde, ac wearð þes þeodscipe, swa hit þincan mæg, swyþe forsyngod þurh mænigfealde synna and þurh fela misdæda: þurh morðdæda and þurh mandæda, þurh gitsunga and þurh gifernessa, þurh stala and þurh strudunga, þurh mannsylena and þurh hæþene unsida, þurh swicdomas and þurh searacræftas, þurh lahbrycas and þurh æswicas, þurh mægræsas and þurh manslyhtas, þurh hadbrycas and þurh æwbrycas, þurh siblegeru and þurh mistlice forligru.

And eac syndan wide, swa we ær cwædan, þurh aðbricas and þurh wedbrycas and þurh mistlice leasunga forloren and forlogen ma þonne scolde, and freolsbricas and fæstenbrycas wide geworhte oft and gelome.

And eac her syn on earde apostatan abroþene and cyrichatan hetole and leod-hatan grimme ealles to manege, and oferhogan wide godcundra rihtlaga and Cristenra þeawa, and hocorwyrde dysige æghwær on þeode oftost on þa þing þe Godes bodan beodaþ and swyþost on þa þing þe æfre to Godes lage gebyriað mid rihte.

And þy is nu geworden wide and side to ful yfelan gewunan, þæt menn swyþor scamað nu for goddædan þonne for misdædan; forþam to oft man mid hocere goddæda hyrweð and godfyrhte lehtreð ealles to swyþe, and swyþost man tæleð and mid olle gegreteð ealles to gelome þa þe riht lufiað and Godes ege habbað be ænigum dæle.

And þurh þæt þe man swa deð þæt man eal hyrweð þæt man scolde heregian and to forð[5] laðet þæt man scolde lufian, þurh þæt man gebringeð ealles to manege on

---

1 **Wala þære yrmðe:** "alas for the misery."

2 **ænige cuþon ariht understandan:** "were able to understand anything properly."

3 **we gyldað mid weorðscipe þam þe us scendað:** "we repay by honoring those who dishonor us."

4 **him:** the Scandinavian invaders.

5 **to forð:** "too extensively."

yfelan geþance and on undæde, swa þæt hy ne scamað na þeah hy syngian swyðe
and wið God sylfne forwyrcan hy mid ealle, ac for idelan onscytan hy scamað þæt
hy betan heora misdæda, swa swa bec tæcan, gelice þam dwæsan þe for heora pry-
tan lewe nellað beorgan ær hy na ne magan, þeah hy eal willan.

Her syndan þurh synleawa, swa hit þincan mæg, sare gelewede to manege on
earde.

Her syndan mannslagan and mægslagan and mæsserbanan and mynsterhatan;
and her syndan mansworan and morþorwyrhtan; and her syndan myltestran and
bearnmyrðran and fule forlegene horingas manege; and her syndan wiccan and
wælcyrian.[1]

And her syndan ryperas and reaferas and woroldstruderas and, hrædest is to
cweþenne,[2] mana and misdæda ungerim ealra.[3]

And þæs us ne scamað na,[4] ac þæs us scamað swyþe þæt we bote aginnan swa
swa bec[5] tæcan, and þæt is gesyne on þysse earman forsyngodon þeode.

Eala, micel magan manege gyt hertoeacan eaþe beþencan þæs þe an man ne
mehte on hrædinge asmeagan, hu earmlice hit gefaren is nu ealle hwile wide gynd
þas þeode.

And smeage huru georne gehwa hine sylfne[6] and þæs[7] na ne latige ealles to lange.

Ac la, on Godes naman utan don swa us neod is, beorgan us sylfum swa we
geornost magan þe læs we ætgædere ealle forweorðan.

An þeodwita wæs on Brytta tidum[8] Gildas[9] hatte.

Se awrat be heora misdædum hu hy mid heora synnum swa oferlice swyþe God
gegræmedan þæt he let æt nyhstan Engla here heora eard gewinnan and Brytta
dugeþe[10] fordon mid ealle.

And þæt wæs geworden þæs þe he sæde,[11] þurh ricra reaflac and þurh gitsunge
wohgestreona, ðurh leode unlaga and þurh wohdomas, ðurh biscopa asolcennesse

---

1   wælcyrian: although the same word as Valkyries (choosers of the slain, mythological women
    who brought corpses of the valiant from the battlefield to Valhalla), the word means only "sor-
    ceress, witch" in later Anglo-Saxon Christian England.

2   hrædest is to cweþenne: "to say shortly."

3   ungerim ealra: "entirely beyond number."

4   þæs us ne scamað na: "we are not at all ashamed of that."

5   bec: i.e., the books of the Bible.

6   smeage huru georne gehwa hine sylfne: "indeed let each consider himself carefully."

7   þæs: "in that."

8   on Brytta tidum: "in the time of the Britons," the Celtic people who inhabited the southern
    part of the island of Britain before the arrival of the Anglo-Saxons.

9   Gildas: the sixth-century author of *De excidio et conquestu Britanniae*, a jeremiad blaming the
    depredations of the invading Anglo-Saxons, pagan at that point, on the sins of the Christian
    Britons. With this reference, Wulfstan acknowledges Gildas as an inspiration for his own work.

10 Brytta dugeþe: "the nobility of the Britons."

11 þæs þe he sæde: "according to what he said."

and þurh lyðre yrhðe Godes bydela þe soþes geswugedan ealles to gelome and clumedan mid ceaflum[1] þær hy scoldan clypian.

Þurh fulne eac folces gælsan and þurh oferfylla and mænigfealde synna heora eard hy forworhtan and selfe hy forwurdan.[2]

Ac utan don swa us þearf is, warnian us be swilcan. And soþ is þæt ic secge, wyrsan dæda we witan mid Englum þonne we mid Bryttan ahwar gehyrdan.

And þy us is þearf micel þæt we us beþencan and wið God sylfne þingian georne.

And utan don swa us þearf is, gebugan to rihte and be suman dæle[3] unriht forlætan and betan swyþe georne þæt we ær bræcan.

And utan God lufian and Godes lagum fylgean, and gelæstan swyþe georne þæt þæt we behetan þa we fulluht underfengan, oððon þa þe æt fulluhte ure forespecan wæran.

And utan word and weorc rihtlice fadian and ure ingeþanc clænsian georne and að and wed wærlice healdan and sume getrywða habban us betweonan butan uncræftan.

And utan gelome understandan þone miclan dom þe we ealle to sculon, and beorgan us georne wið þone weallendan bryne hellewites, and geearnian us þa mærða and þa myrhða þe God hæfð gegearwod þam þe his willan on worolde gewyrcað.

God ure helpe,[4] amen.

---

1 **clumedan mid ceaflum**: "muttered in their jaws," i.e., "muttered under their breath."

2 **forwurdan**: although the kingdoms of southeastern Britain did not survive the Anglo-Saxon immigration, the Britons themselves did not in fact "perish," but were driven west to Wales and Cornwall, north to Strathclyde, and over the sea to Britanny.

3 **be suman dæle**: "to some extent," here used in sarcasm.

4 **God ure helpe**: "may God help us."

8

The Voyage of Wulfstan to Estland

This travel narrative is one of two voyage accounts that were inserted into the Old English translation of Orosius' Historia adversus paganos, *a history of the world intended to show that paganism not Christianity was to blame for the decline of the Roman Empire. A fairly lengthy section giving an account of the geography of northwest Europe was also added, possibly when the Latin text was translated. The account of the voyage of Wulfstan immediately follows an account of the voyage of a Norwegian named Ohthere over the top of the Scandinavian peninsula (included in* A Gentle Introduction to Old English)*, and the fact that Wulfstan's voyage begins in Hedeby—whereas the account of Ohthere's ends there—has tempted some scholars to connect them, for example theorizing that only Ohthere visited England, but that he recounted what Wulfstan had told him about his voyage in the Baltic. In fact, small stylistic and usage differences between the two stories and between them and the main text of Orosius make it seem more likely that the two accounts existed as independent documents before their incorporation into the larger text. We do not know anything about who Wulfstan was, though his name is English. Some ethnographic aspects of the narrative seem fabulous (though perhaps based on second-hand understanding of actual phenomena and practices), while others are fairly accurate descriptions of known geography, so it is most probable that the story of the voyage, while perhaps not itself the direct account by the voyager, is based on such a direct account. The passage gives the fullest account we have of the Ests, so it is not possible to add anything about them that will clarify the account from other sources; they were evidently a people of the area that is now northeastern Germany.*

Wulfstan sæde þæt he gefore of Hæðum; þæt he wære on Truso on syfan dagum and nihtum; þæt þæt scip wæs ealne weg yrnende under segle.[1] Weonoðland[2] him wæs on steorbord, and on bæcbord him wæs Langaland, and Læland, and Falster, and Sconeg; and þas land eall hyrað to Denemearcan. "And þonne Burgendaland wæs us on bæcbord, and þa habbað him sylf cyning.[3] Þonne æfter Burgendalande wæron us þas land, þa synd hatene ærest Blecingaeg, and Meore, and Eowland, and Gotland on bæcbord; and þas land hyrað to Sweon. And Weonodland wæs us ealne weg on steorbord oð Wislemuðan."

---

1 **yrnende under segle**: "running under sail," i.e., sailing briskly with sails set.
2 **Weonoðland**: the Wends were a Slavic people.
3 **habbað him sylf cyning**: "have their own king."

Seo Wisle is swyðe mycel ea, and hio tolið Witland and Weonodland; and þæt Witland belimpeð to Estum; and seo Wisle lið ut of Weonodlande, and lið in Estmere; and se Estmere is huru fiftene mila brad.

Þonne cymeð Ilfing eastan in Estmere of ðæm mere ðe Truso standeð in staðe,[1] and cumað ut samod in Estmere, Ilfing eastan of Estlande, and Wisle suðan of Winodlande, and þonne benimð Wisle Ilfing hire naman,[2] and ligeð of þæm mere west and norð on sæ; for ðy hit man hæt Wislemuða.

Þæt Estland is swyðe mycel, and þær bið swyðe manig burh, and on ælcere byrig bið cynincg.[3] And þær bið swyðe mycel hunig and fiscað; and se cyning and þa ricostan men drincað myran meolc, and þa unspedigan and þa þeowan drincað medo. Þær bið swyðe mycel gewinn betweonan him. And ne bið ðær nænig ealo gebrowen mid Estum, ac þær bið medo genoh.

And þær is mid Estum ðeaw, þonne þær bið man dead, þæt he lið inne unfor-bærned mid his magum and freondum monað, ge hwilum twegen; and þa kyningas, and þa oðre heahðungene men, swa micle lencg swa hi maran speda habbað, hwilum healf gear þæt hi beoð unforbærned, and licgað bufan eorðan on hyra husum.

And ealle þa hwile þe þæt lic bið inne, þær sceal beon gedrync and plega, oð ðone dæg þe hi hine forbærnað.

Þonne þy ylcan dæg þe hi hine to þæm ade beran wyllað, þonne todælað hi his feoh, þæt þær to lafe bið æfter þæm gedrynce and þæm plegan, on fif oððe syx, hwylum on ma, swa swa þæs feos andefn bið. Alecgað hit ðonne forhwæga on anre mile þone mæstan dæl fram þæm tune, þonne oðerne, ðonne þæne þriddan, oþþe hyt eall aled bið on þære anre mile; and sceall beon se læsta dæl nyhst þæm tune ðe se deada man on lið.

Ðonne sceolon beon gesamnode ealle ða menn ðe swyftoste hors habbað on þæm lande, forhwæga on fif milum oððe on syx milum fram þæm feo. Þonne ærnað hy ealle toweard þæm feo; ðonne cymeð se man se þæt swiftoste hors hafað to þæm ærestan dæle and to þæm mæstan, and swa ælc æfter oðrum, oþ hit bið eall genumen; and se nimð þone læstan dæl se nyhst þæm tune þæt feoh geærneð.

And þonne rideð ælc hys weges[4] mid ðan feo, and hyt motan habban eall; and for ðy þær beoð þa swiftan hors ungefoge dyre.

---

1 **of ðæm mere ðe Truso standeð in staðe**: "from the lake where Truso stands on the shore."

2 **benimð Wisle Ilfing hire naman**: "Wisle deprives Ilfing of its name," i.e., the river down-stream is just called the Vistula.

3 **on ælcere byrig bið cynincg**: the individual settlements, for this reason, are later in the excerpt treated as if they formed separate "nations."

4 **rideð ælc hys weges**: "each rides his way."

And þonne hys gestreon beoð þus eall aspended, þonne byrð man hine ut, and forbærneð mid his wæpnum and hrægle. And swiðost ealle hys speda hy for-spendað mid þan langan legere þæs deadan mannes inne, and þæs þe hy be þæm wegum alecgað, þe ða fremdan[1] to ærnað, and nimað.

And þæt is mid Estum þeaw þæt þær sceal ælces geðeodes man beon forbærned; and gyf þar man an ban findeð unforbærned, hi hit sceolan miclum gebetan.

And þær is mid Estum an mægð þæt hi magon[2] cyle gewyrcan; and þy þær lic-gað þa deadan men swa lange and ne fuliað, þæt hy wyrcað þone cyle hine on. And þeah man asette twegen fætels full ealað oððe wæteres, hy gedoð þæt oþer[3] bið oferfroren, sam hit sy sumor sam winter.

---

1 fremdan: i.e., the neighbors not from that particular settlement who have been in the horse-race.

2 an mægð þæt hi magon: "a tribe/nation (such) that they are able," "a tribe/nation who are able."

3 oþer: "one of the two."

9

The Wonders of the East

Western Europeans of the early Middle Ages were both fascinated and horrified by the world outside of Western Europe, about which they had only very vague ideas. We should not think of them as completely isolated from the rest of the world, but realize that at a stage of technology where horseback riding was the speediest way to travel and lengthy sea voyages were unusual, it was common for knowledge of distant lands to have been passed on from person to person over great distances, with inevitable distortions. Asia and Africa were unknown except for such distorted travelers' tales and were therefore ground for accounts that were speculative or fabulous, of which the Wonders of the East *is one. It purports to give the geography of several lands together with descriptions of their peoples, including several monstrous races such as people who have no heads and whose faces are on their chests. Whether a postcolonial approach to understanding these accounts is appropriate is rather unclear, since they are not so much depersonalizing distortions of known peoples as they are tales of fabulous possible races and worlds. Perhaps this text should be considered more appropriately along with modern speculative fiction and science fiction than with modern colonial ethnographies, though the human tendency to give a geography to the bizarre and to situate it in distant known places may be common to both genres. It is interesting to note that the anonymous* Wonders of the East *is one of the items in the* Beowulf *manuscript, perhaps a manuscript that collects stories about monsters.*

[...] Hascellentia hatte þæt land, þonne mon to Babilonia færð, þæt is þonne ðæs læssan milgetæles þe "stadia" hatte IX mila lang and brad. Þæt bugeð to[1] Meda rice. Þæt land is eallum godum gefylled. Ðeos steow næddran hafað. Þa næddran habbað twa heafda, ðæra eagan scinað nihtes[2] swa leohte swa blacern.

On sumon lande assan beoð akende þa habbað swa micle hornas swa oxan. Þa syndon on ðam mæstan westene[3] þæt is on ða suð healfe fram Babilonia. Þa buað to[4] þære Readan Sæ, for ðæra næddrena mænigeo þe in ðam stowum beoð þa hattan Corsias, ða habbað swa micle hornas swa weðeras. Gyf hi hwylcne monn sleað oððe æthrinað þonne swylt he sona.

---

1 **bugeð to**: "submits to," i.e., is under the control of.
2 **nihtes**: "at night."
3 **ðam mæstan westene**: "the great desert."
4 **buað to**: "live alongside." Possibly this should be **bugað to**, "descend to."

On ðam londum byð piperes genihtsumnys. Þone pipor þa næddran healdað on hyra geornfulnysse. Ðone pipor mon swa nimeð, þæt mon þa stowe mid fyre onæleð and þonne ða næddran of dune on eorðan þæt hi fleoð[1]—forðan se pipor byð sweart. Fram Babilonia oð Persiam þa burh ðær se pipor weaxet is þæs læssan milgetæles þe "stadia" hatte eahtahund mila. Of þam is geteald þæs miclan milgetæles þe "leuua" hatte syxhund and III and XX and I healf mil. Seo stow is unwæstmberendlicu for þæra næddrena menigeo. Eac swylce þær beoð cende healfhundingas ða syndon hatene Conopoenas. Hi habbað horses manan and eoferes tucxas and hunda heafda, and heora oruð byð swylce fyres lig. Þas land beoð neah ðam burgum þe beoð eallum woruldwelum gefylled, þæt is on þa suðhealfe Aegiptna landes.

On sumon lande beoð menn akende ða beoþ on lenge six fotmæla lange. Hi habbað beardas oþ cneow side and feax oð helan. Homodubii[2] hi sindon hatene, þæt bioð twylice, and be hreawan fisceon hi libbað and þa etað.

Capi hatte seo ea in ðære ylcan stowe þe is haten Gorgoneus, þæt is wælcyrginc.[3] Þær beoð akende æmættan swa micle swa hundas. Hi habbað fet swylce græshoppan. Hi syndon reades hiwes and blaces. Þa æmettan delfað gold up of eorðan fram forannihte oð ða fiftan tid dæges. Ða menn ðe to ðam dyrstige[4] beoð þæt hi þæt gold nimen, þonne nimað hi mid him olfenda myran mid hyra folan and stedan. Þa folan hi getigað ær hi ofer þa ea faran. Þæt gold hi gefætað on ða myran and hi sylfe onsittað[5] and þa stedan þær forlætað. Ðonne ða æmettan hi onfindað, and þa hwile ðe þa æmettan ymbe ða stedan abiscode beoð, þonne ða men mid þam myran and þam golde ofer ða ea farað. Hi beoð to þam swifte[6] þæt ða men wenað þæt hi fleogende syn.

Betwyn þyssum twam ean is londbunes Locotheo hatte, þæt is betwyh Nile and Brixonte geseted. Seo Nil is ealdor fullicra ea, and heo floweð of Ægiptna lande, and hi næmnað ða ea Archoboleta, þæt is haten þæt miccle wæter. On þyssum stowum beoð akende þa miclan menigeo ylpenda. Ðær beoð akende men, ða beoð fiftyne fota lange and hi habbað hwit lic and tu neb[7] on anum heafde, fet and cneowu swiðe read, and lange nosu and sweart feax. Þonne hi kennan willað, þonne farað hi to Indeum, and þær hyra gecynd on weorold bringað.

---

1 ða næddran of dune on eorðan þæt hi fleoð: "the snakes, they flee that down into the earth."

2 **Homodubii**: Latin, "doubtful men."

3 **þæt is wælcyrginc**: a doubtful translation, since in its context the word Gorgoneus probably means "full of monsters (or Gorgons)." Could the translator have known Gorgoneus as an epithet of Pegasus, the winged horse foaled by the Gorgon Medusa?

4 **to ðam dyrstige**: "brave enough."

5 **hi sylfe onsittað**: "ride them themselves."

6 **to þam swifte**: "so swift."

7 **neb**: this could mean noses or beaks, but here probably means faces.

Liconia in Gallia hatte þæt land þær beoð men acenned þreo sellices hiwes,[1] þara heafda beoð gemona swa leona heafdo, and hi beoð twentiges fota lange and hi habbað micelne muð swa fann. Gif hi hwylcne man on ðam landum ongitað oððe him hwylc folligende bið, þonne feorriað hi and fleoð, and blode þæt hi swætað.[2] Þas beoð menn gewenede.[3]

Begeondan Brixonte ðære ea, east ðanon, beoð men acende lange and micle, þa habbað fet and sceancan twelf fota lange, sidan mid breostum seofan fota lange. Hi beoð sweartes hiwes and hi syndan Hostes nemde. Cuðlice swa hwylcne mann swa hi gefoð, þonne fretað hi hine. Ðonne syndon on Brixonte wildeor, þa hattan Lertices. Hi habbað eoseles earan and sceapes wulle and fugles fet.

Ðonne is oðer ealand suð fram Brixonte. On þam beoð menn akende butan heafdum, þa habbaþ on breostum heora eagan and muð. Hi syndan eahta fota lange and eahta fota brade. Ðær beoð dracan kende, ða beoð on lenge hundteontiges fotmæla and fiftiges lange, and beoð greate swa stænene sweras micle.[4] For ðara dracena micelnysse nænig mann naht eaðelice on þæt land gefaran mæg. [...]

---

1   **þreo sellices hiwes**: this probably means "of three (separate) wonderful colors."
2   **blode þæt hi swætað**: "they sweat that with blood," i.e., "they sweat blood about that."
3   **Þas beoð menn gewenede**: "these are thought to be people."
4   **greate swa stænene sweras micle**: "as big as large stone columns."

Aelfrician Verse

10

Ælfric's Life of Saint Eugenia

Saints' lives form one of the most important genres of the Middle Ages. The lives of female saints are often rather formulaic in nature: converted to Christianity while yet unmarried, the formulaic female saint rejects the marriage proposal or seduction attempt of a high-ranked pagan; the emperor or king then threatens torture or death if she does not give herself to the suitor; the saint reaffirms her faith and virginity and her rejection of the suitor and is killed after several concerted attempts in which her complete safety in fiery furnaces, vats of boiling oil, and so on, shows her sanctity and God's protection. In other words, the trajectory is an entirely passive one, in which the saint's agency is shown only in her refusal of sexuality.

The life of Saint Eugenia is one of the rather smaller number of lives of female saints in which this common mold of formulaic plot is broken. Eugenia is atypical in many ways, from her learning to the fact that she has sidekicks (Protus and Jacinctus), but certainly one of the main ways she stands out is through her independence and agency. Rather than responding to the preaching of a male authority, Eugenia converts herself by reading and being convinced by the works of the apostle Paul. She then seeks out a Christian community, joins it in male disguise, and is eventually elected its leader; when she is accused of attempted rape toward the end of the part of the story printed here, she defends herself wittily and by dramatic revelation of her femininity. Her death (in the later portion of the saint's life, here omitted), however, is suitably passive: after surviving drowning (the stone tied around her neck breaks and she walks on water), a fiery furnace, and "hot baths," she is executed by unnamed means.

Ælfric's saints' lives are written in a loose verse form that alliterates but that does not otherwise conform to the usual requirements of Old English poetic meter.

Mæg gehyran se ðe wyle[1] be þam halgan mædene
Eugenian, Philyppus dæhter,
hu heo ðurh mægðhad mærlice þeah,
and þurh martyrdom þisne middaneard oferswað.
Sum æþelboren þægn wæs Philippus gehaten.
Ðone asende se casere Commodus,
þe on ðam dagum rixode, fram Rome byrig
to ðære byrig ðe is gehaten Alexandria,

---

1 **Mæg gehyran se ðe wyle**: "he who wishes may hear."

and he hine gesette to[1] heahgerefan
ofer Alexandrian and Ægyftolande,
and het þæt he heolde þa romaniscan gesætnysse.
Đæs ðægn Philippus næs na gefullod on Gode,
forþan þe Cristendom næs þa gyt geond eall cuð,[2]
and seo reþe æhtnyss þa gyt næs gestylled.
His wif wæs gecyged Claudia.
Be þære he gestrynde twægen suna,
Auitum and Særgium, and ane dohtor,
Eugenian, þe we embe spræcaþ.
Đa[3] befæste se fæder Philippus to lare
þæt heo on woruldwysdome wære getogen,
æfter Greciscre uðwytegunge and Lædenre getingnysse.
Eugenia þa, þæt æðele mæden,
wel þeah on wisdome and on uðwytegunge.
Þa becom hyre on hand[4] þæs halgan Apostoles lar
Paules þæs mæran ealles manncynnes lareowes.
Þa wearð hyre mod mycclum onbryrd
þuruh þa halgen lare, þeah ðe heo þa gyt hæðen wære.
Heo bæd þa hyre fæder þæt heo færen moste
geond his hames[5] on Alexandiscre scyre.
Wolde swa cepan þære Cristenra lare,
forðan þe heo næfde on ðære byrig nænne
geleaffulne mann þe hi læren cuþe,
forðan Philippus aflygde þa Cristenan
of Alexandrian ealle on ær.
Hwæt þa Eugenia ardlice færde
oðþæt heo becom þær ða Cristenan sungen
mid mycelre blisse þus mærsigende God,
"Omnes dii gentium demonia; dominus autem cælos fecit."[6]
("Ealle þære hæðenra godas syndon deofla,
and dryhten soðlice heofonas geworhte.")
Eugenia þa mycclum wearð onbryrd

---

1 **gesette to**: "established as."
2 **geond eall cuð**: i.e., known everywhere.
3 **Đa**: "her."
4 **becom hyre on hand**: "came into her hands."
5 **geond his hames**: "beyond his home."
6 **Omnes ... fecit**: the Latin, from Psalm 96(95):5, translated in the next two lines, means "All the gods of the nations are demons (KJV 'idols'); but the Lord made the heavens."

and mid wope gespræc hire twægen cnihtas,
þære naman wæron[1] Protus and Iacinctus.
Þa[2] wæron gelærede on Leden and on Grecisc
mid Eugenian mid woruldlicra lare
and wæron eunuchi (þæt synt belisnode)
and wæron heora hlæfdige holde and getrywe.
Ða nam Eugenia hi on sundorspræce,
het hi gebroðra,[3] and bæd þæt hi
hyre fæx forcurfon on wæpmonna wysan,
and mid wædum gehiwodon swylce heo cniht wære—
wolde ðam Cristenan genealecan
on wærlicum hiwe þæt heo ne wurde ameldod.
Hi færdon, ða þry, and heora gefæran forleton
oðþæt hi becoman to ðære Cristenra wununge,
þær hi dæges and nihtes heora drihten heroden.
On ðam ylcan dæge com sum bisceop
Helenus gehaten, haliges lifes,
mid mycelre meniu anmodlice singende,
"Uia iustorum recta facta est, et iter sanctorum preparata est"[4]
(þæt is, "Þæra rihtwisra wæg is gerihtlæced,
and þæra halgena siðfæt is gegearcod.")
Þes bisceop worhte fæla wundra þuruh God,
and him wearð geswutelod on swæfne be þysum,
and eall þæs mædenes mod him wearð ameldod.
Ða gespræc þæt mæden sumne messepreost,
Eutropius gehaten, þæt he hyre ærende abude
þam bisceope þysum wordum geornlice,
"We ðry gebroðra wyllað gecyrran
fram þam fulan hæðenscype to Hælende Criste,
and we nellað nateshwon us næfre totweman."
Ða þæs on mergen[5] se mæssepreost
abead þæs mædenes word þam mæron bisceope,
þa het se bisceop hi gelangian,

---

1 **þære naman wæron:** "whose names were."

2 **Þa:** "they."

3 **het hi gebroðra:** "called them brothers."

4 **Uia iustorum ... preparata est:** again translated immediately, the Latin, a liturgical version of Isaiah 26:7, means "The way of the just is made straight, and the route of the saints is prepared."

5 **þæs on mergen:** "when it was morning," i.e., first thing the next morning.

mycclum þanciende þam ælmihtigan Gode
þæt he wolde him onwreon þæs mædenes wyllan.
He genam hi þa onsundron and sæde hyre gewislice
hwæt heo man ne wæs,[1] and hwylcere mægþe,
and þæt heo þurh mægðhad mycclum gelicode
þam heofonlican cyninge þe heo gecoren hæfde;
and cwæð þæt heo sceolde swiðlice æhtnyssa
for mægðhade ðrowian, and þeah beon gescyld
þurh þone soðan drihten þe gescylt his gecorenan.
To hire twam cnihtum he cwæð þæt hi heoldan
æþelborennyss on mode, þeah þe hi mannum þeowdon,
and cwæð þæt hi Crist gespræce þysum godspellicum wordum:[2]
"Ne hate ic eow na þeowan, ac ge synd mine freond."
Þa bebead se biscop þam gebogenan[3] mædene
þæt heo swa þurhwunade on þam wærlicum hiwe
oþþæt hi on fante gefullode wurdon,
and mynsterlicre drohtnunge dearnunge geþeodde.
Eugenia þa wunode on þam mynstre
mid wærlicum mode þeah þe heo mæden wære,
mid hyre twam cnihtum, uncuð gehwam,[4]
and heold on hyre þeawum halige drohtnunge
ðurh modes liþnesse and mycelre eadmodnesse,
and þurh halige mægnu þam hælende gecwæmde.
Heo þeah on lare þæs rihtan geleafan
and on godcundlicum gewrytum mid godum wyllan,
and wearð awend of wulfe to sceape.
Hyre geeuenlæhton eac hyre cnihtas,
Protus and Iacinctus, on synderlicre drohtnunge,
and hyre digolnysse eallum bedyrndon.
Philippus ða se fæder forwearð on mode,
and seo modor Claudia mid murcnunge wæs fornumen,
and eall seo mægð on mode wearð astyred
and sohten þæt mæden mid mycelre sarnysse.
Hi axoden æt wyccum and æt wisum dryum,
eac æt heora leasum godum be þære godes þinene.[5]

---

1 **hwæt heo man ne wæs**: "indeed she was not a man."

2 **hi Crist gespræce þysum godspellicum wordum**: "that Christ spoke to them in these words of the Gospel" (the words in the following line are from John 15:15).

3 **gebogenan**: i.e., kneeling.

4 **uncuð gehwam**: "unknown to each," i.e., without anyone's knowledge.

5 **be þære godes þinene**: "about that servant of God," i.e., Eugenia.

Him wearð þa gesæd to soþum þinge,[1]
þæt ða godes hi gegripon for hyre godnysse.
Þa gelyfde se fæder þære leasunga
and het asmiðigen of smætum golde
hyre anlycnysse, and þa wurðode
swa swa halige gydenan, ac hit wæs gold swa þeah.[2]
Þa æfter þrym gearum þæs þe heo gecyrred wæs
gewat se abbod þe hyre ealdor wæs.
And þa gebroðra sona ceosan ongunnen
Eugenian to abbude for hyre arfæstan life,
and nyston þæt heo wæs wimman swa þeah.
Ða wearð þæt mæden mycclum hohful
hu heo æfre wæras wissian sceolde,
ne dorste swa þeah hi ealle gedrefan
and hyra geþeaht forseon, ac fæng to ðam hade.[3]
Hwæt ða Eugenia hym eallum gebysnode
mid goddre gedrohtnunge to Godes þeowdome,
and mid carfulnysse þonne hyred gewissode.
Hyre geuðe þa se ælmihtiga wealdend
þæt heo untrume menn mihte gehælan,
swa hwylcne swa heo geneosode licgende on sare.
Heo aflygde eac swylce þa fulan deofla
fram ofsættum mannum þurh soðne geleafan.
Þa wæs sum wif wælig on æhtum,
Melantia gecyged, swiðe þearle gedreht
mid langsumum feofore, and com to ðære femnan.
Eugenia þa hi gesmyrode mid gehalgodum ele
and eac gemearcode mid rodetacne,
and heo þæt reðe attor eall ut aspaw þe hyre dærede
and wearþ gehæled þurh þæt halige mæden.
Þa bead seo wydewe þam mædene sceattas
for hyre hæle, ac heo hi forsoc,
and tihte ða oþre þæt heo hi dælde
þearfum and wædlum for ðam gewissan eadleane.
Ða gewænde seo wydewe ham to hyre agenum[4]
and com siððan gelome mid leasum mode

---

1   **to soþum þinge:** "as a true thing."
2   **ac hit wæs gold swa þeah:** i.e., but it was still only gold.
3   **fæng to ðam hade:** "took the position."
4   **ham to hyre agenum:** "home to her own (home)."

to þam wlytegan mædene, wende þæt heo cniht wære,
and mænigfealde sceattas hyre unmæðlice bead.
Ac þa þa heo geseah þæt seo soðfæste fæmne
hyre laca ne rohte, ne hyre rununga,
þa wearð heo mid yfele eall afylled,
and gebræd hi seoce mid bysmorfullum geþance.[1]
Heo bæd þa Eugenian þæt heo hi geneosode,
and ongan hyre sæcgan hyre sweartan geþohtas.
Cwæð þæt heo wære wydewe on þam geare,[2]
and hyre wer læfde unlytle æhta
on lande and on feo and on forewyrcendum—
"And unc næs gemæne man[3] on ðysum lyfe.
Nu is min mod awend mycclum to ðe,
þæt þu hlaford beo þæra æhta and min.
Ic wene þæt hit ne sy unrihtwisnysse ætforan Gode
þeah ðe þu wifes bruce and blysse on life."
Da andwyrde Eugenia þyssere olecunge,
and cwæð to þam wife mid þisum ingehyde,
þæt ða gewylnunga þissere andweardan worulde
synt swiðe swicole, þeah þe hi geswæse beon,
and þæs lichoman lustas gelome bepæceð
and to sarnissum gelædað þa þe hi swiðost lufiað.
Æfter þissere tihtinge and on oðrum larum,
beclypte seo myltestre þæt clæne mæden,
and wolde hi gebygan to bismorlicum hæmede.
Hwæt ða Eugenia hi gebletsode,[4]
and cwæð to ðære sceande þæt heo soðlice wære
galnysse ontendnyss and gramena mæge,
þeostra gefæra and mid sweartnysse afylled,
deaðes dohtor and deofles fætels—
"Habban þine æhta þine gelican.
We habbað ealle ðing mid þam ælmihtigan drihtne."
Da wearð Melantia micclum ofsceamod,
wende þæt heo wolde hyre word ameldian
buton heo sylf on ær hit openlice cydde.

---

1 **gebræd hi seoce mid bysmorfullum geþance**: either "made herself sick with shameful thought" or "pretended to be sick, with a shameful (i.e., prurient) intention."

2 **on þam geare**: "within the year."

3 **unc næs gemæne man**: "the two of us did not sin together," i.e., have sex.

4 **hi gebletsode**: "blessed herself (with the sign of the cross)."

Færde þa ardlice to Alexandrian byrig,
to þam heahgeræfan, þe wæs gehaten Philippus
(Eugenian fæder, þeah seo fule þæt nyste)
and begann hi to wrægenne, and wolde forsæcgan.
Cwæð þæt heo eode to hyre licgendre[1]
on læces hiwe and hi wolde forlycgan,
gif heo þæt bysmor forberan wolde—
"Ac ic hrymde sona mid sarlicre stæmne
oþþæt an minra wimmanna me wið hine ahredde."
Ða gelyfde Philippus þære facenfyllan segene,
and swiðe gehatheort het hi gefæccan
and eac ða gebroðra, ealle gebundene,
and heold hi on bendum and on blindum cwearterne
oðþæt he mid wytum þæt wif gewræce.
Þa com se dæg þe se dema gesætte
and wæron gegeorcode þa reðan wyta
and wurdon gefætte ætforan þam deman
þa unscildigan Cristenan on swærtum racentægum,
ða cwæð Philippus mid fullum graman
to Eugenian his agenre dehter,
"Sege, þu forscyldeguda, hwi woldest ðu beswican
þæt mære wif Melantian mid forligre
and on læces hiwe hi forlicgan woldest?"
Ða cwæð Eugenia þæt heo eaþe mihte
þæs forlyres unhlisan hi beladian,[2]
and Melantian onsage mid soðe oferdrifan,
gif Philippus wolde gefæstnian mid aþe
þæt seo lease wrægistre ne wurde fordæmed.
Ða swor Philippus þæt he friðian wolde
þa leasan wudewan, ðeah þe heo gelignod wurðe.
Þa bæd Eugenia þæt seo wyln sceolde
sæcgan þam deman hu hit gedon wære,
and hu heo hyre hlæfdian wið hyre lustas ahrædde.
And se gerefa het eac þa cnihtas Melantian hyredes
cyðan be ðison gif hi þis gehyrdon.
Þa cwæð seo wyln þæt heo wyste gefyrn
hu Eugenia ferde fracodlice on forlygre
and wolde þa æt nehstan hyre hlæfdian gebysmrian,

---

1 **licgendre**: "lying (sick)."
2 **hi beladian**: "vindicate herself."

butan heo mid hreame hyre hræddinge ofclypode—
"Þis witan þas hyredmen þe ic þider clypode."
Ða sædon þa hyredmenn þæt hit soð wære,
and ealle mid aðe Eugenian forlugan.
Þa wearð se geræfa þearle gebolgen,
and axude Eugenian hu heo ana mihte
ealle þa gewytan awægan mid aðe,
oððe þurh ænige swutelunge hi sylfe aclænsian.
Hwæt ða Eugenia seo æþele fæmne
cwæð þæt heo wolde hi sylfe bediglian,
and Criste anum hyre clænnysse healdan,
on mægðhade wuniende mannum uncuð,
and for ðy underfænge æt fruman þa gyrlan
wærlices hades and wurde geefsod.
Æfter þysum wordum heo totær hyre gewædu
and ætæwde hyre breost þam breman Philippe,
and cwæð him to, "Þu eart min fæder,
and þin gebædda Claudia gebær me to mannum,
and ðas ðine gesætlan synd mine gebroðra,
Auitus and Særgius, and ic soðlice eom
Eugenia gehaten, þin agen dohtor.
And ic for Cristes lufe forlæt eow ealle,
and middaneardlice lustas swa swa meox forseah.
Her synd eac þa cnihtas þe ic cydde mine digolnysse,
Protus and Iacinctus, þine fostercyld,
mid ðam ic becom to Cristes scole,
and þær on drohtnode oð þisne andwærden dæg,
and ðam ic wylle æfre oð ende þeowian."
Ða oncneow Philippus swa swa fæder Eugenian,
and Auitus and Særgius hyra agene swyster,
and hyra hyredcnihtas hi eadmodlice cyston.
Þis wearð sona gecyd Claudian þære mæder,
and heo mid wundrunge wearð befangen,[1]
and to Eugenian com mid ealre blysse.
Hi þa gefretewodon þa fæmnan mid golde
hyre unþances, and up gesætton to him.[2]
Ða clypode þæt folc þæt Crist wære soð God,
and hi ealle herodon þonne hælend mid wuldre.

---

1 **heo mid wundrunge wearð befangen**: "she (Claudia) was possessed with wonder."
2 **up gesætton to him**: "set her up over them."

Eugenia hæfde ær geþingod
þære leasan Melantian to hyre leofan fæder,
þæt he mid wytum ne awræce hyre welhreowan ehtnysse.
Ac Crist sylf asende swægende fyr
ufan of heofonum, þæt menn onhawoden,
to Melantian botle and hit mid ealle forbernde,
swa þæt ðær næs to lafe nanðing þe hyre wæs.
Þa wurdon gefullode Philippus and Claudia
and heora twægen suna mid soðum geleafan,
and seo mæste mæniu þæs mennisces[1] gebeah
to Cristes bigengum and þa Cristenan gegododon. [...]

---

1 **seo mæste mæniu þæs mennisces**: "a very great multitude of the people."

11

Ælfric's Life of St. Oswald

St. Oswald (d. 642) was king of Bernicia and Deira (which later combined to form Northumbria) for eight years, having succeeded his brother Eanfrith, killed a short time after he in his turn had succeeded Edwin (whose conversion legend is printed elsewhere in this anthology, reading 3). Oswald became a very powerful king, one of the few described as "Bretwalda," that is, ruler of all Britain, meaning he subjugated the other Anglo-Saxon kings of Britain to his authority and effectively ruled the whole southern part of the island of Britain. Ælfric's saint's life of him is based on the account in Bede's Historia ecclesiastica. *Rather than focusing on the king's martyrdom (which seems an obvious line to take given that he was fighting against the pagan Penda of Mercia), Bede, followed by Ælfric, describes Oswald's holy life but spends more time recounting his activity after death. It is this posthumous power of the saint that the excerpt presented here concentrates on. In the Middle Ages, saints were venerated not merely as intercessors but, through their relics, for their power to effect cures and make other positive practical interventions in the lives of believers. Famous relics—that is, parts of the bodies of saints, or objects touched by them, especially those that figured in their legends—became the goal of pilgrimages. Ælfric describes how not only Oswald's head and his uncorrupted right arm, but even the dirt from the place in the battlefield where he died, had supernatural powers.*

Hwæt þa Oswold cyning his cynedom geheold
hlisfullice for worulde and mid micclum geleafan
and on eallum dædum his Drihten arwurðode,
oð þæt he ofslagen wearð for his folces ware
on þam nigoðan geare þe he rices geweold,
þa þa he sylf wæs on ylde eahta and þrittig geara.
Hit gewearð swa be þam[1] þæt him wann on Penda,
Myrcena cyning, þe æt his mæges slege ær,
Eadwines cyninges, Ceadwallan fylste—
and se Penda ne cuðe be Criste nanþincg,
and eall Myrcena folc wæs ungefullod þa git.
Hi comon þa to gefeohte to Maserfelda begen,
and fengon togædere oð þæt þær feollon þa Cristenan
and þa hæðenan genealæhton to þam halgan Oswolde.

1 **be þam**: "about that"; "as far as that is concerned."

Þa geseah he genealecan his lifes geendunge
and gebæd for his folc þe þær feallende sweolt
and betæhte heora sawla and hine sylfne Gode
and þus clypode on his fylle, "God gemiltsa urum sawlum."
Þa het se hæþena cynincg his heafod ofaslean
and his swiðran earm, and settan hi to myrcelse.
Þa æfter Oswoldes slege, feng Oswig his broðor
to Norðhymbra rice, and rad mid werode
to þær his broðor heafod stod on stacan gefæstnod,
and genam þæt heafod and his swiðran hand
and mid arwurðnysse ferode to Lindisfarnea cyrcan.
Þa wearð gefylled swa we her foresædon,
þæt his swiðre hand wunað hal mid þam flæsce
butan ælcere brosnunge, swa se bisceop gecwæð.[1]
Se earm wearþ geled arwurðlice on scrine
of seolfre asmiþod, on sancte Petres mynstre
binnan Bebbanbyrig be þære sæ strande,
and lið þær swa andsund swa he ofaslagen wæs.
His broðor dohtor eft siððan on Myrcan wearð cwen,
and geaxode his ban and gebrohte hi to Lindesige
to Bardanige mynstre, þe heo micclum lufode.
Ac þa mynstermenn noldon for menniscum gedwylde
þone sanct underfon,[2] ac man sloh an geteld
ofer þa halgan ban binnan þære licreste.
Hwæt þa God geswutelode þæt he halig sanct wæs,
swa þæt heofonlic leoht ofer þæt geteld astreht
stod up to heofonum swilce healic sunnbeam
ofer ealle ða niht, and þa leoda beheoldon
geond ealle þa scire swiðe wundrigende.
Þa wurdon þa mynstermen micclum afyrhte,
and bædon þæs on mergen[3] þæt hi moston þone sanct
mid arwurðnysse underfon, þone þe hi ær forsocon.
Þa ðwoh man þa halgan ban and bær into þære cyrcan
arwurðlice on scrine, and gelogodon hi upp,
and þær wurdon gehælede þurh his halgan geearnunge
fela mettrume menn fram mislicum coþum.

---

1 **swa se bisceop gecwæð**: for a conspicuous act of charity of Oswald's, Bishop Aidan had uttered the pious wish, "may this blessed right hand never rot!"

2 **noldon ... underfon**: they were reluctant to recognize the sanctity of Oswald, who had ruled over them as a foreign overlord.

3 **þæs on mergen**: "when it was morning."

Þæt wæter þe man þa ban mid aþwoh
binnan þære cyrcan wearð agoten
swa on anre hyrnan, and seo eorðe siþþan
þe þæt wæter underfeng wearð manegum to bote.
Mid þam duste wurdon afligde deofla fram mannum,
þa þe on wodnysse ær wæron gedrehte.
Eac swilce þær he feol on þam gefeohte ofslagen
men namon ða eorðan to adligum mannum,
and dydon on wæter wanhalum to þicgenne,[1]
and hi wurdon gehælede þurh þone halgan wer.
Sum wegfarende man ferde wið þone feld.[2]
Þa wearð his hors gesicclod, and sona þær feol
wealwigende geond ða eorðan wodum gelicost.[3]
Mid þam þe hit swa wealweode geond þone widgillan feld,
þa becom hit embe lang þær se cynincg Oswold
on þam gefeohte feoll swa swa we ær foresædan.
And hit sona aras swa hit hrepode þa stowe,
hal eallum limum, and se hlaford þæs fægnode.[4]
Se ridda þa ferde forð on his weg
þider he gemynt hæfde. Þa wæs þær an mæden
licgende on paralisyn lange gebrocod.
He began þa to gereccenne hu him on rade getimode,
and mann ferode þæt mæden to þære foresædan stowe.
Heo wearð ða on slæpe and sona eft awoc
ansund eallum limum fram þam egeslican broce,
band þa hire heafod and bliðe ham ferde,
gangænde on fotum swa heo gefyrn ær ne dyde.
Eft siððan ferde eac sum ærendfæst ridda
be ðære ylcan stowe, and geband on anum claþe
of þam halgan duste þære deorwurðan stowe,
and lædde forð mid him þær he fundode to.
Þa gemette he gebeoras bliðe æt þam huse.
He aheng þa þæt dust on ænne heahne post
and sæt mid þam gebeorum blissigende samod.
Man worhte þa micel fyr tomiddes ðam gebeorum
and þa spearcan wundon wið þæs rofes[5] swyðe,

---

1 **dydon on wæter wanhalum to þicgenne**: "put it into water for the sickly to drink."
2 **wið þone feld**: "alongside that field."
3 **wodum gelicost**: "as if it were mad"; "like crazy."
4 **se hlaford þæs fægnode**: "the owner was happy about that."
5 **wundon wið þæs rofes**: "flew up onto the roof."

oðþæt þæt hus færlice eall on fyre wearð,
and þa gebeoras flugon afyrhte aweg.
Þæt hus wearþ ða forburnon buton þam anum poste
þe þæt halige dust on ahangen wæs.
Se post ana ætstod ansund mid þam duste,
and hi swyðe wundrodon þæs halgan weres geearnunga
þæt þæt fyr ne mihte þa moldan forbærnan.
And manega menn siððan gesohton þone stede[1]
heora hæle feccende, and heora freonda gehwilcum.

---

1 þone stede: i.e., of Oswald's death.

Poetry

12

The Battle of Maldon

This poem recounts, in a rather stylized and elegiac way, an important battle that took place in August 991. A large fleet of Vikings, under the command of Olaf Tryggvason (and possibly also Swein Forkbeard), and fresh from raids on Folkestone, Sandwich, and Ipswich, had landed on the island of Northey in the river Blackwater, just downstream from Maldon in Essex, the site of a royal mint that they probably hoped to despoil. Northey is separated from the mainland by a narrow causeway that is useable only at low tide. On the bank opposite them Byrhtnoth, ealdorman of Essex and one of the most powerful members of the Anglo-Saxon nobility, had assembled what he could of the fyrd, the Anglo-Saxon army or militia called up, as a legal requirement, from the whole county. The poem may well reflect some elements of the actual battle, such as the crossing of the causeway and the flight of some members of the Anglo-Saxon nobility followed by a mass of other members of the fyrd, but it is clear that the poet's main objective is not to be historically accurate but to eulogize the slain and to contrast the heroism and loyalty of those who remained on the battlefield with the treachery and cowardice of those who fled when it became clear they would be killed by the superior Viking force. Only one manuscript of the poem survived into modern times, which was missing both the beginning and the conclusion of the story. Unfortunately, that manuscript itself perished in the Cotton Library fire of 1731, but luckily a transcript had been made before the fire, and the text is based on that transcript.

       ... brocen wurde.[1]
       Het þa hyssa hwæne   hors forlætan,[2]
       feor afysan,   and forð gangan,
       hicgan to handum   and to hige godum.[3]
5   Þa þæt[4] Offan mæg[5]   ærest onfunde,

---

1   The poem is missing both its beginning and its end because of damage to the unique manuscript, which no longer survives after the 1731 fire of the Cotton Library. Fortunately, it was copied by hand by John Elphinston in or before 1725.

2   Anglo-Saxon warriors apparently fought only on foot, after using horses as transport to the battle.

3   **hicgan to handum and to hige godum**: i.e., to concentrate on fighting skillfully and bravely.

4   **þæt**: omit in translation—this anticipates (stands in temporarily for) the clause that starts with the same word in line 6.

5   **Offan mæg**: the "kinsman of Offa" is otherwise unidentified in the part of the poem that remains to us.

þæt se eorl nolde   yrhðo geþolian,
he let him þa of handon   leofne fleogan
hafoc wið þæs holtes,   and to þære hilde stop.
Be þam[1] man mihte oncnawan   þæt se cniht nolde
10   wacian æt þam wige,   þa he to wæpnum feng.
Eac him wolde Eadric   his ealdre gelæstan,
frean to gefeohte;   ongan þa forð beran
gar to guþe.   He hæfde god geþanc
þa hwile þe he mid handum   healdan mihte
15   bord and bradswurd.   Beot he gelæste
þa he ætforan his frean   feohtan sceolde.
Ða þær Byrhtnoð ongan   beornas trymian,
rad and rædde,   rincum tæhte
hu hi sceoldon standan   and þone stede healdan,
20   and bæd þæt hyra randas   rihte heoldon
fæste mid folman,   and ne forhtedon na.
Þa he hæfde þæt folc   fægere getrymmed,
he lihte þa mid leodon   þær him leofost wæs,
þær he his heorðwerod   holdost wiste.
25   Þa stod on stæðe,   stiðlice clypode
wicinga ar,   wordum mælde,
se on beot abead   brimliþendra
ærænde to þam eorle,   þær he on ofre stod:
"Me sendon to þe   sæmen snelle,
30   heton ðe secgan   þæt þu most sendan raðe
beagas wið gebeorge;[2]   and eow betere is
þæt ge þisne garræs   mid gafole forgyldon,
þonne we swa hearde   hilde dælon.
Ne þurfe we us spillan,   gif ge spedaþ to þam;
35   we willað wið þam golde   grið fæstnian.
Gyf þu þat gerædest,   þe her ricost eart,
þæt þu þine leoda   lysan wille,
syllan sæmannum   on hyra sylfra dom
feoh[3] wið freode,   and niman frið æt us,
40   we willaþ mid þam sceattum   us to scype gangan,
on flot feran,   and eow friþes[4] healdan."

---

1 **Be þam**: i.e., "by that (resolute action)."
2 **beagas wið gebeorge**: "treasure in exchange for defense," i.e., protection money.
3 **on hyra sylfra dom feoh**: "as much money as they specify."
4 **friþes**: adverbial genitive, "peacefully, in peace."

Byrhtnoð maþelode,   bord hafenode,
wand wacne æsc,   wordum mælde,
yrre and anræd   ageaf him andsware:
45 "Gehyrst þu, sælida,   hwæt þis folc segeð?
Hi willað eow to gafole   garas syllan,[1]
ættrynne ord   and ealde swurd,
þa heregeatu   þe eow æt hilde ne deah.
Brimmanna boda,   abeod eft ongean,
50 sege þinum leodum   miccle laþre spell,
þæt her stynt unforcuð   eorl mid his werode,
þe wile gealgean   eþel þysne,
Æþelredes eard,   ealdres mines,
folc and foldan.   Feallan sceolon
55 hæþene æt hilde.   To heanlic me þinceð
þæt ge mid urum sceattum   to scype gangon
unbefohtene,   nu ge þus feor hider
on urne eard   in becomon.
Ne sceole ge swa softe   sinc gegangan;
60 us sceal ord and ecg   ær geseman,[2]
grim guðplega,   ær we gofol syllon."
Het þa bord beran,   beornas gangan,
þæt hi on þam easteðe   ealle stodon.
Ne mihte þær for wætere   werod to þam oðrum:
65 þær com flowende   flod æfter ebban,[3]
lucon lagustreamas.   To lang hit him þuhte,
hwænne hi togædere   garas beron.[4]
Hi þær Pántan stream   mid prasse bestodon,
Eastseaxena ord   and se æschere.
70 Ne mihte hyra ænig   oþrum derian,
buton hwa þurh flanes flyht   fyl gename.
Se flod ut gewat;   þa flotan stodon gearowe,
wicinga fela,   wiges georne.
Het þa hæleða hleo   healdan þa bricge[5]
75 wigan wigheardne,   se wæs haten Wulfstan,

---

1 **to gafole garas syllan**: i.e., give battle rather than tribute.
2 **geseman**: in an ironic reference to the Viking proposal that they conclude a peace based on tribute, Byrhtnoth proposes to make peace by killing them.
3 The opposing parties stand on opposite banks of a channel that can be crossed at low tide but is covered with water at high tide.
4 **To lang hit him þuhte ... garas beron**: "It seemed to them too long until they could bring their spears together (i.e., join battle)."
5 **þa bricge**: when the tide recedes, a natural causeway is exposed.

cafne mid his cynne.   Þæt wæs Ceolan sunu,
þe ðone forman man   mid his francan ofsceat
þe þær baldlicost   on þa bricge stop.
Þær stodon mid Wulfstane   wigan unforhte,
80   Ælfere and Maccus,   modige twegen,
þa noldon æt þam forda   fleam gewyrcan,
ac hi fæstlice   wið ða fynd weredon,
þa hwile þe hi wæpna   wealdan moston.
Þa hi[1] þæt ongeaton   and georne gesawon
85   þæt hi þær bricgweardas   bitere fundon,
ongunnon lytegian þa   laðe gystas,
bædon þæt hi upgangan   agan moston,
ofer þone ford faran,   feþan lædan.
Ða se eorl ongan   for his ofermode[2]
90   alyfan landes to fela   laþere ðeode.
Ongan ceallian þa   ofer cald wæter
Byrhtelmes bearn[3]   (beornas gehlyston):
"Nu eow is gerymed,   gað ricene to us,
guman to guþe.   God ana wat
95   hwa þære wælstowe   wealdan mote."
Wodon þa wælwulfas   (for wætere ne murnon),
wicinga werod,   west ofer Pantan,
ofer scir wæter   scyldas wegon,
lidmen to lande   linde bæron.
100   Þær ongean gramum   gearowe stodon
Byrhtnoð mid beornum.   He mid bordum het
wyrcan þone wihagan,[4]   and þæt werod healdan
fæste wið feondum.   Þa wæs feohte neh,
tir æt getohte.   Wæs seo tid cumen
105   þæt þær fæge men   feallan sceoldon.
Þær wearð hream ahafen,   hremmas wundon,
earn[5] æses georn;   wæs on eorþan cyrm.

---

1 **hi**: i.e., the Vikings.
2 **ofermode**: critical interpretations of this word in this context vary from very dismissive of Byrhtnoth ("arrogance") to very charitable ("extreme bravery"), though it is clear that the poet considers the action a decisive tactical error.
3 **Byrhtelmes bearn**: that is, Byrhtnoth, who, as is often the case, shares the first element of his name with his father.
4 **þone wihagan**: the "shield-wall" was the classic Anglo-Saxon military formation, in which warriors stood side by side attempting to present an impenetrable wall of shields to the enemy while still managing to thrust with spears and swords between the shields.
5 **hremmas ... earn**: the raven and eagle are two of the "beasts of battle," often mentioned (along with the wolf) in connection with battlefield carnage (because they would feast on the corpses of the slain).

Hi leton þa of folman   feolhearde speru,
gegrundene   garas fleogan.
110   Bogan wæron bysige.   Bord ord onfeng.
Biter wæs se beaduræs.   Beornas feollon.
On gehwæðere hand,   hyssas lagon.
Wund wearð Wulfmær,   wælræste geceas,[1]
Byrhtnoðes mæg;   he mid billum wearð,
115   his[2] swustersunu,   swiðe forheawen.
Þær wærð wicingum   wiþerlean agyfen.
Gehyrde ic þæt Eadweard   anne sloge
swiðe mid his swurde,   swenges ne wyrnde,[3]
þæt him æt fotum   feoll fæge cempa;
120   þæs him his ðeoden   þanc gesæde,
þam burþene,   þa he byre hæfde.
Swa stemnetton   stiðhicgende
hysas æt hilde,   hogodon georne
hwa þær mid orde   ærost mihte
125   on fægean men   feorh gewinnan,
wigan mid wæpnum.   Wæl feol on eorðan.
Stodon stædefæste.   Stihte hi Byrhtnoð,
bæd þæt hyssa gehwylc   hogode to wige
þe on Denon wolde   dom gefeohtan.[4]
130   Wod þa wiges heard,[5]   wæpen up ahof,
bord to gebeorge,   and wið þæs beornes stop.
Eode swa anræd   eorl to þam ceorle,
ægþer hyra oðrum   yfeles hogode.[6]
Sende ða se særinc[7]   suþerne gar,
135   þæt gewundod wearð   wigena hlaford.
He sceaf þa mid ðam scylde,   þæt se sceaft tobærst,
and þæt spere sprengde,   þæt hit sprang ongean.[8]
Gegremod wearð se guðrinc;[9]   he mid gare stang
wlancne wicing,   þe him þa wunde forgeaf.

---

1   **wælræste geceas**: "sought out the bed of slaughter," i.e., lay down dead.
2   **his**: Byrhtnoth's.
3   **swenges ne wyrnde**: "did not withhold the stroke."
4   **dom gefeohtan**: "win honor by fighting."
5   **wiges heard**: "the one tough in battle" (it is not clear whether this is Byrhtnoth or his opponent).
6   **ægþer hyra oðrum yfeles hogode**: "each of them intended evil to the other."
7   **særinc**: i.e., Viking.
8   Although wounded, Byrhtnoth knocks the spear out of his wound with the edge of his shield, breaking its shaft.
9   **se guðrinc**: Byrhtnoth.

140   Frod wæs se fyrdrinc;[1]   he let his francan wadan
        þurh ðæs hysses hals.   Hand wisode
        þæt he on þam færsceaðan   feorh geræhte,
        ða he oþerne   ofstlice sceat,
        þæt seo byrne tobærst.   He[2] wæs on breostum wund
145   þurh ða hringlocan.   Him æt heortan stod
        ætterne ord.   Se eorl wæs þe bliþra—
        hloh þa, modi man,   sæde metode þanc
        ðæs dægweorces   þe him drihten forgeaf.
        Forlet þa drenga sum[3]   daroð of handa,
150   fleogan of folman,   þæt se[4] to forð gewat
        þurh ðone æþelan   Æþelredes þegen.[5]
        Him be healfe[6] stod   hyse unweaxen,
        cniht on gecampe,   se full caflice
        bræd of þam beorne   blodigne gar,
155   Wulfstanes bearn,   Wulfmær se geonga,
        forlet forheardne[7]   faran eft ongean.
        Ord in gewod,   þæt se on eorþan læg
        þe his þeoden ær   þearle geræhte.
        Eode þa gesyrwed   secg to þam eorle[8]—
160   he wolde þæs beornes   beagas gefecgan,
        reaf and hringas   and gerenod swurd.
        Þa Byrhtnoð bræd   bill of sceðe,
        brad and bruneccg,   and on þa byrnan sloh.
        To raþe hine gelette   lidmanna sum,[9]
165   þa he þæs eorles   earm amyrde.
        Feoll þa to foldan   fealohilte swurd—
        ne mihte he gehealdan   heardne mece,
        wæpnes wealdan.   Þa gyt þæt word[10] gecwæð
        har hilderinc,   hyssas bylde,

---

1 **se fyrdrinc**: Byrhtnoth.

2 **He**: the Viking.

3 **drenga sum**: "one of the warriors," but the word **dreng** is a linguistic borrowing from Scandinavian **drengr**, which means "young man, valiant man," so possibly here specifically "one of the Vikings."

4 **þæt se**: "so that it" (the antecedent of **se** is **daroð**).

5 **Æþelredes þegen**: Byrhtnoth.

6 **Him be healfe**: "by his side."

7 **forheardne**: "the very hard (spear)," which he has pulled from Byrhtnoth's body.

8 **to þam eorle**: i.e., to Byrhtnoth.

9 **lidmanna sum**: "one of the sailors," i.e., Vikings.

10 **þæt word**: the exhortation to the troops in line 170 and the speech beginning line 173.

170	bæd gangan forð gode geferan—
	ne mihte þa on fotum leng fæste gestandan.
	He to heofenum wlat:[1]
	"Geþancie þe, ðeoda waldend,
	ealra þæra wynna þe ic on worulde gebad.
175	Nu ic ah, milde metod, mæste þearfe
	þæt þu minum gaste godes geunne,
	þæt min sawul to ðe siðian mote
	on þin geweald, þeoden engla,
	mid friþe ferian— ic eom frymdi to þe
180	þæt hi helsceaðan hynan ne moton."
	Ða hine heowon hæðene scealcas
	and begen þa beornas þe him big stodon,
	Ælfnoð and Wulmær begen lagon,
	ða onemn hyra frean feorh gesealdon.
185	Hi bugon þa fram beaduwe þe þær beon noldon.
	Þær wurdon Oddan bearn ærest on fleame:
	Godric fram guþe, and þone godan[2] forlet
	þe him mænigne oft mear gesealde
	(he gehleop þone eoh þe ahte his hlaford,
190	on þam gerædum þe hit riht ne wæs)
	and his broðru mid him begen ærndon,
	Godwine and Godwig, guþe ne gymdon,
	ac wendon fram þam wige and þone wudu sohton,
	flugon on þæt fæsten and hyra feore burgon,
195	and manna ma þonne hit ænig mæð wære,
	gyf hi þa geearnunga ealle gemundon
	þe he him to duguþe[3] gedon hæfde.
	Swa him Offa on dæg ær asæde
	on þam meþelstede, þa he gemot hæfde,
200	þæt þær modelice manega spræcon
	þe eft æt þærfe þolian noldon.
	Þa wearð afeallen þæs folces ealdor,
	Æþelredes eorl; ealle gesawon
	heorðgeneatas þæt hyra heorra læg.
205	Þa ðær wendon forð wlance þegenas;
	unearge men efston georne.

---

1 This is not a complete line of poetry, so something may be missing here.

2 **þone godan**: i.e., Byrhtnoth. It was the duty of the warrior to fight to the death against his lord's killers and a disgrace not to: see lines 249-54 below.

3 **him to duguþe**: "to their honor."

Hi woldon þa ealle   oðer twega,[1]
lif forlætan   oððe leofne gewrecan.
Swa hi bylde forð   bearn Ælfrices,
210   wiga wintrum geong,   wordum mælde;
Ælfwine þa cwæð   (he on ellen spræc):
"Gemunað þa mæla   þe we oft æt meodo spræcon,
þonne we on bence   beot ahofon,
hæleð on healle,   ymbe heard gewinn:
215   nu mæg cunnian[2]   hwa cene sy.
Ic wylle mine æþelo   eallum gecyþan,
þæt ic wæs on Myrcon   miccles cynnes—
wæs min ealdafæder   Ealhelm haten,
wis ealdorman,   woruldgesælig.
220   Ne sceolon me on þære þeode   þegenas ætwitan
þæt ic of ðisse fyrde   feran wille,
eard gesecan,[3]   nu min ealdor ligeð
forheawen æt hilde.   Me is þæt hearma mæst:
he wæs ægðer min mæg   and min hlaford."
225   Þa he forð eode,   fæhðe gemunde,
þæt he mid orde   anne geræhte
flotan on þam folce,   þæt se on foldan læg
forwegen mid his wæpne.   Ongan þa winas manian,
frynd and geferan,   þæt hi forð eodon.
230   Offa gemælde,   æscholt asceoc:
"Hwæt þu, Ælfwine, hafast   ealle gemanode
þegenas to þearfe,   nu ure þeoden lið,
eorl on eorðan.   Us is eallum þearf
þæt ure æghwylc[4]   oþerne bylde
235   wigan to wige,   þa hwile þe he wæpen mæge
habban and healdan,   heardne mece,
gar and god swurd.   Us Godric hæfð,
earh Oddan bearn,   ealle beswicene.
Wende þæs formoni man,   þa he on meare rad,
240   on wlancan þam wicge,[5]   þæt wære hit ure hlaford;
forþan wearð her on felda   folc totwæmed,

---

1 **oðer twega**: "one of two (things)."
2 **mæg cunnian**: interpret impersonally ("it will be known").
3 **eard gesecan**: i.e., go home.
4 **ure æghwylc**: "each of us."
5 **on wlancan þam wicge**: i.e., "on þam wlancan wicge."

scyldburh tobrocen.　　Abreoðe his angin,[1]
þæt he her swa manigne　　man aflymde!"
Leofsunu gemælde　　and his linde ahof,
245　　bord to gebeorge;　　he þam beorne oncwæð:
"Ic þæt gehate,　　þæt ic heonon nelle
fleon fotes trym,　　ac wille furðor gan,
wrecan on gewinne　　minne winedrihten.
Ne þurfon me embe Sturmere　　stedefæste hælæð
250　　wordum ætwitan,　　nu min wine gecranc,
þæt ic hlafordleas　　ham siðie,
wende fram wige,　　ac me sceal wæpen niman,
ord and iren."　　He ful yrre wod,
feaht fæstlice—　　fleam he forhogode.
255　　Dunnere þa cwæð,　　daroð acwehte,
unorne ceorl,　　ofer eall clypode,
bæd þæt beorna gehwylc　　Byrhtnoð wræce:
"Ne mæg na wandian　　se þe wrecan þenceð
frean on folce,　　ne for feore murnan."
260　　Þa hi forð eodon;　　feores hi ne rohton.[2]
Ongunnon þa hiredmen　　heardlice feohtan,
grame garberend,　　and God bædon
þæt hi moston gewrecan　　hyra winedrihten
and on hyra feondum　　fyl gewyrcan.
265　　Him se gysel[3] ongan　　geornlice fylstan;
he wæs on Norðhymbron　　heardes cynnes,
Ecglafes bearn,　　him wæs Æscferð nama.
He ne wandode na　　æt þam wigplegan,
ac he fysde forð　　flan genehe.
270　　Hwilon he on bord sceat,　　hwilon beorn tæsde:
æfre embe stunde　　he sealde sume wunde,[4]
þa hwile ðe he wæpna　　wealdan moste.
Þa gyt on orde stod　　Eadweard se langa,

1　**Abreoðe his angin**: this is a curse ("May his action perish!" "Damn his action!").

2　**feores hi ne rohton**: "they did not care about life," i.e., were ready to die.

3　**se gysel**: high-born hostages were often exchanged to secure a peace. Æscferth's inclusion by the poet in the fighting group, together with that of Dunnere (the ceorl) and Ælfwine (of Mercian descent), tends to show that the battle (and the larger struggle of which it forms part) is national in importance and transcends social class.

4　Rhyming lines are rare enough in Anglo-Saxon poetry that they may have been considered especially ornamental.

gearo and geornful,   gylpwordum spræc
275 þæt he nolde fleogan   fotmæl landes,
ofer bæc bugan,   þa his betera leg.
He bræc þone bordweall   and wið þa beornas feaht,
oðþæt he his sincgyfan   on þam sæmannum
wurðlice wrec,   ær he on wæle læge.
280 Swa dyde Æþeric,   æþele gefera,
fus and forðgeorn,   feaht eornoste.
Sibyrhtes broðor   and swiðe mænig oþer
clufon cellod bord,   cene hi weredon.[1]
Bærst bordes lærig,   and seo byrne sang
285 gryreleoða sum.   Þa æt guðe sloh
Offa þone sælidan,   þæt he on eorðan feoll,
and ðær Gaddes mæg[2]   grund gesohte.
Raðe wearð æt hilde   Offa forheawen.
He hæfde ðeah geforþod   þæt he his frean gehet,
290 swa he beotode ær   wið his beahgifan
þæt hi sceoldon begen   on burh ridan,
hale to hame,   oððe on here crincgan,
on wælstowe   wundum sweltan.
He læg ðegenlice   ðeodne gehende.
295 Ða wearð borda gebræc.   Brimmen wodon,
guðe gegremode;   gar oft þurhwod
fæges feorhhus.   Forð þa eode Wistan,
Þurstanes sunu,   wið þas secgas feaht;
he wæs on geþrang   hyra þreora bana,[3]
300 ær him Wigelmes bearn   on þam wæle læge.
Þær wæs stið gemot.   Stodon fæste
wigan on gewinne.   Wigend cruncon,
wundum werige.   Wæl feol on eorþan.
Oswold and Eadwold   ealle hwile,
305 begen þa gebroþru,   beornas trymedon,
hyra winemagas   wordon bædon
þæt hi þær æt ðearfe   þolian sceoldon,
unwaclice   wæpna neotan.
Byrhtwold maþelode   bord hafenode[4]

---

1 **cene hi weredon**: "bravely defended themselves."
2 **þone sælidan ... Gaddes mæg**: giving a familial epithet ("the kinsman of Gadd") to one of the Vikings, who are otherwise anonymous attackers, serves to ennoble Offa, who thus kills someone of note in the enemy host.
3 **hyra þreora bana**: "the killer of three of them."
4 Another rhyming line.

310   (se wæs eald geneat),   æsc acwehte;
he ful baldlice   beornas lærde:
"Hige sceal þe heardra,   heorte þe cenre,
mod sceal þe mare,   þe ure mægen lytlað.
Her lið ure ealdor   eall forheawen,
315   god on greote.   A mæg gnornian
se ðe nu fram þis wigplegan   wendan þenceð.
Ic eom frod feores;   fram ic ne wille,
ac ic me be healfe   minum hlaforde,
be swa leofan men,   licgan þence."
320   Swa hi Æþelgares bearn   ealle bylde,
Godric to guþe.   Oft he gar forlet,
wælspere windan   on þa wicingas,
swa he on þam folce   fyrmest eode,
heow and hynde,   oðþæt he on hilde gecranc.
325   Næs þæt na se Godric   þe ða guðe forbeah
[...]

13

Beowulf

Beowulf is the best-known and most-studied poem of the Anglo-Saxon period. Of unknown authorship (and even disputed period of composition), it is our sole complete example of what may well have been a very important oral genre, the heroic poem. The title character (if it is right to call him that, given that the title itself was applied in modern times and is not Anglo-Saxon in origin) is a prince of the Geats, a people of Sweden, who hears of the trouble besetting the court of King Hrothgar of the Danes, whose magnificent hall is visited nightly by a powerful monster who eats his warriors. Beowulf, the strongest warrior of his time with the strength of thirty men in his hand-grip, vows to come to Hrothgar's aid, and the poem tells the stories of his combats with the monster Grendel, with Grendel's monstrous mother, and (much later in his life when he is a king himself) with a dragon that attacks his kingdom. Beowulf currently has a considerable cultural afterlife, with a number of movies based on the poem and a translation into modern English by the eminent Irish poet Seamus Heaney. Readers who come to the original text from such adaptations may be surprised and delighted by features of the original poem that do not translate well: the gravity of its movement, the richness of its diction, the poet's subtle use of alliteration, suspense, and sentence movement. Although some scholars persist in the view that the poem is a mere adaptation of traditional oral material, in which literary and Christian elements are intrusive, the majority view since J.R.R. Tolkien is that the poem is a finely crafted literary work. Only the first episode, to the end of the aftermath of the fight with Grendel, is contained in this Reader.

> Hwæt! We Gardena   in geardagum,
> þeodcyninga,   þrym gefrunon,
> hu ða æþelingas   ellen fremedon.
> Oft Scyld Scefing   sceaþena þreatum,
> 5   monegum mægþum,   meodosetla ofteah,[1]
> egsode eorlas,   syððan ærest wearð
> feasceaft funden.[2]   He þæs[3] frofre gebad,
> weox under wolcnum,   weorðmyndum þah,
> oðþæt him æghwylc   þara ymbsittendra

---

1 **meodosetla ofteah**: "deprived of their mead-seats," i.e., disinherited them, expelled them from their halls.

2 **feasceaft funden**: "found indigent." The story seems to be that Scyld Scefing, a baby found floating in the sea and fostered, became a great ruler: see below, lines 43-46.

3 **þæs**: "for that," "with respect to that."

10   ofer hronrade   hyran scolde,
           gomban gyldan.   Þæt wæs god cyning!
           Ðæm[1] eafera wæs   æfter cenned,
           geong in geardum,   þone god sende
           folce to frofre;   fyrenðearfe ongeat
15   þe hie ær drugon   aldorlease
           lange hwile.   Him þæs[2] liffrea,
           wuldres wealdend,   woroldare forgeaf.
           Beowulf[3] wæs breme,   blæd wide sprang,
           Scyldes eafera   Scedelandum in.
20   Swa sceal geong guma   gode gewyrcean,
           fromum feohgiftum   on fæder bearme,[4]
           þæt hine on ylde   eft gewunigen
           wilgesiþas,   þonne wig cume,
           leode gelæsten.   Lofdædum sceal
25   in mægþa gehwære   man geþeon.
           Him ða Scyld gewat   to gescæphwile,
           felahror feran   on frean wære.
           Hi hyne þa ætbæron   to brimes faroðe,
           swæse gesiþas,   swa he selfa bæd,
30   þenden wordum weold   wine Scyldinga—
           leof landfruma   lange ahte.
           Þær æt hyðe stod   hringedstefna,
           isig ond utfus,   æþelinges fær.
           Aledon þa   leofne þeoden,
35   beaga bryttan,   on bearm scipes,
           mærne be mæste.   Þær wæs madma fela
           of feorwegum,   frætwa, gelæded.
           Ne hyrde ic cymlicor   ceol gegyrwan
           hildewæpnum   ond heaðowædum,
40   billum ond byrnum.   Him on bearme[5] læg
           madma mænigo,   þa him mid scoldon
           on flodes æht   feor gewitan.

---

1 **Ðæm**: "to that one," i.e., to Scyld.

2 **þæs**: "for that."

3 Not the Beowulf of the rest of the poem, and indeed the use of the name here may well be an error of anticipation of the appearance of the hero on the part of the scribe. Most editors emend to "Beow," who appears in English and Norse genealogies as the son of Scyld.

4 **on fæder bearme**: literally "in the bosom of the father," this must either mean "(gifts of wealth) in the possession of his father" or "(while he is still) under the protection of his father."

5 **Him on bearme**: probably "in its hold" rather than "on his bosom," though the **him** in 41b must refer to Scyld.

Nalæs hi hine læssan   lacum teodan,
þeodgestreonum,   þon þa dydon

45   þe hine æt frumsceafte   forð onsendon
ænne ofer yðe   umborwesende.
Þa gyt hie him asetton   segen gyldenne
heah ofer heafod,   leton holm beran,
geafon on garsecg.   Him wæs geomor sefa,

50   murnende mod.   Men ne cunnon
secgan to soðe,   selerædende,
hæleð under heofenum,   hwa þæm hlæste onfeng.
Ða wæs on burgum   Beowulf Scyldinga,
leof leodcyning,   longe þrage

55   folcum gefræge   (fæder ellor hwearf,
aldor of earde),   oþþæt him eft onwoc
heah Healfdene;   heold þenden lifde,
gamol ond guðreouw,   glæde Scyldingas.
Ðæm[1] feower bearn   forðgerimed

60   in worold wocun,   weoroda ræswan,
Heorogar ond Hroðgar   ond Halga til;
hyrde ic þæt   elan cwen,[2]
Heaðoscilfingas   healsgebedda.
Þa wæs Hroðgare   heresped gyfen,

65   wiges weorðmynd,   þæt him his winemagas
georne hyrdon,   oðð þæt seo geogoð geweox,[3]
magodriht micel.   Him on mod bearn
þæt healreced   hatan wolde,
medoærn micel,   men gewyrcean

70   þonne yldo bearn   æfre gefrunon,
ond þær on innan   eall gedælan
geongum ond ealdum,   swylc him god sealde,
buton folcscare   ond feorum gumena.[4]
Ða ic wide gefrægn   weorc gebannan[5]

75   manigre mægþe   geond þisne middangeard,
folcstede frætwan.   Him on fyrste gelomp,

---

1 **Ðæm**: i.e., to Healfdene.

2 Something is missing here, presumably the name of a daughter who became the queen of a Swedish king, likely Onela. There is no gap or damage in the manuscript.

3 **seo geogoð geweox**: "the youth increased," i.e., Hrothgar's success in war brought him many followers and increased his kingdom.

4 **buton folcscare ond feorum gumena**: i.e., he neither diminished the nation by giving away parts of national territory nor exerted his power tyrannically over people's lives.

5 **wide gefrægn weorc gebannan**: "have heard that the work was commanded widely."

æðre mid yldum,　þæt hit wearð ealgearo,
healærna mæst;　scop him Heort naman
se þe his wordes geweald　wide hæfde.
80　He beot ne aleh,　beagas dælde,
sinc æt symle.　Sele hlifade,
heah ond horngeap,　heaðowylma bad,[1]
laðan liges;　ne wæs hit lenge þa gen
þæt se ecghete　aþumsweoran
85　æfter wælniðe　wæcnan scolde.
Ða se ellorgæst[2]　earfoðlice
þrage geþolode,　se þe in þystrum bad,
þæt he dogora gehwam　dream gehyrde
hludne in healle;　þær wæs hearpan sweg,
90　swutol sang scopes.　Sægde se þe cuþe[3]
frumsceaft fira　feorran reccan,
cwæð þæt se ælmihtiga　eorðan worhte,
wlitebeorhtne wang,　swa wæter bebugeð,
gesette sigehreþig　sunnan ond monan
95　leoman to leohte　landbuendum
ond gefrætwade　foldan sceatas
leomum ond leafum,　lif eac gesceop
cynna gehwylcum　þara ðe cwice hwyrfaþ.
Swa ða drihtguman　dreamum lifdon
100　eadiglice,　oððæt an ongan
fyrene fremman　feond on helle.
Wæs se grimma gæst　Grendel haten,
mære mearcstapa,　se þe moras heold,
fen ond fæsten;　fifelcynnes eard
105　wonsæli wer　weardode hwile,
siþðan him scyppend　forscrifen hæfde
in Caines cynne.[4]　Þone cwealm gewræc
ece drihten,　þæs þe he Abel slog;
ne gefeah he þære fæhðe,　ac he hine feor forwræc,
110　metod for þy mane,　mancynne fram.
Þanon untydras　ealle onwocon,

1　**heaðowylma bad**: one of several foreshadowings in the poem of disaster that awaits, in this case the burning of the hall Heorot by Hrothgar's son-in-law Ingeld.
2　**se ellorgæst**: not named until line 102, this is the monster Grendel.
3　**se þe cuþe**: i.e., the scop.
4　**in Caines cynne**: Cain's exile for the killing of Abel was connected to the biblical statement that "there were giants in the earth in those days" (Gen. 6:4) in several ancient traditions to make Cain the progenitor of giants and monsters, among which Grendel is here counted.

eotenas ond ylfe   ond orcneas,
swylce gigantas,   þa wið gode wunnon
lange þrage;   he him ðæs lean[1] forgeald.
115   Gewat[2] ða neosian,   syþðan niht becom,
hean huses,   hu hit Hringdene
æfter beorþege   gebun hæfdon.
Fand þa ðær inne   æþelinga gedriht
swefan æfter symble;   sorge ne cuðon,
120   wonsceaft wera.   Wiht unhælo,
grim ond grædig,   gearo sona wæs,
reoc ond reþe,   ond on ræste genam
þritig þegna,   þanon eft gewat
huðe hremig   to ham faran,
125   mid þære wælfylle   wica neosan.
Ða wæs on uhtan   mid ærdæge
Grendles guðcræft   gumum undyrne;
þa wæs æfter wiste   wop up ahafen,
micel morgensweg.   Mære þeoden,
130   æþeling ærgod,   unbliðe sæt,
þolode ðryðswyð,[3]   þegnsorge dreah,
syðþan hie þæs laðan   last sceawedon,
wergan gastes;   wæs þæt gewin to strang,
lað ond longsum.   Næs hit lengra fyrst,
135   ac ymb ane niht   eft gefremede
morðbeala mare   ond no mearn fore,
fæhðe ond fyrene;   wæs to fæst on þam.[4]
Þa wæs eaðfynde[5]   þe him elles hwær
gerumlicor   ræste sohte,
140   bed æfter burum,[6]   ða him gebeacnod wæs,
gesægd soðlice   sweotolan tacne
healðegnes[7] hete;   heold hyne syðþan
fyr ond fæstor   se þæm feonde ætwand.
Swa rixode[8]   ond wið rihte wan,

---

1 ðæs lean: "the reward for that."

2 Gewat: the implied subject of this verb is Grendel.

3 þolode ðryðswyð: "the very powerful one (i.e., Hrothgar) suffered."

4 wæs to fæst on þam: "(he) was too firmly fixed on that."

5 wæs eaðfynde: "was easily found," i.e., there were plenty of such people.

6 æfter burum: possibly "among the women's quarters," buildings some way off, rather than in
   the hall where the men would normally sleep.

7 healðegnes: an ironic reference to Grendel, the word just means "hall-servant."

8 rixode: the subject may be "ana" of the next line or (understood) Grendel.

145   ana wið eallum,   oðþæt idel stod
        husa selest.   Wæs seo hwil micel;
        XII wintra tid   torn geþolode
        wine Scyldinga,   weana gehwelcne,
        sidra sorga.   Forðam gesyne wearð,
150   ylda bearnum,   undyrne cuð,
        gyddum geomore,   þætte Grendel wan
        hwile wið Hroþgar,   heteniðas wæg,
        fyrene ond fæhðe   fela missera,
        singale sæce,   sibbe ne wolde
155   wið manna hwone   mægenes Deniga,
        feorhbealo feorran,   fea þingian,[1]
        ne þær nænig witena   wenan þorfte
        beorhtre bote   to banan folmum,
        ac se æglæca   ehtende wæs,
160   deorc deaþscua,   duguþe ond geogoþe,
        seomade ond syrede,   sinnihte heold
        mistige moras;   men ne cunnon
        hwyder helrunan   hwyrftum scriþað.
        Swa fela fyrena   feond mancynnes,
165   atol angengea,   oft gefremede,
        heardra hynða.   Heorot eardode,
        sincfage sel   sweartum nihtum;
        no he þone gifstol   gretan moste,[2]
        maþðum for metode,   ne his myne wisse.
170   Þæt wæs wræc micel   wine Scyldinga,
        modes brecða.   Monig oft gesæt
        rice to rune;[3]   ræd eahtedon
        hwæt swiðferhðum   selest wære
        wið færgryrum   to gefremmanne.
175   Hwilum hie geheton   æt hærgtrafum
        wigweorþunga,   wordum bædon
        þæt him gastbona   geoce gefremede
        wið þeodþreaum.   Swylc wæs þeaw hyra,
        hæþenra hyht;   helle gemundon

---

1 **sibbe ne wolde ... þingian**: ironic references to the possibility of peaceful settlement of feuds with human opponents.

2 **no he þone gifstol gretan moste**: a famous interpretive crux. The current leading understandings among scholars are that Grendel was prevented by God from attacking the throne of Hrothgar (i.e., Hrothgar himself), that he was unable to approach the throne of God because of his sinfulness, or that he was prevented from injuring the hall Heorot.

3 **rice to rune**: i.e., to give advice to Hrothgar.

180 in modsefan,[1] metod hie ne cuþon,
   dæda demend, ne wiston hie drihten god,
   ne hie huru heofena helm herian ne cuþon,
   wuldres waldend. Wa bið þæm ðe sceal
   þurh sliðne nið sawle bescufan
185 in fyres fæþm, frofre ne wenan,
   wihte gewendan; wel bið þæm þe mot
   æfter deaðdæge drihten secean
   ond to fæder fæþmum freoðo wilnian.[2]
   Swa ða mælceare maga Healfdenes
190 singala seað, ne mihte snotor hæleð
   wean onwendan; wæs þæt gewin to swyð,
   laþ ond longsum, þe on ða leode becom,
   nydwracu niþgrim, nihtbealwa mæst.
   Þæt fram ham gefrægn Higelaces þegn,[3]
195 god mid Geatum, Grendles dæda;
   se wæs moncynnes mægenes strengest
   on þæm dæge þysses lifes,
   æþele ond eacen. Het him yðlidan
   godne gegyrwan, cwæð, he guðcyning
200 ofer swanrade secean wolde,
   mærne þeoden, þa him wæs manna þearf.
   Ðone siðfæt him snotere ceorlas
   lythwon logon, þeah he him leof wære;
   hwetton higerofne, hæl sceawedon.[4]
205 Hæfde se goda Geata leoda
   cempan gecorone þara þe he cenoste
   findan mihte; XVna sum[5]
   sundwudu sohte; secg wisade,
   lagucræftig mon, landgemyrcu.
210 Fyrst forð gewat. Flota wæs on yðum,
   bat under beorge. Beornas gearwe
   on stefn stigon; streamas wundon,
   sund wið sande; secgas bæron
   on bearm nacan beorhte frætwe,

---

1 **helle gemundon in modsefan**: that is, they worshipped the devil. The standard medieval account of non-Christian worship was that it was directed to the devil through idols.

2 **to fæder fæþmum freoðo wilnian**: "desire protection in the embrace of the Father."

3 **Higelaces þegn**: this "retainer of Higelac" is Beowulf, first named in line 343.

4 **hæl sceawedon**: usually translated "they examined the omens," this could just mean "they considered (it to be) sound."

5 **XVna sum**: "as one of fifteen," that is, with fourteen others.

215   guðsearo geatolic;   guman ut scufon,
        weras on wilsið,   wudu bundenne.
        Gewat þa ofer wægholm,   winde gefysed,
        flota famiheals   fugle gelicost,
        oðþæt ymb antid   oþres dogores
220   wundenstefna   gewaden hæfde
        þæt ða liðende   land gesawon,
        brimclifu blican,   beorgas steape,
        side sænæssas;   þa wæs sund liden,
        eoletes æt ende.   Þanon up hraðe
225   Wedera leode   on wang stigon,
        sæwudu sældon   (syrcan hrysedon,
        guðgewædo),   gode þancedon
        þæs þe him yþlade   eaðe wurdon.
        Þa of wealle geseah   weard Scildinga,
230   se þe holmclifu   healdan scolde,
        beran ofer bolcan   beorhte randas,
        fyrdsearu fuslicu.   Hine fyrwyt bræc
        modgehygdum,   hwæt þa men wæron.
        Gewat him þa to waroðe   wicge ridan
235   þegn Hroðgares.   Þrymmum cwehte
        mægenwudu mundum,   meþelwordum frægn:
        "Hwæt syndon ge   searohæbbendra,[1]
        byrnum werede,   þe þus brontne ceol
        ofer lagustræte   lædan cwomon,
240   hider ofer holmas?   Her ic hwile wæs[2]
        endesæta,   ægwearde heold,
        þe on land Dena   laðra nænig
        mid scipherge   sceðþan ne meahte.
        No her cuðlicor   cuman ongunnon
245   lindhæbbende;   ne ge leafnesword
        guðfremmendra   gearwe ne wisson,
        maga gemedu.   Næfre ic maran geseah
        eorla ofer eorþan   ðonne is eower sum,
        secg on searwum—   nis þæt seldguma,
250   wæpnum geweorðad,   næfne him his wlite leoge,
        ænlic ansyn.   Nu ic eower sceal
        frumcyn witan,   ær ge fyr heonan,
        leassceaweras,   on land Dena
        furþur feran.   Nu ge feorbuend,

1 **Hwæt syndon ge   searohæbbendra**: "what (kind) of warriors are you."
2 **hwile wæs**: "have been for a while."

255   mereliðende,   minne gehyrað
anfealdne geþoht: Ofost is selest
to gecyðanne   hwanan eowre cyme syndon."[1]
Him se yldesta[2] ondswarode,
werodes wisa,   wordhord onleac:
260   "We synt gumcynnes   Geata leode
ond Higelaces   heorðgeneatas.
Wæs min fæder   folcum gecyþed,
æþele ordfruma,   Ecgþeow haten.
Gebad wintra worn,   ær he on weg hwurfe,
265   gamol of geardum;   hine gearwe geman
witena welhwylc   wide geond eorþan.
We þurh holdne hige   hlaford þinne,
sunu Healfdenes,   secean cwomon,
leodgebyrgean;   wes þu us larena god.
270   Habbað we to þæm mæran   micel ærende,
Deniga frean,   ne sceal þær dyrne sum
wesan, þæs ic wene.[3]   Þu wast (gif hit is
swa we soþlice   secgan hyrdon)
þæt mid Scyldingum   sceaðona ic nat hwylc,
275   deogol dædhata,   deorcum nihtum
eaweð þurh egsan   uncuðne nið,
hynðu ond hrafyl.   Ic þæs[4] Hroðgar mæg
þurh rumne sefan   ræd gelæran,
hu he, frod ond god,   feond oferswyðeþ,
280   gyf him edwendan   æfre scolde
bealuwa bisigu,   bot eft cuman,
ond þa cearwylmas   colran wurðaþ;
oððe a syþðan   earfoðþrage,
þreanyd þolað,   þenden þær wunað
285   on heahstede   husa selest."
Weard maþelode,   ðær on wicge sæt,
ombeht unforht: "Æghwæþres sceal
scearp scyldwiga   gescad witan,
worda ond worca,   se þe wel þenceð.
290   Ic þæt gehyre,   þæt þis is hold weorod
frean Scyldinga.   Gewitaþ forð beran
wæpen ond gewædu;   ic eow wisige.

---

1 **hwanan eowre cyme syndon**: "from whence your comings are," i.e., where you come from.

2 **se yldesta**: probably literal age is not meant here: "the leader."

3 **ne sceal þær dyrne sum wesan, þæs ic wene**: "nothing of it will be secret, I expect."

4 **þæs**: "for that."

Swylce ic maguþegnas   mine hate
wið feonda gehwone   flotan eowerne,
295   niwtyrwydne   nacan on sande
arum healdan,   oþðæt eft byreð
ofer lagustreamas   leofne mannan
wudu wundenhals   to Wedermearce—
godfremmendra   swylcum gifeþe bið[1]
300   þæt þone hilderæs   hal gedigeð."
Gewiton him þa feran.   Flota stille bad,
seomode on sale   sidfæþmed scip,
on ancre fæst.   Eoforlic[2] scionon
ofer hleorbergan   gehroden golde.
305   Fah ond fyrheard,   ferhwearde heold
guþmod[3] grimmon.   Guman onetton,
sigon ætsomne,   oþþæt hy sæl timbred,
geatolic ond goldfah,   ongyton mihton;
þæt wæs foremærost   foldbuendum
310   receda under roderum,   on þæm se rica bad;
lixte se leoma   ofer landa fela.
Him þa hildedeor[4]   hof modigra
torht getæhte,   þæt hie him to mihton
gegnum gangan.   Guðbeorna sum[5]
315   wicg gewende,   word æfter cwæð:
"Mæl is me to feran.   Fæder alwalda
mid arstafum   eowic gehealde
siða gesunde.   Ic to sæ wille
wið wrað werod   wearde healdan."
320   Stræt wæs stanfah,   stig wisode
gumum ætgædere.   Guðbyrne scan
heard hondlocen,   hringiren scir
song in searwum,   þa hie to sele furðum
in hyra gryregeatwum   gangan cwomon.
325   Setton sæmeþe   side scyldas,
rondas regnhearde,   wið þæs recedes weal,
bugon þa to bence.   Byrnan hringdon,
guðsearo gumena;   garas stodon,
sæmanna searo,   samod ætgædere,

---

1   **swylcum gifeþe bið**: "for such a one as is granted."
2   **Eoforlic**: images of wild boars evidently had a talismanic function on helmets.
3   **guþmod**: "the warlike one" (i.e., the boar).
4   **hildedeor**: the coastguard.
5   **Guðbeorna sum**: again refers to the coastguard.

330   æscholt ufan græg;   wæs se irenþreat
         wæpnum gewurþad.   Þa ðær wlonc hæleð
         oretmecgas   æfter æþelum frægn:
         "Hwanon ferigeað ge   fætte scyldas,
         græge syrcan   ond grimhelmas,
335   heresceafta heap?   Ic eom Hroðgares
         ar ond ombiht.   Ne seah ic elþeodige
         þus manige men   modiglicran.
         Wen ic þæt ge for wlenco,   nalles for wræcsiðum,
         ac for higeþrymmum   Hroðgar sohton."
340   Him þa ellenrof   andswarode,
         wlanc Wedera leod,   word æfter spræc,
         heard under helme: "We synt Higelaces
         beodgeneatas;   Beowulf is min nama.
         Wille ic asecgan   sunu Healfdenes,
345   mærum þeodne,   min ærende,
         aldre þinum,   gif he us geunnan wile
         þæt we hine swa godne   gretan moton."
         Wulfgar maþelode (þæt wæs Wendla leod;
         wæs his modsefa   manegum gecyðed,
350   wig ond wisdom):   "Ic þæs wine Deniga,
         frean Scildinga,   frinan wille,
         beaga bryttan,   swa þu bena eart,
         þeoden mærne,   ymb þinne sið,
         ond þe þa ondsware   ædre gecyðan
355   ðe me se goda   agifan þenceð."
         Hwearf þa hrædlice   þær Hroðgar sæt
         eald ond anhar   mid his eorla gedriht,
         eode ellenrof,   þæt he for eaxlum gestod
         Deniga frean;   cuþe he duguðe þeaw.
360   Wulfgar maðelode   to his winedrihtne:
         "Her syndon geferede,   feorran cumene
         ofer geofenes begang   Geata leode.
         Þone yldestan   oretmecgas
         Beowulf nemnað.   Hy benan synt
365   þæt hie, þeoden min,   wið þe moton
         wordum wrixlan.   No ðu him wearne geteoh
         ðinra gegncwida,[1]   glædman Hroðgar.
         Hy on wiggetawum   wyrðe þinceað
         eorla geæhtlan—   huru se aldor deah,

---

1 **No ðu him wearne geteoh ðinra gegncwida**: "do not grant them refusal of your replies," i.e., "do not refuse to speak to them."

370 se þæm heaðorincum hider wisade."
   Hroðgar maþelode, helm Scyldinga:
   "Ic hine cuðe cnihtwesende.
   Wæs his ealdfæder Ecgþeo haten,
   ðæm to ham forgeaf Hreþel Geata
375 angan dohtor. Is his eafora nu
   heard her cumen, sohte holdne wine.
   Ðonne sægdon þæt sæliþende,
   þa ðe gifsceattas Geata fyredon
   þyder to þance, þæt he XXXtiges
380 manna mægencræft on his mundgripe
   heaþorof hæbbe. Hine halig god
   for arstafum us onsende,
   to Westdenum, þæs ic wen hæbbe,
   wið Grendles gryre. Ic þæm godan sceal
385 for his modþræce madmas beodan.
   Beo ðu on ofeste, hat in gan
   seon sibbegedriht samod ætgædere;
   gesaga him eac wordum þæt hie sint wilcuman
   Deniga leodum."[1]
390 Word inne abead:
   "Eow het secgan sigedrihten min,
   aldor Eastdena, þæt he eower æþelu can,
   ond ge him syndon ofer sæwylmas
   heardhicgende hider wilcuman.
395 Nu ge moton gangan in eowrum guðgeatawum
   under heregriman Hroðgar geseon;
   lætað hildebord her onbidan,
   wudu, wælsceaftas, worda geþinges."
   Aras þa se rica, ymb hine rinc manig,
400 þryðlic þegna heap; sume þær bidon,
   heaðoreaf heoldon, swa him se hearda bebead.
   Snyredon ætsomne, þa secg wisode,
   under Heorotes hrof[2]
   heard under helme, þæt he on heorðe gestod.
405 Beowulf maðelode (on him byrne scan,
   searonet seowed smiþes orþancum):
   "Wæs þu, Hroðgar, hal! Ic eom Higelaces
   mæg ond magoðegn; hæbbe ic mærða fela

---

1 Material is apparently missing at this point, since alliteration fails. There is no gap in the manuscript.

2 Again, at least a half line has apparently been omitted in copying.

ongunnen on geogoþe.   Me wearð Grendles þing
410   on minre eþeltyrf   undyrne cuð;
secgað sæliðend   þæt þæs sele stande,
reced selesta,   rinca gehwylcum
idel ond unnyt,   siððan æfenleoht
under heofenes hador   beholen weorþeð.

415   Þa me þæt gelærdon   leode mine
þa selestan,   snotere ceorlas,
þeoden Hroðgar,   þæt ic þe sohte,
forþan hie mægenes cræft   mine cuþon,
selfe ofersawon,   ða ic of searwum cwom,
420   fah from feondum,   þær ic fife geband,
yðde eotena cyn   ond on yðum slog
niceras nihtes,   nearoþearfe dreah,
wræc Wedera nið   (wean ahsodon),
forgrand gramum,   ond nu wið Grendel sceal,
425   wið þam aglæcan,   ana gehegan
ðing wið þyrse.   Ic þe nu ða,
brego Beorhtdena,   biddan wille,
eodor Scyldinga,   anre bene,
þæt ðu me ne forwyrne,   wigendra hleo,
430   freowine folca,   nu ic þus feorran com,
þæt ic mote ana   ond minra eorla gedryht,
þes hearda heap,   Heorot fælsian.
Hæbbe ic eac geahsod   þæt se æglæca
for his wonhydum   wæpna ne recceð.

435   Ic þæt þonne forhicge   (swa me Higelac sie,
min mondrihten,   modes bliðe),
þæt ic sweord bere   oþðe sidne scyld,
geolorand to guþe,   ac ic mid grape sceal
fon wið feonde   ond ymb feorh sacan,
440   lað wið laþum;   ðær gelyfan sceal
dryhtnes dome   se þe hine deað nimeð.
Wen ic þæt he wille,   gif he wealdan mot,
in þæm guðsele   Geotena leode
etan unforhte,   swa he oft dyde
445   mægen Hreðmanna.   Na þu minne þearft
hafalan hydan,[1]   ac he me habban wile
dreore fahne,   gif mec deað nimeð.
Byreð blodig wæl,   byrgean þenceð,
eteð angenga   unmurnlice,

---

1   **hafalan hydan**: i.e., bury Beowulf's body.

450   mearcað morhopu—   no ðu ymb mines ne þearft
        lices feorme   leng sorgian.
        Onsend Higelace,   gif mec hild nime,
        beaduscruda betst,   þæt mine breost wereð,
        hrægla selest,   þæt is Hrædlan laf,
455   Welandes geweorc.[1]   Gæð a wyrd swa hio scel."
        Hroðgar maþelode,   helm Scyldinga:
        "For gewyrhtum þu,   wine min Beowulf,
        ond for arstafum   usic sohtest.
        Gesloh þin fæder   fæhðe mæste;[2]
460   wearþ he Heaþolafe   to handbonan
        mid Wilfingum.   Ða hine Wedera cyn
        for herebrogan   habban ne mihte,
        þanon he gesohte   Suðdena folc
        ofer yða gewealc,   Arscyldinga.
465   Ða ic furþum weold   folce Deniga
        ond on geogoðe heold   ginne rice,
        hordburh hæleþa.   Ða wæs Heregar dead,
        min yldra mæg   unlifigende,
        bearn Healfdenes;   se wæs betera ðonne ic.
470   Siððan þa fæhðe   feo þingode;
        sende ic Wylfingum   ofer wæteres hrycg
        ealde madmas;   he me aþas swor.
        Sorh is me to secganne   on sefan minum
        gumena ængum   hwæt me Grendel hafað
475   hynðo on Heorote   mid his heteþancum,
        færniða gefremed.   Is min fletwerod,
        wigheap gewanod—   hie wyrd forsweop
        on Grendles gryre.   God eaþe mæg
        þone dolsceaðan   dæda getwæfan.[3]
480   Ful oft gebeotedon   beore druncne
        ofer ealowæge   oretmecgas
        þæt hie in beorsele   bidan woldon
        Grendles guþe   mid gryrum ecga.
        Ðonne wæs þeos medoheal   on morgentid,
485   drihtsele dreorfah,   þonne dæg lixte,
        eal bencþelu   blode bestymed,
        heall heorudreore.   Ahte ic holdra þy læs,[4]

---

1   **Welandes geweorc**: Weland was a mythical artificer of astounding skill.
2   **Gesloh þin fæder fæhðe mæste**: "your father caused an immense feud by killing."
3   **dæda getwæfan**: "deprive of (his) deeds," i.e., stop him.
4   **holdra þy læs**: "the fewer faithful (retainers)."

deorre duguðe,   þe þa deað fornam.
Site nu to symle   ond onsæl meoto,
490 sigehreð secgum,   swa þin sefa hwette."
Þa wæs Geatmæcgum   geador ætsomne
on beorsele   benc gerymed;
þær swiðferhþe   sittan eodon,
þryðum dealle.   Þegn nytte beheold,
495 se þe on handa bær   hroden ealowæge,
scencte scir wered.   Scop hwilum sang
hador on Heorote.   Þær wæs hæleða dream,
duguð unlytel   Dena ond Wedera.
Unferð maþelode,   Ecglafes bearn,
500 þe æt fotum sæt   frean Scyldinga,
onband beadurune   (wæs him Beowulfes sið,
modges merefaran,   micel æfþunca,
forþon þe he ne uþe   þæt ænig oðer man
æfre mærða þon ma   middangeardes
505 gehedde under heofenum   þonne he sylfa):
"Eart þu se Beowulf,   se þe wið Brecan wunne,
on sidne sæ   ymb sund flite,
ðær git for wlence   wada cunnedon
ond for dolgilpe   on deop wæter
510 aldrum neþdon?   Ne inc ænig mon,
ne leof ne lað,   belean mihte
sorhfullne sið,   þa git on sund reon.
Þær git eagorstream   earmum þehton,
mæton merestræta,   mundum brugdon,
515 glidon ofer garsecg.   Geofon yþum weol,
wintrys wylme.   Git on wæteres æht
seofon niht swuncon.   He þe æt sunde oferflat,
hæfde mare mægen.   Þa hine on morgentid
on Heaþoræmas   holm up ætbær,
520 ðonon he gesohte   swæsne eðel,
leof his leodum,   lond Brondinga,
freoðoburh fægere,   þær he folc ahte,
burh ond beagas.   Beot eal wið þe
sunu Beanstanes   soðe gelæste.
525 Ðonne wene ic to þe   wyrsan geþingea,
ðeah þu heaðoræsa   gehwær dohte,
grimre guðe,   gif þu Grendles dearst
nihtlongne fyrst   nean bidan."
Beowulf maþelode,   bearn Ecgþeowes:

530   "Hwæt! Þu worn fela,   wine min Unferð,
          beore druncen   ymb Brecan spræce,
          sægdest from his siðe.   Soð ic talige,
          þæt ic merestrengo   maran ahte,
          earfeþo on yþum,   ðonne ænig oþer man.
535   Wit þæt gecwædon   cnihtwesende
          ond gebeotedon   (wæron begen þa git
          on geogoðfeore)   þæt wit on garsecg ut
          aldrum neðdon,   ond þæt geæfndon swa.
          Hæfdon swurd nacod,   þa wit on sund reon,
540   heard on handa;   wit unc wið hronfixas
          werian þohton.   No he wiht fram me
          flodyþum feor   fleotan meahte,
          hraþor on holme;   no ic fram him wolde.
          Ða wit ætsomne   on sæ wæron
545   fif nihta fyrst,   oþþæt unc flod todraf,
          wado weallende,   wedera cealdost,
          nipende niht,   ond norþanwind
          heaðogrim ondhwearf.   Hreo wæron yþa.
          Wæs merefixa   mod onhrered;
550   þær me wið laðum   licsyrce min,
          heard, hondlocen,   helpe gefremede,
          beadohrægl broden   on breostum læg
          golde gegyrwed.   Me to grunde teah
          fah feondscaða,   fæste hæfde
555   grim on grape.   Hwæþre me gyfeþe wearð
          þæt ic aglæcan   orde geræhte,
          hildebille.   Heaþoræs fornam
          mihtig meredeor   þurh mine hand.
          Swa mec gelome   laðgeteonan
560   þreatedon þearle.   Ic him þenode
          deoran sweorde,   swa hit gedefe wæs.
          Næs hie ðære fylle   gefean hæfdon,
          manfordædlan,   þæt hie me þegon,
          symbel ymbsæton   sægrunde neah,
565   ac on mergenne   mecum wunde
          be yðlafe   uppe lægon,
          sweordum aswefede,   þæt syðþan na
          ymb brontne ford   brimliðende
          lade ne letton.   Leoht eastan com,
570   beorht beacen godes.   Brimu swaþredon,
          þæt ic sænæssas   geseon mihte,

windige weallas.   Wyrd oft nereð
unfægne eorl,   þonne his ellen deah.
Hwæþere me gesælde   þæt ic mid sweorde ofsloh
575   niceras nigene.   No ic on niht gefrægn
under heofones hwealf   heardran feohtan,
ne on egstreamum   earmran mannon;
hwaþere ic fara feng   feore gedigde,[1]
siþes werig.   Ða mec sæ oþbær,
580   flod æfter faroðe   on Finnaland,
wadu weallendu.   No ic wiht fram þe
swylcra searoniða   secgan hyrde,
billa brogan.   Breca næfre git
æt heaðolace,   ne gehwæþer incer,[2]
585   swa deorlice   dæd gefremede
fagum sweordum   (no ic þæs swiðe gylpe),
þeah ðu þinum broðrum   to banan wurde,
heafodmægum—   þæs[3] þu in helle scealt
werhðo dreogan,   þeah þin wit duge.
590   Secge ic þe to soðe,   sunu Ecglafes,
þæt næfre Grendel swa fela   gryra gefremede,
atol æglæca,   ealdre þinum,
hynðo on Heorote,   gif þin hige wære,
sefa swa searogrim,   swa þu self talast.
595   Ac he hafað onfunden   þæt he þa fæhðe ne þearf,
atole ecgþræce   eower leode
swiðe onsittan,   Sigescyldinga.
Nymeð nydbade,   nænegum arað
leode Deniga,   ac he lust wigeð,
600   swefeð ond snedeþ,   secce ne weneþ
to Gardenum.   Ac ic him Geata sceal
eafoð ond ellen   ungeara nu,
guþe gebeodan.   Gæþ eft se þe mot
to medo modig,   siþþan morgenleoht
605   ofer ylda bearn   oþres dogores,
sunne sweglwered   suþan scineð."
Þa wæs on salum   sinces brytta,
gamolfeax ond guðrof.   Geoce gelyfde
brego Beorhtdena,   gehyrde on Beowulfe
610   folces hyrde   fæstrædne geþoht.

---

1   **fara feng feore gedigde**: "survived the grasp of the hostile ones with my life (intact)."

2   **ne gehwæþer incer**: "nor either of the two of you," i.e., "or you either."

3   **þæs**: "of that."

Ðær wæs hæleþa hleahtor,   hlyn swynsode,
word wæron wynsume.   Eode Wealhþeow forð,
cwen Hroðgares,   cynna gemyndig,[1]
grette goldhroden   guman on healle,
615   ond þa freolic wif   ful gesealde
ærest Eastdena   eþelwearde,
bæd hine bliðne[2]   æt þære beorþege,
leodum leofne.   He on lust geþeah
symbel ond seleful,   sigerof kyning.
620   Ymbeode þa   ides Helminga
duguþe ond geogoþe   dæl æghwylcne,
sincfato sealde,   oþþæt sæl alamp
þæt hio Beowulfe,   beaghroden cwen
mode geþungen,   medoful ætbær.
625   Grette Geata leod,   gode þancode
wisfæst wordum   þæs ðe hire se willa gelamp
þæt heo on ænigne   eorl gelyfde
fyrena frofre.   He þæt ful geþeah,
wælreow wiga,   æt Wealhþeon,
630   ond þa gyddode   guþe gefysed;
Beowulf maþelode,   bearn Ecgþeowes:
"Ic þæt hogode,   þa ic on holm gestah,
sæbat gesæt   mid minra secga gedriht,
þæt ic anunga   eowra leoda
635   willan geworhte   oþðe on wæl crunge,
feondgrapum fæst.   Ic gefremman sceal
eorlic ellen,   oþðe endedæg
on þisse meoduhealle   minne gebidan."
Ðam wife þa word   wel licodon,
640   gilpcwide Geates;   eode goldhroden
freolicu folccwen   to hire frean sittan.
Þa wæs eft swa ær   inne on healle
þryðword sprecen,   ðeod on sælum,
sigefolca sweg,   oþþæt semninga
645   sunu Healfdenes   secean wolde
æfenræste—   wiste þæm ahlæcan
to þæm heahsele   hilde geþinged,
siððan hie sunnan leoht   geseon ne meahton,
oþðe nipende   niht ofer ealle,
650   scaduhelma gesceapu   scriðan cwoman,

---

1   **cynna gemyndig:** "mindful of manners," i.e., following established custom.
2   **bæd hine bliðne:** "asked him to be happy," i.e., wished him happiness.

wan under wolcnum.   Werod eall aras.
Gegrette þa   guma oþerne,
Hroðgar Beowulf,   ond him hæl abead,[1]
winærnes geweald,   ond þæt word acwæð:
655 "Næfre ic ænegum men   ær alyfde,
siþðan ic hond ond rond   hebban mihte,
ðryþærn Dena   buton þe nu ða.
Hafa nu ond geheald   husa selest,
gemyne mærþo,   mægenellen cyð,
660 waca wið wraþum.   Ne bið þe wilna gad,
gif þu þæt ellenweorc   aldre gedigest."
Ða him Hroþgar gewat   mid his hæleþa gedryht,
eodur Scyldinga,   ut of healle;
wolde wigfruma   Wealhþeo secan,
665 cwen to gebeddan.   Hæfde kyningwuldor
Grendle togeanes,   swa guman gefrungon,
seleweard aseted;   sundornytte beheold
ymb aldor Dena,   eotonweard abead.
Huru Geata leod   georne truwode
670 modgan mægnes,   metodes hyldo,
ða he him of dyde   isernbyrnan,
helm of hafelan,   sealde his hyrsted sweord,
irena cyst,   ombihtþegne,
ond gehealdan het   hildegeatwe.
675 Gespræc þa se goda   gylpworda sum,
Beowulf Geata,   ær he on bed stige:
"No ic me an herewæsmun   hnagran talige,
guþgeweorca,   þonne Grendel hine;
forþan ic hine sweorde   swebban nelle,
680 aldre beneotan,   þeah ic eal mæge.
Nat he þara goda[2]   þæt he me ongean slea,
rand geheawe,   þeah ðe he rof sie
niþgeweorca,   ac wit on niht sculon
secge ofersittan,   gif he gesecean dear
685 wig ofer wæpen,   ond siþðan witig god
on swa hwæþere hond,   halig dryhten,
mærðo deme,   swa him gemet þince."
Hylde hine þa heaþodeor,   hleorbolster onfeng
eorles andwlitan,   ond hine ymb monig
690 snellic særinc   selereste gebeah.

---

1   **him hæl abead**: "wished him well."
2   **Nat he þara goda**: "he does not know of those good things," i.e., swords.

Nænig heora þohte   þæt he þanon scolde
eft eardlufan   æfre gesecean,
folc oþðe freoburh,   þær he afeded wæs;
ac hie hæfdon gefrunen   þæt hie ær to fela micles
695   in þæm winsele   wældeað fornam,
Denigea leode.   Ac him dryhten forgeaf
wigspeda gewiofu,   Wedera leodum,
frofor ond fultum,   þæt hie feond heora
ðurh anes cræft   ealle ofercomon,
700   selfes mihtum.[1]   Soð is gecyþed
þæt mihtig god   manna cynnes
weold wideferhð.   Com on wanre niht
scriðan sceadugenga.   Sceotend swæfon,
þa þæt hornreced   healdan scoldon,
705   ealle buton anum.   Þæt wæs yldum cuþ
þæt hie ne moste,[2]   þa metod nolde,
se scynscaþa   under sceadu bregdan,
ac he[3] wæccende   wraþum on andan[4]
bad bolgenmod   beadwa geþinges.
710   Ða com of more   under misthleoþum
Grendel gongan,   godes yrre bær.
Mynte se manscaða   manna cynnes
sumne besyrwan   in sele þam hean.
Wod under wolcnum   to þæs þe[5] he winreced,
715   goldsele gumena,   gearwost wisse,[6]
fættum fahne.   Ne wæs þæt forma sið
þæt he Hroþgares   ham gesohte;
næfre he on aldordagum   ær ne siþðan
heardran hæle,   healðegnas fand.
720   Com þa to recede   rinc siðian,
dreamum bedæled.[7]   Duru sona onarn,
fyrbendum fæst,   syþðan he hire folmum æthran;
onbræd þa bealohydig,   ða he gebolgen wæs,
recedes muþan.   Raþe æfter þon
725   on fagne flor   feond treddode,

---

1   **selfes mihtum**: "by his own strength."
2   **moste**: **se scynscaþa** is the subject.
3   **he**: Beowulf.
4   **wraþum on andan**: rearrange as **on wraþum andan** ("in wrathful anger").
5   **to þæs þe**: "to the point where."
6   **gearwost wisse**: "to be" is understood.
7   **dreamum bedæled**: "deprived of joys," i.e., accursed.

eode yrremod.   Him of eagum stod
ligge gelicost   leoht unfæger.
Geseah he in recede   rinca manige,
swefan sibbegedriht   samod ætgædere,
730 magorinca heap.   Þa his mod ahlog;
mynte þæt he gedælde,   ærþon dæg cwome,
atol aglæca,   anra gehwylces
lif wið lice,[1]   þa him alumpen wæs
wistfylle wen.   Ne wæs þæt wyrd þa gen
735 þæt he ma moste   manna cynnes
ðicgean ofer þa niht.   Þryðswyð beheold
mæg Higelaces,   hu se manscaða
under færgripum   gefaran wolde.
Ne þæt se aglæca   yldan þohte,
740 ac he gefeng hraðe   forman siðe
slæpendne rinc,   slat unwearnum,
bat banlocan,   blod edrum dranc,
synsnædum swealh;   sona hæfde
unlyfigendes   eal gefeormod,
745 fet ond folma.   Forð near ætstop,
nam þa mid handa   higeþihtigne
rinc on ræste,   ræhte ongean
feond mid folme;   he onfeng hraþe
inwitþancum   ond wið earm gesæt.[2]
750 Sona þæt onfunde   fyrena hyrde
þæt he ne mette   middangeardes,
eorþan sceata,   on elran men
mundgripe maran.   He on mode wearð
forht on ferhðe;   no þy ær fram meahte.
755 Hyge wæs him hinfus,   wolde on heolster fleon,
secan deofla gedræg.   Ne wæs his drohtoð þær
swylce he on ealderdagum   ær gemette.
Gemunde þa se goda,   mæg Higelaces,
æfenspræce,   uplang astod
760 ond him fæste wiðfeng;   fingras burston.
Eoten wæs utweard;   eorl furþur stop.
Mynte se mæra,[3]   þær he meahte swa,
widre gewindan   ond on weg þanon
fleon on fenhopu;   wiste his fingra geweald

---

1 **anra gehwylces lif wið lice:** "the life from the body of each one."
2 **wið earm gesæt:** the action is not entirely clear. Perhaps, "sat up against (Grendel's) arm."
3 **se mæra:** "the famous one," here applied ironically to Grendel.

765   on grames grapum.   Þæt wæs geocor sið
          þæt se hearmscaþa   to Heorute ateah.
          Dryhtsele dynede;   Denum eallum wearð,
          ceasterbuendum,   cenra gehwylcum,
          eorlum ealuscerwen.   Yrre wæron begen,
770   reþe renweardas.   Reced hlynsode.
          Þa wæs wundor micel   þæt se winsele
          wiðhæfde heaþodeorum,   þæt he on hrusan ne feol,
          fæger foldbold;   ac he þæs fæste[1] wæs
          innan ond utan   irenbendum
775   searoþoncum besmiþod.   Þær fram sylle abeag
          medubenc monig,   mine gefræge,
          golde geregnad,   þær þa graman wunnon.
          Þæs[2] ne wendon ær   witan Scyldinga
          þæt hit a mid gemete   manna ænig,
780   betlic ond banfag,   tobrecan meahte,
          listum tolucan,   nymþe liges fæþm
          swulge on swaþule.   Sweg up astag
          niwe geneahhe;   Norðdenum stod
          atelic egesa,   anra gehwylcum
785   þara þe of wealle   wop gehyrdon,
          gryreleoð galan   godes ondsacan,
          sigeleasne sang,   sar wanigean
          helle hæfton.   Heold hine fæste
          se þe manna wæs   mægene strengest
790   on þæm dæge   þysses lifes.
          Nolde eorla hleo   ænige þinga[3]
          þone cwealmcuman   cwicne forlætan,
          ne his lifdagas   leoda ænigum
          nytte tealde.   Þær genehost brægd
795   eorl Beowulfes   ealde lafe,[4]
          wolde freadrihtnes   feorh ealgian,
          mæres þeodnes,   ðær hie meahton swa.[5]
          Hie þæt ne wiston,   þa hie gewin drugon,
          heardhicgende   hildemecgas,
800   ond on healfa gehwone   heawan þohton,

---

1 **þæs fæste**: "so solidly."

2 **Þæs**: omit in translation.

3 **ænige þinga**: "for anything."

4 **genehost brægd eorl Beowulfes ealde lafe**: "very frequently a man of Beowulf's drew an old heirloom (i.e., sword)," that is, many of the Geats drew their swords.

5 **ðær hie meahton swa**: "as far as they could do so."

                sawle secan: þone synscaðan
                ænig ofer eorþan   irenna cyst,
                guðbilla nan,   gretan nolde,
                ac he sigewæpnum   forsworen[1] hæfde,
805   ecga gehwylcre.   Scolde his aldorgedal
                on ðæm dæge   þysses lifes
                earmlic wurðan,   ond se ellorgast
                on feonda geweald   feor siðian.
                Ða þæt onfunde   se þe fela æror
810   modes myrðe   manna cynne,
                fyrene gefremede   (he wæs fag wið god),
                þæt him se lichoma   læstan nolde,
                ac hine se modega   mæg Hygelaces
                hæfde be honda;   wæs gehwæþer oðrum
815   lifigende lað.   Licsar gebad
                atol æglæca.   Him on eaxle wearð
                syndolh sweotol.   Seonowe onsprungon;
                burston banlocan.   Beowulfe wearð
                guðhreð gyfeþe—   scolde Grendel þonan
820   feorhseoc fleon   under fenhleoðu,
                secean wynleas wic.   Wiste þe geornor
                þæt his aldres wæs   ende gegongen,
                dogera dægrim.   Denum eallum wearð
                æfter þam wælræse   willa gelumpen.
825   Hæfde þa gefælsod   se þe ær feorran com,
                snotor ond swyðferhð,   sele Hroðgares,
                genered wið niðe;   nihtweorce gefeh,
                ellenmærþum.   Hæfde Eastdenum
                Geatmecga leod   gilp gelæsted,
830   swylce oncyþðe   ealle gebette,
                inwidsorge,   þe hie ær drugon
                ond for þreanydum   þolian scoldon,
                torn unlytel.   Þæt wæs tacen sweotol,
                syþðan hildedeor   hond alegde,
835   earm ond eaxle   (þær wæs eal geador
                Grendles grape)   under geapne hrof.
                Þa wæs on morgen   mine gefræge
                ymb þa gifhealle   guðrinc monig;
                ferdon folctogan   feorran ond nean
840   geond widwegas   wundor sceawian,

---

1   **forsworen**: "forsworn, renounced." Some scholars take this word to mean "protected himself against (swords) by means of an oath or spell."

laþes lastas.   No his lifgedal
sarlic þuhte   secga ænegum
þara þe tirleases   trode sceawode,
hu he werigmod   on weg þanon,
845   niða ofercumen,   on nicera mere
fæge ond geflymed   feorhlastas bær.
Ðær wæs on blode   brim weallende,
atol yða geswing   eal gemenged
haton heolfre,   heorodreore weol.
850   Deaðfæge deog,   siððan dreama leas
in fenfreoðo   feorh alegde,
hæþene sawle.   Þær him hel onfeng.
Þanon eft gewiton   ealdgesiðas,
swylce geong manig   of gomenwaþe
855   fram mere modge   mearum ridan,
beornas on blancum.   Ðær wæs Beowulfes
mærðo mæned: monig oft gecwæð
þætte suð ne norð   be sæm tweonum
ofer eormengrund   oþer nænig
860   under swegles begong   selra nære
rondhæbbendra,   rices wyrðra.
Ne hie huru winedrihten   wiht ne logon,
glædne Hroðgar,   ac þæt wæs god cyning.
Hwilum heaþorofe   hleapan leton,
865   on geflit faran   fealwe mearas
ðær him foldwegas   fægere þuhton,
cystum cuðe.   Hwilum cyninges þegn,
guma gilphlæden,   gidda gemyndig,
se ðe ealfela   ealdgesegena
870   worn gemunde,   word oþer fand
soðe gebunden—   secg eft ongan
sið Beowulfes   snyttrum styrian[1]
ond on sped wrecan   spel gerade,
wordum wrixlan.   Welhwylc gecwæð
875   þæt he fram Sigemundes   secgan hyrde
ellendædum,   uncuþes fela,
Wælsinges[2] gewin,   wide siðas,
þara þe gumena bearn   gearwe ne wiston,
fæhðe ond fyrena,   buton Fitela mid hine,

---

1   **sið Beowulfes snyttrum styrian**: rather than complimenting Beowulf directly, the scop tells the legends of other famous heroes, implying comparisons.

2   **Wælsinges**: i.e., Sigemund's (Wæls was Sigemund's father).

880   þonne he swulces hwæt   secgan wolde,
    eam his nefan,   swa hie a wæron
    æt niða gehwam   nydgesteallan;
    hæfdon ealfela   eotena cynnes
    sweordum gesæged.   Sigemunde gesprong
885   æfter deaðdæge   dom unlytel,
    syþðan wiges heard   wyrm acwealde,
    hordes hyrde.   He under harne stan,
    æþelinges bearn,   ana geneðde
    frecne dæde,   ne wæs him Fitela mid.
890   Hwæþre him gesælde   ðæt þæt swurd þurhwod
    wrætlicne wyrm,   þæt hit on wealle ætstod,
    dryhtlic iren.   Draca morðre swealt.[1]
    Hæfde aglæca   elne gegongen
    þæt he beahhordes   brucan moste
895   selfes dome.[2]   Sæbat gehleod,
    bær on bearm scipes   beorhte frætwa,
    Wælses eafera.   Wyrm hat gemealt.
    Se wæs wreccena   wide mærost
    ofer werþeode,   wigendra hleo,
900   ellendædum   (he þæs ær onðah),
    siððan Heremodes[3]   hild sweðrode,
    eafoð ond ellen.   He mid Eotenum wearð
    on feonda geweald   forð forlacen,
    snude forsended.   Hine sorhwylmas
905   lemedon to lange.   He his leodum wearð,
    eallum æþellingum   to aldorceare;
    swylce oft bemearn   ærran mælum
    swiðferhþes sið   snotor ceorl monig,
    se þe him bealwa to   bote gelyfde,
910   þæt þæt ðeodnes bearn   geþeon scolde,
    fæderæþelum onfon,   folc gehealdan,
    hord ond hleoburh,   hæleþa rice,
    eðel Scyldinga.   He þær eallum wearð,
    mæg Higelaces,   manna cynne,
915   freondum gefægra;   hine[4] fyren onwod.

---

1 **Draca morðre swealt:** "the dragon died by murder," i.e., the dragon, having been killed, died.

2 **selfes dome:** "to his own judgment," i.e., as much as he wanted.

3 **Heremodes:** the story of Heremod is not entirely known and is only alluded to here. Apparently he was a promising ruler who became tyrannical and ended badly. He is invoked here as a counterexample to Beowulf.

4 **hine:** i.e., Heremod.

Hwilum flitende   fealwe stræte
mearum mæton.   Ða wæs morgenleoht
scofen ond scynded.   Eode scealc monig
swiðhicgende   to sele þam hean
920 searowundor seon;   swylce self cyning
of brydbure,   beahhorda weard,
tryddode tirfæst   getrume micle,
cystum gecyþed,   ond his cwen mid him
medostigge mæt   mægþa hose.
925 Hroðgar maþelode   (he to healle geong,
stod on stapole,   geseah steapne hrof,
golde fahne,   ond Grendles hond):
"Ðisse ansyne   alwealdan þanc
lungre gelimpe!   Fela ic laþes gebad,
930 grynna æt Grendle.   A mæg god wyrcan
wunder æfter wundre,   wuldres hyrde.
Ðæt wæs ungeara   þæt ic ænigra me
weana ne wende   to widan feore[1]
bote gebidan,   þonne blode fah
935 husa selest   heorodreorig stod,
wea widscofen   witena gehwylcum
ðara þe ne wendon   þæt hie wideferhð
leoda landgeweorc   laþum beweredon
scuccum ond scinnum.   Nu scealc hafað
940 þurh drihtnes miht   dæd gefremede
ðe we ealle   ær ne meahton
snyttrum besyrwan.   Hwæt, þæt secgan mæg
efne swa hwylc mægþa   swa ðone magan cende[2]
æfter gumcynnum,   gyf heo gyt lyfað,
945 þæt hyre ealdmetod   este wære
bearngebyrdo.   Nu ic, Beowulf, þec,
secg betsta,   me for sunu wylle
freogan on ferhþe;   heald forð tela
niwe sibbe.   Ne bið þe nænigra gad
950 worolde wilna,   þe ic geweald hæbbe.
Ful oft ic for læssan   lean teohhode,
hordweorþunge   hnahran rince,
sæmran æt sæcce.   Þu þe self hafast
dædum gefremed   þæt þin dom lyfað
955 awa to aldre.   Alwalda þec

---

1 **to widan feore**: "in (my) entire life."
2 **efne swa hwylc mægþa swa ðone magan cende**: "whatever woman gave birth to that son."

gode forgylde,   swa he nu gyt dyde!"
Beowulf maþelode,   bearn Ecþeowes:
"We þæt ellenweorc   estum miclum,
feohtan fremedon,   frecne geneðdon
960   eafoð uncuþes.   Uþe ic swiþor[1]
þæt ðu hine selfne[2]   geseon moste,
feond on frætewum   fylwerigne.
Ic hine hrædlice   heardan clammum
on wælbedde   wriþan þohte,
965   þæt he for mundgripe   minum scolde
licgean lifbysig,   butan his lic swice.
Ic hine ne mihte,   þa metod nolde,
ganges getwæman,   no ic him þæs georne ætfealh,
feorhgeniðlan: wæs to foremihtig
970   feond on feþe.   Hwæþere he his folme forlet
to lifwraþe   last weardian,
earm ond eaxle—   no þær ænige swa þeah
feasceaft guma   frofre gebohte.
No þy leng[3] leofað   laðgeteona,
975   synnum geswenced,   ac hyne sar hafað
in nidgripe   nearwe befongen,
balwon bendum.   Ðær abidan sceal
maga mane fah   miclan domes,
hu him scir metod   scrifan wille."
980   Ða wæs swigra secg,   sunu Eclafes,[4]
on gylpspræce   guðgeweorca,
siþðan æþelingas   eorles cræfte
ofer heanne hrof   hand sceawedon,
feondes fingras.   Foran æghwylc wæs,
985   stiðra nægla gehwylc,   style gelicost,
hæþenes handsporu   hilderinces,
eglu, unheoru.   Æghwylc gecwæð
þæt him heardra nan   hrinan wolde
iren ærgod,   þæt ðæs ahlæcan
990   blodge beadufolme   onberan wolde.
Ða wæs haten hreþe   Heort innanweard
folmum gefrætwod.   Fela þæra wæs,
wera ond wifa,   þe þæt winreced,

---

1 **Uþe ic swiþor**: "I would rather have offered."
2 **hine selfne**: i.e., the body rather than just the arm.
3 **No þy leng**: "no longer."
4 **sunu Eclafes**: this is Unferth, who taunts Beowulf above (499 ff.).

gestsele gyredon.   Goldfag scinon
995   web æfter wagum,   wundorsiona fela
secga gehwylcum   þara þe on swylc starað.
Wæs þæt beorhte bold   tobrocen swiðe,
eal inneweard   irenbendum fæst,
heorras tohlidene.   Hrof ana genæs,
1000   ealles ansund,   þe¹ se aglæca,
fyrendædum fag,   on fleam gewand,
aldres orwena.   No þæt yðe byð
to befleonne,   fremme se þe wille,
ac gesecan sceal   sawlberendra,
1005   nyde genydde,   niþða bearna,
grundbuendra   gearwe stowe,
þær his lichoma   legerbedde fæst
swefeþ æfter symle.   Þa wæs sæl ond mæl
þæt to healle gang   Healfdenes sunu;
1010   wolde self cyning   symbel þicgan.
Ne gefrægen ic þa mægþe   maran weorode
ymb hyra sincgyfan   sel gebæran.
Bugon þa to bence   blædagande,
fylle gefægon;   fægere geþægon
1015   medoful manig   magas þara
swiðhicgende   on sele þam hean,
Hroðgar ond Hroþulf.   Heorot innan wæs
freondum afylled—   nalles facenstafas
Þeodscyldingas   þenden fremedon.
1020   Forgeaf² þa Beowulfe   brand Healfdenes,
segen gyldenne   sigores to leane,
hroden hildecumbor,   helm ond byrnan.
Mære maðþumsweord   manige gesawon
beforan beorn beran.   Beowulf geþah
1025   ful on flette;   no he þære feohgyfte
for scotendum   scamigan ðorfte.
Ne gefrægn ic freondlicor   feower madmas
golde gegyrede   gummanna fela
in ealobence   oðrum gesellan.
1030   Ymb þæs helmes hrof   heafodbeorge
wirum bewunden   walu utan heold,
þæt him fela laf   frecne ne meahton
scurheard sceþðan,   þonne scyldfreca

---

1   þe: here "when."
2   **Forgeaf**: the implied subject of this verb is likely Hrothgar.

ongean gramum   gangan scolde.
1035 Heht ða eorla hleo   eahta mearas
fætedhleore   on flet teon,
in under eoderas.   Þara anum stod
sadol searwum fah,   since gewurþad—
þæt wæs hildesetl   heahcyninges,
1040 ðonne sweorda gelac   sunu Healfdenes
efnan wolde.   Næfre on ore læg
widcuþes wig,   ðonne walu feollon.
Ond ða Beowulfe   bega gehwæþres
eodor Ingwina   onweald geteah,
1045 wicga ond wæpna,   het hine wel brucan.
Swa manlice   mære þeoden,
hordweard hæleþa,   heaþoræsas geald
mearum ond madmum,   swa hy næfre man lyhð,
se þe secgan wile   soð æfter rihte.
1050 Ða gyt æghwylcum   eorla drihten
þara þe mid Beowulfe   brimlade teah
on þære medubence   maþðum gesealde,
yrfelafe,   ond þone ænne¹ heht
golde forgyldan,   þone ðe Grendel ær
1055 mane acwealde,   swa he hyra ma wolde,
nefne him witig god   wyrd forstode
ond ðæs mannes mod.   Metod eallum weold
gumena cynnes,   swa he nu git deð.
Forþan bið andgit   æghwær selest,
1060 erhðes foreþanc.   Fela sceal gebidan
leofes ond laþes   se þe longe her
on ðyssum windagum   worolde bruceð. [...]

---

1 þone ænne: i.e., the sole Geatish casualty of the fight, the **slæpendne rinc** of 741.

14

Deor

The speaker of this poem is a fictitious scop (performing poet and singer) named Deor, who has lost his job performing for the king and been replaced by another more highly favored singer named Heorrenda. Lamenting his own misfortune takes the form of a series of comparisons to mythological figures and historical peoples who have been worse off. Deor is one of the few Old English poems punctuated by a refrain, which in this case takes each of the situations to which Deor compares his own and makes it an argument for resignation to his fate, since like those other woes, his own too will be overcome.

    Welund him be wurman   wræces cunnade.[1]
    Anhydig eorl   earfoþa dreag,
    hæfde him to gesiþþe   sorge ond longaþ,
    wintercealde wræce,   wean oft onfond,
5   siþþan hine Niðhad on   nede legde[2]
    swoncre seonobende[3]   on syllan monn.
    Þæs ofereode,   þisses swa mæg![4]

---

1 **be wurman wræces cunnade**: Weland the smith is a well-known figure in Germanic mythology, but no story survives that explains this reference to a hard time he had with worms (snakes? dragons?). Other well-known aspects of the story are reproduced here: imprisoned by Nithhad and forced to work for him, he takes his revenge by turning the skulls and eyes of Nithhad's sons into vessels and jewels and by raping or seducing Nithhad's daughter, Beadohild.

2 **hine Niðhad on nede legde**: traditionally, **hine** is taken as the object of **on**, **nede** as accusative plural of **nied** ("necessity," etc.), here with the specific meaning "fetters" and in apposition to **swoncre seonobende**, but this sense of **nied** appears to be otherwise unknown and other grammars are certainly possible: **nede** may stand alone as an instrumental dative, "by compulsion," or it may be an accusative object, **swoncre seonobende** then being an instrumental dative: "laid compulsion on him with a supple sinew-bond."

3 **swoncre seonobende**: in the Volundarkvitha, Weland is hamstrung by Nithhad (that is, the ligaments at the back of his knees are cut); attempts to read this phrase in *Deor* as a reference to such hamstringing seem forced. More likely, the English poet knew a different version of the story in which Weland was incapacitated by being tied up, perhaps using his own ligaments.

4 **Þæs ofereode, þisses swa mæg!**: No similar instances of "ofergan" with genitive seem to be recorded, a fact that has caused much speculation. The current dominant position is that the verbs here are impersonal and the genitives (though not exampled so elsewhere) "of respect." The general meaning would then be "It passed over with respect to that; it   *(continued)*

Beadohilde ne wæs   hyre broþra deaþ
on sefan swa sar   swa hyre sylfre þing:
10   þæt heo gearolice   ongieten hæfde
þæt heo eacen wæs—   æfre ne meahte
þriste geþencan,   hu ymb þæt sceolde.
Þæs ofereode,   þisses swa mæg!

We þæt Mæðhilde[1]   monge gefrugnon
15   wurdon grundlease   Geates frige,
þæt hi seo sorglufu   slæp ealle binom.
Þæs ofereode,   þisses swa mæg!

Ðeodric[2] ahte   þritig wintra
Mæringa burg—   þæt wæs monegum cuþ.
20   Þæs ofereode,   þisses swa mæg!

We geascodan   Eormanrices[3]
wylfenne geþoht;   ahte wide folc
Gotena rices.   Þæt wæs grim cyning.
Sæt secg monig   sorgum gebunden,
25   wean on wenan,   wyscte geneahhe
þæt þæs cynerice   ofercumen wære.
Þæs ofereode,   þisses swa mæg!

Siteð sorgcearig   sælum bidæled,
on sefan sweorceð,   sylfum þinceð
30   þæt sy endeleas   earfoða dæl.
Mæg þonne geþencan   þæt geond þas woruld
witig dryhten   wendeþ geneahhe,
eorle monegum   are gesceawað,
wislicne blæd,   sumum weana dæl.

---

may also (pass over) with respect to this." Mitchell (*Old English Syntax* 587-88) would class the genitive instances here as adverbial "of point of time from which" and translate "It passed over from that; it can from this."

1   **Mæðhilde**: The characters Mæðhild and Geat and their story are otherwise unknown in Germanic legend, but similar names in a late Scandinavian ballad allow us to conclude that they are lovers subject to some cruel fate here.

2   **Ðeodric**: the historical Theodoric the Great (d. 526), who conquered Italy by 493 and who was not especially tyrannical as a historical figure but may have acquired that reputation in part for his execution of the philosopher Boethius.

3   **Eormanrices**: Ermanaric, king of the Goths (d. ca. 375), is also not known to history as a tyrannical ruler.

35   Þæt ic bi me sylfum   secgan wille,
         þæt ic hwile wæs   Heodeninga scop,
         dryhtne dyre.   Me wæs Deor noma.
         Ahte ic fela wintra   folgað tilne,
         holdne hlaford,   oþþæt Heorrenda nu,
40   leoðcræftig monn   londryht geþah,
         þæt me eorla hleo   ær gesealde.
         Þæs ofereode,   þisses swa mæg!

15

The Dream of the Rood

The first dream-vision in English, The Dream of the Rood *has two main speaking roles: the dreamer, a monk (probably) who has a vision of the Cross of the crucifixion (the "rood" in early English); and the Cross itself, which addresses him and tells the story of the events of Golgotha and its own subsequent elevation to become an object of worship. The two, dreamer and Cross, are in a complex relationship, since they are both overwhelmed by their own feelings of worthlessness and incapacity, but the Cross triumphs when after the resurrection it becomes an instrument of salvation, and its selection of the dreamer as the recipient of the vision also gives him purpose and confidence. In what may be thought of as typical early medieval fashion, Christ himself is somehow too remote to feel anguish, and his suffering is transferred to the Cross itself, while he appears as a young Germanic hero, eager to undertake the role ordained for him. The speech of an inanimate object, which may remind us of one of the principal devices of the Old English riddles, thus has the effect of recounting the misery, indignity, and pain of the crucifixion while at the same time distancing them from the Germanic heroism of Christ himself.*

> Hwæt! Ic swefna cyst   secgan wylle,
> hwæt me gemætte   to midre nihte
> syðþan reordberend   reste wunedon.
> Þuhte me þæt ic gesawe   syllicre[1] treow
> 5 on lyft lædan,[2]   leohte bewunden,
> beama beorhtost.   Eall þæt beacen wæs
> begoten mid golde.   Gimmas stodon
> fægere æt foldan sceatum,   swylce þær fife wæron
> uppe on þam eaxlgespanne.   Beheoldon þær engel dryhtnes[3] ealle
> 10 fægere þurh forðgesceaft.[4]   Ne wæs ðær huru fracodes gealga,
> ac hine þær beheoldon   halige gastas,
> men ofer moldan,   ond eall þeos mære gesceaft.
> Syllic wæs se sigebeam,   ond ic synnum fah,
> forwunded mid wommum.   Geseah ic wuldres treow,

---

1 **syllicre**: probably an absolute use of the comparative—translate "very wondrous."

2 **on lyft lædan**: "carried into the air."

3 **engel dryhtnes**: a reference to Christ, who was in common medieval interpretation the "magni consilii angelus" (angel of great counsel) of Isaiah 9:6 and the introit to the Christmas Day mass that uses that verse.

4 **ealle fægere þurh forðgesceaft**: "all those fair through predestination," i.e., the angelic host.

15 wædum geweorðode,   wynnum scinan,
gegyred mid golde;   gimmas[1] hæfdon
bewrigene weorðlice   wealdendes treow.
Hwæðre ic þurh þæt gold   ongytan meahte
earmra ærgewin,[2]   þæt hit ærest ongan
20 swætan on þa swiðran healfe.   Eall ic wæs mid sorgum gedrefed,
forht ic wæs for þære fægran gesyhðe.   Geseah ic þæt fuse beacen
wendan wædum ond bleom: hwilum hit wæs mid wætan bestemed,
beswyled mid swates gange,   hwilum mid since gegyrwed.
Hwæðre ic þær licgende   lange hwile
25 beheold hreowcearig   hælendes treow,
oððæt ic gehyrde   þæt hit hleoðrode.
Ongan þa word sprecan   wudu selesta:
"Þæt wæs geara iu   (ic þæt gyta geman)
þæt ic wæs aheawen   holtes on ende,[3]
30 astyred of stefne minum.   Genaman me ðær strange feondas,
geworhton him þær to wæfersyne,   heton me heora wergas hebban.
Bæron me ðær beornas on eaxlum,   oððæt hie me on beorg asetton.
Gefæstnodon me þær feondas genoge.[4]   Geseah ic þa frean mancynnes
efstan elne mycle—   þæt he me wolde on gestigan.
35 Þær ic þa ne dorste   ofer dryhtnes word
bugan oððe berstan,   þa ic bifian geseah
eorðan sceatas.[5]   Ealle ic mihte
feondas gefyllan,   hwæðre ic fæste stod.
Ongyrede hine þa geong hæleð—   þæt wæs god ælmihtig—
40 strang ond stiðmod.   Gestah he on gealgan heanne,
modig on manigra gesyhðe,   þa he wolde mancyn lysan.
Bifode ic þa me se beorn ymbclypte.   Ne dorste ic hwæðre bugan to eorðan,
feallan to foldan sceatum,   ac ic sceolde fæste standan.
Rod wæs ic aræred.[6]   Ahof ic ricne cyning,
45 heofona hlaford.   Hyldan me ne dorste.[7]
Þurhdrifan hi me mid deorcan næglum—   on me syndon þa dolg gesiene,

---

1 **golde; gimmas**: the image is of a cross in a church, decorated with gold and gems.
2 **earmra ærgewin**: "(the evidence of) the previous combat of the miserable ones," i.e., the attacks of Christ's enemies at the crucifixion, including particularly here the piercing of his side by the Roman soldier (alluded to in line 20).
3 **holtes on ende**: "at the edge of the wood," or "in a region of the wood."
4 **feondas genoge**: "plenty of enemies."
5 **bifian ... eorðan sceatas**: in Matthew 27:51, when Jesus dies, "the earth did quake, and the rocks rent."
6 **Rod wæs ic aræred**: "I was lifted up (as) a cross."
7 **Hyldan me ne dorste**: "(I) did not dare to bend myself down."

opene inwidhlemmas.   Ne dorste ic hira nænigum sceððan.
Bysmeredon hie unc butu ætgædere.   Eall ic wæs mid blode bestemed,
begoten of þæs guman sidan,   siððan he hæfde his gast onsended.
50   Feala ic on þam beorge   gebiden hæbbe
wraðra wyrda.   Geseah ic weruda god[1]
þearle þenian.   Þystro hæfdon
bewrigen mid wolcnum   wealdendes hræw,
scirne sciman,   sceadu forð eode,
55   wann under wolcnum.   Weop eal gesceaft,
cwiðdon cyninges fyll.   Crist wæs on rode.
Hwæðere þær fuse[2]   feorran cwoman
to þam æðelinge.   Ic þæt eall beheold.
Sare ic wæs mid sorgum gedrefed,   hnag ic hwæðre þam secgum to handa,[3]
60   eaðmod elne mycle.   Genamon hie þær ælmihtigne god,
ahofon hine of ðam hefian wite.   Forleton me þa hilderincas
standan steame bedrifenne;   eall ic wæs mid strælum[4] forwundod.
Aledon hie ðær limwerigne,[5]   gestodon him æt his lices heafdum,
beheoldon hie ðær heofenes dryhten,   ond he hine ðær hwile reste,
65   meðe æfter ðam miclan gewinne.   Ongunnon him þa moldern wyrcan
beornas on banan gesyhðe;[6]   curfon hie ðæt of beorhtan stane,
gesetton hie ðæron sigora wealdend.   Ongunnon him þa sorhleoð galan
earme on þa æfentide.   Þa hie woldon eft siðian,
meðe fram þam mæran þeodne.   Reste he ðær mæte weorode.[7]
70   Hwæðere we ðær greotende   gode hwile
stodon on staðole,   syððan stefn up gewat
hilderinca.   Hræw colode,
fæger feorgbold.   Þa us man fyllan ongan
ealle to eorðan.   Þæt wæs egeslic wyrd!
75   Bedealf us man on deopan seaþe.   Hwæðre me þær dryhtnes þegnas,
freondas gefrunon,[8]
gyredon me   golde ond seolfre.

---

1   **weruda god**: "the Lord of Hosts," Latin *dominus exercituum*, a biblical phrase for God at his most majestic.
2   **fuse**: translate as a noun: "eager ones," "noble ones," etc.
3   **þam secgum to handa**: "into the hands of those men."
4   **mid strælum**: i.e., with the nails of the crucifixion.
5   **limwerigne**: "the weary-limbed one": death is often figured in Old English poetry as weariness.
6   **on banan gesyhðe**: "in the sight of the killer," i.e., of the cross itself.
7   **mæte weorode**: i.e., all alone or with only the crosses for company.
8   **freondas gefrunon**: a reference to the discovery of the True Cross by St. Helena, mother of Constantine the Great. A half-line is apparently missing at this point.

Nu ðu miht gehyran, hæleð min se leofa,[1]
þæt ic bealuwara weorc gebiden hæbbe,
80 sarra sorga. Is nu sæl cumen
þæt me weorðiað wide ond side
menn ofer moldan, ond eall þeos mære gesceaft,
gebiddaþ him to þyssum beacne. On me bearn godes
þrowode hwile. Forþan ic þrymfæst nu
85 hlifige under heofenum, ond ic hælan mæg
æghwylcne anra, þara þe him bið egesa to me.[2]
Iu ic wæs geworden wita heardost,
leodum laðost, ærþan ic him lifes weg
rihtne gerymde, reordberendum.
90 Hwæt, me þa geweorðode wuldres ealdor
ofer holtwudu, heofonrices weard,
swylce swa he his modor eac, Marian sylfe,
ælmihtig god for ealle menn
geweorðode ofer eall wifa cynn.
95 Nu ic þe hate, hæleð min se leofa,
þæt ðu þas gesyhðe secge mannum,
onwreoh wordum þæt hit is wuldres beam,
se ðe ælmihtig god on þrowode
for mancynnes manegum synnum
100 ond Adomes ealdgewyrhtum.[3]
Deað he þær byrigde, hwæðere eft dryhten aras
mid his miclan mihte mannum to helpe.
He ða on heofenas astag. Hider eft fundaþ
on þysne middangeard mancynn secan
105 on domdæge dryhten sylfa,
ælmihtig god, ond his englas mid,[4]
þæt he þonne wile deman, se ah domes geweald,
anra gehwylcum swa he him ærur her
on þyssum lænum life geearnaþ.[5]
110 Ne mæg þær ænig unforht wesan
for þam worde þe se wealdend cwyð.
Frineð he for þære mænige hwær se man sie,
se ðe for dryhtnes naman deaðes wolde

---

1 **hæleð min se leofa:** "my dear man."
2 **þara þe him bið egesa to me:** "of those who hold me in awe."
3 **Adomes ealdgewyrhtum:** i.e., the Original Sin of Adam.
4 **ond his englas mid:** "and his angels with (him)."
5 **swa he him ærur her ... geearnaþ:** "as he will have earlier ... earned for himself."

biteres onbyrigan,   swa he ær on ðam beame dyde.
115 Ac hie þonne forhtiað,   ond fea þencaþ
hwæt hie to Criste   cweðan onginnen.
Ne þearf ðær þonne ænig   anforht wesan
þe him ær in breostum bereð   beacna selest,
ac ðurh ða rode sceal   rice gesecan
120 of eorðwege   æghwylc sawl,
seo þe mid wealdende   wunian þenceð."
Gebæd ic me þa to þan beame   bliðe mode,
elne mycle,   þær ic ana wæs
mæte werede.   Wæs modsefa
125 afysed on forðwege,   feala ealra gebad
langunghwila.   Is me nu lifes hyht
þæt ic þone sigebeam   secan mote
ana oftor   þonne ealle men,
well weorþian.   Me is willa to ðam
130 mycel on mode,   ond min mundbyrd is
geriht to þære rode.[1]   Nah ic ricra feala
freonda on foldan,   ac hie forð heonon
gewiton of worulde dreamum,   sohton him wuldres cyning,
lifiaþ nu on heofenum   mid heahfædere,
135 wuniaþ on wuldre,   ond ic wene me
daga gehwylce   hwænne me dryhtnes rod,
þe ic her on eorðan   ær sceawode,
on þysson lænan   life gefetige
ond me þonne gebringe   þær is blis mycel,
140 dream on heofonum,   þær is dryhtnes folc
geseted to symle,   þær is singal blis,
ond me þonne asette   þær ic syþþan mot
wunian on wuldre,   well mid þam halgum
dreames brucan.   Si me dryhten freond,
145 se ðe her on eorþan   ær þrowode
on þam gealgtreowe   for guman synnum.
He us onlysde   ond us lif forgeaf,
heofonlicne ham.   Hiht wæs geniwad
mid bledum ond mid blisse   þam þe þær bryne þolodan.[2]

---

1   **min mundbyrd is geriht to þære rode**: "my (expectation of) protection is directed to the cross."

2   **þam þe þær bryne þolodan**: a reference to the Harrowing of Hell, recounted in the non-canonical Gospel of Nicodemus and placed between the crucifixion and the resurrection. "Those who suffered burning there" are the Old Testament patriarchs and matriarchs, released from Hell and led to Heaven by Jesus in the victorious expedition.

150 Se sunu wæs sigorfæst   on þam siðfate,
    mihtig ond spedig,   þa he mid manigeo com,
    gasta weorode,   on godes rice,
    anwealda ælmihtig,   englum to blisse
    ond eallum ðam halgum   þam þe on heofonum ær
155 wunedon on wuldre,   þa heora wealdend cwom,
    ælmihtig god,   þær his eðel wæs.

16

Exeter Book Riddles

Dozens of versified riddles survive in the Exeter Book, of which a few are printed here. Latin verse riddles by Aldhelm, Tatwine, and Eusebius have also come down to us from the period, and there are some Old English riddles that have Latin counterparts, though none is a precise translation of a Latin riddle. It is hard not to conclude that verse riddles played some definite social role in Anglo-Saxon England, though what precisely is impossible to say—entertainment at parties? The Old English riddles most often feature an inanimate object or an animal, which either describes itself and then asks "What am I?" or is described by a speaker who asks, "What is it?" A riddle wouldn't be a riddle without misleading clues, and the most frequent device is for the inanimate object or animal to be described in anthropomorphic or even sexual terms, which nevertheless apply accurately to the object or animal if understood properly by the riddle-solver. The riddle game then becomes the attempt to de-animate and refamiliarize a mysterious and even monstrous being, such as the bird-turned-female-entertainer who is silent but sings through her butt (foot?) in Riddle 31 but who turns out to be just a set of bagpipes. Old English riddles taken as a whole, then, give us an animated world chock full of wihta *(beings), hiding in the most unexpected places, from agricultural implements to the vessels of the Mass.*

Riddle 2

>   Hwilum ic gewite,   swa ne wenaþ men,
>   under yþa geþræc   eorþan secan,
>   garsecges grund.   Gifen biþ gewreged,
>   fam gewealcen;[1]
> 5   hwælmere hlimmeð,   hlude grimmeð,
>   streamas staþu beatað,   stundum weorpaþ
>   on stealc hleoþa   stane ond sonde,
>   ware ond wæge,[2]   þonne ic winnende,
>   holmmægne biþeaht,   hrusan styrge,
> 10 side sægrundas.   Sundhelme ne mæg
>   losian ær mec læte   se þe min latteow bið
>   on siþa gehwam. Saga, þoncol mon,

---

1   A half-line is missing at this point, presumably by scribal error.

2   **stane ond sonde, ware ond wæge: weorpan** takes the dative case for the thing that is thrown.

hwa mec bregde   of brimes fæþmum,
þonne streamas eft   stille weorþað,
15   yþa geþwære,   þe mec ær wrugon.[1]

Riddle 9

Mec on þissum dagum   deadne ofgeafun
fæder ond modor;   ne wæs me feorh þa gen,
ealdor in innan.   Þa mec ongon
welhold mege   wedum þeccan,
5   heold ond freoþode,   hleosceorpe wrah
swa arlice   swa hire agen bearn,
oþþæt ic under sceate,   swa min gesceapu wæron,
ungesibbum wearð   eacen gæste.
Mec seo friþe mæg   fedde siþþan,
10   oþþæt ic aweox,   widdor meahte
siþas asettan.   Heo hæfde swæsra þy læs
suna ond dohtra,   þy heo swa dyde.

Riddle 10

Neb wæs min on nearwe,[2]   ond ic neoþan wætre,
flode underflowen,   firgenstreamum
swiþe besuncen,   ond on sunde awox
ufan yþum þeaht,   anum getenge
5   liþendum wuda   lice mine.[3]
Hæfde feorh cwico,   þa ic of fæðmum cwom
brimes ond beames   on blacum hrægle.
Sume wæron hwite   hyrste mine,
þa mec lifgende   lyft upp ahof,
10   wind of wæge,   siþþan wide bær
ofer seolhbaþo.   Saga hwæt ic hatte.

---

1 **streamas eft stille weorþað ... wrugon**: a reference to the stilling of the waves (Matthew 8:26; Luke 8:24). Notice that the solution to the riddle is not the name of the creature but of the one who calms the waves.

2 **Neb wæs min on nearwe**: rearrange as "min neb wæs on nearwe" for translation.

3 **anum getenge liþendum wuda lice mine**: "touching a journeying wood (i.e., ship? floating log?) with my body."

Riddle 12

     Fotum ic fere,   foldan slite,
     grene wongas,   þenden ic gæst bere.[1]
     Gif me feorh losað,   fæste binde
     swearte wealas,   hwilum sellan men.
5   Hwilum ic deorum[2]   drincan selle
     beorne of bosme,   hwilum mec bryd triedeð
     felawlonc fotum,   hwilum feorran broht
     wonfeax wale   wegeð ond þyð,
     dol druncmennen   deorcum nihtum,
10   wæteð in wætre,   wyrmeð hwilum
     fægre to fyre;   me on fæðme sticaþ
     hygegalan hond,   hwyrfeð geneahhe,
     swifeð me geond sweartne.   Saga hwæt ic hatte,
     þe ic lifgende   lond reafige
15   ond æfter deaþe   dryhtum þeowige.

Riddle 25

     Ic eom wunderlicu wiht,   wifum on hyhte,
     neahbuendum nyt;   nængum sceþþe
     burgsittendra,   nymþe bonan anum.
     Staþol min is steapheah,   stonde ic on bedde,
5   neoþan ruh nathwær.   Neþeð hwilum
     ful cyrtenu   ceorles dohtor,
     modwlonc meowle,   þæt heo on mec gripeð,
     ræseð mec on reodne,[3]   reafað min heafod,
     fegeð mec on fæsten.   Feleþ sona
10   mines gemotes,   seo þe mec nearwað,
     wif wundenlocc.   Wæt bið þæt eage.

Riddle 26

     Mec feonda sum   feore besnyþede,
     woruldstrenga binom.   Wætte siþþan,
     dyfde on wætre,   dyde eft þonan,
     sette on sunnan,   þær ic swiþe beleas

---

1   **þenden ic gæst bere**: i.e., "while I am alive."
2   **deorum**: modifies **beorne** in line 6.
3   **mec on reodne**: rearrange as **on mec reodne** for translation (**reodne** modifies **mec**).

5   herum þam þe ic hæfde.   Heard mec siþþan
          snað seaxses ecg,   sindrum begrunden;[1]
          fingras feoldan,   ond mec fugles wyn[2]
          geondsprengde speddropum   spyrede geneahhe
          ofer brunne brerd.   Beamtelge[3] swealg,
10   streames dæle,   stop eft on mec,
          siþade sweartlast.   Mec siþþan wrah
          hæleð hleobordum,   hyþe beþenede,
          gierede mec mid golde;   forþon me gliwedon
          wrætlic weorc smiþa,   wire bifongen.
15   Nu þa gereno   ond se reada telg
          ond þa wuldorgesteald   wide mærað
          dryhtfolca helm,   nales dol wite.
          Gif min bearn wera   brucan willað,
          hy beoð þy gesundran   ond þy sigefæstran,
20   heortum þy hwætran   ond þy hygebliþran,
          ferþe þy frodran,   habbaþ freonda þy ma,
          swæsra ond gesibbra,   soþra ond godra,
          tilra ond getreowra,   þa hyra tyr ond ead
          estum ycað   ond hy arstafum,
25   lissum bilecgað   ond hi lufan fæþmum
          fæste clyppað.   Frige hwæt ic hatte,
          niþum to nytte.   Nama min is mære,
          hæleþum gifre   ond halig sylf.

Riddle 31

      Is þes middangeard   missenlicum
      wisum gewlitegad,   wrættum gefrætwad.
      Ic seah sellic þing   singan on ræcede.
      Wiht wæs wrætlic   werum on gemonge,
5   sio hæfde wæstum   wundorlicran.[4]
      Niþerweard   wæs neb hyre,
      fet ond folme   fugele gelice;[5]

---

1 **Heard mec siþþan snað seaxses ecg, sindrum begrunden**: both **heard** and **sindrum begrunden** modify **seaxses ecg**.

2 **fugles wyn**: "the joy of the bird," a purposefully vague kenning which here means "feather," i.e., quill pen.

3 **Beamtelge**: "tree-dye," that is, ink made from oak-galls.

4 **wundorlicran**: the comparative context is provided by **werum on gemonge**.

5 **fugele gelice**: modern bagpipers call a simple airbag with mouthpiece and no drones a "practice goose."

no hwæþre fleogan mæg ne fela gongan,
hwæþre feþegeorn fremman onginneð,
10   gecoren cræftum, cyrreð geneahhe
oft ond gelome eorlum on gemonge,
siteð æt symble, sæles bideþ,
hwonne ær heo cræft hyre cyþan mote
werum on wonge. Ne heo þær wiht þigeð
15   þæs þe him æt blisse beornas habbað
deor domes georn. Hio dumb wunað.
Hwæþre hyre is on fote fæger hleoþor,
wynlicu woðgiefu. Wrætlic me þinceð,
hu seo wiht mæge wordum lacan
20   þurh fot neoþan, frætwed hyrstum.
Hafað hyre on halse, þonne hio hord warað,
bær, beagum deall, broþor sine,[1]
mæg mid mægne. Micel is to hycgenne
wisum woðboran, hwæt sio wiht sie.

Riddle 44

Wrætlic hongað bi weres þeo,
frean under sceate. Foran is þyrel.
Bið stiþ ond heard. Stede hafað godne.
Þonne se esne his agen hrægl
5   ofer cneo hefeð, wile þæt cuþe hol
mid his hangellan heafde gretan
þæt he efenlang ær oft gefylde.

Riddle 45

Ic on wincle gefrægn weaxan nathwæt,
þindan ond þunian, þecene hebban.
On þæt banlease[2] bryd grapode,
hygewlonc hondum. Hrægle þeahte
5   þrindende þing þeodnes dohtor.

---

1   **broþor sine**: perhaps this refers to a deep-voiced drone.
2   **On þæt banlease**: "onto that boneless (thing)."

Riddle 46

Wer sæt æt wine   mid his wifum twam
ond his twegen suno   ond his twa dohtor,
swase gesweostor,   ond hyra suno twegen,
freolico frumbearn.   Fæder wæs þær inne
5   þara æþelinga   æghwæðres mid,[1]
eam ond nefa.   Ealra wæron fife
eorla ond idesa   insittendra.

Riddle 47

Moððe word fræt.   Me þæt þuhte
wrætlicu wyrd,   þa ic þæt wundor gefrægn,
þæt se wyrm forswealg   wera gied sumes,[2]
þeof in þystro,   þrymfæstne cwide
5   ond þæs strangan staþol.   Stælgiest ne wæs
wihte þy gleawra,   þe he þam wordum swealg.

Riddle 80

Ic eom æþelinges   eaxlgestealla,
fyrdrinces gefara,   frean minum leof,
cyninges geselda.   Cwen mec hwilum
hwitloccedu   hond on legeð,
5   eorles dohtor,   þeah hio æþelu sy.
Hæbbe me on bosme   þæt on bearwe geweox.[3]
Hwilum ic on wloncum   wicge ride
herges on ende.   Heard is min tunge.
Oft ic woðboran   wordleana sum
10   agyfe æfter giedde.   Good is min wise
ond ic sylfa salo.   Saga hwæt ic hatte.

---

1 **þara æþelinga æghwæðres mid**: "of each of those nobles with (them/him)."

2 **wera gied sumes**: "the poem/utterance of a certain one of men (i.e., of one man)."

3 **Hæbbe me on bosme þæt on bearwe geweox**: "I have in my bosom what grew in the grove."

17

The Fortunes of Men

This poem has been described as a "catalogue poem" and as one of the Old English "poems of wisdom and instruction." The first is accurate in the sense that the poem is organized as a list, first of bad fates or destinations (being burned on a pyre, being exiled), then of good fates or destinations (the scholar, the successful entertainer); the second is correct in that the poem offers wisdom or guidance about how to understand these fates (as the work of God). However, even together these designations fail to capture one important aspect of the poem, namely its point of view. What unites the bad fates, and therefore perhaps by inference the good ones, is the parental point of view, especially that of the mother. The allusions to the parable of the prodigal son in the turn from good fates to bad (lines 58-63) confirm the poem's interest in parenting, and the motif of the well-trained hawk at the end, with its echoes of the taming and teaching of the child at the opening, may be intended to be read as instruction by analogy in the successful training of a child. Whether or not that kind of reading is appropriate, those lines and others in the poem allow minor glimpses into areas of Anglo-Saxon social and psychological life not otherwise accessible in Old English literature.

           Ful oft þæt gegongeð,   mid godes meahtum,
           þætte wer ond wif   in woruld cennað
           bearn[1] mid gebyrdum[2]   ond mid bleom gyrwað,
           temiaþ ond tæcaþ,   oþþæt seo tid cymeð,
5   gegæð gearrimum,   þæt þa geongan leomu,
           liffæstan leoþu,   geloden weorþað.[3]
           Fergað swa ond feþað   fæder ond modor,
           giefað ond gierwaþ.   God ana wat
           hwæt him weaxendum   winter bringað!
10   Sumum þæt gegongeð   on geoguðfeore
           þæt se endestæf   earfeðmæcgum
           wealic weorþeð.   Sceal hine wulf etan,
           har hæðstapa;   hinsiþ þonne
           modor bimurneð.   Ne bið swylc monnes geweald!
15   Sumne sceal hungor ahiþan,   sumne sceal hreoh fordrifan,
           sumne sceal gar agetan,   sumne guð abreotan.
           Sum sceal leomena leas   lifes neotan,

---

1 **bearn**: note that this word could be singular or plural, as could **him** in line 9.
2 **mid gebyrdum**: "by giving birth."
3 **geloden weorþað**: i.e., can take the baby's weight.

folmum ætfeohtan,   sum on feðe lef,
seonobennum seoc,   sar cwanian,

20   murnan meotudgesceaft   mode gebysgad.
Sum sceal on holte   of hean beame
fiþerleas feallan;   bið on flihte seþeah,
laceð on lyfte,   oþþæt lengre ne bið
westem wudubeames.   Þonne he on wyrtruman

25   sigeð sworcenferð,   sawle bireafod,
fealleþ on foldan.   Feorð biþ on siþe.
Sum sceal on feþe   on feorwegas
nyde gongan   ond his nest beran,
tredan uriglast   elþeodigra,

30   frecne foldan.   Ah he feormendra
lyt lifgendra—   lað biþ æghwær
fore his wonsceaftum   wineleas hæle.
Sum sceal on geapum   galgan ridan,
seomian æt swylte,   oþþæt sawlhord,

35   bancofa blodig,   abrocen weorþeð.
Þær him hrefn nimeþ   heafodsyne,[1]
sliteð salwigpad   sawelleasne;
noþer he þy facne mæg   folmum biwergan,
laþum lyftsceaþan.   Biþ his lif scæcen,

40   ond he feleleas,   feores orwena,
blac on beame   bideð wyrde,
bewegen wælmiste.   Bið him werig noma.[2]
Sum on bæle sceal   brondas þeccan,
fretan frecne lig   fægne monnan.

45   Þær him lifgedal   lungre weorðeð
read reþe gled.   Reoteð meowle,
seo hyre bearn gesihð   brondas þeccan.[3]
Sumum meces ecg   on meodubence
yrrum ealowosan   ealdor oþþringeð,

50   were winsadum;   bið ær his worda to hræd.[4]
Sum sceal on beore   þurh byreles hond,
meodugal mæcga,   þonne he gemet ne con,

---

1 **him hrefn nimeþ heafodsyne:** "a raven takes his eye" (**him** is a dative of possession, used for body parts).

2 **Bið him werig noma:** either "outlaw is his name" or "weary (i.e., overcome, dead) is his name."

3 **seo hyre bearn gesihð brondas þeccan:** "who sees the embers cover her child." The scene is perhaps similar to that described in *Beowulf* 1110 ff., where after a battle Hildeburh must watch her son's body consigned to a funeral pyre.

4 **bið ær his worda to hræd:** "he has previously been too hasty with his words."

gemearcian his muþe[1]   mode sine,
ac sceal ful earmlice   ealdre linnan,
55   dreogan dryhtenbealo   dreamum biscyred;
ond hine to sylfcwale   secgas nemnað,[2]
mænað mid muþe   meodugales gedrinc.
Sum sceal on geoguþe   mid godes meahtum
his earfoðsiþ   ealne forspildan,[3]
60   ond on yldo eft   eadig weorþan,
wunian wyndagum   ond welan þicgan,
maþmas ond meoduful   mægburge on,
þæs þe ænig fira mæge   forð gehealdan.[4]
Swa missenlice   meahtig dryhten
65   geond eorþan sceat   eallum dæleð,
scyreþ ond scrifeð   ond gesceapo healdeð,
sumum eadwelan,   sumum earfeþa dæl,
sumum geogoþe glæd,   sumum guþe blæd,
gewealdenne wigplegan,[5]   sumum wyrp oþþe scyte,
70   torhtlicne tiir,   sumum tæfle cræft,
bleobordes gebregd.   Sume boceras
weorþað wisfæste.   Sumum wundorgiefe
þurh goldsmiþe   gearwad weorþeð;
ful oft he gehyrdeð   ond gehyrsteð wel,
75   brytencyninges beorn,   ond he him brad syleð
lond to leane.   He hit on lust þigeð.
Sum sceal on heape   hæleþum cweman,
blissian æt beore   bencsittendum,
þær biþ drincendra   dream se micla.
80   Sum sceal mid hearpan   æt his hlafordes
fotum sittan,   feoh þicgan,
ond a snellice   snere wræstan,
lætan scralletan   sceacol, se þe hleapeð,
nægl neomegende;   biþ him neod micel.
85   Sum sceal wildne fugel   wloncne atemian,
heafoc on honda,   oþþæt seo heoroswealwe

---

1   **gemearcian his muþe**: probably here, "restrain his mouth," but whether from drinking or from inappropriate speech is not clear.

2   **hine to sylfcwale secgas nemnað**: "men name him a suicide."

3   **his earfoðsiþ ealne forspildan**: "waste his whole miserable journey." The story of the prodigal son may be invoked here.

4   **þæs þe ænig fira mæge forð gehealdan**: "to the extent that any man might maintain (such a way of life)."

5   **gewealdenne wigplegan**: "successful battle."

wynsum weorþeð;   deþ he wyrplas on,
fedeþ swa on feterum   fiþrum dealne,[1]
lepeþ lyftswiftne   lytlum gieflum,
90   oþþæt se wælisca   wædum ond dædum
his ætgiefan   eaðmod weorþeð
ond to hagostealdes   honda gelæred.
Swa wrætlice   weoroda nergend
geond middangeard   monna cræftas
95   sceop ond scyrede   ond gesceapo ferede
æghwylcum on eorþan   eormencynnes.
Forþon him nu ealles þonc   æghwa secge,
þæs þe he fore his miltsum   monnum scrifeð.

---

1 **fiþrum dealne**: "the one proud in feathers," i.e., the hawk.

18

Judith

Translated from the biblical book of Judith (which does not survive in Hebrew and is now considered canonical only in Catholic bibles), this poem tells the story of a female hero, the pious widow Judith. The city of Bethulia in Israel is beset with the attack of the general Holofernes, sent by Nebuchadnezzar the king of the Assyrians to subject all peoples to him and destroy all their gods ("that he only might be called god by those nations"). Judith perfumes herself and dresses herself in her finery and best jewelry (and gets a little beauty help from God, who "increased this her beauty, so that she appeared to all men's eyes incomparably lovely"). She goes out with her servant and a bag of kosher food (so she will not have to eat Assyrian food) to Holofernes' camp, telling him that God is angry with Israel and will destroy it, and she will be able to tell him when if she prays to God. Holofernes gives her lodgings and allows her to go out of the camp to pray from time to time.

The poem as it survives to us is missing the whole setup above (which may have been abbreviated in the poem, of course) and only begins with the events of Chapter 12 (of 16), in which Holofernes conceives lust for Judith and gets dead drunk, which she then takes advantage of to save Israel.

tweode

gifena in ðys ginnan grunde.[1]   Heo ðar ða gearwe funde
mundbyrd æt ðam mæran þeodne,   þa heo ahte mæste þearfe,
hyldo þæs hehstan deman,   þæt he hie wið þæs hehstan brogan
5   gefriðode, frymða waldend.   Hyre ðæs[2] fæder on roderum
torhtmod tiðe gefremede,   þe heo ahte trumne geleafan
a to ðam ælmihtigan.   Gefrægen ic ða Holofernus
winhatan wyrcean georne   ond eallum wundrum þrymlic
girwan up swæsendo.   To ðam het se gumena baldor
10   ealle ða yldestan ðegnas;   hie ðæt ofstum miclum
ræfndon, rondwiggende,   comon to ðam rican þeodne
feran, folces ræswan.   Þæt wæs þy feorðan dogore

---

1   The beginning of the poem is missing. It is not clear how long the missing section was, although there are three section numbers in the surviving part, suggesting that there were nine previous sections of approximately 110 lines each. The poem may have retold the whole of the biblical book of Judith; the portion we have begins in Chapter 12 and extends to Chapter 15 (of 16 chapters).

2   ðæs: "for that"—anticipates the clause beginning þe in line 6.

þæs ðe Iudith hyne,   gleaw on geðonce,
ides ælfscinu,   ærest gesohte.
15   Hie ða to ðam symle   sittan eodon,
wlance to wingedrince,   ealle his weagesiðas,
bealde byrnwiggende.   Þær wæron bollan steape
boren æfter bencum gelome,   swylce eac bunan ond orcas
fulle fletsittendum;   hie þæt fæge þegon,
20   rofe rondwiggende,   þeah ðæs se rica ne wende,
egesful eorla dryhten.   Ða wearð Holofernus,
goldwine gumena,   on gytesalum,
hloh ond hlydde,   hlynede ond dynede,
þæt mihten fira bearn   feorran gehyran
25   hu se stiðmoda   styrmde ond gylede,
modig ond medugal,   manode geneahhe
bencsittende   þæt hi gebærdon wel.[1]
Swa se inwidda   ofer ealne dæg
dryhtguman sine   drencte mid wine,
30   swiðmod sinces brytta,   oðþæt hie on swiman lagon,
oferdrencte his duguðe ealle,   swylce hie wæron deaðe geslegene,
agotene goda gehwylces.[2]   Swa het se gumena aldor
fylgan fletsittendum,   oðþæt fira bearnum
nealæhte niht seo þystre.   Het ða niða geblonden[3]
35   þa eadigan mægð   ofstum fetigan
to his bedreste   beagum gehlæste,
hringum gehrodene.   Hie hraðe fremedon,
anbyhtscealcas,   swa him heora ealdor bebead,
byrnwigena brego,   bearhtme[4] stopon
40   to ðam gysterne,   þær hie Iudithðe
fundon ferhðgleawe,   ond ða fromlice
lindwiggende   lædan ongunnon
þa torhtan mægð   to træfe þam hean,[5]
þær se rica hyne   reste on symbel
45   nihtes inne,   nergende lað,[6]
Holofernus.   Þær wæs eallgylden

---

1 **þæt hi gebærdon wel**: "that they behaved themselves well," i.e., that they kept drinking (see following lines).

2 **agotene goda gehwylces**: "deprived by the pouring of wine of every good (quality)."

3 **niða geblonden**: "the one corrupted with evils," i.e., Holofernes.

4 **bearhtme**: it is not clear whether this means "in a flash" or "noisily"; either is possible.

5 **to træfe þam hean**: "to that high building."

6 **nergende lað**: "hateful to the Savior" (Old English texts tend to consider Jesus as coeternal with God rather than as a purely New Testament appearance).

fleohnet fæger   ymbe þæs folctogan
bed ahongen,   þæt se bealofulla
mihte wlitan þurh,   wigena baldor,
50   on æghwylcne   þe ðær inne com
hæleða bearna,   ond on hyne nænig
monna cynnes,   nymðe se modiga hwæne
niðe rofra   him þe near hete
rinca to rune gegangan.[1]   Hie ða on reste gebrohton
55   snude ða snoteran idese;   eodon ða stercedferhðe,
hæleð heora hearran cyðan   þæt wæs seo halige meowle
gebroht on his burgetelde.   Þa wearð se brema on mode
bliðe, burga ealdor,   þohte ða beorhtan idese
mid widle ond mid womme besmitan.   Ne wolde þæt wuldres dema
60   geðafian, þrymmes hyrde,   ac he him þæs ðinges gestyrde,[2]
dryhten, dugeða waldend.   Gewat ða se deofulcunda,
galferhð gumena ðreate[3]
bealofull his beddes neosan,   þær he sceolde his blæd forleosan
ædre binnan anre nihte;   hæfde ða his ende gebidenne
65   on eorðan unswæslicne,   swylcne he ær æfter worhte,[4]
þearlmod ðeoden gumena,   þenden he on ðysse worulde
wunode under wolcna hrofe.   Gefeol ða wine swa druncen
se rica on his reste middan,   swa he nyste ræda nanne[5]
on gewitlocan.   Wiggend stopon
70   ut of ðam inne   ofstum miclum,
weras winsade,   þe ðone wærlogan,
laðne leodhatan,   læddon to bedde
nehstan siðe.[6]   Þa wæs nergendes
þeowen[7] þrymful,   þearle gemyndig
75   hu heo þone atolan   eaðost mihte
ealdre benæman   ær se unsyfra,
womfull, onwoce.   Genam ða wundenlocc
scyppendes mægð   scearpne mece,

---

1   **nymðe se modiga ... to rune gegangan:** "unless the valiant one (i.e., Holofernes) were to command one of the men, brave in evil, to walk the nearer for counsel."

2   **him þæs ðinges gestyrde:** "restrained him from that thing."

3   A half-line appears to be missing at this point.

4   **swylcne he ær æfter worhte:** "such (an end) as he had previously worked after."

5   **swa he nyste ræda nanne:** "that he knew no counsel," i.e., that he was completely unconscious.

6   **nehstan siðe:** "on the nearest occasion," i.e., perhaps, as quickly as possible.

7   **nergendes þeowen:** i.e., Judith.

scurum heardne,[1]   ond of sceaðe abræd
80   swiðran folme.   Ongan ða swegles weard
be naman nemnan,   nergend ealra
woruldbuendra,   ond þæt word acwæð:
"Ic ðe, frymða god   ond frofre gæst,
bearn alwaldan,   biddan wylle
85   miltse þinre   me þearfendre,
ðrynesse ðrym.   Þearle ys me nu ða
heorte onhæted   ond hige geomor,
swyðe mid sorgum gedrefed.   Forgif me, swegles ealdor,
sigor ond soðne geleafan,   þæt ic mid þys sweorde mote
90   geheawan þysne morðres bryttan.[2]   Geunne me minra gesynta,
þearlmod þeoden gumena.   Nahte ic þinre næfre
miltse þon maran þearfe.[3]   Gewrec nu, mihtig dryhten,
torhtmod tires brytta,   þæt me ys þus torne on mode,
hate on hreðre minum."   Hi ða se hehsta dema
95   ædre mid elne onbryrde,   swa he deð anra gehwylcne
herbuendra   þe hyne him to helpe seceð
mid ræde ond mid rihte geleafan.   Þa wearð hyre rume on mode,
haligre hyht geniwod.   Genam ða þone hæðenan mannan
fæste be feaxe sinum,   teah hyne folmum wið hyre weard
100   bysmerlice,   ond þone bealofullan
listum alede,   laðne mannan,
swa heo ðæs unlædan   eaðost mihte
wel gewealdan.   Sloh ða wundenlocc
þone feondsceaðan   fagum mece,
105   heteþoncolne,   þæt heo healfne forcearf
þone sweoran him,[4]   þæt he on swiman læg,
druncen ond dolhwund.   Næs ða dead þa gyt,
ealles orsawle.   Sloh ða eornoste
ides ellenrof   oðre siðe
110   þone hæðenan hund,   þæt him þæt heafod wand
forð on ða flore.   Læg se fula leap
gesne beæftan.   Gæst ellor hwearf
under neowelne næs   ond ðær genyðerad wæs,

---

1 **scurum heardne**: "hard with showers (of battle)," i.e., battle-tested.

2 **morðres bryttan**: a play on the conventional epithet for a ruler of **sinces brytta** ("dispenser of treasure"—used of Holofernes, perhaps ironically, in line 30). See also 93a.

3 **Nahte ic þinre næfre miltse þon maran þearfe**: "I have never had more need of your mercy"— **þinre** goes with **miltse**.

4 **þæt heo healfne forcearf þone sweoran him**: "so that she half cut through his neck."

susle gesæled   syððan æfre,
115   wyrmum bewunden,   witum gebunden,
       hearde gehæfted   in hellebryne
       æfter hinsiðe.   Ne ðearf he hopian no,
       þystrum forðylmed,   þæt he ðonan mote
       of ðam wyrmsele,   ac ðær wunian sceal
120   awa to aldre   butan ende forð
       in ðam heolstran ham,   hyhtwynna leas.
       Hæfde ða gefohten   foremærne blæd
       Iudith æt guðe,   swa hyre god uðe,
       swegles ealdor,   þe hyre sigores onleah.
125   Þa seo snotere mægð   snude gebrohte
       þæs herewæðan   heafod swa blodig
       on ðam fætelse   þe hyre foregenga,
       blachleor ides,   hyra begea nest,
       ðeawum geðungen,   þyder onlædde,[1]
130   ond hit þa swa heolfrig   hyre on hond ageaf,
       higeðoncolre,   ham to berenne,
       Iudith gingran sinre.   Eodon ða gegnum þanonne
       þa idesa ba   ellenþriste,
       oðþæt hie becomon,   collenferhðe,
135   eadhreðige mægð,   ut of ðam herige,
       þæt hie sweotollice   geseon mihten
       þære wlitegan byrig   weallas blican,
       Bethuliam.   Hie ða beahhrodene
       feðelaste   forð onettan,
140   oð hie glædmode   gegan hæfdon
       to ðam wealgate.   Wiggend sæton,
       weras wæccende   wearde heoldon
       in ðam fæstenne,   swa ðam folce ær
       geomormodum   Iudith bebead,
145   searoðoncol mægð,   þa heo on sið gewat,
       ides ellenrof.   Wæs ða eft cumen
       leof to leodum,   ond ða lungre het
       gleawhydig wif   gumena sumne
       of ðære ginnan byrig   hyre togeanes gan,
150   ond hi ofostlice   in forleton
       þurh ðæs wealles geat,   ond þæt word acwæð
       to ðam sigefolce: "Ic eow secgan mæg
       þoncwyrðe þing,   þæt ge ne þyrfen leng

---

1   Judith had brought her own food with her to the camp so as not to have to eat the non-kosher
     food offered to her by Holofernes.

murnan on mode.   Eow ys metod bliðe,
155 cyninga wuldor: þæt gecyðed wearð
geond woruld wide,   þæt eow ys wuldorblæd
torhtlic toweard   ond tir gifeðe
þara læðða   þe ge lange drugon."
Þa wurdon bliðe   burhsittende,
160 syððan hi gehyrdon   hu seo halige spræc
ofer heanne weall.   Here wæs on lustum.
Wið þæs fæstengeates   folc onette,
weras wif somod,[1]   wornum ond heapum,
ðreatum ond ðrymmum   þrungon ond urnon
165 ongean ða þeodnes mægð   þusendmælum,
ealde ge geonge.   Æghwylcum wearð
men on ðære medobyrig   mod areted,
syððan hie ongeaton   þæt wæs Iudith cumen
eft to eðle,   ond ða ofostlice
170 hie mid eaðmedum   in forleton.
Þa seo gleawe[2] het,   golde gefrætewod,
hyre ðinenne   þancolmode
þæs herewæðan   heafod onwriðan
ond hyt to behðe   blodig ætywan
175 þam burhleodum,   hu hyre æt beaduwe gespeow.
Spræc ða seo æðele   to eallum þam folce:
"Her ge magon sweotole,   sigerofe hæleð,
leoda ræswan,   on ðæs laðestan
hæðenes headorinces   heafod starian,
180 Holofernus   unlyfigendes,
þe us monna mæst   morðra gefremede,
sarra sorga,   ond þæt swyðor gyt
ycan wolde,   ac him ne uðe god
lengran lifes,   þæt he mid læððum us
185 eglan moste.   Ic him ealdor oðþrong
þurh godes fultum.   Nu ic gumena gehwæne
þyssa burgleoda   biddan wylle,
randwiggendra,   þæt ge recene eow
fysan to gefeohte.   Syððan frymða god,
190 arfæst cyning,   eastan sende
leohtne leoman,   berað linde forð,
bord for breostum   ond byrnhomas,

---

1 **weras wif somod**: "men together with women."
2 **seo gleawe**: "the smart (one)," i.e., Judith.

scire helmas   in sceaðena gemong,[1]
fyllan folctogan   fagum sweordum,
195   fæge frumgaras.   Fynd syndon eowere
gedemed to deaðe,   ond ge dom agon,
tir æt tohtan,   swa eow getacnod hafað
mihtig dryhten   þurh mine hand."
Þa wearð snelra werod   snude gegearewod,
200   cenra to campe.   Stopon cynerofe
secgas ond gesiðas,   bæron sigeþufas,
foron to gefeohte   forð on gerihte,
hæleð under helmum,   of ðære haligan byrig
on ðæt dægred sylf.   Dynedan scildas,
205   hlude hlummon.   Þæs se hlanca gefeah
wulf in walde,   ond se wanna hrefn,[2]
wælgifre fugel.   Wistan begen
þæt him ða þeodguman   þohton tilian
fylle on fægum;   ac him fleah on last
210   earn ætes georn,   urigfeðera,
salowigpada   sang hildeleoð,
hyrnednebba.   Stopon heaðorincas,
beornas to beadowe,   bordum beðeahte,
hwealfum lindum,   þa ðe hwile ær
215   elðeodigra   edwit þoledon,
hæðenra hosp.   Him þæt hearde wearð
æt ðam æscplegan   eallum forgolden,
Assyrium,   syððan Ebreas
under guðfanum   gegan hæfdon
220   to ðam fyrdwicum.   Hie ða fromlice
leton forð fleogan   flana scuras,
hildenædran   of hornbogan,
strælas stedehearde;   styrmdon hlude
grame guðfrecan,   garas sendon
225   in heardra gemang.   Hæleð wæron yrre,
landbuende,   laðum cynne,
stopon styrnmode,   stercedferhðe,
wrehton unsofte   ealdgeniðlan
medowerige;   mundum brugdon
230   scealcas of sceaðum   scirmæled swyrd,
ecgum gecoste,   slogon eornoste

---

1   **in sceaðena gemong**: "in amongst the enemies."
2   **wulf in walde, ond se wanna hrefn**: the "beasts of battle," which include the **earn** ("eagle") in
line 210, rejoice because they expect to be soon feasting on corpses on the battlefield.

Assiria   oretmæcgas,
niðhycgende,   nanne ne sparedon
þæs herefolces,   heanne ne ricne,
235   cwicera manna   þe hie ofercuman mihton.
Swa ða magoþegnas   on ða morgentid
ehton elðeoda   ealle þrage,
oðþæt ongeaton   ða ðe grame wæron,
ðæs herefolces   heafodweardas,
240   þæt him swyrdgeswing   swiðlic eowdon
weras Ebrisce.   Hie wordum þæt
þam yldestan   ealdorþegnum[1]
cyðan eodon,   wrehton cumbolwigan
ond him forhtlice   færspel bodedon,
245   medowerigum   morgencollan,
atolne ecgplegan.   Þa ic ædre gefrægn
slegefæge hæleð   slæpe tobredon
ond wið þæs bealofullan   burgeteldes
werigferhðe   hwearfum þringan,
250   Holofernus.   Hogedon aninga
hyra hlaforde   hilde bodian,
ærðon ðe him se egesa   on ufan sæte,
mægen Ebrea.   Mynton ealle
þæt se beorna brego   ond seo beorhte mægð
255   in ðam wlitegan træfe   wæron ætsomne,
Iudith seo æðele   ond se galmoda,
egesfull ond afor.   Næs ðeah eorla nan
þe ðone wiggend   aweccan dorste
oððe gecunnian   hu ðone cumbolwigan
260   wið ða halgan mægð   hæfde geworden,
metodes meowlan.   Mægen nealæhte,
folc Ebrea,   fuhton þearle
heardum heoruwæpnum,   hæfte guldon
hyra fyrngeflitu,   fagum swyrdum,
265   ealde æfðoncan.   Assyria wearð
on ðam dægweorce   dom geswiðrod,
bælc forbiged.   Beornas stodon
ymbe hyra þeodnes træf   þearle gebylde,[2]
sweorcendferhðe.   Hi ða somod ealle
270   ongunnon cohhetan,   cirman hlude
ond gristbitian,   gode orfeorme,

---

1 **ealdorþegnum**: this is a general, not Holofernes himself, as becomes apparent below.
2 **gebylde**: apparently used ironically.

mid toðon torn þoligende.[1]   Þa wæs hyra tires æt ende,
eades ond ellendæda.   Hogedon þa eorlas aweccan
hyra winedryhten;   him wiht ne speow.

275   Þa wearð sið ond late   sum to ðam arod
þara beadorinca,   þæt he in þæt burgeteld
niðheard neðde,   swa hyne nyd fordraf.
Funde ða on bedde   blacne licgan
his goldgifan   gæstes gesne,

280   lifes belidenne.   He þa lungre gefeoll
freorig to foldan,   ongan his feax teran,
hreoh on mode,   ond his hrægl somod,
ond þæt word acwæð   to ðam wiggendum
þe ðær unrote   ute wæron:

285   "Her ys geswutelod   ure sylfra forwyrd,
toweard getacnod   þæt þære tide ys
mid niðum neah geðrungen,   þe we sculon nyde losian,
somod æt sæcce forweorðan.   Her lið sweorde geheawen,
beheafdod healdend ure."   Hi ða hreowigmode

290   wurpon hyra wæpen ofdune,   gewitan him werigferhðe
on fleam sceacan.   Him mon feaht on last,
mægeneacen folc,   oð se mæsta dæl
þæs heriges læg   hilde gesæged
on ðam sigewonge,   sweordum geheawen,

295   wulfum to willan   ond eac wælgifrum
fuglum to frofre.   Flugon ða ðe lyfdon,
laðra lindwig.   Him on laste for
sweot Ebrea   sigore geweorðod,
dome gedyrsod;   him feng dryhten god

300   fægre on fultum,   frea ælmihtig.
Hi ða fromlice   fagum swyrdum,
hæleð higerofe,   herpað worhton
þurh laðra gemong,   linde heowon,
scildburh scæron.   Sceotend wæron

305   guðe gegremede,   guman Ebrisce;
þegnas on ða tid   þearle gelyste
gargewinnes.   Þær on greot gefeoll
se hyhsta dæl   heafodgerimes
Assiria   ealdorduguðe,

310   laðan cynnes.   Lythwon becom
cwicera to cyððe.   Cirdon cynerofe,

---

1   Afraid to enter the tent of Holofernes, the men clear their throats and gnash their teeth out-
side it in an attempt to wake him.

wiggend on wiðertrod,   wælscel on innan,
reocende hræw.   Rum wæs to nimanne
londbuendum   on ðam laðestan,
315   hyra ealdfeondum   unlyfigendum
heolfrig herereaf,   hyrsta scyne,
bord ond bradswyrd,   brune helmas,
dyre madmas.   Hæfdon domlice
on ðam folcstede   fynd oferwunnen
320   eðelweardas,   ealdhettende
swyrdum aswefede.   Hie on swaðe reston,[1]
þa ðe him to life   laðost wæron
cwicera cynna.   Þa seo cneoris eall,
mægða mærost,   anes monðes fyrst,
325   wlanc, wundenlocc,   wagon ond læddon
to ðære beorhtan byrig,   Bethuliam,
helmas ond hupseax,   hare byrnan,
guðsceorp gumena   golde gefrætewod,
mærra madma   þonne mon ænig
330   asecgan mæge   searoþoncelra;[2]
eal þæt ða ðeodguman   þrymme geeodon,
cene under cumblum   on compwige
þurh Iudithe   gleawe lare,
mægð modigre.   Hi to mede hyre
335   of ðam siðfate   sylfre brohton,
eorlas æscrofe,   Holofernes
sweord ond swatigne helm,   swylce eac side byrnan
gerenode readum golde,   ond eal þæt se rinca baldor
swiðmod sinces ahte   oððe sundoryrfes,
340   beaga ond beorhtra maðma,   hi þæt þære beorhtan idese
ageafon gearoþoncolre.   Ealles ðæs[3] Iudith sægde
wuldor weroda dryhtne,   þe hyre weorðmynde geaf,
mærðe on moldan rice,   swylce eac mede on heofonum,
sigorlean in swegles wuldre,   þæs þe heo ahte soðne geleafan
345   to ðam ælmihtigan;   huru æt þam ende ne tweode
þæs leanes þe heo lange gyrnde.   Ðæs[4] sy ðam leofan drihtne
wuldor to widan aldre,   þe gesceop wind ond lyfte,
roderas ond rume grundas,   swylce eac reðe streamas
ond swegles dreamas,   ðurh his sylfes miltse. [...]

---

1 **reston**: i.e., lay dead.
2 **searoþoncelra**: modifies **madma**.
3 **Ealles ðæs**: "for all that."
4 **Ðæs**: "for that."

19

The Husband's Message

Fragmentary (because of damage to the pages in the Exeter Book) at the beginning and near the end, this poem has a mysterious speaker, a messenger from a husband (or fiancé or avowed friend) to his wife (or fiancée or avowed friend). The speaker himself, it has been suggested, is a rune stick (the "beam" of line 13), that is, a piece of wood carved with a message in runes, perhaps the content of the poem. We do know that such rune sticks were common for commercial tallies. The situation, as in several poems involving love relationships in the Exeter Book, is somewhat mysterious but at least involves the following elements: the sender of the message, who in former times had made boasts or vows ("wordbeotunga," line 15) of friendship together with its recipient, now invites her to come to where he is; he had in the meantime been driven from the land by some kind of a feud (lines 19-20); but is now prosperous (has "plenty of ornamented gold," lines 35-36) and asks her to undertake a sea voyage to the south (lines 26 ff.) to join him. The runes at the end of the poem are clearly supposed to have something to do with this message, but together they spell nothing intelligible when read as letters ("SREAWD") and seem not particularly informative when the names of the runes are substituted, as they must be to make metrical lines ("jewel, road, earth, joy, day"— many scholars take the last rune to be a mistake for the similar rune "mann": "M"), and so they constitute another of the poem's mysteries.

       Nu ic onsundran þe   secgan wille
       ...... treocyn   ic tudre aweox;
       in mec æld... sceal   ellor londes
       settan......   sealte streamas
5   ...sse   Ful oft ic on bates
       ......   gesohte
       þær mec mondryhten   min......[1]
       ofer heah hafu.   Eom nu her cumen
       on ceolþele,   ond nu cunnan scealt
10   hu þu ymb modlufan   mines frean
       on hyge hycge.   Ic gehatan dear
       þæt þu þær tirfæste   treowe findest.

---

1   The manuscript is damaged here and below (lines 33-41) and the poem cannot be reconstructed in those areas.

Hwæt, þec þonne biddan het   se þisne beam[1] agrof
þæt þu sinchroden   sylf gemunde
15   on gewitlocan   wordbeotunga,
þe git on ærdagum   oft gespræcon,
þenden git moston   on meoduburgum
eard weardigan,   an lond bugan,
freondscype fremman.   Hine fæhþo adraf
20   of sigeþeode.   Heht nu sylfa þe
lustum læran   þæt þu lagu drefde,
siþþan þu gehyrde   on hliþes oran
galan geomorne   geac[2] on bearwe.
Ne læt þu þec siþþan   siþes getwæfan,
25   lade gelettan   lifgendne monn.
Ongin mere secan,   mæwes eþel,
onsite sænacan,   þæt þu suð heonan
ofer merelade   monnan findest,
þær se þeoden is   þin on wenum.[3]
30   Ne mæg him worulde   willa mara
on gemyndum,   þæs þe he me sægde,[4]
þonne inc geunne   alwaldend god
...... ætsomne   siþþan motan
secgum ond gesiþum   s...
35   næglede beagas;   he genoh hafað
fædan goldes   ...
.....d elþeode   eþel healde,
fægre foldan   ....
.......ra hæleþa,   þeah þe her min wine.......
40   nyde gebæded,   nacan ut aþrong,
ond on yþa geong   ...... sceolde
faran on flotweg,   forðsiþes georn,
mengan merestreamas.   Nu se mon hafað
wean oferwunnen;   nis him wilna gad,
45   ne meara ne maðma   ne meododreama,
ænges ofer eorþan   eorlgestreona,

---

1 **þisne beam**: "this tree," "this piece of wood"—perhaps a reference to the speaker of the poem himself—a message-stick carved with runes?

2 **galan geomorne geac**: the common cuckoo winters in Africa, so its arrival in Britain was a signal of spring and more navigable waters in the North Atlantic.

3 **þin on wenum**: "expecting you."

4 **þæs þe he me sægde**: "according to what he said to me."

þeodnes dohtor,   gif he þin beneah
ofer eald gebeot[1]   incer twega.
Gehyre ic ætsomne   .ᛋ [rune "sigel"] . ᚱ [rune "rad"]. geador
50   .ᛠ [rune "ear"]. ᚹ [rune "wen"] ond .ᛗ. [rune "dæg"][2]   aþe benemnan,
þæt he þa wære   ond þa winetreowe
be him lifgendum   læstan wolde,
þe git on ærdagum   oft gespræconn.

---

1 þin beneah ofer eald gebeot: "possesses you beyond the old promise."
2 The meaning of the runes in the poem has not been satisfactorily explained; they are supposed
    to guarantee by specifying in an oath (aþe benemnan) the faithfulness of the man.

20

Metrical Charms

The charms included here are best thought of as forming part of the technology of Anglo-Saxon England, since in a pre-scientific age measures that were taken to influence the mysterious forces that made for successful or unsuccessful harvests, fevers and their passing, still-births or living babies, and stabbing pains of unknown origins were bound to be a mixture of practical attempts to influence the natural world, defenses against evil, and attempts to get God or other spirits on your side. The charm for curing sick farmland is extremely elaborate and uses both the forces of the natural world, in the form of the various plants and the milk of various animals made into a potion that is poured into holes in the ground, and the power of religious worship, in the form of the various scriptural and liturgical incantations and even the blessing of the turfs in church (with the green turned to the altar); however, the exchanging of bad seed for what may be better seed is probably the only step behind which we can see practical thinking, and it might even have worked sometimes. Similarly multipronged, both the power of the saintly Seven Sleepers of Ephesus, whose names are written on wafers hung around the neck of the fever-victim, and a magical incantation against the dwarf riding on the neck of the person affected are used to get rid of what seems to be a recurring fever or malaria. The remedies for various fears of pregnancy and for pregnancy gone wrong also invoke both the church and other mysterious forces, whereas sharp pains are so clearly caused by supernatural evil that a butter infused with herbs spread on with a knife is the only practical aid to a spell that otherwise concentrates on making the arrows shot by elves, witches, or sorceresses ineffective and sending missiles back at them. Still, the herbs nettle and feverfew have mild sedative and anti-inflammatory properties and have been used in alternative medicine for rheumatism and arthritis.

Metrical Charm 1: To Restore Farmland

Her ys seo bot, hu ðu meaht þine æceras betan gif hi nellaþ wel wexan oþþe þær hwilc ungedefe þing on gedon[1] bið on dry oððe on lyblace.

Genim þonne on niht, ær hyt dagige, feower tyrf on feower healfa þæs landes, and gemearca hu hy ær stodon.

---

1 **on gedon**: "done to them."

Nim þonne ele and hunig and beorman, and ælces feos meolc þe on þæm lande sy, and ælces treowcynnes dæl þe on þæm lande sy gewexen, butan heardan beaman, and ælcre namcuþre wyrte dæl, butan glappan anon, and do þonne haligwæter ðær on, and drype þonne þriwa on þone staðol þara turfa,[1] and cweþe ðonne ðas word: Crescite, wexe, et multiplicamini, and gemænigfealda, et replete, and gefylle, terre, þas eorðan. In nomine patris et filii et spiritus sancti sit benedicti. And Pater Noster swa oft swa þæt oðer.

And bere siþþan ða turf to circean, and mæssepreost asinge feower mæssan ofer þan turfon, and wende man þæt grene to ðan weofode, and siþþan gebringe man þa turf þær hi ær wæron ær sunnan setlgange. And hæbbe him gæworht[2] of cwicbeame feower Cristes mælo and awrite on ælcon ende: Matheus and Marcus, Lucas and Iohannes.

Lege þæt Cristes mæl on þone pyt neoþeweardne,[3] cweðe ðonne: Crux Matheus, crux Marcus, crux Lucas, crux sanctus Iohannes. Nim ðonne þa turf and sete ðær ufon on and cweþe ðonne nigon siþon þas word, Crescite [et multiplicamini, etc.], and swa oft Pater Noster, and wende þe þonne eastweard, and onlut nigon siðon eadmodlice, and cweð þonne þas word:

Eastweard ic stande,   arena ic me bidde,[4]
bidde ic þone mæran domine,   bidde ðone miclan drihten
bidde ic ðone haligan   heofonrices weard,
eorðan ic bidde   and upheofon
5   and ða soþan   sancta Marian
and heofones meaht   and heahreced,
þæt ic mote þis gealdor   mid gife drihtnes
toðum ontynan   þurh trumne geþanc,
aweccan þas wæstmas   us to woruldnytte,
10   gefyllan þas foldan   mid fæste geleafan,
wlitigan þas wancgturf,   swa se witega cwæð
þæt se hæfde are on eorþrice,   se þe ælmyssan
dælde[5] domlice   drihtnes þances.[6]

---

1 þone staðol þara turfa: either the place from which the turfs have been taken, or the base (underside) of the turfs themselves.
2 hæbbe him gæworht: "and let him have made for himself."
3 on þone pyt neoþeweardne: "down into the pit."
4 arena ic me bidde: "I pray for mercies for me."
5 se hæfde are on eorþrice, se þe ælmyssan dælde: "he had honor in the earthly kingdom who distributed alms."
6 drihtnes þances: "with thanks to the Lord."

Wende þe þonne III sunganges, astrece þonne on andlang and arim þær letanias[1] and cweð þonne: Sanctus, sanctus, sanctus oþ ende.[2] Sing þonne Benedicite[3] aþenedon earmon and Magnificat[4] and Pater Noster III, and bebeod hit Criste and sancta Marian and þære halgan rode to lofe and to weorþinga and þam are þe þæt land age[5] and eallon þam þe him underðeodde synt.

Ðonne þæt eall sie gedon, þonne nime man uncuþ sæd æt ælmesmannum and selle him twa swylc, swylce man æt him nime,[6] and gegaderie ealle his sulhgeteogo togædere; borige þonne on þam beame stor and finol[7] and gehalgode sapan and gehalgod sealt. Nim þonne þæt sæd, sete on þæs sules bodig, cweð þonne:

	Erce,[8] Erce, Erce, eorþan modor,
15	geunne þe se alwalda, ece drihten,
	æcera wexendra and wridendra,
	eacniendra and elniendra,
	sceafta hehra, scira wæstma,
	and þæra bradan berewæstma,
20	and þæra hwitan hwætewæstma,
	and ealra eorþan wæstma.
	Geunne him ece drihten
	and his halige, þe on heofonum synt,
	þæt hys yrþ si gefriþod wið ealra feonda gehwæne,
25	and heo si geborgen wið ealra bealwa gehwylc,
	þara lyblaca geond land sawen.
	Nu ic bidde ðone waldend, se ðe ðas woruld gesceop,
	þæt ne sy nan to þæs cwidol wif[9] ne to þæs cræftig man
	þæt awendan ne mæge word þus gecwedene.

---

1 **letanias**: a litany is a series of prayers to saints requesting their intercessory prayer for the congregation.

2 **Sanctus, sanctus, sanctus oþ ende**: the whole is "Sanctus, sanctus, sanctus, Dominus Deus Sabaoth. Pleni sunt caeli et terra gloria tua": "Holy, holy, holy, Lord God of Hosts. The heavens and earth are full of your glory."

3 **Benedicite**: a hymn of praise based on the Canticle of the Three Youths in Daniel 3 (appears only in Catholic and Eastern bibles).

4 **Magnificat**: a song of praise taken from the words of Mary in Luke 1:46-55.

5 **þam are þe þæt land age**: "to the honor of the one who owns the land."

6 **twa swylc, swylce man æt him nime**: "twice as much as one takes from him."

7 **borige þonne on þam beame stor and finol**: i.e., bore a hole into the plowbeam and insert into it incense and fennel, etc.

8 **Erce**: unidentified, but perhaps the name of the "earth's mother" of 14b.

9 **nan to þæs cwidol wif**: "no woman so nattering," i.e., able to cast such a spell using words.

Þonne man þa sulh forð drife and þa forman furh onsceote, cweð þonne:

30   Hal wes þu, folde,   fira modor!
       Beo þu growende   on godes fæþme,
       fodre gefylled   firum to nytte.

Nim þonne ælces cynnes melo and abacæ man innewerdne handa bradnæ hlaf[1]
and gecned hine mid meolce and mid haligwætere and lecge under þa forman
furh. Cweþe þonne:

       Ful æcer fodres   fira cinne,
       beorhtblowende,   þu gebletsod weorþ
35   þæs haligan noman   þe ðas heofon gesceop
       and ðas eorþan   þe we on lifiaþ.
       Se god, se þas grundas geworhte,   geunne us growende gife,
       þæt us corna gehwylc   cume to nytte.

Cweð þonne III "Crescite in nomine patris, sit benedicti, Amen," and Pater Nos-
ter þriwa.

Metrical Charm 3: Against a Dwarf (i.e., Ague)

Wið dweorh[2] man sceal niman VII lytle oflætan, swylce man mid ofrað, and writan
þas naman on ælcre oflætan: Maximianus, Malchus, Iohannes, Martimianus,
Dionisius, Constantinus, Serafion,[3] þænne eft þæt galdor, þæt her æfter cweð,[4]
man sceal singan, ærest on þæt wynstre eare, þænne on þæt swiðre eare, þænne
bufan þæs mannes moldan. And ga þænne an mædenman to and ho hit[5] on his
sweoran, and do man swa þry dagas; him bið sona sel.

       Her com in gangan,   in sliðen[6] wiht,
       hæfde him his haman[7] on handa,   cwæð þæt þu his hæncgest wære,
       legde þe his teage an sweoran.   Ongunnan him of þæm lande liþan;

---

1 **abacæ man innewerdne handa bradnæ hlaf**: "let one bake an inward-side broad loaf," a some-
   what obscure instruction. Perhaps "let one bake a broad loaf inside," i.e., on the hearth.
2 **dweorh**: "a dwarf," but this term refers in medical texts to fever, probably recurrent ague, that
   is, malaria.
3 **Maximianus ... Serafion**: these are the names of the Seven Sleepers of Ephesus, youths who
   fell asleep in a cave while fleeing persecution as Christians and awoke centuries later to find
   Christianity the norm.
4 **þæt her æfter cweð**: "that (it) says hereafter."
5 **hit**: presumably the seven wafers, which would otherwise not be used, but grammatically this
   could also refer to the spell.
6 **sliðen**: the manuscript reads **spiden**, which has been taken to refer to or be an error for a word
   referring to a spider.
7 **haman**: a **hama** is often a suit with special properties such as flying or invisibility.

sona swa hy of þæm lande coman,   þa ongunnan him ða liþu colian.
5   Þa com in gangan   dweores sweostar;
þa geændade heo   and aðas swor
ðæt næfre þis ðæm adlegan   derian ne moste,
ne þæm þe þis galdor   begytan mihte,
oððe þe þis galdor   ongalan cuþe.
Amen. Fiat.

Metrical Charm 4: To Stop a Stabbing Pain

Wið færstice feferfuige, and seo reade netele ðe þurh ærn inwyxð, and wegbrade; wyll in buteran.[1]

Hlude wæran hy, la, hlude,   ða hy ofer þone hlæw ridan,
wæran anmode,   ða hy ofer land ridan.
Scyld ðu ðe nu, þu ðysne nið   genesan mote.
Ut, lytel spere,   gif her inne sie.
5   Stod under linde,   under leohtum scylde,
þær ða mihtigan wif   hyra mægen beræddon
and hy gyllende   garas sændan.
Ic him oðerne   eft wille sændan,
fleogende flane   forane togeanes.
10   Ut, lytel spere,   gif hit her inne sy.
Sæt smið,   sloh seax lytel,
wæpen iserna,   wundrum swiðe.
Ut, lytel spere,   gif her inne sy.
Syx smiðas sætan,   wælspera worhtan.
15   Ut, lytel spere,   næs in, spere.
Gif her inne sy   isenes dæl,
hægtessan geweorc,   hit sceal gemyltan.
Gif ðu wære on fell scoten   oððe wære on flæsc scoten
oððe wære on ban scoten[2]   oððe wære on blod scoten
20   oððe wære on lið scoten,   næfre ne sy ðin lif atæsed;
gif hit wære esa gescot   oððe hit wære ylfa gescot
oððe hit wære hægtessan gescot,   nu ic wille ðin helpan.
Þis ðe to bote esa gescotes,   ðis ðe to bote ylfa gescotes,
ðis ðe to bote hægtessan gescotes;   ic ðin wille helpan.

---

1 **wyll in buteran**: the preparation created in this way is not mentioned again. Possibly it is applied to the painful place with the knife mentioned at the end of the spell.

2 **oððe wære on ban scoten**: these words are not in the manuscript but are a reasonable guess at the missing half-line, given the frequent collocation of "bone" and "blood" in early English.

25   Fleoh þær flan   on fyrgenheafde.
           Hal westu,   helpe ðin drihten.

Nim þonne þæt seax, ado on wætan.

Metrical Charm 6: Charms for Successful Pregnancy

Charm 6a: Charm to Hasten Sluggish Labor

Se wifman, se hire cild afedan ne mæg, gange to gewitenes mannes birgenne and stæppe þonne þriwa ofer þa byrgenne and cweþe þonne þriwa þas word:

    Þis me to bote   þære laþan lætbyrde,
    þis me to bote   þære swæran swærtbyrde,
    þis me to bote   þære laðan lambyrde.

Charm 6b: Charm on Going to Bed

And þonne þæt wif seo mid bearne and heo to hyre hlaforde on reste ga, þonne cweþe heo:

    Up ic gonge,   ofer þe stæppe
    mid cwican cilde,   nalæs mid cwellendum,
    mid fulborenum,   nalæs mid fægan.

Charm 6c: Charm When the Baby First Kicks

And þonne seo modor gefele þæt þæt bearn si cwic, ga þonne to cyrican, and þonne heo toforan þan weofode cume, cweþe þonne:

    Criste ic sæde! Þis is gecyþed!

Charm 6d: Charm after a Stillbirth or Infant Death

Se wifmon, se hyre bearn afedan ne mæge, genime heo sylf hyre agenes cildes gebyrgenne dæl, wry æfter þonne on blace wulle and bebicge to cepemannum and cweþe þonne:

    Ic hit bebicge,   ge hit bebicgan,
    þas sweartan wulle   and þysse sorge corn.

Charm 6e: To Bear a Healthy Child

Se man,[1] se þe ne mæge bearn afedan, nime þonne anes bleos cu meoluc[2] on hyre
handæ and gesupe þonne mid hyre muþe and gange þonne to yrnendum wætere
and spiwe þær in þa meolc and hlade þonne mid þære ylcan hand þæs wæteres
muð-fulne and forswelge. Cweþe þonne þas word:

> Gehwer ferde ic me þone mæran   magaþihtan,
> mid þysse mæran   meteþihtan;
> þone ic me wille habban   and ham gan.

Þonne heo to þan broce ga, þonne ne beseo heo no, ne eft þonne heo þanan ga,
and þonne ga heo in oþer hus oþer heo ut ofeode[3] and þær gebyrge metes.

---

1 **man:** perhaps an error for **wifman** as in previous charms, although **man** can refer to a female
person in Old English.
2 **anes bleos cu meoluc:** "milk from a cow of one color," i.e., not a spotted or particolored one.
3 **oþer hus oþer heo ut ofeode:** "another house, other than the one she came out of."

21

The Seafarer

Well into the twentieth century, it was widely held that The Seafarer *could be easily divided into two distinct parts, one good and one bad: an authentic opening reflection on the seagoing life by an Anglo-Saxon old salt, who remembers both the attractions and miseries of life on board an open ship in northern climes; and the spurious concluding addition of a monkish interpolator, who added unconnected religious reflections to that authentic core of the poem. Serious scholars have long rejected that view, but it does describe one of the poem's main reading problems fairly well: exactly how are we expected to connect the religious reflections that begin about line 64b with the preceding depiction of seafaring life and its contents and discontents? That depiction is too nuanced, complex, and emotionally realistic to settle easily into the category of allegory—for example by reading the sea voyage as a voyage toward Heaven (what about the seasonal return to land?). It is also too potently rife with statements and references that could be taken as referring to the religious life as it was surely experienced by monastics in Anglo-Saxon England (rigorous and miserable but with spiritual recompenses, one imagines) for us to understand it as having no symbolism at all and merely constituting a reminder of the misery of earthly existence compared to heavenly life to come. This is a poem rich in allusion, full of engaging description, psychologically complex, and with a mysterious and thought-provoking failure to reach full explicable coherence. Small wonder that it is among the most read of all the poems of Anglo-Saxon England.*

        Mæg ic be me sylfum   soðgied wrecan,
        siþas secgan,   hu ic geswincdagum
        earfoðhwile   oft þrowade,
        bitre breostceare   gebiden hæbbe,
5   gecunnad in ceole   cearselda fela,
        atol yþa gewealc,   þær mec oft bigeat
        nearo nihtwaco   æt nacan stefnan,
        þonne he[1] be clifum cnossað.   Calde geþrungen
        wæron mine fet,   forste gebunden,
10   caldum clommum,   þær þa ceare seofedun
        hat ymb heortan;   hungor innan slat
        merewerges[2] mod.   Þæt se mon ne wat

---

1 **he**: the antecedent is **naca**.

2 **merewerges**: translate as a noun ("of the sea-weary one").

þe him on foldan   fægrost limpeð,[1]
hu ic earmcearig   iscealdne sæ
15   winter wunade   wræccan lastum,
winemægum bidroren,[2]
bihongen hrimgicelum.   Hægl scurum fleag.
Þær ic ne gehyrde   butan[3] hlimman sæ,
iscaldne wæg.   Hwilum ylfete song
20   dyde ic me to gomene,[4]   ganetes hleoþor
ond huilpan sweg   fore hleahtor wera,
mæw singende   fore medodrince.
Stormas þær stanclifu beotan,   þær him[5] stearn oncwæð
isigfeþera;   ful oft þæt earn bigeal,
25   urigfeþra;   ne ænig hleomæga
feasceaftig ferð   frefran meahte.
Forþon[6] him[7] gelyfeð lyt,   se þe ah lifes wyn
gebiden in burgum,   bealosiþa hwon,
wlonc ond wingal,   hu ic werig oft
30   in brimlade   bidan sceolde.
Nap nihtscua,   norþan sniwde,
hrim hrusan bond,   hægl feol on eorþan,
corna caldast.   Forþon cnyssað nu
heortan geþohtas,   þæt ic hean streamas,
35   sealtyþa gelac   sylf cunnige;
monað modes lust   mæla gehwylce[8]
ferð to feran,   þæt ic feor heonan
elþeodigra   eard gesece.
Forþon nis þæs modwlonc[9]   mon ofer eorþan,

---

1   **þe him on foldan fægrost limpeð**: "to whom it happens most beautifully on earth", i.e., who is most fortunate in the world.

2   **winemægum bidroren**: either this is an intentional solitary half-line or a half-line has accidentally been omitted in the manuscript at this point without affecting the coherence of the sense.

3   **ne gehyrde butan**: "did not hear (anything) except."

4   **dyde ic me to gomene**: "I put to use as entertainment, substituted for entertainment."

5   **him**: "them" (antecedent **stormas**).

6   **Forþon**: this word, which normally means "because, therefore," cannot really have such a meaning here and in several other places in this poem. Perhaps it has the weakened use in those places that causes it to be used to translate or gloss Latin *vero* and *autem*: "in fact, indeed; moreover, and; however, but."

7   **him**: a dative of judgment: "for himself; as far as he is concerned."

8   **mæla gehwylce**: "on each of times," i.e., every time, all the time.

9   **þæs modwlonc**, etc.: "so proud-minded," etc.

40   ne his gifena þæs god,   ne in geoguþe to þæs hwæt,[1]
        ne in his dædum to þæs deor,   ne him his dryhten to þæs hold,
        þæt he a his sæfore   sorge næbbe,
        to hwon hine dryhten   gedon wille.
        Ne biþ him to hearpan hyge   ne to hringþege,
45   ne to wife wyn[2]   ne to worulde hyht,
        ne ymbe owiht elles,   nefne ymb yða gewealc,
        ac a hafað longunge   se þe on lagu fundað.
        Bearwas blostmum nimað,[3]   byrig fægriað,
        wongas wlitigað,   woruld onetteð;
50   ealle þa gemoniað   modes fusne
        sefan to siþe,   þam þe[4] swa þenceð
        on flodwegas   feor gewitan.
        Swylce geac monað   geomran reorde,
        singeð sumeres weard,[5]   sorge beodeð
55   bitter in breosthord.   Þæt se beorn ne wat,
        sefteadig secg,   hwæt þa sume[6] dreogað
        þe þa wræclastas   widost lecgað.
        Forþon nu min hyge hweorfeð   ofer hreþerlocan,
        min modsefa   mid mereflode
60   ofer hwæles eþel   hweorfeð wide,
        eorþan sceatas,   cymeð eft to me
        gifre ond grædig,   gielleð anfloga,
        hweteð on hwælweg   hreþer unwearnum
        ofer holma gelagu.   Forþon me hatran sind
65   dryhtnes dreamas   þonne þis deade lif,
        læne on londe.   Ic gelyfe no
        þæt him eorðwelan   ece stondað.
        Simle þreora sum   þinga gehwylce[7]
        ær his tidege   to tweon weorþeð:[8]

---

1 **to þæs hwæt**, etc.: "so very vigorous," etc.

2 **Ne biþ him to hearpan hyge ... ne to wife wyn ...**: "He does not have a mind for the harp, nor for receipt of treasure, nor delight in a woman...."

3 **Bearwas blostmum nimað**: "Groves come into flower."

4 **þam þe**: "for the one who."

5 **sumeres weard**: probably a kenning for the cuckoo, which can be called "lord of summer" because its annual return from Africa signals to northern Europeans the beginning of spring (and to the speaker of this poem, the beginning of the season when the North Atlantic, Irish Sea, and Channel are navigable).

6 **þa sume**: "those ones"; "those few."

7 **þreora sum þinga gehwylce**: "one of three (things) in each circumstance."

8 **to tweon weorþeð**: "becomes (a cause of) uncertainty."

70   adl oþþe yldo   oþþe ecghete
        fægum fromweardum   feorh oðþringeð.
        Forþon þæt is eorla gehwam   æftercweþendra
        lof lifgendra   lastworda betst,[1]
        þæt he gewyrce,   ær he on weg scyle,
75   fremum on foldan   wið feonda niþ,
        deorum dædum   deofle togeanes,
        þæt hine ælda bearn   æfter hergen,
        ond his lof siþþan   lifge mid englum
        awa to ealdre,   ecan lifes blæd,
80   dream mid dugeþum.   Dagas sind gewitene,
        ealle onmedlan   eorþan rices;
        nearon nu cyningas   ne caseras
        ne goldgiefan   swylce iu wæron,
        þonne hi mæst mid him   mærþa gefremedon
85   ond on dryhtlicestum   dome lifdon.
        Gedroren is þeos duguð eal,   dreamas sind gewitene,
        wuniað þa wacran   ond þas woruld healdaþ,
        brucað þurh bisgo.[2]   Blæd is gehnæged,
        eorþan indryhto   ealdað ond searað,
90   swa nu monna gehwylc   geond middangeard.
        Yldo him on fareð,   onsyn blacað,
        gomelfeax gnornað,   wat his iuwine,
        æþelinga bearn,   eorþan forgiefene.
        Ne mæg him þonne se flæschoma,   þonne him þæt feorg losað,
95   ne swete forswelgan   ne sar gefelan,
        ne hond onhreran   ne mid hyge þencan.
        Þeah þe græf wille   golde stregan
        broþor his geborenum,   byrgan be deadum,
        maþmum mislicum   þæt hine mid wille,
100   ne mæg þære sawle   þe biþ synna ful
        gold to geoce   for godes egsan,[3]
        þonne he hit ær hydeð   þenden he her leofað.

---

1 **þæt is ... lastworda betst:** "the praise of the living, those speaking afterwards, is for each man the best of subsequent reputations...."

2 **brucað þurh bisgo:** "enjoy it through busyness" (i.e., instead of natural entitlement and true nobility).

3 **Þeah þe ... for godes egsan:** a famously difficult passage, probably best understood along these lines: "Even if a brother wants to strew his brother's grave with gold, with various treasures that he wants with him, to bury them with the dead, the gold cannot be a help for the soul that is full of sin, in the presence of the terror of the Lord."

Micel biþ se meotudes egsa,   forþon hi seo molde oncyrreð;
se gestaþelade   stiþe grundas,
105   eorþan sceatas   ond uprodor.
Dol biþ se þe him his dryhten ne ondrædeþ;   cymeð him se deað
                                           unþinged.
Eadig bið se þe eaþmod leofaþ;   cymeð him seo ar of heofonum,
meotod him þæt mod gestaþelað,   forþon he in his meahte gelyfeð.
Stieran mon sceal strongum mode,   ond þæt on staþelum healdan,
110   ond gewis werum,   wisum clæne.
Scyle monna gehwylc   mid gemete healdan
wiþ leofne lisse[1]   ond wið laþne bealo,
þeah þe he fyres hine   fulne wille,[2]
oþþe on bæle geseoð[3]   forbærnedne
115   his geworhtne wine.[4]   Wyrd biþ swiþre,
meotud meahtigra   þonne ænges monnes gehygd.
Uton we hycgan   hwær we ham agen,
ond þonne geþencan   hu we þider cumen,
ond we þonne eac tilien,   þæt we to moten
120   in þa ecan   eadignesse,
þær is lif gelong   in lufan dryhtnes,
hyht in heofonum.   Þæs sy þam halgan þonc,
þæt he usic geweorþade,   wuldres ealdor,
ece dryhten,   in ealle tid.
125   Amen.

---

1 **lisse**: not in the manuscript, which thus does not present a metrical line.

2 **fyres hine fulne wille**: the manuscript reads **hine wille fyres fulne**, which results in a line containing only (specious or misplaced) double alliteration in the second half-line.

3 **geseoð**: not in the manuscript.

4 **þeah þe ... his geworhtne wine**: a speculative reconstruction of these lines, which are evidently corrupted: "even if he wants him (the enemy) full of fire (i.e., in hell), or sees the lord who has made himself his friend (i.e., by feasting, gifts of property, etc.) burned in a fire."

22

The Story of Isaac

A substantial portion of the Old English poetry that has survived consists of biblical paraphrase, that is, of poetic translations of parts of the Bible that are not even attempts to translate the biblical text word for word, but instead try to translate the Bible into a different medium, one with its own conventions and its own aesthetic. The story of Isaac occurs as the culminating incident in the biblical paraphrase called Genesis A *(*Genesis B *is a fairly lengthy portion of a different poem that has been inserted fairly crudely into the middle of* Genesis A*). Comparing it either with the prose translation of the story of Isaac given in* A Gentle Introduction to Old English *and some other textbooks, or with the Douay-Rheims translation of the Latin Vulgate Bible story the poet was familiar with (provided in slightly modernized form below), provides an interesting window into the workings of such paraphrases.*

The Story of Isaac (Douay-Rheims, Gen 22:1-14)

After these things, God tempted Abraham, and said to him: Abraham, Abraham. And he answered: Here I am. He said unto him: Take thy only begotten son Isaac, whom thou lovest, and go into the land of vision: and there thou shalt offer him for a burnt offering upon one of the mountains which I will show thee.

So Abraham rising up in the night saddled his ass: and took with him two young men, and Isaac his son: and when he had cut wood for the burnt offering he went his way to the place which God had commanded him.

And on the third day, lifting up his eyes, he saw the place afar off. And he said to his young men: Stay here with the ass: I and the boy will go with speed as far as yonder, and after we have worshipped, will return to you.

And he took the wood for the burnt offering, and laid it upon Isaac his son: and he himself carried in his hands fire and a sword. And as they two went on together, Isaac said to his father: My father. And he answered: What wilt thou, son? Here are, said he, fire and wood: where is the sacrifice for the burnt offering?

And Abraham said: God will provide himself a sacrifice for a burnt offering, my son. So they went on together. And they came to the place which God had shown him, where he built an altar, and laid the wood in order upon it: and when he had bound Isaac his son, he laid him on the altar upon the pile of wood. And he put forth his hand and took the sword, to sacrifice his son.

And behold an angel of the Lord from heaven called to him, saying: Abraham, Abraham. And he answered: Here I am. And he said to him: Lay not thy hand upon the boy, neither do thou any thing to him: now I know that thou fearest God, and hast not spared thy only begotten son for my sake.

Abraham lifted up his eyes, and saw behind his back a ram amongst the briers stick-ing fast by the horns, which he took and offered for a burnt offering instead of his son, and he called the name of that place, The Lord seeth. Whereupon even to this day it is said: In the mountain the Lord will see.

        Þa þæs rinces   se rica ongan
        cyning[1] costigan,   cunnode georne
        hwilc þæs æðelinges   ellen wære,
        stiðum wordum   spræc him stefne to:
2850   "Gewit þu ofestlice,   Abraham, feran,
        lastas lecgan   and þe læde mid
        þin agen bearn.   Þu scealt Isaac me
        onsecgan, sunu ðinne,   sylf to tibre.
        Siððan þu gestigest   steape dune,
2855   hrincg þæs hean landes,   þe ic þe heonon getæce,
        up þinum agnum fotum,   þær þu scealt ad gegærwan,
        bælfyr bearne þinum,   and blotan sylf
        sunu mid sweordes ecge,   and þonne sweartan lige
        leofes lic forbærnan   and me lac bebeodan."
2860   Ne forsæt he þy siðe,   ac sona ongann
        fysan to fore.   Him wæs frea engla,
        word ondrysne,   and his waldend leof.
        Þa se eadga   Abraham sine
        nihtreste ofgeaf.   Nalles nergendes
2865   hæse wiðhogode,   ac hine se halga wer
        gyrde grægan sweorde,   cyðde þæt him gasta weardes[2]
        egesa on breostum wunode.   Ongan þa his esolas bætan
        gamolferhð goldes brytta,[3]   heht hine geonge twegen
        men mid siðian.   Mæg wæs his agen þridda
2870   and he feorða sylf.   Þa he fus gewat
        from his agenum hofe   Isaac lædan,
        bearn unweaxen,   swa him bebead metod.
        Efste þa swiðe   and onette
        forð foldwege,   swa him frea tæhte
2875   wegas ofer westen,   oðþæt wuldortorht,
        dæges þriddan up   ofer deop wæter

---

1 **se rica ... cyning**: God.

2 **gasta weardes**: "the guardian of souls," i.e., God.

3 **goldes brytta**: "dispenser of gold": this conventional poetic epithet for a ruler applies here to Abraham.

ord aræmde.[1]   Þa se eadega wer
geseah hlifigan   hea dune
swa him sægde ær   swegles aldor.

2880 Ða Abraham spræc   to his ombihtum:
"Rincas mine,   restað incit
her on þissum wicum.   Wit eft cumað,
siððan wit ærende   uncer twega
gastcyninge   agifen habbað."

2885 Gewat him þa se æðeling   and his agen sunu
to þæs gemearces   þe him metod tæhte,
wadan ofer wealdas.   Wudu bær sunu,
fæder fyr and sweord.   Ða þæs fricgean ongann
wer wintrum geong   wordum Abraham:

2890 "Wit her fyr and sweord,   frea min, habbað;
hwær is þæt tiber,   þæt þu torht gode
to þam brynegielde   bringan þencest?"
Abraham maðelode   (hæfde on an[2] gehogod
þæt he gedæde   swa hine drihten het):

2895 "Him þæt soðcyning   sylfa findeð,
moncynnes weard,   swa him gemet þinceð."
Gestah þa stiðhydig   steape dune
up mid his eaforan,   swa him se eca bebead,
þæt he on hrofe gestod   hean landes

2900 on þære stowe   þe him se stranga to,
wærfæst metod,   wordum tæhte.
Ongan þa ad hladan,   æled weccan,
and gefeterode   fet and honda
bearne sinum   and þa on bæl ahof

2905 Isaac geongne,   and þa ædre gegrap
sweord be gehiltum,   wolde his sunu cwellan
folmum sinum,   fyre sencan
mæges dreore.   Þa metodes ðegn,
ufan engla sum,   Abraham hlude

2910 stefne cygde.   He stille gebad
ares spræce   and þam engle oncwæð.
Him þa ofstum to   ufan of roderum
wuldorgast godes   wordum mælde:
"Abraham leofa,   ne sleah þin agen bearn,

---

1 **oðþæt wuldortorht ... ord aræmde**: "until, gloriously bright, the beginning of the third day appeared over deep water," i.e., until dawn on the third day.

2 **on an**: "wholeheartedly, resolutely."

2915   ac þu cwicne abregd   cniht of ade,
             eaforan þinne!   Him an wuldres god!
             Mago Ebrea,   þu medum scealt
             þurh þæs halgan hand,   heofoncyninges,
             soðum sigorleanum   selfa onfon,
2920   ginfæstum gifum.   Þe wile gasta weard
             lissum gyldan   þæt þe wæs leofra his
             sibb and hyldo   þonne þin sylfes bearn."
             Ad stod onæled.   Hæfde Abrahame
             metod moncynnes,   mæge Lothes,
2925   breost geblissad,   þa he him his bearn forgeaf,
             Isaac cwicne.   Ða se eadega bewlat,
             rinc ofer exle,   and him þær rom geseah
             unfeor þanon   ænne standan,
             broðor Arones,   brembrum fæstne.
2930   Þone Abraham genam   and hine on ad ahof
             ofestum miclum   for his agen bearn.
             Abrægd þa mid þy bille; brynegield onhread,
             reccendne weg,   rommes blode,
             onbleot þæt lac gode,   sægde leana þanc
2935   and ealra þara   þe he him ær and sið,
             gifena drihten,   forgifen hæfde.

23

The Wanderer

Quite a number of Old English poems have been called elegies (in Anne Klinck's book on the genre, these include, besides The Wanderer, *such poems as* The Seafarer, The Wife's Lament, The Husband's Message, Deor, *and* Wulf and Eadwacer, *together with other poems not printed in this Reader).* The Wanderer *may not be entirely typical of the genre as it has been described in Old English studies, but it most clearly fulfills the meaning of the term as it is generally used about literary works: a lament for something lost, originally a dead person. Modern representatives of this genre include Milton's "Lycidas," Gray's "Elegy Written in a Country Churchyard," Wordsworth's "Prelude," and T.S. Eliot's "The Waste Land." In some ways, much of Old English poetry could be said to have an elegiac tone (*Beowulf *is clearly about a vanished state of society, some of whose lost values are deeply regretted, for example), but* The Wanderer *is particularly poignant in the way it takes an individual experience of loss, that of the "anhaga" ("solitary dweller") with which the poem opens, and turns it into a depiction of an entire landscape empty of its former feasting, hall-joys, and human warmth, now vanished and leaving only desolate traces.*

       Oft him[1] anhaga   are gebideð,
       metudes miltse,   þeah þe he modcearig
       geond lagulade   longe sceolde
       hreran mid hondum   hrimcealde sæ,
5   wadan wræclastas.   Wyrd bið ful aræd!
       Swa cwæð eardstapa,   earfeþa gemyndig,
       wraþra wælsleahta,   winemæga hryre:
       Oft ic sceolde ana   uhtna gehwylce
       mine ceare cwiþan.   Nis nu cwicra nan
10   þe ic him modsefan   minne durre
       sweotule asecgan.   Ic to soþe wat
       þæt bið in eorle   indryhten þeaw,
       þæt he his ferðlocan   fæste binde,
       healde his hordcofan,   hycge swa he wille.
15   Ne mæg werig mod   wyrde wiðstondan,
       ne se hreo hyge   helpe gefremman.

---

1 **him**: "for himself."

Forðon domgeorne   dreorigne[1] oft
in hyra breostcofan   bindað fæste;
swa ic modsefan   minne sceolde,
20   oft earmcearig,   eðle bidæled,
freomægum feor   feterum sælan,
siþþan geara iu   goldwine minne
hrusan heolstre biwrah,   ond ic hean þonan
wod wintercearig   ofer waþema gebind,[2]
25   sohte seledreorig   sinces bryttan,
hwær ic feor oþþe neah   findan meahte
þone þe in meoduhealle   mine wisse,
oþþe mec freondleasne   frefran wolde,
wenian mid wynnum.   Wat se þe cunnað,
30   hu sliþen bið   sorg to geferan,[3]
þam þe him lyt hafað   leofra geholena.
Warað hine wræclast,   nales wunden gold,
ferðloca freorig,   nalæs foldan blæd.
Gemon he selesecgas   ond sincþege,
35   hu hine on geoguðe   his goldwine
wenede to wiste.   Wyn eal gedreas!
Forþon wat se þe sceal   his winedryhtnes
leofes larcwidum   longe forþolian,
ðonne sorg ond slæp   somod ætgædre
40   earmne anhogan   oft gebindað.
Þinceð him on mode   þæt he his mondryhten
clyppe ond cysse,   ond on cneo lecge
honda ond heafod,   swa he hwilum ær
in geardagum   giefstolas[4] breac.
45   Ðonne onwæcneð eft   wineleas guma,
gesihð him biforan   fealwe wegas,
baþian brimfuglas,   brædan feþra,
hreosan hrim ond snaw,   hagle gemenged.
Þonne beoð þy hefigran   heortan benne,
50   sare æfter swæsne.   Sorg bið geniwad,
þonne maga gemynd   mod geondhweorfeð;
greteð gliwstafum,   georne geondsceawað
secga geseldan.   Swimmað eft on weg.

---

1 **dreorigne**: probably **hyge** is understood from the previous line.
2 **waþema gebind**: "the binding of the waves," perhaps a kenning for ice.
3 **to geferan**: "as a companion."
4 **giefstolas**: a late spelling for the genitive singular ending.

Fleotendra ferð   no þær fela bringeð
55   cuðra cwidegiedda.   Cearo bið geniwad
þam þe sendan sceal   swiþe geneahhe
ofer waþema gebind   werigne sefan.
Forþon ic geþencan ne mæg   geond þas woruld
for hwan[1] modsefa   min ne gesweorce,
60   þonne ic eorla lif   eal geondþence,
hu hi færlice   flet ofgeafon,
modge maguþegnas.   Swa þes middangeard
ealra dogra gehwam[2]   dreoseð ond fealleþ,
forþon ne mæg weorþan wis   wer, ær he age
65   wintra dæl in woruldrice.   Wita sceal geþyldig,
ne sceal no to hatheort   ne to hrædwyrde,
ne to wac wiga   ne to wanhydig,
ne to forht ne to fægen,   ne to feohgifre
ne næfre gielpes to georn,   ær he geare cunne.
70   Beorn sceal gebidan,   þonne he beot spriceð,
oþþæt collenferð   cunne gearwe
hwider hreþra gehygd   hweorfan wille.
Ongietan sceal gleaw hæle   hu gæstlic bið,
þonne ealre þisse worulde wela   weste stondeð,
75   swa nu missenlice   geond þisne middangeard
winde biwaune   weallas stondaþ,
hrime bihrorene,   hryðge þa ederas.
Woriað þa winsalo,   waldend licgað
dreame bidrorene,   duguþ eal gecrong,
80   wlonc bi wealle.   Sume wig fornom,
ferede in forðwege,   sumne fugel oþbær
ofer heanne holm,   sumne se hara wulf
deaðe gedælde,   sumne dreorighleor
in eorðscræfe   eorl gehydde.
85   Yþde swa þisne eardgeard   ælda scyppend
oþþæt burgwara   breahtma lease
eald enta geweorc[3]   idlu stodon.
Se þonne þisne wealsteal   wise geþohte
ond þis deorce lif   deope geondþenceð,
90   frod in ferðe,   feor oft gemon

---

1 **for hwan**: "why."
2 **ealra dogra gehwam**: "on each of all days," "every single day."
3 **eald enta geweorc**: "the old constructions of giants," perhaps a reference to remains of Roman stone architecture.

wælsleahta worn,   ond þas word acwið:
"Hwær cwom mearg? Hwær cwom mago?   Hwær cwom maþþumgyfa?
Hwær cwom symbla gesetu?   Hwær sindon seledreamas?
Eala beorht bune!   Eala byrnwiga!
95   Eala þeodnes þrym!   Hu seo þrag gewat,
genap under nihthelm,   swa heo no wære.
Stondeð nu on laste   leofre duguþe
weal wundrum heah,   wyrmlicum fah.
Eorlas fornoman   asca þryþe,
100   wæpen wælgifru,ˑ   wyrd seo mære,
ond þas stanhleoþu   stormas cnyssað,
hrið hreosende   hrusan bindeð,
wintres woma,   þonne won cymeð.
Nipeð nihtscua,   norþan onsendeð
105   hreo hæglfare   hæleþum on andan.
Eall is earfoðlic   eorþan rice,
onwendeð wyrda gesceaft   weoruld under heofonum.
Her bið feoh læne,   her bið freond læne,
her bið mon læne,   her bið mæg læne,
110   eal þis eorþan gesteal   idel weorþeð."
Swa cwæð snottor on mode,   gesæt him sundor æt rune.
Til biþ se þe his treowe gehealdeþ,   ne sceal næfre his torn to rycene
beorn of his breostum acyþan,   nemþe he ær þa bote cunne,
eorl mid elne gefremman.   Wel bið þam þe him are seceð,
115   frofre to fæder on heofonum,   þær us eal seo fæstnung stondeð.

24

The Whale

Together with poems about the panther and the partridge, this one is part of a frag-
mentary bestiary in verse in the Exeter Book. Medieval bestiaries described real (and
sometimes imagined) animals, but not primarily in order to instruct about the nat-
ural world. In fact, the natural world was itself viewed as a book of instruction in
which God revealed His truths through the characteristics of His creations. Such alle-
gorical reading of nature (that is, in the medieval mind, reading that revealed the hid-
den meanings of natural creations) was facilitated in the case of animals that were
not very well known in Western Europe, because habits and characteristics could be
attributed to them that more exact knowledge would have disputed. The whale might
seem to be an exception, since, for example, the fisherman in Ælfric's colloquy of the
occupations seems to have some knowledge of the mechanics of the whale hunt—mul-
tiple boats, all of which are in danger of being capsized by the whale. Yet in fact there
is very little archaeological evidence to suggest that the Anglo-Saxons themselves
engaged in hunting whales, as opposed to cutting up whales that had beached them-
selves, and the whale-hunting knowledge in Ælfric may be of Norse origin. In any
case, the sailors' tale of a whale so large that ships mistake it for an island and moor
to it is part of a common stock of sea mythology that survives to the present day, but
the sweet stench that comes from the whale's mouth and lures little fishes inside is a
story no longer told.

      Nu ic fitte gen   ymb fisca cynn
      wille woðcræfte   wordum cyþan
      þurh modgemynd   bi þam miclan hwale.
      Se bið unwillum   oft gemeted,
5   frecne ond ferðgrim   fareðlacendum,
      niþþa gehwylcum.   Þam is noma cenned,
      fyrnstreama geflotan,   Fastitocalon.[1]
      Is þæs hiw gelic   hreofum stane,
      swylce worie   bi wædes ofre,
10   sondbeorgum ymbseald,   særinca mæst,
      swa þæt wenaþ   wægliþende
      þæt hy on ealond sum   eagum wliten,
      ond þonne gehydað   heahstefn scipu

---

1 **Fastitocalon**: this name is probably a corruption of the Greek word *aspidoc(h)elone*, "tortoise-
shield."

to þam unlonde   oncyrrapum,
15 setlaþ sæmearas   sundes æt ende,
ond þonne in þæt eglond   up gewitað
collenferþe.   Ceolas stondað
bi staþe fæste,   streame biwunden.
Ðonne gewiciað   werigferðe,
20 faroðlacende,   frecnes ne wenað,
on þam ealonde   æled weccað,
heahfyr ælað;   hæleþ beoþ on wynnum,
reonigmode,   ræste geliste.[1]
Þonne gefeleð   facnes cræftig[2]
25 þæt him þa ferend on   fæste wuniaþ,
wic weardiað   wedres on luste,[3]
ðonne semninga   on sealtne wæg
mid þa noþe   niþer gewiteþ
garsecges gæst,   grund geseceð,
30 ond þonne in deaðsele   drence bifæsteð
scipu mid scealcum.   Swa bið scinna þeaw,
deofla wise,   þæt hi, drohtende
þurh dyrne meaht,   duguðe beswicað,
ond on teosu tyhtaþ   tilra dæda,
35 wemað on willan,   þæt hy wraþe secen,
frofre to feondum,   oþþæt hy fæste ðær
æt þam wærlogan   wic geceosað.
Þonne þæt gecnaweð   of cwicsusle
flah feond gemah,   þætte fira gehwylc
40 hæleþa cynnes   on his hringe biþ
fæste gefeged,   he him feorgbona
þurh sliþen searo   siþþan weorþeð,
wloncum ond heanum,   þe his willan her
firenum fremmað,   mid þam he færinga,
45 heoloþhelme biþeaht,   helle seceð,
goda geasne,[4]   grundleasne wylm
under mistglome,   swa se micla hwæl,
se þe bisenceð   sæliþende
eorlas ond yðmearas.   He hafað oþre gecynd,
50 wæterþisa wlonc,   wrætlicran gien.
Þonne hine on holme   hungor bysgað

---

1 **ræste geliste**: "pleased with the resting place."
2 **facnes cræftig**: "(the one) skillful in deceit," an epithet for the whale.
3 **wedres on luste**: "enjoying the weather."
4 **goda geasne**: "deprived of good things," an epithet for the devil.

ond þone aglæcan   ætes lysteþ,[1]
ðonne se mereweard   muð ontyneð,
wide weleras;   cymeð wynsum stenc
55 of his innoþe,   þætte oþre þurh þone,
sæfisca cynn,   beswicen weorðaþ,
swimmað sundhwate   þær se sweta stenc
ut gewitað.   Hi þær in farað
unware weorude,[2]   oþþæt se wida ceafl
60 gefylled bið;   þonne færinga
ymbe þa herehuþe   hlemmeð togædre
grimme goman.   Swa biþ gumena gehwam,[3]
se þe oftost his[4]   unwærlice
on þas lænan tid   lif bisceawað,
65 læteð hine beswican   þurh swetne stenc,
leasne willan,   þæt he biþ leahtrum fah
wið wuldorcyning.   Him se awyrgda ongean
æfter hinsiþe   helle ontyneð,
þam þe leaslice   lices wynne
70 ofer ferhtgereaht   fremedon on unræd.
Þonne se fæcna   in þam fæstenne
gebroht hafað,   bealwes cræftig,
æt þam edwylme   þa þe him on cleofiað,
gyltum gehrodene,   ond ær georne his
75 in hira lifdagum   larum hyrdon,
þonne he þa grimman   goman bihlemmeð
æfter feorhcwale   fæste togædre,
helle hlinduru;   nagon hwyrft ne swice,
utsiþ æfre,   þa þær in cumað,
80 þon ma þe þa fiscas   faraðlacende
of þæs hwæles fenge   hweorfan motan.
Forþon is eallinga
* * * * * *[5]
dryhtna dryhtne,   ond a deoflum wiðsace
wordum ond weorcum,   þæt we wuldorcyning
85 geseon moton.   Uton a sibbe to him
on þas hwilnan tid   hælu secan,
þæt we mid swa leofne   in lofe motan
to widan feore   wuldres neotan.

---

1 **þone aglæcan ætes lysteþ**: "food tempts that fierce fighter."
2 **unware weorude**: "in a thoughtless crowd."
3 **Swa biþ gumena gehwam**: "so it is for each man."
4 **his**: modifies **lif** in the following line.
5 There is no gap in the manuscript but clearly at least a half-line and probably more are missing here.

25

The Wife's Lament

We know that the speaker of this poem is female because of the adjectival endings in the first two lines, but very little else about her situation is clear. She is now miserable, and has been for some substantial part of her life (lines 3 and 4); abandoned by a man (lines 6 and 7), she was at one point a lordless exile and set out to seek a position (lines 9 and 10); she entered a relationship (the same relationship or a different one?), now ended, with a man with whom she may have plotted murder (lines 18 to 24); and she currently resides in a desolate landscape (lines 27 to 41) and either knows that a lover of hers is surrounded by flowing water and covered with frost from a storm, or sincerely wishes that he were (lines 45 to 52). Because the number of actors in this sad drama is unknown (especially, how many lovers/husbands are at issue) and because the current situation of the speaker is so mysterious, numerous theories have grown up about the poem and its interpretation. Perhaps all would be cleared up if we knew a particular mythological or heroic story to connect it to, but lacking that we are free to speculate about who the speaker is and what her situation entails.

      Ic þis giedd wrece   bi me ful geomorre,
      minre sylfre[1] sið.   Ic þæt secgan mæg,
      hwæt ic yrmþa gebad,   siþþan ic up aweox,
      niwes oþþe ealdes,   no ma þonne nu.
5   A ic wite wonn   minra wræcsiþa.
      Ærest min hlaford gewat   heonan of leodum
      ofer yþa gelac;   hæfde ic uhtceare
      hwær min leodfruma   londes wære.
      Ða ic me feran gewat   folgað secan,
10   wineleas wræcca,   for minre weaþearfe.
      Ongunnon þæt þæs monnes   magas hycgan
      þurh dyrne geþoht,   þæt hy todælden unc,
      þæt wit gewidost   in woruldrice
      lifdon laðlicost,   ond mec longade.
15   Het mec hlaford min   herheard niman,
      ahte ic leofra lyt   on þissum londstede,
      holdra freonda.   Forþon is min hyge geomor.
      Ða ic me ful gemæcne   monnan funde,

---

1 **geomorre, minre sylfre**: the feminine endings of these words indicate that the speaker is female.

heardsæligne,   hygegeomorne,
20   mod miþendne,   morþor hycgendne.
Bliþe gebæro   ful oft wit beotedan
þæt unc ne gedælde   nemne deað ana
owiht elles;   eft is þæt onhworfen,
is nu   swa hit næfre wære
25   freondscipe uncer.   Sceal ic feor ge neah
mines felaleofan   fæhðu dreogan.
Heht mec mon wunian   on wuda bearwe,
under actreo   in þam eorðscræfe.
Eald is þes eorðsele,   eal ic eom oflongad,
30   sindon dena dimme,   duna uphea,
bitre burgtunas,   brerum beweaxne,
wic wynna leas.   Ful oft mec her wraþe begeat
fromsiþ frean.   Frynd sind on eorþan,
leofe lifgende,   leger weardiað,
35   þonne ic on uhtan   ana gonge
under actreo   geond þas eorðscrafu.
Þær ic sittan mot   sumorlangne dæg,
þær ic wepan mæg   mine wræcsiþas,
earfoþa fela;   forþon ic æfre ne mæg
40   þære modceare   minre gerestan,
ne ealles þæs longaþes   þe mec on þissum life begeat.
A scyle geong mon   wesan geomormod,
heard heortan geþoht,   swylce habban sceal
bliþe gebæro,   eac þon breostceare,
45   sinsorgna gedreag.   Sy æt him sylfum gelong
eal his worulde wyn,   sy ful wide fah
feorres folclondes,[1]   þæt min freond siteð
under stanhliþe   storme behrimed,
wine werigmod,   wætre beflowen
50   on dreorsele.   Dreogeð se min wine
micle modceare;   he gemon to oft
wynlicran wic.   Wa bið þam þe sceal
of langoþe   leofes abidan.

---

1 **Sy æt him sylfum gelong eal his worulde wyn, sy ful wide fah feorres folclondes**: "Although
all his joy in the world may be dependent on himself, although he may be outlawed very far
from the distant homeland."

26

Wulf and Eadwacer

This poem presents another mysterious situation, compounded by the use of a word we do not have a clear handle on, "aþecgan," which might mean anything from "receive with hospitality" to "kill" in the interpretations proposed by scholars. The title characters (again, the title is a modern addition not in the manuscript, so the term is not quite correct) are otherwise unknown. Although the argument of the poem is also unclear, two people appear to speak in turn, a female speaker first describing rather allusively a general situation involving two islands and savage people, then a sexual encounter with Wulf that was pleasurable but also hateful (was it coerced sex? desired sex with a man loathed by her people?). Wulf replies, or the same speaker says to a third person, that their relationship never existed and a wolf (or Wulf himself?—capitalization is modern and would make a difference here) is carrying their child off to the woods, presumably to eat it (if it is a wolf) or expose it to the elements to kill it (if Wulf).

Leodum is minum   swylce him mon lac gife;
willað hy hine aþecgan,   gif he on þreat cymeð.
Ungelic is us.
Wulf is on iege,   ic on oþerre.
5   Fæst is þæt eglond,   fenne biworpen.
Sindon wælreowe   weras þær on ige;
willað hy hine aþecgan,   gif he on þreat cymeð.
Ungelice is us.
Wulfes ic mines widlastum   wenum hogode;[1]
10   þonne hit wæs renig weder   ond ic reotugu sæt,
þonne mec se beaducafa   bogum bilegde,
wæs me wyn to þon,   wæs me hwæþre eac lað.
Wulf, min Wulf,   wena me þine
seoce gedydon,[2]   þine seldcymas,
15   murnende mod,   nales meteliste.
Gehyrest þu, Eadwacer?   Uncerne earmne hwelp
bireð wulf to wuda.
Þæt mon eaþe tosliteð   þætte næfre gesomnad wæs,
uncer giedd geador.

---

1   **Wulfes ic mines widlastum wenum hogode**: neither grammar nor meaning is entirely clear, but perhaps, "I thought with wide-ranging expectations of my Wulf."

2   **wena me þine seoce gedydon**: "your expectations (or, '[my] expecting[s] of you') made me sick."

Glossary

Glossary

The glossary has entries for all the words in the texts, and for the convenience of beginners all forms found in the text have cross-referencing entries pointing to the correct headword if alphabetization would put the form more than one step away from the headword. Proper names are part of the same alphabetical sequence as ordinary words. Beginners should note that a particular spelled form can potentially belong to more than one word and that some interpretive effort will occasionally be needed to figure out which of several possibilities applies in a particular case.

Alphabetization follows modern English practice except that prefix "ge-" is ignored in alphabetization; "æ" is alphabetized as if it were "ae"; and "þ" and "ð" are alphabetized as if they were "th" *except* when one of them begins a word, since all words with initial "þ" or "ð" occur after all "t" words.

Within each entry, forms are listed in alphabetical order. When the accusative singular form of a noun is the same form as its nominative singular, this is not specially mentioned in the entry, but when the plural of a neuter noun is the same as the singular this is mentioned, as are dative singulars with the same form as the nominative singular. Phrases of more than one word will be found listed under the most significant word (for example, under the noun if a prepositional phrase), and when this has been impossible to decide, under both words.

The following abbreviations are used in the glossary:

acc	accusative	*masc*	masculine
adj	adjective	*neut*	neuter
adv	adverb	*nom*	nominative
anom	anomalous	*num*	numerical
compar	comparative	*part*	participle
conj	conjunction	*pers*	person
dat	dative	*pl*	plural
demonst	demonstrative	*prep*	preposition
fem	feminine	*pres*	present
gen	genitive	*pret*	preterite
imper	imperative	*pron*	pronoun
impers	impersonal	*prop*	proper
indecl	indeclinable	*reflex*	reflexive
indef	indefinite	*sing*	singular
indic	indicative	*str*	strong
infin	infinitive	*subj*	subjunctive
inflect	inflected	*superl*	superlative
inst	instrumental	*w.*	with
interj	interjection	*wk*	weak
interrog	interrogative		

a, o, aa *adv*: always, ever, eternally
Aaron *prop name*: Haran (**Arones** *gen sing*)
abacan *Class 6 str verb*: bake (**abacæ** *imper sing*)
abbod *masc noun*: abbot (**abbude** *dat sing*)
abbudisse *fem noun*: abbess (**abbudissan** *dat/gen sing*)
abead: see **abeodan**
abeag: see **abugan**
Abel *prop noun*: Abel (**Abele** *dat sing*; **Abeles** *gen sing*)
abeodan *Class 2 str verb w. acc or dat*: summon, command, admonish; offer, provide
    (**abead** *1st/3rd pers sing pret indic*; **abeod** *imper sing*; **abude** *3rd pers sing pret subj*)
abidan *Class 1 str verb w. gen*: await
abiddan *Class 5 str verb*: pray, ask, obtain
abiscod *adj*: occupied, busy (**abiscode** *nom pl*)
abræd, abrægd: see **abregdan**
Abraham *prop name*: Abraham (**Abrahame** *dat sing*)
abrecan *Class 4 str verb*: break, destroy (**abrocen** *past part*)
abregdan *Class 3 str verb*: remove, withdraw, take away; (w. dat) draw (a sword) (**abræd,**
    abrægd *3rd pers sing pret indic*; **abregd** *imper sing*)
abreotan *Class 2 str verb*: destroy, kill
abreoðan *Class 2 str verb*: fail, perish, be destroyed (**abreoðe** *3rd pers sing pres subj*;
    abroðene *past part nom pl masc* [degenerate, immoral])
abrocen: see **abrecan**
abroðene: see **abreoðan**
abude: see **abeodan**
abugan *Class 2 str verb*: bow, bend, incline (**abeag** *3rd pers sing pret indic*)
ac *conj*: but; nevertheless
acennan *wk verb*: bear, give birth to (**acende, akende** *past part nom pl masc*; **acenned** *past*
    part)
aclænsian *wk verb*: cleanse, prove innocent
*ge*acsian: see *ge*ascian
actreo *neut noun*: oak tree
acwæð: see **acweðan**
acwealde: see **acwellan**
acweccan *wk verb*: shake, brandish (**acwehte** *3rd pers sing pret indic*)
acwellan *wk verb*: kill, destroy (**acwealde** *3rd pers sing pret indic*)
acwencan *wk verb*: quench, put out (a fire)
acweðan *Class 5 str verb*: say, speak (**acwæð** *3rd pers sing pret indic*; **acwið** *3rd pers sing*
    pres indic)
acyþan *wk verb*: make known, proclaim
ad *masc noun*: fire, pyre (**ade** *dat sing*)
Adam *prop noun*: Adam (**Adomes** *gen*)
ade: see **ad**
adl *fem noun*: sickness, disease
adlig *adj*: suffering, sick (**adlegan** *dat sing masc*; **adligum** *dat pl*)
ado: see **adon**
Adomes: see **Adam**

adon *anom verb*: put (**ado** *imper sing*)

adrædan *Class 7 str verb*: fear (**adred** *3rd pers sing pret indic*)

adræfan *wk verb*: drive out, exile (**adræfde** *3rd pers sing pret indic*; **adræfdon** *pl pret indic*)

adraf: see **adrifan**

adred: see **adrædan**

adreogan *Class 2 str verb*: do, practice (**adreogað** *pl pres indic*)

adrifan *Class 1 str verb*: drive away (**adraf** *3rd pers sing pret indic*)

æ *fem noun*: law, scriptures, faith

æcer *masc noun*: field, strip of plough-land (**æcera** *gen pl*; **æceras** *acc pl*)

ædre (1) *adv*: soon, immediately; (2) *fem noun*: artery, vein; spring, stream (**edrum** *dat pl*)

æfæst *adj*: righteous, law-abiding, faultless (**æfæstan** *acc sing fem*; **æfæste** *nom/acc pl masc/neut*)

æfæstnes *fem noun*: righteousness, religion, piety (**æfæstnisse, æfæstnesse** *dat sing*)

æfen, æfyn *neut noun*: evening (**æfenne** *dat sing*)

æfenleoht *neut noun*: evening light

æfenne: see **æfen**

æfenræst *fem noun*: evening rest (**æfenræste** *acc sing*)

æfenspræc *fem noun*: evening speech (**æfenspræce** *acc sing*)

æfentid *fem noun*: evening (**æfentide** *acc sing*)

geæfnan, efnan *wk verb*: carry out (**geæfndon** *pl pret indic*)

æfre *adv*: ever, always, forever

æftan *adv*: from behind

æfter, after *prep and adv*: after, according to; afterwards; along, through, among, for

æftercweþend *masc noun*: someone speaking after (the death of) another (**æftercweþen-dra** *gen pl*)

æfterfylgan *wk verb*: come after (**æfterfylige** *3rd pers sing pres subj*)

æfþonca *masc noun*: malicious thought; injury, insult (**æfðoncan** *acc pl*)

æfþunca *masc noun*: repugnant thing, irritant

æfyn: see **æfen**

æghwær *adv*: everywhere

æghwæðer, owðer *pron*: both, each, either (**æghwæþres, æghwæðres** *gen sing masc*) **æghwæþer ge ... ge** *conj*: both ... and

æghwylc *pron and adj*: each (**æghwylcne** *acc sing masc*; **æghwylcum, æghwylcan** *dat sing masc*)

Aegiptna land: see **Ægyftoland**

æglæca, aglæca *masc noun*: fierce fighter, terrible attacker (**aglæcan, aglæacan** *acc/dat sing, acc pl*; **ahlæcan** *dat/gen sing*)

ægþer *pron*: each, either, both **ægðer ... ge ...; ægðer ge ... ge ...; ægðer ... and ...** *conj*: both ... and ...

ægweard *fem noun*: watch over the shore (**ægwearde** *acc sing*)

Ægyftoland, Ægypta lond, Aegiptna land *prop name*: Egypt (**Ægyftolande, Ægypta londe, Aegiptna lande** *dat*; **Aegiptna landes** *gen*)

ægylde *adj*: exempt from receiving wergild (monetary compensation for killing)

Ægypta lond: see **Ægyftoland**

æht *fem noun*: livestock, property; possession (**æhta** *acc/gen pl*; **æhtum** *dat pl*)

geæhtle *fem noun*: consideration, esteem (**geæhtlan** *gen sing*)

æhtnyss *fem noun*: persecution (**æhtnyssa** *acc pl*)

æhtum: see **aeht**

æhwa *pron*: each, everyone

ælan *wk verb*: light, kindle (**ælað** *pl pres indic*)

ælc *pron*: each (**ælces** *gen sing*; **ælcon** *dat sing masc*; **ælcra** *gen pl*; **ælcre, ælcere** *dat/gen sing fem*; **ælcum** *dat pl; dat sing masc*)

ælda: see **ylde**

æled *masc noun*: fire

ælf *masc noun*: fairy, goblin, elf (**ylfa** *gen pl*; **ylfe** *nom pl*)

Ælfere *prop name*: Aelfhere

Ælfnoð *prop name*: Aelfnoth

Ælfred *prop name*: Alfred (**Ælfrede** *dat*)

Ælfric *prop name*: Aelfric (**Ælfrices** *gen*)

ælfsciene *adj*: fairy-bright, very beautiful (**ælfscinu** *nom sing fem*)

Ælfwine *prop name*: Aelfwine

Ælla *prop name*: Aella (**Ællan** *acc*)

ællmihtig: see **ælmihtig**

ælmesmann *masc noun*: almsman, beggar (**ælmesmannum** *dat pl*)

ælmesriht *neut noun*: right to receive alms (**ælmesriht** *nom pl*)

ælmihtig, ællmihtig *adj*: almighty (**ælmihtiga** *nom sing masc*; **ælmihtigan, ælmihtegum** *dat sing masc*; **ælmihtigne** *acc sing*)

  se almihtiga: the Almighty, God

ælmysse *fem noun*: alms, charity (**ælmyssan** *acc sing*)

æmættan: see **æmette**

geæmetigian *wk verb*: free, disengage (**geæmetige** *2nd pers sing pres subj*)

æmette *fem noun*: ant (**æmettan, æmættan** *nom pl*)

geændade: see **geendian**

ænde: see **ende**

ænegum: see **ænig**

ænge, enge *adj*: narrow, confined, cramped (**ænga** *masc nom sing*; **enge** *dat sing masc*)

ænig *adj and pron*: any (**ænige** *acc/dat sing fem; dat sing masc/neut*; **æniges, ænges** *gen sing masc*; **ænigne** *acc sing masc*; **ænigre** *dat/gen sing fem*; **ænigra** *gen pl*; **ænigum, ænegum, anegum, ængum** *dat sing masc/neut; dat pl*)

ænlic *adj*: incomparable, peerless, beautiful

ænne: see **an**

ær (1) *adv*: formerly, earlier, before (**æror, ærur** *compar*)

  on ær *adv*: first, earlier

  (2) *conj and prep*: before

  ær ðæm ðe *conj*: before

ærcebiscop *masc noun*: archbishop (**ærcebiscpe, ærcebiscepe** *dat sing*)

ærdæg *masc noun*: dawn, daybreak; earlier day, previous time (**ærdæge** *dat sing*; **ærdagum** *dat pl*)

ærende *neut noun*: errand, message (**ærenda** *acc pl*; **ærende** *dat sing*)

ærendfaest *adj*: on a mission, doing an errand

ærendgewrit *neut noun*: letter; written communication sent by messenger

ærendreca *masc noun*: messenger (**ærendrecan** *nom pl*; **ærendwrecum** *dat pl*)

ærest *adj*: first (**ærest** *neut acc sing*; **æresta** *masc nom sing*; **ærestan** *dat sing masc*; **æreste** *nom sing fem*)

ærest, ærost *adv*: first

ærgewin *neut noun*: former struggle

ærgod *adj*: good in former times; proven good because of age

ærn *neut noun*: building (**ærn** *acc pl*)

ærnan *wk verb*: run, gallop (**ærndon** *pl pret indic*)

ærnað: see *geirnan*

ærndon: see **ærnan**

geærneð: see *geirnan*

æror: see **ær**

ærost: see **ærest**

ærra *adj*: former, earlier (**ærran** *dat pl*)

ærþan, ærðon, ærþon *conj*: before

ærur: see **ær**

ærwacol *adj*: awake early; early-rising

æs *neut noun*: food (**æses** *gen sing*)

æsc *masc noun*: ash-tree; spear; ship (**æsca, asca** *gen pl*)

Æscesdun *prop name*: Ashdown, Berkshire

Æscferð *prop name*: Aescferth

æschere *masc noun*: ash- (i.e., ship-) army

æscholt *neut noun*: ash-wood (wood of the ash tree); ash-wood spear

æscplega *masc noun*: (ash-wood-) spear sport (i.e., battle) (**æscplegan** *dat sing*)

æscrof *adj*: (ash-wood-, i.e., spear-) brave, brave in battle (**æscrofe** *nom pl masc*)

æses: see **æs**

æstel *masc noun*: pointer

æswic *masc noun*: deception (**æswicas** *acc pl*)

æt (1) *prep*: at, near, by, from; (2) *masc noun*: food (**ætes** *gen sing*)

æt: see **etan**

ætæwde: see **æteowan**

ætberan *Class 4 str verb*: carry away; carry up to (**ætbær** *3rd pers sing pret indic*; **ætbæron** *pl pret indic*)

æte: see **etan**

æteowan, ætywan *wk verb*: reveal, display; appear (**ætæwde** *3rd pers sing pret indic*; **æteawed** *past part*; **æteowde** *past part fem sing*; **ætyweð** *3rd pers sing pres indic*)

ætes: see **æt**

ætfealh: see **ætfeolan**

ætfeohtan *Class 3 str verb*: fight against

    folmum ætfeohtan: flail around with the hands

ætfeolan *Class 3 str verb*: hold firmly (**ætfealh** *1st pers sing pret indic*)

ætforan *prep*: before, in front of

ætgædere, ætgædre *adv*: together

ætgifa *masc noun*: nourisher, provider (**ætgifan, ætgiefan** *dat sing*)

æðela, æðelan: see **æðele**

Æþelbald *prop name*: Aethelbald

æðelboren *past part adj*: of noble birth

æðelborennis, æðelborennes, æþelborennyss *fem noun*: nobility of birth (æðelnboren-
nesse *acc sing*)

Æþelbryht *prop name*: Aethelbryht (Æþelbryhtes *gen*)

æðele, æþele *adj*: noble, excellent; (as noun) noble, man, person (æðela *nom sing masc*;
  æðelan *acc/dat/gen sing masc/neut*; æðele *nom/acc pl masc/fem/neut*; æðelo *acc pl neut*;
  æþelu *nom sing fem*; æðelum *dat pl*)

æþele: see æþelu

Æþelgar *prop name*: Aethelgar (Æþelgares *gen sing*)

æþeling *masc noun*: noble, prince (æðeling *dat sing*; æðelinga, æþelinga *gen pl*; æþelin-
  gas, æðelingas *nom pl*; æþelinges, æðelinges *gen sing*; æþellingum, æðelingum *dat pl*)

Æþelinga eig *prop name*: Athelney, Somerset (lit "Island of the Nobles") (Æþelinga
  eigge, Æþelingga eige *dat*)

æþelingas, æðelingas, æþelinges, æðelinges, æðelingum, æþellingum: see æþeling

æðelnborennesse: see æðelborennis

æðelo: see æðele, æðelu

Æþelred, Æþered *prop name*: Aethelred (Æþelredes *gen*)

æþelu: see æðele

æþelu, æðelo *fem noun*: nobility, origin, nature, talent (æþele *dat/gen sing*; æðelum,
  æþelum *dat pl*)

æðelu, æþelo *neut pl noun*: descent, lineage

æðelum: see æðele, æþelu

Æþelwulf *prop name*: Aethelwulf

Æþelwulfing *adj*: son of Aethelwulf

Æþeric *prop name*: Aetheric

æthrinan *Class 1 str verb*: touch (æthran *3rd pers sing pret indic*; æthrinað *pl pres indic*)

ætleapan *Class 7 str verb*: escape, run away from (ætleape *3rd pers sing pres subj*)

ætsomne *adv*: together, united, at once

ætstæppan *Class 6 str verb*: step towards, up to (something) (ætstop *3rd pers sing pret
  indic*)

ætstandan *Class 6 str verb*: stand still, stop; remain standing (ætstod *3rd pers sing pret
  indic*)

ætstop: see ætstæppan

ættryne, ætterne *adj*: poisoned, deadly

ætwindan *Class 3 str verb*: escape (ætwand *3rd pers sing pret indic*)

ætwitan *wk verb*: reproach

ætywan, ætyweð: see æteowan

æwbryce *masc noun*: adultery (æwbrycas *acc pl*)

afeallan *Class 7 str verb*: fall, decline (afeallen *past part*)

afedan *wk verb*: beget, produce, bring forth (afeded *past part*)

afera: see eafora

afirsian *wk verb*: remove, expel (afirsa *imper sing*)

aflygan *wk verb*: drive out, expel (afligde *past part nom pl masc*; aflygde *3rd pers sing pret
  indic*)

aflyman *wk verb*: put to flight, drive away (aflymde *3rd pers sing pret indic*)

afor *adj*: bitter, harsh, fierce

aforan: see eafora

after: see **æfter**

afyllan (1) *wk verb*: fill (**afylled** *past part*); (2) *wk verb*: kill (**afylle** *3rd pers sing pres indic*)

afyrhtan *wk verb*: frighten (**afyrhte** *past part nom pl masc*)

afysan *wk verb*: drive away; urge on (**afysed** *past part*)

agan, agon *wk verb*: own, possess, have; control, rule (**age** *1st/2nd/3rd pers sing pres subj*; **agen** *pl pres subj*; **agon** *pl pres indic*; **ah** *1st/3rd pers sing pres indic*; **ahte** *1st/3rd pers sing pret indic/subj*; **ahton** *pl pret indic*; *negative forms combined with ne*: **nagon** [= **ne** + **agon**] *pl pres indic*; **nah** [= **ne** + **ah**] *1st pers sing pres indic*; **nahte** [= **ne** + **ahte**] *1st/3rd pers sing pret indic/subj*)

ageaf, ageafe, ageafon: see **agiefan**

agen: see **agan**

agen *adj*: own, proper (**agene** *acc/dat sing fem*; **agenes** *gen sing neut*; **agenne** *acc sing masc*; **agenre** *dat sing fem*; **agenum, agnum** *dat pl; dat sing masc*)

ageotan *Class 2 str verb*: pour out, shed; deprive (by pouring wine for) (**agoten** *past part*; **agotene** *past part nom pl masc*)

agetan *wk verb*: destroy

agiefan, agifan *Class 5 str verb*: grant, give; give up, relinquish (**ageaf** *3rd pers sing pret indic*; **ageafon** *pl pret indic*; **agifen, agyfen** *past part*; **agyfe** *1st pers sing pres indic*)

aginnan: see **onginnan**

aglæacan, aglæca, aglæcan: see **æglæca**

agnum: see **agen**

agon: see **agan**

agoten, agotene: see **ageotan**

agrafan *Class 6 str verb*: carve, engrave (**agrof** *3rd pers sing pret indic*)

agyfe, agyfen: see **agiefan**

ah: see **agan**

ahafen: see **ahebban**

ahangen: see **ahon**

aheawan *Class 7 str verb*: cut down (**aheawen** *past part*)

ahebban *Class 6 str verb*: raise up, lift, exalt; achieve, maintain (**ahafen** *past part*; **ahof** *1st/3rd pers sing pret indic*; **ahofon** *pl pret indic*)

aheng: see **ahon**

ahiþan *wk verb*: devour, destroy

ahlæcan: see **æglæca**

ahliehhan *Class 6 str verb*: laugh at; exult (**ahlog, ahloh** *3rd pers sing pret indic*)

ahof, ahofon: see **ahebban**

ahon *Class 7 str verb*: hang, suspend (**aheng** *3rd pers sing pret indic*; **ahongen, ahangen** *past part*)

ahreddan *wk verb*: save, rescue (**ahrædde** *3rd pers sing pret indic/subj*; **ahredde** *1st/3rd pers sing pres/pret indic*; **ahreddest** *2nd pers sing pret indic*; **ahreded** *past part*)

ahsian *wk verb*: deserve (**ahsodon** *pl pret indic*)

geahsod, ahsode: see *geascian*

ahsodon: see **ahsian**

aht: see **awiht**

ahte: see **awiht, agan**

ahton: see **agan**

ahwæðer, owðer *pron*: either

ahwar *adv*: anywhere, ever, at all

aidligan *wk verb*: profane, make useless

akende: see **acennan**

alamp: see **alimpan**

alda: see **eald**

aldor: see **ealdor**

aldorcearu *fem noun*: great sorrow (**aldorceare** *dat sing*)

aldordæg *masc noun*: life-day, day of a life (**aldordagum, ealderdagum** *dat pl*)

aldorgedal, ealdorgedal *neut noun*: death

aldorleas *adj*: leaderless (**aldorlease** *nom pl masc*)

aldorman, aldormen, aldormon, aldormonnes: see **ealdormann**

aldre, aldres, aldrum: see **ealdor**

alecgan, alecgean *wk verb*: lay, lay down; abandon, relinquish; put down, conquer (**alecgað** *pl pres indic*; **aled** *past part*; **aledon** *pl pret indic*; **alegde, alede** *3rd pers sing pret indic*)

aleogan *Class 2 str verb*: fail to fulfill (**aleh** *3rd pers sing pret indic*)

Alexandisc *adj*: Alexandrian, pertaining to Alexandria (**Alexandiscre** *dat sing fem*)

Alexandria *prop name*: Alexandria (**Alexandrian** *dat/gen sing*)

alimpan *Class 3 str verb*: happen, come to be (**alamp** *3rd pers sing pret indic*; **alumpen** *past part*)

all, alle: see **eall**

allwalda: see **alwalda**

alne, allum: see **eall**

Alre *prop name*: Alre

alumpen: see **alimpan**

alwalda, allwalda *masc noun*: Ruler of All: God (**alwaldan, alwealdan** *acc/dat/gen sing*)

alwaldend *masc noun*: Ruler of All: God

alwealdan: see **alwalda**

alyfan *wk verb*: grant, allow, entrust (**alyfde** *1st pers sing pret indic*; **alyfed** *past part*)

ameldian *wk verb*: reveal, make known; denounce, betray (**ameldod** *past part*)

amen *interj*: amen

amyrran *wk verb*: hinder, prevent; disable (**amyrde** *3rd pers sing pret indic*; **amyrred** *past part*)

an: see **on, geunnan**

an, on, .I. *numeral and pron*: one, alone (**ane** *acc/dat sing fem; nom pl masc*; **anes** *gen sing masc/neut*; **anne, ænne** *acc sing masc*; **anra** *gen pl*; **anre** *dat/gen sing fem*; **anum** *dat sing masc*)

ana *adj*: alone (**anes** *gen sing masc*; **anon** *dat sing fem*; **anum** *dat sing neut*)

anbyhtscealc *masc noun*: servant, retainer (**anbyhtscealcas** *nom pl*)

ancor *masc noun*: anchor (**ancre** *dat sing*)

and, ond *conj*: and

anda *masc noun*: injury, vexation, anger (**andan** *acc/dat sing*)

andefn *fem noun*: amount, quantity

andettan *wk verb*: confess, acknowledge, declare (**andette, ondette** *1st/3rd pers sing pres/pret indic*)

andgit *neut noun*: understanding, knowledge, perception, meaning (**andgiete** *dat sing*)

andgitfullice *adv*: clearly, intelligibly, meaningfully (**andgitfullicost** *superl*)

andlang *adj*: entire, extended

on andlang *adv phrase*: straight out, flat

Andred *prop name*: the Weald, then a great forest 120 miles in length, in Kent and Sussex, used as pasture for pigs

andsund: see **onsund**

andswarian *wk verb*: answer, reply (**andswarode, ondswarode, ondswarede, ondswarade, ondsworede** *3rd pers sing pret indic*; **ondswarodon, ondswaredon** *pl pret indic*)

andswaru *fem noun*: answer, reply (**andsware** *acc/dat sing*; **ondsware** *acc sing*)

to incre andsware: in order to reply to you

andweard *adj*: present (**andwærden** *acc sing masc*; **andweardan** *gen sing fem*; **andwearde** *nom sing neut; nom pl masc*; **ondweardum** *dat pl*)

him ondweardum: in their presence

andwlita *masc noun*: face, countenance (**andwlitan** *acc/dat sing; nom/acc pl*)

andwyrdan *wk verb*: answer (**andwyrde** *3rd pers sing pret indic*)

ane: see **an**

anegum: see **ænig**

anes: see **an, ana**

anfeald *adj*: simple, plain, uncomplicated (**anfealdne** *acc sing masc*)

anfloga *masc noun*: solitary flier

anforht *adj*: frightened

anforlætan *Class 7 str verb*: abandon, relinquish, lose (**anforlete** *3rd pers sing pret subj*; **anforleten** *pl pret subj*)

anga *adj*: only (**angan** *acc sing fem*)

Angelcynn *prop name*: the English people; England (**Angelcynne** *dat sing*; **Angelcynnes** *gen sing*)

Angelþeow Offing *prop name*: Angeltheow son of Offa

angenga, angengea *masc noun*: solitary one, one who walks alone

angin *neut noun*: beginning, initial step; enterprise, action

anhaga *masc noun*: solitary dweller, recluse, hermit (**anhogan** *acc sing*)

anhar *adj*: very gray-haired

anhogan: see **anhaga**

anhydig *adj*: resolute, firm, brave

aninga: see **anunga**

anlepe *adj*: single, solitary (**anlepne** *acc sing masc*)

anlicnes *fem noun*: likeness, resemblance, form, appearance (**anlicnesse, anlycnysse** *acc/dat sing*)

anlipig *adj*: individual, single

anlycnysse: see **anlicnes**

anmod *adj*: single-minded, resolute, united, unanimous (**anmode** *nom pl*)

anmodlice *adv*: resolutely

anne: see **an**

anon: see **ana**

anra: see **an**

anræd *adj*: resolute, determined

anre: see **an**

ansien, ansyn, onsyn *fem noun*: face, figure; sight; beauty (**ansyne** *acc/dat/gen sing fem*)

ansund: see **onsund**

ansyn, ansyne: see **ansien**

Antecrist *masc noun*: the Antichrist (**Antecristes** *gen sing*)

antid *fem noun*: the same time

anum: see **an, ana**

anunga, aninga *adv*: immediately, right away; entirely; certainly

anwealda *masc noun*: sole ruler

Anwynd *prop name*: Anwynd

Apollines *prop name*: Apollo

Apollonius *prop name*: Apollonius (**Apolloni** *[Latin] vocative*; **Apollonio, Apollonige** *dat*; **Apollonium** *acc*)

apostata *masc noun*: apostate (**apostatan** *nom pl*)

apostol *masc noun*: apostle (**apostola** *gen pl*; **apostoles** *gen sing*)

ar *masc noun*: messenger (**aras** *acc pl*; **ares** *gen sing*)

ar, are *fem noun*: honor, dignity, respect, virtue, mercy, prosperity (**aran** *dat sing*; **are** *acc/dat/gen sing*; **arena** *gen pl*; **arum** *dat pl*)

aræd *adj*: determined, decided

arædan *wk verb*: read out loud, read

aræman *wk verb*: raise up, lift, stand up (**aræmde** *3rd pers sing pret indic*)

aræran *wk verb*: lift up, raise (**aræred** *past part*)

aras: see **ar, arisan**

ara∂: see **arian**

Arcestrates *prop name*: Arcestrates

Archoboleta *prop name*: Archoboleta, a name applied to the river Nile in *Wonders of the East*

ardlice *adv*: quickly

are: see **ar**

areccean *wk verb*: explain, translate, narrate (**arece** *imper sing*; **arehte** *3rd pers sing pret indic*)

arena, ares: see **ar**

aretan *wk verb*: gladden, encourage (**areted** *past part*)

arfæst *adj*: honorable, righteous, pious, virtuous (**arfæstan** *dat sing neut*)

arfæstnes *fem noun*: piety, virtue (**arfæstnisse** *dat sing*)

arian *wk verb*: honor, respect (**araδ** *3rd pers sing pres indic*)

ariht *adv*: properly, rightly

ariman *wk verb*: recite (**arim** *imper sing*)

arisan *Class 1 str verb*: arise (**aras** *3rd pers sing pret indic*; **arisaδ** *pl pres indic*; **arison** *pl pret indic*)

arlice *adv*: honorably

arn: see *geirnan*

arna: see **ar**

arod *adj*: ready, bold

Arones: see **Aaron**

arra: see **ar**

Arscylding *prop name*: (Honor-) Scylding, Dane (**Arscyldinga** *gen pl*)

arstaf *masc noun*: kindness, benefit, support (**arstafum** *dat pl*)

arum: see **ar**

arweorðian *wk verb*: honor (**arwurðode** *3rd pers sing pret indic*)

arwurðlice *adv*: reverently, with honor

arwurðnys *fem noun*: reverence, honor (**arwurðnysse** *dat sing*)

arwurðode: see **arweorðian**

asæde: see **asecgan**

asca: see **æsc**

Ascanmynster *prop name*: Axminster, Devon

asceacan *Class 6 str verb*: shake, brandish (**asceoc** *3rd pers sing pret indic*)

asceaf: see **ascufan**

asceoc: see **asceacan**

geascian, **ge**acsian, **axian** *wk verb*: ask; (with *ge*- prefix) discover, find out, learn (**geahsod**
past part; **geascodon, axoden** *pl pret indic*; **axsa** *imper sing*; **axsast** *2nd pers sing pres
indic*; **axude, ahsode, geascode, geaxode** *3rd pers sing pret indic*)

ascufan *Class 2 str verb*: expel, remove, drive out (**asceaf** *3rd pers sing pret indic*)

asecgan *wk verb*: explain, declare (**asæde** *3rd pers sing pret indic*)

asendan *wk verb*: send, send forth (**asende** *3rd pers sing pret indic*; **asendest** *2nd pers sing
pres indic*)

asettan *wk verb*: set, place; appoint (**aseted** *past part*; **asette** *1st/3rd pers sing pres/pret
indic/subj*; **asetton** *pl pret indic*)
 siþas asettan: "lay down" (i.e., make) journeys

asingan *Class 3 str verb*: sing, chant (**asinge** *3rd pers sing pres subj*; **asong** *3rd pers sing pret
indic*)

asmeagan *wk verb*: consider, examine, think of

asmiðigen *wk verb*: construct, make by metalsmith's art (**asmiþod** *past part*)

asolcennes *fem noun*: idleness, laziness (**asolcennesse** *acc sing*)

asong: see **asingan**

aspaw: see **aspiwan**

aspendan *wk verb*: expend, spend out (**aspended** *past part*)

aspiwan *Class 1 str verb*: vomit (**aspaw** *3rd pers sing pret indic*)

assa *masc noun*: ass, donkey (**assan** *nom pl*)

Asser *prop name*: Asser (**Assere** *dat*)

Assyrias *masc pl noun*: the Assyrians (**Assiria, Assyria** *gen*; **Assyrium** *dat*)

astag, astah: see **astigan**

astandan *Class 6 str verb*: stand up (**astod** *3rd pers sing pret indic*)

astigan *Class 1 str verb*: rise, mount, arise, become proud (**asteah, astag, astah** *3rd pers
sing pret indic*)

astirian: see **astyrian**

astod: see **astandan**

astreccan *wk verb*: stretch out, lie down, prostrate oneself; extend, reach out (**astrece**
imper sing; **astreht** *past part*)

astyrian, astirian *wk verb*: stir up, excite, move (**astyred** *past part*)

aswefan *wk verb*: put to sleep; kill (**aswefede** *past part nom/acc pl masc*)

atæsan *wk verb*: injure, wound (**atæsed** *past part*)

ateah: see **ateon**

atelic *adj*: horrible, terrifying

atemian *wk verb*: tame

ateon *Class 2 str verb*: remove, take away; entice away from; take (a journey); dispose of, deal with (**ateah** *3rd pers sing pret indic*; **atuge** *3rd pers sing pres subj*)

aþ, að *masc noun*: oath (**aþas, aðas** *acc pl*; **aþe, aðe** *dat sing*)

aðbrice *masc noun*: oath-breaking (**aðbricas** *acc pl*)

aþe, aðe: see **aþ**

aþecgan *wk verb*: serve food to; kill?

aþencan *wk verb*: consider, contrive

aþenian *wk verb*: stretch out, extend (**aþenedon** *past part dat pl*)

aþringan *Class 3 str verb*: shove, push (**aþrong** *3rd pers sing pret indic*)

aðumsweoras *masc pl noun*: a son-in-law and his father-in-law (**aðumsweoran** *dat*)

aþwean *Class 6 str verb*: wash, cleanse (**aþwoh** *3rd pers sing pret indic*)

atol *adj*: horrible, terrible (**atolan** *acc sing masc*; **atole** *acc sing fem*; **atolne** *acc sing masc*)

attor *neut noun*: poison

atuge: see **ateon**

Auitus *prop name*: Avitus (**Auitum** *acc*)

awa *adv*: eternally, for ever

  awa to aldre: for ever and ever

awacan: see **onwacan**

awægan *wk verb*: cancel out, destroy

aweahte: see **aweccan**

awearp: see **aweorpan**

aweaxan *Class 6 str verb*: grow (**aweox, awox** *1st pers sing pret indic*)

  up aweaxan: grow up, come to maturity

aweccan *wk verb*: awake, arouse, raise up, beget (**aweahte, awehte** *3rd pers sing pret indic/subj*; **awehton** *pl pret indic*)

aweg *adv*: away

awehte, awehton: see **aweccan**

awendan *wk verb*: change, pervert, convert (**awend** *past part*; **awende** *3rd pers sing pret indic*)

aweorpan *Class 3 str verb*: cast out, reject, cast down (**awearp** *3rd pers sing pret indic*; **aworpene** *past part nom pl masc*; **aworpenne** *past part acc sing masc*)

aweox: see **aweaxan**

awiht, awuht, owiht, aht *pron, adv, and noun*: anything, something, at all; nothing

  to ahte: at all, in any way

awoc: see **onwacan**

aworpene, aworpenne: see **aweorpan**

awox: see **aweaxan**

awræce: see **awrecan**

awrat: see **awritan**

awrecan *Class 5 str verb*: avenge, punish (**awræce** *3rd pers sing pret subj*)

awritan *Class 1 str verb*: write, inscribe (**awrat** *3rd pers sing pret indic*; **awrite** *imper sing*; **awritene** *past part nom pl fem*)

awuht: see **awiht**

awyrgan *wk verb*: outlaw, curse (**awyrgda** *past part nom sing masc* [as noun = "the cursed one", i.e., the devil]; **awyrged** *past part*)
axian: see *ge*ascian
*ge*axode: see *ge*ascian, *ge*acsian
axoden, axsa, axsast, axude: see *ge*ascian

ba: see **bu**
Babilonia *prop name*: Babylonia
Bachsecg, Bagsecg *prop name*: Bachsecg
bad: see *ge*bidan
*ge*bad: see *ge*beodan, *ge*bidan, gebidan
bæc *neut noun*: back
    ofer bæc *adv phrase*: backwards, away
bæcbord *neut noun*: larboard, port side of a boat
bæd, *ge*bæd: see *ge*biddan
bædan *wk verb*: urge, impel (**gebæded** *past part*)
gebædda: see **gebedda**
bæde: see *ge*biddan
gebæded: see **bædan**
bædon: see *ge*biddan
bæl *neut noun*: fire, flame, pyre (**bæle** *dat sing*)
bælc *masc noun*: pride, arrogance
bæle: see **bæl**
bælfyr *neut noun*: sacrificial fire
bær *adj*: bare, naked (**bare** *acc [nom?] pl masc*; **baro, baru** *nom pl neut*)
bær, *ge*bær: see *ge*beran
*ge*bæran *wk verb*: behave, comport oneself (**gebærdon** *pl pret indic*)
bærnan *wk verb*: burn (**bærnað** *pl pres indic*)
*ge*bæro *neut noun*: behavior, comportment (**gebæro** *dat sing*; **gebærum** *dat pl*)
bæron: see *ge*beran
bærst: see **berstan**
gebærum: see **gebæro**
bætan *wk verb*: to bridle, to halter
bæð *neut noun*: bath, baptismal immersion (**bæðe** *dat sing*)
Bagsecg: see **Bachsecg**
bald: see **beald**
baldlice *adv*: bravely, boldly (**baldlicost** *superl*)
baldor *masc noun*: lord
balwon: see **bealu**
bam: see **bu**
ban *neut noun*: bone (**ban** *nom/acc pl*)
bana *masc noun*: killer (**banan, bonan** *acc/dat/gen sing*)
bancofa *masc noun*: bone-chamber (a kenning for "body")
band, geband: see *ge*bindan
banfag *adj*: decorated with bone
banleas *adj*: boneless (**banlease** *acc sing neut*)

banloca *masc noun*: the body; (pl) muscles (**banlocan** *acc sing; nom/acc pl*)

*ge***bannan** *Class 7 str verb*: command, order

Bardanig *prop name*: Bardney (**Bardanige** *dat*)

bare, baro, baru: see **bær**

Basengas *prop name pl*: Basing, Hampshire (**Basengum** *dat*)

bat: see **bitan**

bat *fem/masc noun*: boat, ship (**bates** *gen sing*)

baþian *wk verb*: bathe

ba twa: see **butu**

be, bi, big *prep*: by, with, by means of; near by, beside; because of; about, regarding

beacen *neut noun*: sign, portent (**beacna** *gen pl*; **beacne** *dat sing*)

beacnian *wk verb*: point out, show (*ge***beacnod** *past part*)

beacnum: see **beacan**

bead, *ge***bead**: see *ge***beodan**

Beadohild *prop name*: Beadohild (**Beadohilde** *dat*)

beadohrægl *neut noun*: battle garment (i.e., coat of mail)

beadorinc *masc noun*: warrior (**beadorinca** *gen pl*)

beadu *fem noun*: war, battle (**beaduwe, beadowe** *dat sing*; **beadwa** *gen pl*)

beaducaf *adj*: brave in battle (**beaducafa** *nom sing masc*)

beadufolm *fem noun*: fighting hand (**beadufolme** *acc sing*)

beaduræs *masc noun*: onslaught of battle, attack

beadurun *fem noun*: fighting speech, verbal attack (**beadurune** *acc sing*)

beaduscrud *neut noun*: (battle-clothing, i.e.,) coat of mail (**beaduscruda** *gen pl*)

beaduwe, beadwa: see **beadu**

beæftan *adv*: behind

beag *masc noun*: ring, armlet; (pl) treasure, wealth (**beaga** *gen pl*; **beagas, begas** *nom/acc pl*; **beage** *dat sing*; **beagum** *dat pl*)

beaghroden, beahhroden *adj*: decorated with treasure, bejeweled (**beahhrodene** *nom pl fem*)

beagum: see **beag**

beahgifa *masc noun*: ring-giver (i.e., lord) (**beahgifan** *acc/dat sing*)

beahhord *neut noun*: (treasure-) hoard (**beahhorda** *gen pl*; **beahhordes** *gen sing*)

beahhroden, beahhrodene: see **beaghroden**

beald, bald *adj*: brave, bold (**bealde** *nom pl masc*)

bealo *neut noun*: harm, injury, evil (**bealwa** *gen pl*; **bealwes** *gen sing*)

bealofull *adj*: full of evil (**bealofulla** *nom sing masc*; **bealofullan** *acc/gen sing masc*)

bealohydig *adj*: intending evil or destruction

bealosiþ *masc noun*: harmful or evil experience (**bealosiþa** *gen pl*)

bealu *adj*: evil, miserable (**balwon** *dat pl*; **bealwa, bealuwa** *gen pl*)

bealuwaras *masc pl noun*: evil-doers, dwellers in iniquity (**bealuwara** *gen pl*)

bealwa: see **bealo, bealu**

bealwes: see **bealo**

beam *masc noun*: tree; beam, timber; beam of light; cross (**beama** *gen pl*; **beaman** *dat pl*; **beamas** *nom pl*; **beame** *dat sing*; **beames** *gen sing*)

    heard beam: hornbeam

beamtelg *masc noun*: tree-dye (**beamtelge** *dat sing*)

Beanstan *prop name*: Beanstan, father of Breca (**Beanstanes** *gen*)

beard *masc noun*: beard (**beardas** *acc pl*)

bearh, gebearh: see **ge**beorgan

bearhtm, bryhtm *masc noun*: brightness, din, flashing (**bearhtme** *dat sing*)
   eagan bryhtm: twinkling of an eye

bearm *masc noun*: bosom, stomach, lap; hold (of a ship) (**bearme** *dat sing*; **bearmum** *dat pl*)

bearn: see **beirnan**

bearn *neut noun*: child, offspring (**bearn** *nom/acc pl*; **bearna** *gen pl*; **bearne** *dat sing*; **bearnes** *gen sing*; **bearnum** *dat pl*)
   mid bearne: with child, pregnant

bearngebyrdo *fem noun*: child-bearing (**bearngebyrdo** *gen sing*)

bearnmyrðra *masc noun*: child-killer (**bearnmyrðran** *nom pl*)

bearnum: see **bearn**

bearu, bearo *masc noun*: wood, grove (**bearwas** *nom/acc pl*; **bearwe** *dat sing*)

beatan *Class 7 str verb*: beat, pound, strike against (**beatað** *pl pres indic*; **beotan** *pl pret indic*)

Bebbanburg *prop name*: Bamborough (**Bebbanbyrig** *dat sing*)

bebeodan *Class 2 str verb*: command, instruct; commit, entrust, dedicate (**bebead, bibead** *3rd pers sing pret indic*; **bebeod** *imper sing*; **bebeodende** *pres part*; **bebiode** *1st pers sing pres indic*; **beboden** *past part*; **bebudon** *pl pret indic*)

bebicgan *wk verb*: sell (**bebicgan** *pl pres indic*; **bebicge** *3rd pers sing pres subj; 1st pers sing pres indic*)

bebiode, beboden, bebudon: see **bebeodan**

bebugan *Class 2 str verb*: encircle, surround (**bebugeð** *3rd pers sing pres indic*)

bec: see **boc**

beclypan *wk verb*: embrace, hug (**beclypte** *3rd pers sing pret indic*)

becuman *Class 4 str verb*: happen, befall; come, arrive (**becom** *3rd pers sing indic*; **becomon, becoman** *pl pret indic*; **becwom, becom** *3rd pers sing pret indic*)

bed: see **bedd**

bedælan *wk verb w. dat*: deprive (**bedæled, bidæled** *past part*; **bedælde** *past part nom pl masc*)

bedd, bed *neut noun*: bed; garden bed (**bedde** *dat sing*; **beddes** *gen sing*)

gebedda, gebædda *masc noun*: sexual partner; spouse (**gebeddan** *acc/dat sing*; **gebeddum** *dat pl*)

bedde, beddes: see **bedd**

gebeddum: see **gebedda**

bedelfan *Class 3 str verb*: bury (**bedealf** *3rd pers sing pret indic*)

bediglian *wk verb*: conceal

bedraf: see **bedrifan**

bedreosan *Class 2 str verb*: fall, perish; (w. dat) deprive (**bidroren** *past part*; **bidrorene** *past part nom pl masc*)

bedrest *fem noun*: bed (**bedreste** *dat sing*)

bedrifan *Class 1 str verb*: drive out, drive away; cover, spatter (**bedraf** *3rd pers sing pret indic*; **bedrifenne** *past part acc sing masc*)

bedyrnan *wk verb*: conceal (**bedyrndon** *pl pret indic*)

beeode, beeodon, beeodan: see **began**

befæstan, bifæstan *wk verb*: fasten, imprison; apply, establish (**befæste** *1st/3rd pers sing pret indic; 1st/2nd/3rd pers sing pres subj*; **bifæsteð** *3rd pers sing pres indic*)
  befæstan to lare: to set to learning

befangen: see **befon**

befeolan *Class 3 str verb*: apply oneself to, devote oneself to

befleon *Class 2 str verb*: flee from (**to befleonne** *inflect infin*)

beflowan *Class 7 str verb*: flow about (**beflowen** *past part*)

befon *Class 7 str verb*: clasp, lay hold of, ensnare, seize (**befangen, befongen, bifongen** *past part*)

beforan, biforan *prep*: before, in front of, in the presence of

bega: see **bu**

began *anom verb*: surround; engage in, perform; worship (idols) (**beeode** *3rd pers sing pret indic*; **beeodon, beeodan, bieodan** *pl pret indic*)

began: see **beginnan**

begang, begong, bigong *masc noun*: expanse, extent; practice, service, worship (**bigange** *dat sing*; **bigonges** *gen sing*)

begann: see **beginnan**

begas: see **beag**

begea: see **bu**

begeat, begeaton: see **begietan**

begen: see **bu**

begeondan: see **begiondan**

begeotan *Class 2 str verb*: drench, drip over, cover (**begoten** *past part*)

begietan, begytan *Class 5 str verb*: get, acquire, take (**begeat, bigeat** *3rd pers sing pret indic*; **begeaton** *pl pret indic*)

beginnan *Class 3 str verb*: begin (**begann, began** *3rd pers sing pret indic*)

begiondan, begeondan *prep*: beyond, on the other side of

begong: see **begang**

begoten: see **begeotan**

begra: see **bu**

begrindan *Class 3 str verb*: deprive, strip (oneself of something); grind away (**begrunden** *past part*)

begytan: see **begietan**

behatan *Class 7 str verb*: promise, vow (**behet** *1st pers sing pret indic*; **behetan** *pl pret indic*)

beheafdian *wk verb*: behead (**beheafdod** *past part*)

behealdan *Class 7 str verb*: behold, gaze on; possess, have (**beheold** *3rd pers sing pret indic*; **beheoldon** *pl pret indic*)

behelan *Class 4 str verb*: cover, hide (**beholen** *past part*)

beheold, beheoldon: see **behealdan**

behet, behetan: see **behatan**

behinon, behionan *prep*: on this side of

beholen: see **behelan**

behon *Class 7 str verb*: hang (something) about (w. dat: for what hangs) (**bihongen** *past part*)

behreosan *Class 2 str verb*: fall upon, cover (**bihrorene** *past part nom pl masc*)
behriman *wk verb*: frost over, cover in rime or hoarfrost (**behrimed** *past part*)
behð *fem noun*: sign, evidence (**behðe** *dat sing*)
beirnan *Class 3 str verb*: occur (**bearn** *3rd pers sing pret indic*)
beladian *wk verb*: exculpate, vindicate
beleac: see **belucan**
belean *Class 6 str verb*: dissuade from
beleas: see **beleosan**
belecgan *wk verb*: cover (**belegde, bilegde** *3rd pers sing pret indic*; **bilecgað** *pl pres indic*)
beleosan *Class 2 str verb*: be deprived of, lose (w. dat) (**beleas** *1st pers sing pret indic*;
    belorene *past part masc nom pl*)
belidenne: see **beliðan**
belimpan *Class 3 str verb*: belong (to) (**belimpeð** *3rd pers sing pres indic*; **belumpen** *pl pret
    subj*; **belumpon** *pl pret indic*)
belisnod *past part adj as noun*: castrated, eunuch (**belisnode** *nom pl*)
beliðan *Class 1 str verb*: deprive of (**belidenne** *past part acc sing masc*)
belorene: see **beleosan**
belucan *Class 2 str verb*: lock up, enclose (**beleac** *3rd pers sing pret indic*; **belocen,**
    belucen *past part*)
belumpen, belumpon: see **belimpan**
bemurnan *Class 3 str verb*: lament, mourn about (**bemearn** *3rd pers sing pret indic*;
    bimurneð *3rd pers sing pres indic*)
ben *fem noun*: petition, request (**bene** *dat/gen sing*)
bena beon *idiomatic expression*: to petition, request, ask (**bena eart** *2nd pers sing pres
    indic*; **benan synt** *pl pres indic*; **bena wæs** *1st pers sing pret indic*)
benæman *wk verb*: deprive of, take away
benam: see **beniman**
benc *fem noun*: bench (**bence** *dat sing*; **bencum** *dat pl*)
bencsittende *masc pl noun*: bench-sitters, i.e., courtiers, warriors (**bencsittendum** *dat pl*)
bencþel *neut noun*: bench-plank (**bencþelu** *nom pl*)
bencum: see **benc**
bend *masc noun*: bond, fetter, band (**bendum** *dat pl*)
bene: see **ben**
beneah *pret pres verb*: enjoy, possess (**beneah** *3rd pers sing pres indic*)
benedicite *Latin verb*: bless (*imper sing*)
benemnan *wk verb*: name, declare, say
beneotan *Class 2 str verb*: deprive of
beniman *Class 4 str verb*: deprive, take, assume (**benam, binom** *3rd pers sing pret indic*;
    benimð *3rd pers sing pres indic*)
benn *fem noun*: wound (**benne** *dat sing; nom pl*; **bennum** *dat pl*)
benumen: see **beniman**
beo: see **beon**
beodan: see *ge*bidan
*ge*beodan *Class 2 str verb*: announce, proclaim, make known; offer, give, grant (**bead,**
    gebad, gebead *3rd pers sing pret indic*; **beodaþ** *pl pres indic*; **beodeð** *3rd pers sing pres
    indic*; **geboden** *past part*; **bude** *2nd pers sing pret indic*; **budon** *pl pret indic*)

beodgeneat *masc noun*: table companion (**beodgeneatas** *nom pl*)

beon *anom verb*: to be (**eart** *2nd pers sing pres indic*; **eom** *1st pers sing pres ind*; **is, ys** *3rd pers sing pres ind*; **beo** *imper sing; 1st pers sing pres indic; 2nd pers sing pres subj*; **beon** *pl pres indic; imper pl*; **beoð, beoþ** *pl pres indic*; **bist** *2rd pers sing pres indic*; **bið, byð, biþ, beoð** *3rd pers sing pres ind*; **seo** *1st/3rd pers sing pres subj*; **sie, sy, si** *2nd/3rd pers sing pres subj*; **sien, syn** *pl pres subj*; **synd, sind, synt, sint, syn, syndon, sindon, syndan, siendon** *pl pres indic*; **wære** *3rd pers sing pret subj*; **wæren, wæran** *pl pret subj*; **wæron, waron, wæran, wærun** *pl pret indic*; **wæs, was** *1st/3rd pers sing pret indic*; **wes, wæs** *imper sing*; **westu** [= **wes þu**] *imper sing; negative forms combined with* ***ne***: **nære** [= **ne + wære**] *3rd pers sing pret subj*; **næren** [= **ne + wæren**] *pl pret subj*; **næron** [= **ne + wæron**] *pl pret indic*; **næs** [= **ne + wæs**] *3rd pers sing pret indic; imper sing*; **nearon** [= **ne + earon**] *pl pres indic*; **nis, nys** [= **ne + is**] *3rd pers sing pres indic*)

beor *neut noun*: beer (**beore** *dat sing*)

gebeor *masc noun*: beer-drinking buddy, beer-drinker (**gebeoras** *nom/acc pl*; **gebeorum** *dat pl*)

beore: see **beor**

beorg *masc noun*: mountain, hill (**beorgas** *nom/acc pl*; **beorge** *dat sing*; **beorgum** *dat pl*)

gebeorg *neut noun*: protection (**gebeorge** *dat sing*)

gebeorgan *Class 3 str verb w. dat*: save, preserve; avoid, defend against (**bearh, gebearh** *3rd pers sing pret indic*; **beorge** *3rd pers sing pres subj*; **geborgen** *past part*; **burgon** *pl pret indic*)

beorgas: see **beorg**

beorge: see **beorg**, *ge*borgan

beorgum: see **beorg**

beorht *adj*: bright, light, clear, pure (**beorhtan** *acc/dat/gen sing masc/fem/neut*; **beorhte** *fem nom/acc sing, acc pl masc/fem, nom sing neut*; **beorhtost** *superl*; **beorhtra** *gen pl*; **beorhtre** *fem dat/gen sing*)

beorhte *adv*: brightly

beorhtblowan *Class 7 str verb*: blossom brightly (**beorhtblowende** *pres part*)

Beorhtdene *masc pl noun*: (Bright-) Danes (**Beorhtdena** *gen pl*)

beorhte, beorhtost, beorhtra, beorhtre, beorhtum: see **beorhte**

beorma *masc noun*: yeast foam (from beer), sourdough starter, barm (**beorman** *acc sing*)

beorn *masc noun*: man (**beorna** *gen pl*; **beornas** *nom/acc pl*; **beorne** *dat sing*; **beornes** *gen sing*; **beornum** *dat pl*)

Beornræd *prop name*: Beornraed

beornum: see **beorn**

gebeorscipe *masc noun*: feast with alcohol, beer party (**gebeorscipe** *dat sing*; **gebeorscipes, beorscipes** *gen sing*)

beorsele *masc noun*: beer-hall (**beorsele** *dat sing*)

beorþegu *fem noun*: beer-drinking (**beorþege** *dat sing*)

gebeorum: see **gebeor**

gebeot *neut noun*: boast, vow

beotan: see **beatan**

beoð, beoþ: see **beon**

gebeotian *wk verb*: boast, vow (**gebeotedon, beotedan** *pl pret indic*; **beotode** *3rd pers sing pret indic*)

Beowulf *prop name*: Beowulf (**Beowulfe** *dat sing*; **Beowulfes** *gen sing*)
bepæcan *wk verb*: seduce, deceive (**bepæceð** *pl pres indic*)
berad: see **beridan**
berædan *wk verb*: to determine by discussion
   hyra mægen beræddon: arrayed their forces
*ge*beran *Class 4 str verb*: bear, carry; give birth to (**bær, gebær** *1st/3rd pers sing pret indic*;
  bæron *pl pret indic*; **berað** *imper pl*; **bere** *1st pers sing pres indic/subj; imper sing*; **bereð,**
  bireð, byreð, byrð *3rd pers sing pres indic*; **beron** *pl pres indic*; **boren, geboren** *past part*
  (also born); **geborenum** *past part dat sing masc* (*The Seafarer* 98 as noun: sibling); **to**
  berenne *inflected infinitive*)
bereafian *wk verb*: deprive, bereave, rob (**bereafod, bireafod** *past part w. dat*: deprived of;
  without)
berenne, bereð: see *ge*beran
berewæstm *masc noun*: barley crop (**berewæstma** *gen pl*)
beridan *Class 1 str verb*: catch up to by riding (**berad** *3rd pers sing pret indic*)
beron: see *ge*beran
berstan *Class 3 str verb*: burst, break (**bærst** *3rd pers sing pret indic*; **burston** *pl pret indic*)
berypan *wk verb*: despoil (**berypte** *past part acc sing neut; past part nom pl neut*)
besceawian *wk verb*: look about, consider, care about (**bisceawað** *3rd pers sing pres indic*)
bescierian *wk verb w. gen or dat*: deprive of, separate from (**bescyrede** *past part pl adj*;
  biscyred *past part*)
bescufan *Class 2 str verb*: shove, throw, thrust
bescyrede: see **bescierian**
besencan *wk verb*: sink, submerge, drown (**besenceð** *3rd pers sing pres indic*)
beseon *Class 5 str verb*: see, look at; look around (**beseah** *3rd pers sing pret indic*;
  beseo *3rd pers sing pres subj*)
besincan *Class 3 str verb*: sink (**besuncen** *past part*)
besmitan *Class 1 str verb*: pollute, defile (**besmiten** *past part*)
besmiþian *wk verb*: construct, make by craftsmanship (**besmiþod** *past part*)
besnyðian *wk verb*: rob, deprive of (**besnyþede** *3rd pers sing pret indic*)
besorgian *wk verb*: mourn, be sad about (**besorgað** *3rd pers sing pres indic*)
bestæl, bestælon: see **bestelan**
bestandan *Class 6 str verb*: stand about, stand on either side of (**bestodon** *pl pret indic*)
bestelan *Class 4 str verb*: move stealthily, steal away (often reflex) (**bestæl** *3rd pers sing*
  pret indic; **bestælon** *pl pret indic*)
besteman, bestemed: see **bestyman**
bestodon: see **bestandan**
bestrypan *wk verb*: strip, despoil (**bestrypte** *past part nom pl neut*)
bestyman, besteman *wk verb*: wet, moisten (**bestymed, bestemed** *past part*)
besuncen: see **besincan**
beswican *Class 1 str verb*: deceive, betray (**beswicað** *pl pres indic*; **beswice** *3rd pers sing*
  pres subj; **beswicen** *past part*; **beswicene** *past part nom/acc pl masc*)
beswylian *wk verb*: drench, flood (**beswyled** *past part*)
besyrwan *wk verb*: ensnare, entrap (**besyrwde** *past part nom pl*)
bet *adv*: better
betæcan *wk verb*: entrust, commmend (**betæht** *past part*; **betæhte** *3rd pers sing pret*
  indic)

*ge*betan *wk verb*: amend, restore; increase; compensate; pay for (**betan** *pl pres indic*; **bete** *1st pers sing pres indic*; **bettan** *pl pret indic*; **gebette** *3rd pers sing pret indic*)

betera, beteran, betere: see **god**

beþeccan *wk verb*: cover, conceal, surround (**beþeahte** *past part nom pl masc*; **biþeaht** *past part*)

beþencan *wk verb*: think of, call to mind; consider (**beþencan** *pl pres indic/subj*)

beþenian *wk verb*: stretch over, cover (**beþenede** *3rd pers sing pret indic*)

Bethulia *prop name*: Bethulia (**Bethuliam** *acc/dat/gen sing*)

betlic *adj*: excellent

betre, betst, betsta, betstan, betste: see **god**

bettan, gebette: see *ge*betan

betuh: see **betweox**

betweonan, betwyn *prep*: between

be ... tweonum *separable prep*: between

  be sæm tweonum: between the seas

betweox, betwyh, betuh *prep*: between, betwixt, among

betwyn: see **betweonan**

betynan *wk verb*: conclude, end (**betynde** *3rd pers sing pret indic*)

bewænde: see **bewendan**

bewand: see **bewindan**

bewawan *Class 7 str verb*: (of wind) to blow around (**biwaune** *past part nom pl masc*)

beweaxan *Class 7 str verb*: grow around, grow over (**beweaxne** *past part nom pl masc*)

bewegan *Class 5 str verb*: cover (**bewegen** *past part*)

bewendan *wk verb*: turn (**bewænde** *3rd pers sing pret indic*)

beweorpan *Class 3 str verb*: cast, throw; surround (**biworpen** *past part*)

bewerian, biwergan *wk verb*: protect (**beweredon** *pl pret indic*)

bewindan *Class 3 str verb*: surround, enwreathe; revolve, consider (**bewunden, biwunden** *past part*)

bewlitan *Class 1 str verb*: look about (**bewlat** *3rd pers sing pret indic*)

beworpen: see **beweorpan**

bewreon *Class 1 str verb*: cover, hide, wrap up, enclose, protect (**biwrah** *1st/3rd pers sing pret indic*; **bewrigen** *past part*; **bewrigene** *past part acc sing fem/neut*; **bewrigenum** *past part dat pl*)

bewunded: see **bewindan**

bi: see **be**

bibead: see **bebeodan**

bicgað: see *ge*bycgan

bidæled: see **bedælan**

*ge*bidan *Class 1 str verb*: stay, wait, continue, live; (w. gen) await, expect; endure (**bad, gebad** *3rd pers sing pret indic*; **bideð** *3rd pers sing pres indic*; **bidon, beodan** *pl pret indic*)

gebidan *Class 1 str verb*: experience, live to enjoy (**gebad** *1st/3rd pers sing pret indic*; **gebiden** *past part*; **gebidenne** *past part acc sing masc*; **gebideð** *3rd pers sing pres indic*)

*ge*biddan *Class 5 str verb*: ask, pray (**bæd, gebæd** *1st/3rd pers sing pret indic*; **bæde** *3rd pers sing pret subj*; **bædon** *pl pret indic*; **gebiddað** *pl pres indic*; **bidde** *1st pers sing pres indic*)

gebide, gebiden, gebidenne, gebidenra: see **gebidan**

bideð, bidon: see *ge*bidan
*ge*bideð: see gebidan
bidroren, bidrorene: see bedreosan
bieodan: see began
bifæstan, bifæsteð: see befæstan
bifian *wk verb*: shake, quake, shiver (**bifode** *1st pers sing pret indic*)
bifongen: see befon
biforan: see beforan
big: see be
bigange: see begang
bigeal: see bigyllan
bigeat: see begietan
bigeng *fem noun*: worship, observance, practice (**bigengum** *dat pl*)
bigong, bigonges: see begang
bigstandan *Class 6 str verb*: stand by, support (**bigstandað** *pl pres indic*)
bigyllan *Class 3 str verb*: yell about (**bigeal** *3rd pers sing pret indic*)
bihlemman *wk verb*: crash together (**bihlemmeð** *3rd pers sing pres indic*)
bihongen: see behon
bihrorene: see behreosan
bilecgað, bilegde: see belecgan
bill *neut noun*: sword (**billa** *gen pl*; **bille** *dat sing*; **billum** *dat pl*)
bilwit *adj*: gracious, merciful (**bilwitre** *dat sing fem*)
bimurneð: see bemurnan
gebind *neut noun*: binding
*ge*bindan *Class 3 str verb*: bind (**geband, band, bond** *1st/3rd pers sing pret indic*; **bindað,**
    gebindað *pl pres indic*; **binde** *1st/3rd pers sing pres indic/subj*; **bindeð** *3rd pers sing pres*
    indic; **gebunden** *past part*; **gebundene** *past part nom/acc pl masc*; **bundenne** *past part*
    acc sing masc)
binnan *prep*: within
binom: see beniman
bireafod: see bereafian
bireð: see *ge*beran
birgenne: see *ge*byrgen
bisceawað: see besceawian
bisceop, bisceope, biscep, biscepas, biscepe: see biscop
biscepdom *masc noun*: episcopal see, office of a bishop (**biscepdome** *dat sing*)
biscepprice *neut noun*: bishopric, episcopal see
biscepstol *masc noun*: bishopric (**biscepstole** *dat sing*)
biscop, bisceop, biscep *masc noun*: bishop (**bisceope, biscope, biscepe** *dat sing*; **biscepas**
    nom pl; **biscopa** *gen pl*)
biscyred: see bescierian
*ge*bisgian *wk verb*: occupy; trouble (**bisgodon** *pl pret indic*; **gebysgad** *past part*; **bysgað**
    3rd pers sing pres indic)
bisigu *fem noun*: affliction, trouble, care, busyness (**bisgo** *acc sing*; **bisgum** *dat pl*)
bismorlic *adj*: degrading, shameful (**bismorlicum** *dat sing neut*)
bist: see beon

bitan *Class 1 str verb w. gen*: bite (**bat** *3rd pers sing pret indic*; **bit** *imper sing*)

biter, bitter *adj*: bitter, harsh (**bitere** *acc pl masc*; **biteres** *gen sing*; **bitre** *acc sing fem; nom pl masc*)

biǒ, biþ: see **beon**

biþeaht: see **beþeccan**

bitre *adv*: bitterly

bitre, bitres, bitresta, bitter: see **biter**

biwaune: see **bewawan**

biwergen: see **bewerian**

biworpen: see **beweorpan**

biwrah: see **bewreon**

biwunden: see **bewindan**

blac: see **blæc**

blac *adj*: white, pale, pallid, ashy (**blaces** *gen sing*; **blacne** *acc sing masc*)

blacaǒ: see **blacian**

blace: see **blæc**

blacern *neut noun*: lantern, candle (**blacern** *nom pl*)

blaces: see **blac**

blachleor *adj*: pale-faced

blacian *wk verb*: become pale (**blacaǒ** *3rd pers sing pres indic*)

blacne: see **blac**

blado: see **blæd**

blæc, blac *adj*: black, dark (**blace** *dat sing fem*; **blacum** *dat pl*)

blæd *masc noun*: glory, splendor (**bledum** *dat pl*)

   blædagande *pres part*: glorious, victorious (**blædagande** *nom pl*)

blanca *masc noun*: (white) horse (**blancum** *dat pl*)

Blecingaeg *prop name*: Blekinge

bledum: see **blæd**

bleo *neut noun*: color (**bleos** *gen sing*; **bleom** *dat pl*)

bleobord *neut noun*: colored board (for gaming); chessboard or tables-board (**bleobordes** *gen sing*)

bleom, bleos: see **bleo**

*ge*bletsian *wk verb*: bless (**gebletsad, gebletsod** *past part*; **gebletsode, gebletsade** *3rd pers sing pret indic*)

blican *Class 1 str verb*: gleam, shine, sparkle (**blicon** *pl pret indic*; **blicǒ** *3rd pers sing pres indic*)

blind *adj*: blind, lightless (**blindum** *dat sing neut*)

bliss, blis *fem noun*: bliss, joy (**blisse, blysse** *acc/dat/gen sing*)

blissian *wk verb*: make happy, delight; become happy, have fun, get drunk (**blissigende** *pres part*; **geblissod, geblissad** *past part*; **blissode** *3rd pers sing pret indic*)

bliǒ, bliǒe *adj*: joyous, pleasant, well-disposed (**bliǒe** *acc/inst sing neut; nom sing fem; nom/acc pl masc*; **bliǒne** *acc sing masc*; **bliǒra, bliþra** *compar nom sing masc*)

   bliǒe *dat sing as adv*: happily, joyously

þe bliþra: so much the happier

bliǒemod *adj*: joyous-minded; well-disposed (**bliǒemode** *nom pl masc*)

bliǒne, bliǒra, bliþra: see **bliǒ**

blod *neut noun*: blood (**blode** *dat sing*)

blodge: see **blodig**

blodgyte *masc noun*: bloodshed

blodig *adj*: bloody (**blodge** *acc sing fem*; **blodige** *nom pl neut*; **blodigne** *acc sing masc*)

geblonden *past part adj*: corrupted, infected

blostm *masc noun*: blossom (**blostmum** *dat pl*)

blotan *Class 7 str verb*: offer in sacrifice

blysse: see **bliss**

boc, booc *fem noun*: book (**bec** *nom/acc pl; dat sing*; **boca** *gen pl*)

bocere *masc noun*: scholar, writer, scribe (**boceras** *nom/acc pl*)

boda *masc noun*: messenger, herald (**bodan** *acc/dat/gen sing; nom/acc pl*)

bodad, bodade: see **bodian**

gebodan: see **gebeodan**

bodian *wk verb*: tell, proclaim; preach; foretell (**bodad** *past part*; **bodedon** *pl pret indic*; **bodode, bodade** *3rd pers sing pret indic*)

bodig *neut noun*: body

bodode: see **bodian**

bog *masc noun*: bough; arm, shoulder (**bogum** *dat pl*)

boga *masc noun*: bow (i.e., for shooting arrows) (**bogan** *nom pl*)

gebogenan: see **gebugan**

bogum: see **bog**

gebohte: see **gebycgan**

bolca *masc noun*: gangplank (**bolcan** *dat sing*)

bold, botl *neut noun*: building, house, residence (**botle** *dat sing*)

gebolgen *past part adj*: angry, enraged

bolgenmod *adj*: angry, enraged

bolla *masc noun*: drinking cup, bowl (**bollan** *nom pl*)

bolster *masc noun*: bolster, pillow (**bolstre** *dat sing*)

bonan: see **bana**

bond: see **gebindan**

booc: see **boc**

bord *neut noun*: board, shield, deck (of a ship), side (of a ship), hold (of a ship) (**bord** *acc pl*; **borda** *gen pl*; **bordes** *gen sing*; **bordum** *dat pl*)

bordweall *masc noun*: shield-wall (defensive formation of side-by-side shields)

boren, geboren, geborenum: see **geberan**

geborgen: see **gebeorgan**

borian *wk verb*: bore, drill a hole (**borige** *3rd pers sing pres subj*)

bosm *masc noun*: bosom, breast; hold (of a ship) (**bosme** *dat sing*)

bot *fem noun*: remedy, compensation (**bote** *acc/dat/gen sing*)

botl, bottle: see **bold**

brad *adj*: broad, wide, extensive (**brad** *nom pl neut*; **bradan** *acc pl masc; gen pl*; **brade** *nom/acc pl masc; acc sing fem*; **bradnæ** *acc sing masc*; **bradre** *acc sing fem*)

brade *adv*: broadly, widely

bradswyrd, bradswurd *neut noun*: broadsword (**bradswyrd** *acc pl*)

gebræc *neut noun*: breaking, clashing

gebræc, bræc, bræcan, bræcon: see **gebrecan**

bræd, gebræd: see *ge*bregdan

brædan *wk verb*: spread out

brægd: see *ge*bregdan

brand, brond *masc noun*: fire, flame; burning piece of wood, glowing coal; sword (**brondas** *nom pl*)

breac: see **brucan**

breahtm *masc noun*: noise, revelry (**breahtma** *gen pl*)

Breca *prop name*: Breca (**Brecan** *acc/dat*)

***ge*brecan** *Class 4 str verb*: break, burst, destroy; break, transgress (a commandment) (**gebræc, bræc** *3rd pers sing pres indic*; **bræcon, bræcan** *pl pret indic/subj*; **brocen** *past part*)

brecð *fem noun*: grief (**brecða** *nom pl*)

gebregd *neut noun*: movement, manipulation

***ge*bregdan** *Class 3 str verb*: move, swing, draw (a sword), weave, knit (the rings of a mail coat); feign, pretend (**brægd, bræd, gebræd** *3rd pers sing pret indic*; **bregde** *3rd pers sing pres subj*; **broden** *past part*; **brugdon, brudon** *pl pret indic*)

brego *masc noun*: ruler, lord

brema, breman: see **breme**

brember *masc noun*: bramble, blackberry bush, briar (**brembrum** *dat pl*)

breme *adj*: glorious, noble, honored (**brema** *nom sing masc*; **breman** *dat sing masc*)

brengan *wk verb*: bring (**brenge** *3rd pers sing pres subj*)

breost *neut noun*: breast, chest (frequently plural with singular meaning) (**breosta** *gen pl*; **breostum** *dat pl*)

breostcearu *fem noun*: (breast-) care, misery (**breostceare** *acc sing*)

breostcofa *masc noun*: the chest, the breast considered as a container (**breostcofan** *dat sing*)

breosthord *neut noun*: breast-hoard (a kenning for "mind, thought")

breostum: see **breost**

breowan *Class 2 str verb*: brew (**gebrowen** *past part*)

brer *fem noun*: bramble, brier (**brerum** *dat pl*)

brerd *masc noun*: edge, border, brim

brerum: see **brer**

Bretwalas *pl prop name*: the British, Britons (**Bretwalum** *dat pl*)

bricg *fem noun*: bridge; natural causeway (**bricge** *acc sing*)

bricgweard *masc noun*: bridge-keeper, bridge-guard (**bricgweardas** *acc pl*)

brim *neut noun*: sea, water (**brimes** *gen sing*; **brimu, brymu** *nom/acc pl*)

brimclif *neut noun*: sea-cliff (**brimclifu** *acc pl*)

brimes: see **brim**

brimfugol *masc noun*: seabird (**brimfuglas** *nom pl*)

brimlad *fem noun*: sea journey (**brimlade** *acc/dat sing*)

brimliðend *masc noun*: sailor (**brimliðende** *dat sing*; **brimliþendra** *gen pl*)

brimmann *masc noun*: sailor, seaman (**brimmanna** *gen pl*; **brimmen** *nom pl*)

brimu: see **brim**

***ge*bringan** *Class 3 str verb*: bring (**bringað** *pl pres indic*; **gebringe** *imper sing*; *3rd pers sing pres subj*; **bringeð, gebringeð** *3rd pers sing pres indic*; **broht, gebroht** *past part*; **brohte, gebrohte** *1st/3rd pers sing pret indic*; **gebrohten** *pl pret subj*; **brohton, gebrohton, brohtan** *pl pret indic*; **brungen** *past part*)

Brixonte *prop name*: Brixonte, name of a river (and island?) in *Wonders of the East*
broc (1) *masc noun*: brook (**broce** *dat sing*); (2) *neut noun*: affliction, sickness, disease
  (**broce** *dat sing*)
brocen: see *ge*brecan
brocian *wk verb*: afflict (**gebrocod** *past part*)
broden: see *ge*bregdan
broga *masc noun*: dread, terror (**brogan** *acc/dat/gen sing nom pl*)
broht, *ge*broht, **brohtan, brohte,** *ge*brohte, *ge*brohten: see *ge*bringan
brohþrea *masc noun*: dreadful calamity
brohton, *ge*brohton: see *ge*bringan
brond, brondas: see **brand**
Brondingas *prop name*: Brondings, a Swedish tribe (**Brondinga** *gen*)
bront *adj*: steep, high (**brontne** *acc sing masc*)
brosnung *fem noun*: decay, corruption (**brosnunge** *dat sing*)
broðor, broþor, broður, broþur *masc noun*: brother; monk (**broðor** *dat/gen sing;*
  nom/acc pl; **broþra** *gen sing*; **broðru, gebroþru, gebroðra** *nom pl*; **broðrum** *dat pl*)
gebroðor *masc noun, usually pl*: brother; fellow Christian, fellow monk (**gebroðra**
  nom/acc pl)
broþra, gebroðra, broðru, gebroðru, gebroþru, broðrum, broður, broþur: see **broðor**
gebrowen: see **breowan**
brucan *Class 2 str verb (w. gen)*: enjoy, use, benefit from (**breac** *3rd pers sing pret indic*;
  brucað *imper pl; pl pres indic*; **bruce** *2nd pers sing pres subj*; **bruceð** *3rd pers sing pres*
  indic)
brudon, brugdon: see *ge*bregdan
brun *adj*: bright, lustrous; brown, dark (**brune** *acc pl masc*; **brunne** *acc sing masc*)
brunecg *adj*: bright-edged
brungen: see *ge*bringan
brunne: see **brun**
bryce *masc noun*: breach, violation, transgression (**bryce** *dat sing*)
bryd *fem noun*: bride, wife (**bryda** *acc/gen pl*; **bryde** *acc/dat/gen sing*)
brydbur *masc noun*: marital bedroom (**brydbure** *dat sing*)
bryde: see **bryd**
bryhtm: see **bearhtm**
brymu: see **brim**
bryne *masc noun*: burning, fire (**bryne** *dat sing*)
brynegield *masc noun*: burnt offering (**brynegielde** *dat sing*)
brytencyning *masc noun*: great king, powerful king (**brytencyninges** *gen sing*)
brytta *masc noun*: giver, dispenser, lord (**bryttan** *acc sing; nom pl*)
Bryttan: see **Bryttas**
Bryttas *masc pl noun*: Britons (**Brytta** *gen*; **Bryttan** *dat*)
bryttedon, bryttigin: see **bryttian**
Bryttisc *adj*: British (i.e., Celtic, not Anglo-Saxon) (**Bryttiscum** *dat sing masc*)
bu *pron and adj*: both (**ba** *nom pl fem*; **bam** *dat pl*; **begen** *masc nom/acc*; **begra, bega,**
  begea *gen*; **bu** *neut nom/acc*)
buan, bugan *Class 7 str verb (defective)*: dwell, live, settle (**buað** *pret pl*; **bun** *pl pres subj*;
  gebun *past part*)
bude, budon: see *ge*beodan

bufan *prep*: above, over, on, on top of

*ge*b**ugan** *Class 2 str verb*: bow, stoop; submit; lie down, sit down; turn away (**gebeah** *3rd pers sing pret indic*; **gebogenan** *past part dat sing neut*; **bugeð** *3rd pers sing pres indic*; **bugon** *pl pret indic*)

bugan, bun, gebun: see **buan**

bugon: see *ge*b**ugan**

bunan: see **bune**

gebunden, gebundene, bundenne: see *ge*b**indan**

bune *fem noun*: cup, beaker (**bunan** *acc pl*)

bur *masc/neut noun*: bedroom, women's apartment, cottage (**bure** *dat sing*; **burum** *dat pl*)

burg, burh *fem noun*: dwelling, fort, castle, town (**burga** *gen sing*; **burgum** *dat pl*; **byrig** *acc/dat/gen sing; nom/acc pl*)

Burgendaland *prop name*: Bornholm (**Burgendalande** *dat*)

burgeteld *neut noun*: sleeping tent (**burgetelde** *dat sing*; **burgeteldes** *gen sing*)

burgon: see *ge*b**eorgan**

Burgræd *prop name*: Burgred

burgtun *masc noun*: city precinct or walled/enclosed area? town? (**burgtunas** *nom pl*)

burgum: see **burg**

burgwara: see **burhwaras**

burh: see **burg**

burhleod *masc noun*: citizen, city-dweller (**burgleoda** *gen pl*; **burhleodum** *dat pl*)

burhsittende *masc pl noun*: city-dwellers (**burgsittendra** *gen pl*; **burhsittendum** *dat pl*)

burhwaras *masc pl noun*: citizens, city-dwellers (**burgwara** *gen pl*)

burston: see **berstan**

burþen *masc noun*: chamberlain, steward (**burþene** *dat sing*)

burum: see **bur**

butan: see **buton**

butere *fem noun*: butter (**buteran** *dat sing*)

buton (1) *conj*: but, except, unless; (2) **buton, butan** *prep*: except, except for, without, outside

butu, bu tu *pron*: both (**ba twa** *nom neut*)

*ge*b**ycgan** *wk verb*: buy, get (**bicgað** *pl pres indic*; **gebohte** *3rd pers sing pret indic*)

bydel *masc noun*: messenger, herald (**bydela** *gen pl*)

*ge*b**ygan** *wk verb*: lower, debase, pull down

*ge*b**yldan** *wk verb*: to embolden, encourage (**bylde** *3rd pers sing pret indic; 3rd pers sing pres subj*; **gebylde** *past part nom pl masc*)

*ge*b**yrdo, gebyrd** *fem noun*: birth, origin, race (**gebyrdum** *dat pl*)

byre *masc noun*: time, opportunity

byrele *masc noun*: beer-server (**byreles** *gen sing*)

byreð: see *ge*b**eran**

byrgan, byrgean (1) *wk verb w. gen or acc*: taste, eat (**gebyrge** *3rd pers sing pres subj*; **byrigde** *3rd pers sing pret indic/subj*); (2) **byrgan** *wk verb*: bury

*ge*b**yrgen** *fem noun*: grave (**birgenne, byrgenne, gebyrgenne** *acc/dat/gen sing*)

Byrhthelm *prop name*: Byrhthelm (**Byrhtelmes** *gen sing*)

Byrhtnoð *prop name*: Byrhtnoth (**Byrhtnoðes** *gen*)

Byrhtwold *prop name*: Byrhtwold

*ge*byrian *wk verb*: pertain to (**gebyriað** *pl pres indic*)
byrig: see **burg**
byrigde, byrige: see **byrgan**
byrne *fem noun*: chainmail shirt; corselet (**byrnan** *nom/acc pl; acc sing*; **byrnum** *dat pl*)
byrnhom *masc noun*: chainmail shirt; corselet (**byrnhomas** *acc pl*)
byrnum: see **byrne**
byrnwiga *masc noun*: (mail-shirted-) warrior (**byrnwigena** *gen pl*)
byrnwiggend *masc noun*: (mail-shirted-) warrior (**byrnwiggende** *nom pl*)
byrst *masc noun*: disaster, calamity (**byrsta** *gen pl*)
byrð: see *ge*beran
bysen *neut/fem noun*: command, rule, model (**bysene** *acc/dat sing*; **bysna** *gen pl*)
*ge*bysgad, bysgað: see *ge*bisgian
bysig *adj*: busy (**bysige** *nom pl masc*)
bysmara: see **bysmor**
bysmerian, gebysmrian *wk verb*: mock, revile, degrade, dishonor (**bysmeredon** *pl pret*
  indic)
bysmerlice *adv*: contemptuously
bysmor *neut noun*: shame, insult, disgrace (**bysmara** *gen pl*; **bysmore** *dat sing*)
  to bysmore: shamefully, scandalously
bysmorful *adj*: shameful (**bysmorfullum** *dat sing masc*)
gebysmrian: see **bysmerian**
bysna: see **bysen**
*ge*bysnian *wk verb*: set an example, instruct by example (**gebysnode** *3rd pers sing pret*
  indic)
byð: see **beon**

c, C: see **hund, hundteontig**
caf *adj*: bold, vigorous, quick (**cafne** *acc sing*)
caflice *adv*: boldly, vigorously
cafne: see **caf**
Cain *prop noun*: Cain (**Caines** *gen sing*)
cald, ceald (1) *adj*: cold (**caldast, cealdost** *superl*; **caldum** *dat pl*); (2) *neut noun*: cold
  (**calde, cealde** *dat sing*)
camp, gecamp *masc noun*: battle (**gecampe, campe** *dat sing*)
can, cann: see **cunnan**
canon *masc noun*: the Canon, that is, the biblical books accepted by the authority of the
  Church (**canones** *gen sing*)
canst: see **cunnan**
Cantwaraburh, Cantwara burg *prop name*: Canterbury (**Cantuaraberi** *dat*)
Capi *prop name*: Capi, name of a river in *Wonders of the East*
carfulnys *fem noun*: care, carefulness (**carfulnysse** *dat sing*)
casere *masc noun*: emperor, caesar (**caseras** *nom pl*)
Ceadwalla *prop name*: Ceadwalla (**Ceadwallan** *acc sing*)
ceafl *masc noun*: jaw, mouth (**ceaflum** *dat pl*)
ceald, cealdost: see **cald**
ceallian *wk verb*: call, shout

ceap *masc noun*: cattle, goods, property, purchase (**ceapas** *acc pl masc*; **ceape** *dat sing*)

ceare: see **cearu**

cearo: see **cearu**

cearseld *neut noun*: miserable residence, house of care (**cearselda** *gen pl*)

cearu, cearo *fem noun*: care, sorrow (**ceare** *nom/acc pl*; *acc/dat/gen sing*; **cearum** *dat pl*)

cearwylm *masc noun*: surge, current or flame of sorrow (**cearwylmas** *nom pl*)

geceas: see *ge*ceosan

ceaster *fem noun*: town, fort, castle (**ceastre** *acc/dat sing*)

ceasterbuend *masc noun*: castle-dweller, city-dweller (**ceasterbuendum** *dat pl*)

ceastre: see **ceaster**

Cedmon *prop name*: Caedmon

Cefi *prop name*: Cefi

cellod *adj*: meaning unknown: some quality of a shield or type of shield

cempa *masc noun*: champion, fighter (**cempan** *acc pl*)

cene (1) *adj*: brave, fierce (**cenoste** *superl nom/acc pl masc*; **cenra** *gen pl*; **cenre** *compar nom sing fem*); (2) *adv*: bravely

cennan, kennan *wk verb*: bear, give birth to; (of names) give (**cende, kende** *3rd pers sing pret indic*; *past part nom pl masc*; **cennað** *pl pres indic*; **cenned** *past part*)

cenoste, cenra, cenre: see **cene**

ceol *masc noun*: ship (**ceolas** *nom pl*; **ceole** *dat sing*)

Ceola *prop name*: Ceola (**Ceolan** *gen sing*)

ceolas, ceole: see **ceol**

Ceolnoþ *prop name*: Ceolnoth

ceolþel *neut noun*: ship-board (**ceolþele** *dat sing*)

Ceolwulf *prop name*: Ceolwulf (**Ceolwulfe** *dat sing*)

ceorfan *Class 3 str verb*: carve, cut out (**curfon** *pl pret indic*)

ceorl *masc noun*: man; lowest class of free man (**ceorlas** *nom pl*; **ceorle** *dat sing*; **ceorles** *gen sing*)

*ge*ceosan *Class 2 str verb*: choose, select, accept, seek out; decide, test (**geceas** *1st/3rd pers sing pret indic*; **geceosað** *pl pres indic*; **gecoren** *past part*; **gecorenan** *past part acc pl*; **gecorone** *past part nom/acc pl masc*)

cepan *wk verb*: seek after, receive

cepemann *masc noun*: merchant (**cepemannum** *dat pl*)

Cerdic *prop name*: Cerdic (**Cerdice** *dat*)

cigan, cigean *wk verb*: call, summon (**gecig** *imper sing*; **cigeð** *3rd pers sing pres indic*; **cigde** *3rd pers sing pret indic*)

cild *neut noun*: child (**cilde** *dat sing*; **cildes** *gen sing*)

cime: see **cyme**

cining: see **cyning**

cinne: see **cynn**

Cippanham *prop name*: Chippenham, Wiltshire (**Cippanhame** *dat sing*)

cirdon, gecirdon: see *ge*cyrran

cirice *fem noun*: church (**circean, ciricean, cyrican, cyrcan** *acc/dat/gen sing*; *nom/acc pl*)

cirm: see **cyrm**

cirman *wk verb*: cry out, call, make a noise

clæne (1) *adj*: clean, pure, innocent; (2) *adv*: entirely, clean

clænnys *fem noun*: purity, innocence, virginity (**clænnysse** *acc sing*)

clænsian *wk verb*: cleanse, purify

clammum: see **clomm**

cla ð *masc noun*: cloth (**claþe** *dat sing*)

Claudia *prop name*: Claudia (**Claudian** *dat*)

cleofan *Class 2 str verb*: cleave, split (**clufon** *pl pret indic*)

cleofian *wk verb*: be attached, adhere (**cleofia ð** *pl pres indic*)

clif *neut noun*: cliff (**clifum** *dat pl*)

cliopodon: see **clypian**

clomm *masc noun*: grasp, grip; bond, fetter (**clommas** *nom pl*; **clomme** *dat sing*; **clommum, clammum** *dat pl*) .

clufon: see **cleofan**

clumian *wk verb*: mumble, mutter (**clumedan** *pl pret indic*)

clypian *wk verb*: call, cry out, speak (**clypode** *3rd pers sing pret indic*; **cliopodon** *pl pret indic*)

clyppan *wk verb*: embrace, clasp, surround (**clyppa ð** *pl pres indic*; **clyppe** *3rd pers sing pres subj*; **clypte** *3rd pers sing pret indic*)

*ge*c**nawan** *Class 7 str verb*: perceive, find out, know, understand (**gecnawa ð** *imper pl*; **gecnawe** *3rd pers sing pres subj*; **gecnawe ð** *3rd pers sing pres indic*)

Cnebba Iceling *prop name*: Cnebba son of Icel

cnedan *Class 5 str verb*: knead (**gecned** *imper sing*)

cneo, cneow *neut noun*: knee (**cneowu** *acc pl*)

cneoriss, cneoris, cneorisn *fem noun*: posterity, family (**cneorissa** *gen pl*; **cneorisse** *dat/gen sing, nom pl*; **cneorissum** *dat pl*)

cneow: see **cneo**

gecnerdnes *fem noun*: study; field of study (**gecnerdnessan** *nom pl*)

cniht *masc noun*: boy, youth, servant; (*Battle of Maldon* 9) soldier, knight (**cnihtas** *nom/acc pl*; **cnihtum** *dat pl*)

cnihtwesende *pres part adj*: "being a boy"; when he (I, etc.) was a boy

cnossian *wk verb*: crash, dash, toss (**cnossa ð** *3rd pers sing pret indic*)

cnyssan *wk verb*: crash against, dash against, toss (**cnyssa ð** *pl pres indic*)

cnyttan *wk verb*: fasten, bind (**cnyt** *3rd pers sing pres indic*)

cohhetan *wk verb*: cough? clear one's throat?

col *adj*: cool, cold, not painful (**colran** *compar nom pl masc*)

colian *wk verb*: cool, become cold (**colode** *3rd pers sing pret indic*)

collenferþ, collenferð *adj*: proud, brave (**collenferþe, collenferhðe** *nom pl masc/fem*)

colode: see **colian**

colran: see **col**

com, coman, come: see **cuman**

Commodus *prop name*: Commodus

comon: see **cuman**

compwig *neut noun*: war, battle (**compwige** *dat sing*)

con: see **cunnan**

Conopoenas *masc pl prop name*: name of the half-dogs in *Wonders of the East*

Constantinus *prop name*: Constantinus

*ge*c**oren,** *ge*c**orenan**: see *ge*c**eosan**

corn *neut noun*: corn, grain, seed, wheat (**corna** *gen pl*)

gecorone: see *geceosan*

Corsias *pl masc prop name*: Corsias, name of a kind of snake in *Wonders of the East*

gecost *adj*: proven, excellent (**gecoste** *nom pl neut*)

costigan *wk verb w. gen*: try, tempt

coþu *fem noun*: disease, sickness, ailment (**coþum** *dat pl*)

cradolcild *neut noun*: infant (**cradolcild** *nom pl*)

cræft *masc noun*: strength, skill (**cræftas** *acc pl*; **cræfte** *dat sing*; **cræftum** *dat pl*)

cræftig *adj*: strong, skillful

cræftum: see **cræft**

gecranc: see **cringan**

Creacas *pl masc noun*: Greeks

Creoda Cynewalding *prop name*: Creoda son of Cynewald

crescite *Latin verb*: grow, increase (*imper sing*)

cringan, crincgan *Class 3 str verb*: fall (in battle) (**gecranc, gecrong** *3rd pers sing pret indic*; **cruncon** *pl pret indic*; **crunge** *3rd pers sing pret subj*)

crismlising *fem noun*: chrism-loosing: ceremonial removal of the chrism-cloth applied at baptism

Crist *masc noun*: Christ (**Criste** *dat sing*; **Cristes** *gen sing*)

Cristen *adj*: Christian (**Cristenan** *nom/acc/dat pl*; **Cristene, Cristne** *nom pl masc*; **Cristenes** *gen sing neut*; **Cristenra, Cristna** *gen pl*)

Cristendom *masc noun*: Christianity; Christian territory (**Cristendome** *dat sing*)

Cristenes, Christenra, Cristna, Cristne: see **Cristen**

Cristes: see **Crist**

gecrong, cruncon, crunge: see **cringan**

crux *Latin noun*: cross

cu *fem noun*: cow (**cu** *gen sing*)

cuædon: see *gecweþan*

cucra: see **cwic**

cuma *masc noun*: new arrival, guest, stranger (**cuman** *nom pl; dat sing*)

cuman *Class 4 str verb*: come, arrive (**com, cwom, cuom** *1st/3rd pers sing pret indic*; **come, cwome** *3rd pers sing pret subj*; **cumað** *pl pres indic*; **cume** *3rd pers sing pres subj*; **cumen, cuman** *past part*; **cumen, cuman** *pl pres subj*; **cumene** *past part nom pl masc*; **cwomon, cwoman, comon, coman** *pl pret indic*; **cymþ, cymð, cymeð** *3rd pers sing pres indic*)

cumbol *neut noun*: banner, standard (**cumblum** *dat pl*; **cumbol** *nom pl*)

cumbolwiga *masc noun*: (banner-) warrior (**cumbolwigan** *acc pl; acc sing*)

Cumbra *prop name*: Cumbra (**Cumbran** *acc*)

cume, cumen, cumene: see **cuman**

gecunnad, cunnade: see *gecunnian*

cunnan *anom verb*: know, be able to, can (**cann, can, con** *1st/3rd pers sing pres indic*; **canst** *2nd pers sing pres indic*; **cunne** *3rd pers sing pres subj*; **cunnen** *pl pres subj*; **cunnon, cunnun** *pl pres indic*; **cuðe, cuþe** *1st/3rd pers sing pret indic/subj*; **cuðen** *pl pret subj*; **cuðon, cuþon** *pl pret indic*)

gecunnian *wk verb w. acc or gen*: explore, try out, find out (**gecunnad** *past part*; **cunnade, cunnode** *3rd pers sing pret indic*; **cunnað** *3rd pers sing pres indic*; **cunnedon** *pl pret indic*; **cunnige** *1st pers sing pres subj*)

cunnon, cunnun: see **cunnan**
cuom: see **cuman**
curfon: see **ceorfan**
cuð, cuþ *adj*: known, clear, manifest, certain (**cuðe, cuþe** *dat sing fem; nom pl masc, acc sing neut*; **cuðes** *gen sing neut*; **cuðra** *gen pl*)
cuðe, cuþe, cuþen: see **cunnan**
cuðes: see **cuð**
cuðlic *adj*: certain, reliable (**cuðlicre** *compar acc sing neut*)
cuðlice *adv*: openly, certainly (**cuðlicor** *compar*)
cuðlicre: see **cuðlic**
cuðon, cuþon: see **cunnan**
cuðra: see **cuð**
Cuþred *prop name*: Cuthred
cwædan, cwæde, cwæden, cwædon, gecwædon: see *ge*cweþan
gecwæman, gecwæmde: see **cweman**
cwæð, gecwæð: see *ge*cweþan
cwalu *fem noun*: killing, murder
cwanian *wk verb*: bemoan, lament, complain about
cwealm *masc noun*: death, murder; torment, pain (**cwealme** *dat sing*; **cwealmes** *gen sing*)
cwealmcuma *masc noun*: murderous visitor, one come to do murder (**cwealmcuman** *acc sing*)
cwealme, cwealmes: see **cwealme**
cweartern *neut noun*: prison (**cwearterne** *dat sing*)
cweccan *wk verb*: shake, vibrate (**cwehte** *3rd pers sing pret indic*)
gecwedene: see *ge*cweþan
cwehte: see **cweccan**
cwellan *wk verb*: kill, murder (**cwellendum** *pres part dat sing neut*)
cweman, gecwæman *wk verb w. dat*: please, gratify, serve (**gecwæmde, gecwemde** *3rd pers sing pret indic*)
cwen *fem noun*: queen, princess; consort, wife (**cwene** *acc/dat/gen sing*)
cwene *fem noun*: woman, wife (**cwenan** *acc sing*)
*ge*cweþan, **cweðan** *Class 5 str verb*: say (**cwæde** *2nd/3rd pers sing pret indic*; **cwæden** *pl pret subj*; **cwædon, gecwædon, cuædon, cwædan** *pl pret indic*; **cwæð, gecwæð** *3rd pers sing pret indic*; **gecwedene** *past part acc pl neut*; **cweð** *3rd pers sing pres indic; imper sing*; **cweðe, cweþe** *2nd/3rd pers sing pres subj; imper sing*; **cwyð** *3rd pers sing pres indic*; **to cweþenne** *inflect infin*)
cwic *adj*: alive, living (**cwican** *dat sing neut*; **cwice** *nom pl neut*; **cwicne** *acc sing masc*; **cwico** *acc sing neut*; **cwicra, cucra, cwicera** *gen pl*)
cwicbeam *masc noun*: quickbeam, service-tree, mountain ash (**cwicbeame** *dat sing*)
cwice, cwicera, cwicne, cwico, cwicra: see **cwic**
cwicsusl *neut/fem noun*: hell (lit. "living torment") (**cwicsusle** *dat sing*)
cwide *masc noun*: utterance, speech
cwidegiedd *neut noun*: song, story (**cwidegiedda** *gen pl*)
cwidol *adj*: talkative
cwiðan, cwiþan *weak verb*: mourn, bewail (**cwiðdon** *pl pret indic*)
cwom, cwoman, cwome, cwomon: see **cuman**
cwyð: see *ge*cweþan

cxx: see **hundtwelftig**

gecyd, cydde: see *gecyðan*

cygan *wk verb*: call, name; summon, speak (**cygde** *3rd pers sing pret indic;* **gecyged** *past part*)

cyle *masc noun*: cold

cyme, cime *masc noun*: coming, arrival (**cyme** *nom pl*)

cymeð: see **cuman**

cymlice *adv*: splendidly, nobly, beautifully (**cymlicor** *compar*)

cymþ, cymð: see **cuman**

cyn: see **cynn**

gecynd *neut/fem noun*: property, quality, nature; offspring, race (**cynde** *nom pl*)

cynedom *masc noun*: kingdom

Cyneheard *prop name*: Cyneheard

cynehelm *masc noun*: crown

cynelic *adj*: kingly, royal (**cynelices** *gen sing masc*)

cynerice *masc noun*: kingdom (**cynerice** *dat sing;* **cynerices, kynerices** *gen sing*)

cynerof *adj*: (kingly-) brave, renowned (**cynerofe** *nom pl masc*)

Cynewald Cnebing *prop name*: Cynewald son of Cnebba

Cynewulf *prop name*: Cynewulf

cyning, cining, kyning, cynincg, cyningc, cyngc, cyng *masc noun*: king (**cyninga** *gen pl;* **cyninge, kyninge, cynge** *dat sing;* **cyningas, kyningas** *nom/acc pl;* **cyninges, cynges** *gen sing*)

cyningwuldor, kyningwuldor *neut noun*: glorious king

cynn, cyn *neut noun*: race, family, offspring, kind, sort; manners, propriety (**cynn, cyn** *nom/acc pl;* **cynna** *gen pl;* **cynne, cinne** *dat sing;* **cynnes** *gen sing*)

    manna cynn: mankind

cyrcan, cyrican: see **cirice**

cyrichata *masc noun*: enemy of the church (**cyrichatan** *nom pl*)

cyrm, cirm *masc noun*: cry, roar, tumult

gecyrran *wk verb*: turn, change, turn back; convert; be converted, agree to (**cirdon, gecirdon** *pl pret indic;* **gecyrred** *past part;* **cyrreð** *3rd pers sing pres indic*)

    to cyrran: submit to the rule of

cyrten *adj*: beautiful, elegant, neat (**cyrtenu** *nom sing fem*)

cyssan *wk verb*: kiss (**cysse** *3rd pers sing pres subj;* **cyste** *3rd pers sing pret indic;* **cyston** *pl pret indic*)

cyst *fem noun*: choice; (w. gen) the best; excellence (**cystum** *dat pl*)

cyste, cyston: see **cyssan**

cystum: see **cyst**

gecyðan, gecyþan *wk verb*: make known, reveal, say, tell (**cydde** *1st/3rd pers sing pret indic/subj;* **cyð** *imper sing;* **gecyðde, cyðde** *3rd pers sing pret indic;* **cyðdon, cyþdon** *pl pret indic;* **gecyðed, gecyþed, gecyd** *past part;* **to gecyðanne** *inflect infin*)

cyðð *fem noun*: kith, kindred, native land, home (**cyððe** *dat sing*)

dæd *fem noun*: deed, action (**dæd** *acc sing;* **dæda** *nom/acc/gen pl;* **dæde** *acc/dat/gen sing;* **dædum** *dat pl*)

gedæde: see *gedon*

dædhata *masc noun*: enemy, hostile attacker (literally, "deed-hater," i.e., enemy who proceeds to acts of violence)

dædon: see *ge*don

dædum: see **dæd**

dæg *masc noun*: day (**dæge** *dat sing*; **dæges** *gen sing*; **daga** *gen pl*; **dagas** *nom/acc pl*; **dagum** *dat pl*)

    to dæge: today

    dæges and nihtes: day and night; by day and by night

dæghwamlice *adv*: daily

dægred *neut noun*: dawn

dægrim *neut noun*: numbered day, number of days

dægweorc *neut noun*: day's work (**dægweorce** *dat sing*; **dægweorces** *gen sing*)

dæhter: see **dohtor**

dæl, gedal *masc noun*: portion, part, share, lot, piece; division, separation (**gedale, dæle** *dat sing*)

gedælan *wk verb*: engage in, deal in, participate in; divide, share; allot (**dælde, gedælde** *3rd pers sing pret indic/subj*; **dældon, gedældon** *pl pret indic*; **dæleð** *3rd pers sing pres indic*; **dælon** *pl pres indic*)

dæle: see **dæl**

dæleð, dælon: see *ge*dælan

dærede: see **derian**

gedafenian *impers wk verb*: be appropriate for (**gedafenað** *3rd pers sing pres indic*; **gedafenode** *3rd pers sing pret indic*)

daga, dagas: see **dæg**

dagian *wk verb*: dawn, become day (**dagige** *3rd pers sing pres subj*)

dagum: see **dæg**

gedal, gedale: see **dæl**

gedaled: see *ge*dælan

daroð *masc noun*: spear

dc: see **syxhund**

dccc: see **eahtund**

dead *adj*: dead (**deada** *nom sing masc*; **deadan** *gen sing masc*; *nom pl masc*; **deade** *nom pl masc*; *nom sing neut*; **deadne** *acc sing masc*; **deadum** *dat sing masc*)

deagan *Class 7 str verb*: die? conceal oneself? (**deog** *3rd pers sing pret indic*)

deah: see **dugan**

deal, deall *adj*: proud, magnificent (**dealle** *nom pl masc*; **dealne** *acc sing masc*)

dearnunga, dearnenga, dearnunge *adv*: in secret, privately, insidiously

dear, dearst: see **durran**

deað, deaþ *masc noun*: death (**deaðe, deaþe** *dat sing*; **deaðes** *gen sing*)

deaðdæg *masc noun*: the day of death (**deaðdæge** *dat sing*)

deaðe, deaþe, deaðes: see **deað**

deaðfæge *adj*: doomed to die

deaðscua *masc noun*: death-shadow

deaðsele *masc noun*: hall of death (**deaðsele** *dat sing*)

gedefe *adj*: good, proper, suitable

Defenascir *prop name*: Devonshire (**Defenascire** *dat*)

dehter: see **dohtor**

delfan *Class 3 str verb*: dig (**delfað** *pl pres indic*)

dema *masc noun*: judge, ruler (**deman** *dat/gen sing*)

deman *wk verb*: judge, praise (**deme** *3rd pers sing pres subj*; **gedemed** *past part*)

demend *masc noun*: judge

dena: see **denu**

Dene *pl noun*: Danes (**Deniga, Dena, Denigea** *gen*; **Denum, Denon** *dat*)

Denemearc *prop name*: Denmark (**Denemearcan** *dat*)

Deniga, Denigea: see **Dene**

Denisc *adj*: Danish (**Deniscan** *nom pl masc*)

Denon: see **Dene**

denu *fem noun*: valley (**dena** *nom pl*)

Denum: see **Dene**

deofol *masc/neut noun*: devil (**deofla** *nom/acc/gen pl*; **deofle** *dat sing*; **deofles** *gen sing*; **deoflum** *dat pl*)

deofolcund *adj*: devilish, fiendish (**deofolcunda** *nom sing masc*)

deofolgild, deofolgyld *neut noun*: idol (lit. "offering to the devil") (**deofolgilda, deofulgilda** *gen pl*; **deofolgildum, deofulgeldum** *dat pl*; **deofolgyld** *acc pl*)

deog: see **deagan**

deogol *adj*: secret, hidden, unknown

deop *adj*: deep, profound (**deopan** *dat sing masc*)

deope *adv*: deeply, completely

deor (1) *neut noun*: animal (**deor** *nom/acc pl*); (2) *adj*: brave, daring (**deorum** *dat sing masc; dat pl*)

Deor *prop name*: Deor (the name of the scop in the poem *Deor*)

deoran: see **deore**

deorc *adj*: dark, gloomy (**deorce** *acc sing neut*; **deorcum, deorcan** *dat pl*)

deore, dyre *adj*: dear, beloved, expensive (**deoran** *dat sing neut*; **deorre** *gen sing fem*)

deore *adv*: dearly, at a high price

deorlic *adj*: daring, bold, brave (**deorlice** *acc sing fem*)

deorre: see **deore**

deorum: see **deor**

Deorwente *prop name*: (the river) Derwent (**Deorwentan** *dat*)

deorwurðe *adj*: precious, venerated (**deorwurðan** *gen sing fem; gen sing neut*)

derian *wk verb w. dat*: injure, harm (**derede, dærede** *3rd pers sing pret indic*; **dereð** *3rd pers sing pres indic*)

dest, deð, deþ: see *ge*don

dide: see *ge*don

gedigan *wk verb*: survive, overcome (**gedigde** *1st pers sing pret indic*; **gedigest** *2nd pers sing pres indic*; **gedigeð** *3rd pers sing pres indic*)

digolnes *fem noun*: secret (**digolnesse, digolnysse** *acc sing*)

dim *adj*: dim, gloomy, dark (**dimman** *acc sing fem*; **dimme** *nom pl fem*)

Dionisius *prop name*: Dionisius

do, gedo: see *ge*don

dogor *masc noun*: day (**dogora, dogera, dogra** *gen pl*; **dogore** *dat sing*; **dogores** *gen sing*)

dohte: see **dugan**

dohtor, dohter, dæhter *fem noun*: daughter (**dæhter, dehter** *dat sing*; **dohtor** *nom/acc pl*; *gen sing*; **dohtra** *gen pl*)

dol *adj*: foolish (**dole** *masc nom pl*)

dolg *neut noun*: wound, scar, sore (**dolg** *nom pl*)

dolgilp *neut noun*: foolish boast (**dolgilpe** *dat sing*)

dolhwund *adj*: wounded

dolsceaða *masc noun*: (wounding-) enemy (**dolsceaðan** *acc sing*)

dom *masc noun*: judgment, justice, majesty, might, glory, honor (**dome** *dat sing*; **domes** *gen sing*; **domum** *dat pl*)

domdæg *masc noun*: Judgment Day (**domdæge** *dat sing*)

dome, domes: see **dom**

domgeorn *adj*: fame-seeking, eager for (good) judgment (**domgeorne** *nom pl masc*)

domine *masc noun*: Lord

domlice *adv*: justly, gloriously

domum: see **dom**

gedon *anom verb*: do, make, act, perform, cause, put, take (**gedæde** *3rd pers sing pret subj*; **dest** *2nd pers sing pres indic*; **deð, deþ** *3rd pers sing pres indic*; **gedo** *1st pers sing pres indic*; **do** *imper sing; pres subj sing*; **gedon** *past part*; **don** *pl pres indic*; **gedon** *past part*; **doð** *imper pl*; **gedoð, doð, doþ** *pl pres indic*; **gedyde, dyde, dide** *3rd pers sing pret indic*; **dydon, dædon, gedydon, dydan** *pl pret indic*)
  don to mete: use as food

dorste: see **durran**

doð, doþ, gedoð: see **gedon**

draca *masc noun*: dragon (**dracan** *nom pl*; **dracena** *gen pl*)

gedræg, gedreag *neut noun*: assembly, multitude

draf: see **drifan**

draf *fem noun*: herd, drove (of cattle), flock (**drafe** *acc sing*)

dranc: see **drincan**

dreag, dreah: see **dreogan**

gedreag: see **gedræg**

dream *masc noun*: joy, gladness, rejoicing; music, melody (**dreama** *gen pl*; **dreamas** *nom/acc pl*; **dreame** *dat sing*; **dreames** *gen sing*; **dreamum** *dat pl*)

gedreas: see **gedreosan**

gedreccan *wk verb*: torment, oppress, afflict (**gedreht** *past part*; **gedrehte** *past part nom pl masc*; **gedrehton, gedrehtan** *pl pret indic*)

gedrefan *wk verb*: afflict, beset, trouble, stir up (**drefde** *3rd pers sing pret subj*; **gedrefed** *past part*)

gedreht, gedrehtan, gedrehte, gedrehton: see **gedreccan**

drenc *masc noun*: drinking, drowning (**drence** *dat sing*)

drencan *wk verb*: drown, cause to drink (**drencte** *3rd pers sing pret indic*)

drence: see **drenc**

drencte: see **drencan**

dreng *masc noun*: warrior (**drenga** *gen pl*)

dreogan *Class 2 str verb*: experience, suffer, endure; do, perform, fulfill (**dreah, dreag** *1st/3rd pers sing pret indic*; **dreogað** *pl pres indic*; **dreogeð** *3rd pers sing pres indic*; **drugon** *pl pret indic*)

dreor *masc noun*: blood, gore (**dreore** *dat sing*)

dreorfah *adj*: blood-stained, splashed with blood

dreorig *adj*: dreary, sad, bloody (**dreorigne** *acc sing masc*)

dreorighleor *adj*: sad-faced

dreorsele *masc noun*: dreary hall? bloody hall? (**dreorsele** *dat sing*)

gedreosan *Class 2 str verb*: fall, perish, fail (**gedreas** *3rd pers sing pret indic*; **dreoseð** *3rd pers sing pres indic*; **gedroren** *past part*)

drifan *Class 1 str verb*: drive (**draf** *3rd pers sing pret indic*; **drifað** *pl pres indic*; **drife** *3rd pers sing pres subj*)

gedriht, drihta: see **gedryht**

drihten, drihtenes: see **dryhten**

drihtguma, dryhtguma *masc noun*: man, retainer (**drihtguman, dryhtguman** *nom/acc pl*)

drihtlic, dryhtlic *adj*: splendid (**drihtlicu, drihtlecu** *nom sing fem*; **dryhtlicestum** *superl dat sing masc*)

drihtna, drihtne, drihtnes: see **dryhten**

drihtscipe *masc noun*: lordship, majesty

drihtsele, dryhtsele *masc noun*: noble hall

gedrinc, gedrync *neut noun*: drink, beverage; drinking, partying (**gedrynce** *dat sing*)

drincan *Class 1 str verb*: drink (**dranc** *3rd pers sing pret indic*; **drincað** *pl pres indic*; **druncen** *past part*: drunk; **druncne** *past part nom pl masc*: drunk)

drincend *masc noun*: drinker (**drincendra** *gen pl*)

drohtað, drohtoð *masc noun*: living, employment; way of life; plight

drohtian *wk verb*: behave, act (**drohtende** *pres part*)

drohtnian *wk verb*: live a (monastic) way of life (**drohtnode** *1st pers sing pret indic*)

gedrohtnung *fem noun*: way of life, (monastic) rule, observance of the (monastic) rule (**drohtnunge, gedrohtnunge** *acc/dat sing*)

gedroren: see **gedreosan**

drugon: see **dreogan**

druncen: see **drincan**

druncmennen *neut noun*: drunken female slave

druncne: see **drincan**

dry *masc noun*: sorcery; magician, sorcerer (**dryum** *dat pl*)

dryge *adj*: dry

gedryht, gedriht *fem noun*: nation, people; multitude, troop, company; (in pl) men (**dryhtum** *dat pl*)

dryhten, drihten *masc noun*: the Lord, ruler, prince (**dryhtna** *gen pl*; **drihtnes, dryhtnes** *gen sing*; **drihtne, dryhtne** *dat sing*)

dryhtenbealo *neut noun*: harm done by a lord; harm caused by loss of a lord

dryhtguma, dryhtguman: see **drihtguma**

dryhtlic, dryhtlicestum: see **drihtlic**

dryhtna, dryhtne, dryhtnes: see **dryhten**

dryhtsele: see **drihtsele**

dryhtum: see **gedryht**

gedrync, gedrynce: see **gedrinc**

dryppan *wk verb*: drip (**drype** *imper sing*)

dryum: see **dry**

dugan *anom verb*: be good, be strong, be good for (**deah** *3rd pers sing pres indic*; **dohte** *3rd pers sing pret indic*; *2nd pers sing pret subj*; **duge** *3rd pers sing pres subj*)

duguþ, duguð *fem noun*: glory, majesty; people, nobles; host, company, multitude; (often in contrast with *geoguð*) the older, tried retainers; property; virtue, excellence; riches (**dugeða** *gen pl*; **dugeðe, duguþe, duguðe, dugeþe** *acc/dat/gen sing; nom/acc pl*; **dugeþum** *dat pl*)

dumb *adj*: dumb, silent

dun *fem/masc noun*: mountain (**duna** *nom pl*; **dune** *acc/dat/gen sing*; **dunum** *dat pl*) of **dune** *adv phrase*: down

Dunnere *prop name*: Dunnere

dunum: see **dun**

durran *anom verb*: dare (**dear** *1st/3rd pers sing pres indic*; **dearst** *2nd pers sing pres indic*; **dorste** *1st/3rd pers sing pret indic*; **durre** *1st pers sing pres indic*)

duru *fem noun*: door

dust *neut noun*: dust (**duste** *dat sing*)

dwæs *adj*: foolish (**dwæsan** *dat pl*)

dwelian *wk verb*: deceive, mislead, lead into sin or error (**dwelode** *3rd pers sing pret indic*)

dweorh *masc noun*: dwarf (**dweores** *gen sing*)

gedwild, gedwilde: see **gedwyld**

gedwolgod *masc noun*: false god (**gedwolgoda** *gen pl*; **gedwolgodan** *dat pl*)

gedwyld, gedwild *masc noun*: error, folly, heresy, sin (**gedwilde, gedwylde** *dat sing*)

dydan, dyde, gedyde, dydon, gedydon: see **gedon**

dyfan *wk verb*: dip, immerse (**dyfde** *3rd pers sing pret indic*)

dynian *wk verb*: resound, make a din (**dynedan** *pl pret indic*; **dynede** *3rd pers sing pret indic*)

dyre *adj*: dear

dyre, dyrne: see **deore**

dyrne *adj*: secret, deceitful, evil

dyrsian *wk verb*: honor, glorify (**gedyrsod** *past part*)

dyrstig *adj*: brave, bold, presumptuous, venturesome (**dyrstige** *nom pl masc*)

dyrum: see **deore**

dysig *adj*: ignorant, foolish (**dysige** *nom pl masc*)

dysignes *fem noun*: ignorance, foolishness (**dysignesse** *acc/dat sing*)

ea *fem noun*: river (**ea** *dat sing*; **ean** *dat pl*)

eac (1) *adv*: also; (2) *prep w. dat*: in addition to, besides **eac þon** *prep*: besides, in addition to, despite

eacen *past part adj*: pregnant, endowed, increased, augmented, huge, numerous (**eacne** *nom pl fem*; **ecne** *acc sing masc*)

eacnian *wk verb*: conceive, become pregnant, bring forth (**eacniendra** *pres part gen pl*)

ead *neut noun*: riches, prosperity, happiness (**eades** *gen sing*)

eadega: see **eadig**

eades: see **ead**

eadga, eadge: see **eadig**

eadhreðig *adj*: blessed, happy (**eadhreðige** *nom pl fem*)

eadig *adj*: blessed, prosperous, happy (**eadega, eadga** *nom sing masc*; **eadge** *nom/acc pl masc*; **eadigan** *acc sing fem*)

eadiglice *adv*: prosperously, happily

eadignes *fem noun*: blessedness (**eadignesse** *acc/gen sing*)

eadlean, eadleane: see **edlean**

eadmodlice, eaðmodlice *adv*: humbly

eadmodnes *fem noun*: humility (**eadmodnesse** *dat sing*)

Eadmund *prop name*: Edmund

Eadric *prop name*: Eadric

Eadwacer *prop name*: Eadwacer

Eadweard *prop name*: Eadweard

eadwela *masc noun*: riches, prosperity (**eadwelan** *acc sing; acc pl*)

Eadwine *prop name*: Eadwine (Edwin) (**Eadwines** *gen sing*)

Eadwold *prop name*: Eadwold

eafora, eafera, afera *masc noun*: heir, descendant, son (**eaforan, aforan** *nom/acc/gen pl, acc/dat/gen sing*; **eafrum, eaforum** *dat pl*)

eafoð *neut noun*: strength, might

eafrum: see **eafora**

eage *neut noun*: eye (**eagan** *nom/acc pl; gen sing*; **eagum** *dat pl*)

eagorstream *masc noun*: ocean current

eagum: see **eage**

eahta, .viii. *numeral*: eight

eahtahund, .dccc. *numeral*: eight hundred

eahtian *wk verb*: consider, discuss, deliberate on (**eahtedon** *pl pret indic*)

eal: see **eall**

eala *interj*: oh!, alas!, woe!

ealand: see **ealond**

ealað: see **ealo**

Ealchstan *prop name*: Ealhstan

eald *adj*: old (**ealda, alda** *nom sing masc*; **ealdan** *dat/gen sing masc*; **ealde** *nom/acc pl masc/fem; acc/dat sing fem; acc sing neut*; **ealdes** *gen sing neut*; **ealdra** *gen pl*; **ealdum** *dat pl*; **ieldran** *compar nom pl masc* [also as noun: "elders, ancestors"]; **yldesta** *superl masc nom sing* [also as noun: "leader, elder"]; **yldestan** *superl masc acc/dat sing, nom/acc pl masc*; **yldra** *compar nom sing masc* [also as noun: "elder, parent"])

ealdafæder *masc noun*: grandfather

ealdan: see **eald**

ealdað: see **ealdian**

ealde, ealdes: see **eald**

ealderdagum: see **aldordæg**

ealdfæder *masc noun*: forefather, ancestor, honored father

ealdfeond *masc noun*: old enemy (**ealdfeondum** *dat pl*)

ealdgeniðla *masc noun*: old enemy (**ealdgeniðlan** *acc pl*)

ealdgesegen *fem noun*: old story (**ealdgesegena** *gen pl*)

ealdgesið *masc noun*: old retainer, seasoned warrior (**ealdgesiðas** *nom pl*)

ealdgewyrht *neut noun*: former transgression (**ealdgewyrhtum** *dat pl*)

ealdhettende *masc pl noun*: old enemies

ealdian *wk verb*: age, grow old (**ealdað** *3rd pers sing pres indic*)

ealdmetod *masc noun*: Ancient Lord

ealdor, aldor (1) *masc noun*: lord, prince, king; (monastic) superior; most important (of the Nile among rivers) (**ealdre, aldre** *dat sing*; **ealdres** *gen sing*); (2) *neut noun*: life, eternity (**aldre, ealdre** *dat sing*; **aldrum** *dat pl*; **ealdres, aldres** *gen sing*)

    to aldre, to widan aldre: for ever, for ever and ever

ealdorbisceop *masc noun*: chief bishop

ealdorduguð *fem noun*: leadership (**ealdorduguðe** *gen sing*)

ealdorgedal: see **aldorgedal**

ealdormann, ealdorman, ealdormon, aldorman, aldormon *masc noun*: ealdorman, noble; overseer, master (**aldormen** *nom pl*; **aldormonnes** *gen sing*; **ealdormannum** *dat pl*)

ealdorþegn *masc noun*: leading officer, general (**ealdorþegnum** *dat pl*)

ealdra: see **eald**

ealdre, ealdres: see **ealdor**

ealdum: see **eald**

ealfela *pron*: very many

ealgearo *adj*: complete, all ready

ealgian, gealgean *wk verb*: defend, protect

Ealhelm *prop name*: Ealhelm

eall, eal, all *adj and pron*: all (**ealla** *acc pl fem*; **ealle** *dat sing as adv*: entirely; **ealle, alle** *nom/acc pl; acc sing fem; acc sing neut*; **ealles** *gen sing masc/neut*; **eallum, eallon, allum** *dat pl* [as adv: entirely]; **ealne, alne** *acc sing masc*; **ealra** *gen pl* [sometimes used adverbially: "in all, altogether"]; **ealre, eallre** *dat/gen sing fem*)

    eal, eall *adv*: entirely, easily, indeed

eallenga, eallinga *adv*: entirely, completely

ealles *adv*: entirely

eallgylden *past part adj*: entirely gilt, all golden

eallon, eallre, eallum, ealne: see **eall**

ealneg *adv*: always, in perpetuity

ealo *masc? noun*: ale (**ealað** *gen sing*)

ealobenc *fem noun*: ale-bench (**ealobence** *dat sing*)

ealond, ealand, eglond *neut noun*: island (**ealonde** *dat sing*)

ealowæg *neut noun*: ale beaker (**ealowæge** *acc/dat sing*)

ealowosa *masc noun*: garrulous drunk (**ealowosan** *dat sing*)

ealra, ealre: see **eall**

ealuscerwen *fem noun*: terror (lit. "dispensing of ale" or "deprivation of ale")

eam *masc noun*: (usually maternal) uncle

ean: see **ea**

Eanwulf Osmoding *prop name*: Eanwulf son of Osmod

earan: see **eare**

eard *masc noun*: country, region, land, homeland (**earda** *gen sing*; **earde** *dat sing*; **eardes** *gen sing*)

eardgeard *masc noun*: dwelling place, land

eardian, eardigean *wk verb*: occupy, dwell in, live (**eardode** *3rd pers sing pret indic*)

eardlufe *fem noun*: beloved land (**eardlufan** *acc sing*)

eardode: see **eardian**

eardstapa *masc noun*: traveler

eare *neut noun*: ear (**earan** *acc pl*)

earfeþa: see **earfoþe**

earfeðmæcg *masc noun*: miserable person (**earfeðmæcgum** *dat pl*)

earfoþe *neut noun*: trouble, difficulty, hardship (**earfeðu, earfeþo** *acc pl*; **earfoða, earfoþa, earfeþa** *acc/gen pl*)

earfoðhwil *fem noun*: time of trouble or hardship (**earfoðhwile** *acc sing*)

earfoðlic *adj*: miserable, difficult, hard

earfoðlice *adv*: miserably, with difficulty or hardship

earfoðsið, earfoðsiþ *masc noun*: time of trouble, miserable journey (**earfoðsiða** *gen pl*)

earfoðþrag *fem noun*: time of trouble (**earfoðþrage** *acc sing*)

earg, earh *adj*: wretched, cowardly (**eargra** *gen pl*)

earhlic *adj*: shameful, wretched (**earhlice** *nom pl fem*)

earm (1) *masc noun*: arm (**earmum, earmon** *dat pl*); (2) *adj*: poor, miserable (**earman** *dat sing fem*; **earme** *acc pl fem; nom pl masc*; **earmne** *acc sing masc*; **earmra** *gen pl*; **earmran** *compar acc sing masc*)

earmcearig *adj*: miserable

earme: see **earm**

earmlic *adj*: miserable

earmlice *adv*: miserably

earmne, earmon, earmra, earmran, earmum: see **earm**

earn *masc noun*: eagle; sea-eagle, osprey

geearnian *wk verb*: earn, merit; be deserving (i.e., in intransitive use of the verb) (**geearnaþ** *3rd pers sing pres indic*; **geearnedan** *pl pret indic*)

geearnung, earnunge *fem noun*: merit, desert, virtue (**geearnunga** *acc pl*; **earnungan** *acc sing*; **geearnunge** *acc sing*)

eart: see **beon**

east *adv*: east

eastan: see **easten**

Eastdene *masc pl noun*: (East-) Danes (**Eastdena** *gen pl*; **Eastdenum** *dat pl*)

easten, eastan *adv*: from the east

   be eastan *prep*: to the east of

Eastengle *prop noun*: East Anglians; East Anglia (**Eastengle** *dat sing*; **Eastenglum** *dat pl*)

easteð *neut noun*: shore, river bank (**easteðe** *dat sing*)

Eastron *pl fem noun*: Easter

Eastseaxe *masc pl noun*: East Saxons (**Eastseaxena** *gen pl*)

eastweard *adv*: eastward

eaðe, eaþe *adv*: easily (**eaðost** *superl*)

eaðe, yðe *adj*: easy, pleasant

eaðelice *adv*: easily

eaðfynde *adj*: easily found

eaðmedu *fem noun*: reverence, humility (**eaðmedum** *dat pl*)

eaðmod, eaþmod *adj*: humble, submissive, obedient

eaðmodlice: see **eadmodlice**

eaðost: see **eaðe**

Eawa Pybing *prop name*: Eawa son of Pybba

eaweð: see **iewan**

eaxl *fem noun*: shoulder (**eaxle, exle** *acc/dat sing*; **eaxlum** *dat pl*)

eaxlgespann *neut noun*: "shoulder fastening": intersection of cross-beam and upright of the Cross? (**eaxlgespanne** *dat sing*)

eaxlgestealla *masc noun*: shoulder- (i.e., close) companion

eaxlum: see **eaxl**

ebba *masc noun*: ebb (of a tide) (**ebban** *dat sing*)

Ebrei, Ebreas *masc pl noun*: the Hebrews (**Ebrea** *gen*)

Ebrisc *adj*: Hebrew (**Ebrisca** *nom sing masc*; **Ebriscan** *dat sing*; **Ebrisce** *nom pl masc*)

eca: see **ece**

ece *adj*: eternal (**eca** *nom sing masc*; **ecan** *acc/dat/gen sing masc/neut/fem*; **eces** *gen sing neut*; **ecre** *gen sing fem*)

ece *adv*: eternally

ecg *fem noun*: edge, blade, sword (**ecga** *gen pl*; **ecge** *dat sing*; **ecgum** *dat pl*)

Ecgbryht *prop name*: Ecgbryht (**Ecgbryhtes** *gen sing*)

ecghete *masc noun*: (sword) hate, enmity

Ecglaf *prop name*: Ecglaf (**Ecglafes, Eclafes** *gen sing*)

ecgplega *masc noun*: edge-sport, edge-play (i.e., sword-play) (**ecgplegan** *acc sing*)

Ecgþeow, Ecþeow, Ecgþeo *prop name*: Ecgtheow (**Ecgþeowes, Ecþeowes** *gen sing*)

ecgþracu *fem noun*: onrush of swords, attack (**ecgþræce** *acc sing*)

ecgum: see **ecg**

ecne: see **eacen, ece**

ecre: see **ece**

Ecþeow, Ecþeowes: see **Ecgþeow**

ederas: see **eodor**

edlean, eadlean *neut noun*: reward, recompense, punishment (**edleane, eadleane** *dat sing*)

edneowe *adj*: renewed, continual

geedniwian *wk verb*: renew (**geedniwod** *past part*)

edrum: see **ædre**

edwendan *wk verb*: reverse, change

edwit *neut noun*: shame, reproach

edwylm *masc noun*: surging fire (**edwylme** *dat sing*)

geefenlæcan *wk verb*: be like, equal, match, emulate (**geeuenlæhton** *pl pret indic*)

efenlang *adj*: just as long, of the same length

efnan: see *geæfnan*

efne, emne *adv*: just, exactly

efsian *wk verb*: shear, shave (**geefsod** *past part*)

efstan *wk verb*: hurry, go quickly (**efste** *3rd pers sing pret indic*; **efston** *pl pret indic*)

eft *adv*: again, afterward, back, in turn, in answer

ege *masc noun*: awe, fear

egesa, egsa *masc noun*: fear, awe, horror, peril (**egesum** *dat pl*; **egsan, egesan** *nom/acc pl*; *acc/dat/gen sing*)

egesful, egesfull *adj*: awe-inspiring, terrible

egesian *wk verb*: frighten, intimidate (**egsode** *3rd pers sing pret indic*)

egeslic *adj*: frightening, horrid, horrific (**egeslican** *dat sing neut*; **egeslice** *nom pl fem*)

egesum: see **egesa**

Egfer *prop name*: Egfer
eglan *wk verb*: trouble, afflict
egle *adj*: horrible (**eglu** *nom pl neut*)
eglond: see **ealond**
egsa, egsan: see **egesa**
egsode: see **egsian**
egstream *masc noun*: stream, river, current (**egstreamum** *dat pl*)
ehtan *wk verb*: attack, harass, persecute (**ehtende** *pres part*; **ehton** *pl pret indic*)
ehtnys *fem noun*: persecution, harassment, attack (**ehtnysse** *acc sing*)
ehton: see **ehtan**
elcor *adv*: otherwise
ele *masc noun*: oil (**ele** *dat sing*)
ellen *neut noun*: valor, courage (**elne** *dat sing*; **elnes** *gen sing*)
ellendæd *fem noun*: deed of valor (**ellendæda** *acc/gen pl*; **ellendædum** *dat pl*)
ellenmærþu *fem noun*: renowned valorous act (**ellenmærþum** *dat pl*)
ellenrof *adj*: courageous, noble
ellenþrist *adj*: daring, bold, heroic (**ellenþriste** *nom pl fem*)
ellenweorc *neut noun*: work of courage
ellenwodnis *fem noun*: fury, indignation, fervor (**ellenwodnisse** *gen sing*)
elles (1) *adv*: otherwise, else, besides; (2) *pron*: anything else
    elles hwær: elsewhere
ellor *adv*: elsewhere
ellorgæst, ellorgast *masc noun*: alien spirit, ghost from elsewhere
ellþeodig, ellþeodigne, ellðeodigra: see **elþeodig**
elne, elnes: see **ellen**
    elnian *wk verb*: grow strong (**elniendra** *pres part gen pl*)
elra *adj*: another (**elran** *dat sing*)
elðeod *fem noun*: foreign nation; (pl) foreigners (**elðeoda** *acc pl*; **elþeode** *acc/dat/gen sing*)
elþeodig, ellþeodig *adj*: foreign (**ellþeodigne** *acc sing masc*; **ellðeodigra, elþeodigra,**
    elðeodigra *gen pl*; **elþeodige** *acc pl masc*)
embe: see **ymb**
emne: see **efne**
geendade: see **geendian**
ende *masc noun*: end; quarter, direction, division (**ende, ænde** *dat sing*)
endebyrdnes *fem noun*: order, succession (**endebyrdnesse** *acc sing*)
    þurh endebyrdnesse: one after another; in order
endedæg *masc noun*: final day, day of death
endeleas *adj*: endless
endesæta *masc noun*: boundary-watcher, coast guard
endestæf *masc noun*: end
geendian *wk verb*: end, stop; reach agreement (**geendode, geændade, geendade** *3rd pers
    sing pret indic*)
endlyfta *num adj*: eleventh (**endlyftan** *dat sing neut*)
geendode: see **geendian**
geendung *fem noun*: ending (**geendunge** *dat sing*)
enge: see **ænge**

engel, engyl *masc noun*: angel (**engla** *gen pl*; **englas** *nom pl*; **engle** *dat sing*; **engles** *gen sing*; **englum** *dat pl*)

engelcynn *neut noun*: race of angels (**engelcynna** *gen pl*)

Engla, engla: see **engel, Engle**

Englafeld *prop name*: Englefield, Berkshire (**Englafelda** *dat sing*)

englas: see **engel**

Engle *pl prop noun*: the English (**Engla** *gen pl*; **Englum** *dat pl*)

engle, engles: see **engel**

Englisc *adj and noun*: English

    on Englisc: in English, into English

Engliscgereord *neut noun*: English language, English speech (**Engliscgereorde** *dat sing*)

Englum, englum: see **engel, Engle**

engyl: see **engel**

ent *masc noun*: giant (**enta** *gen pl*)

eode, geeode, eodon, geeodon: see *ge*gan

eodor, eodur *masc noun*: protector, lord; enclosure, building (**eoderas, ederas** *nom/acc pl masc*)

    in under eoderas: into the building

eodorcan *wk verb*: chew the cud, ruminate (**eodorcende** *pres part*)

eodur: see **eodor**

eofer *masc noun*: boar (**eoferes** *gen sing*)

eoforlic *neut noun*: boar-image (**eoforlic** *nom pl*)

Eoforwicceaster *prop name*: the city of York (**Eoforwicceastre** *dat sing*)

eoh *masc noun*: horse

eolet *neut? noun*: voyage? (**eoletes** *gen sing*)

eom: see **beon**

Eomær Angelþowing *prop name*: Eomær son of Angeltheow

eorl *masc noun*: man, warrior, leader; jarl (**eorla** *gen pl*; **eorlas** *nom/acc pl*; **eorle** *dat sing*; **eorles** *gen sing*; **eorlum** *dat pl*)

eorlgestreon *neut noun*: (nobleman's) treasure (**eorlgestreona** *gen pl*)

eorlic *adj*: noble

eorlum: see **eorl**

Eormanric *prop name*: the historical Gothic king Ermanaricus (**Eormanrices** *gen sing*)

eormencynn *neut noun*: the great kindred (i.e., all mankind) (**eormencynnes** *gen sing*)

eormengrund *neut noun*: the vast earth

eornost *fem noun*: seriousness

    on eornost: seriously, in earnest

eornoste *adv*: firmly, resolutely, courageously

eorðan, eorþan: see **eorðe**

eorðe *fem noun*: earth (**eorðan, eorþan** *acc/dat/gen sing*)

eorþrice *neut noun*: the Kingdom of Earth (**eorþrice** *dat sing*)

eorðscræf *neut noun*: cave, grave (**eorðscræfe** *dat sing*; **eorðscrafu** *acc pl*)

eorðsele *masc noun*: earth-dwelling, earth-hall

eorðweg *masc noun*: earthly road or path (**eorðwege** *dat sing*)

eorðwela *masc noun*: earthly possession (**eorðwelan** *nom/acc pl*)

eosel, esol *masc noun*: ass, donkey (**eoseles** *gen sing*; **esolas** *acc pl*)

eoten *masc noun*: giant, monster (**eotena** *gen pl*; **eotenas** *nom pl*)

Eotene *masc pl noun*: a Germanic people (the Jutes?) (**Eotenum** *dat pl*)

eotonweard *neut noun*: watch against giants or trolls

eow: see **ge**

eowdon: see **iewan**

eower, eowere, eowerne, eowic: see **ge**

Eowland *prop name*: Øland

eowra, eowre, eowrum: see **ge**

Erce: meaning unknown; if a name, this may be that of some kind of fertility deity, the Earth's mother ("eorþan modor").

erian *wk verb*: plow (**ergende** *pres part*)

esa: see **os**

Escanceaster, Exanceaster *prop name*: Exeter (**Escanceastre** *dat sing*)

esne *masc noun*: man, laborer, retainer

esol: see **eosel**

est *masc noun*: grace, favor; consent (**estum** *dat pl*)

este *adj*: gracious, favorable

Este *prop name*: the Ests (a Baltic people) (**Estum** *dat pl*)

Estland *prop name*: Estland (the land of the Ests) (**Estlande** *dat sing*)

Estmere *masc noun*: the Vistula Lagoon

Estum, estum: see **Este, est**

et *(Latin) conjunction*: and

etan *Class 5 str verb w. gen or acc*: eat (**æt** *imper sing*; *1st/3rd pers sing pret indic*; **æte** *2nd pers sing pres subj/indic*; **etað** *pl pres indic*; **eteð** *3rd pers sing pres indic*)

Eþandun *prop name*: Ethandun (**Eþandune** *dat*)

eðel, eþel, eðyl *masc noun*: native land, country (**eðle, oðle** *dat sing*)

eþelweard *masc noun*: king, lord (of a homeland); guardian of a homeland (**eðelweardas** *nom pl*; **eþelwearde** *dat sing*)

eðle, eðyl: see **eðel**

eðyltyrf, eðelturf *fem noun*: native soil, homeland

geeuenlæhton: see **geefenlæcan**

Eugenia *prop name*: Eugenia (**Eugenian** *acc/dat/gen sing*)

eunuch *masc noun*: eunuch (**eunuchi** *nom pl*)

Eutropius *prop name*: Eutropius

Exanceaster: see **Escanceaster**

exle: see **eaxl**

facen *neut noun*: sin, evil, deceit, treachery (**facna** *gen pl*; **facne** *dat sing*; **facnes** *gen sing*)

facenful *adj*: deceitful (**facenfyllan** *dat sing fem*)

facenstæf *masc noun*: evil act, deceitful action (**facenstafas** *acc pl*)

facna, facne, facnes: see **facen**

fadian *wk verb*: guide, direct, rule (**fadode** *3rd pers sing pret indic*)

fæc *neut noun*: length of time (**fæce** *dat sing*)

gefæccan: see **fetigean**

fæcne *adj*: deceitful, malicious (**fæcna** *nom sing masc*)

fæd *past part adj*: decorated (**fædan** *gen sing neut*)

fæder *masc noun*: father (**fæder** *acc/dat/gen sing*)

fæderæþelu *neut pl noun*: paternal or hereditary endowments or excellences (**fæderæþelum** *dat pl*)

gefæg *adj*: pleasing (**gefægra** *compar nom sing masc*)

fæge *adj*: doomed; accursed (**fægan, fægean** *dat sing neut;* **fæge** *nom/acc pl masc;* **fæges** *gen sing;* **fægne** *acc sing masc;* **fægum** *dat sing masc/neut; dat pl*)

gefægen adj: glad, joyous (**gefægene** *nom pl masc*)

fæger *adj*: fair, lovely, pleasant (**fægere, fægre** *nom/acc pl masc/fem; acc sing fem; dat sing masc;* **fægerra, fægera** *gen pl;* **fægran** *dat sing fem*)

fægere, fægre *adv*: pleasantly, beautifully; well, justly (**fægrost** *superl*)

fægerra: see **fæger**

fæges, fægne: see **fæge**

fægir: see **fæger**

fægnian *wk verb w. gen*: be delighted, be happy (**fægnode** *3rd pers sing pret indic*)

gefægon: see *gefeon*

gefægra: see **gefæg**

fægran, fægre: see **fæger**

fægrian *wk verb*: become beautiful (**fægriað** *pl pres indic*)

fægrost: see **fægere**

fægroste: see **fæger**

fægum: see **fæge**

fæhð, fæhðu, fæhþo *fem noun*: feud, hostility, enmity (**fæhðe** *acc/dat/gen sing*)

fæla: see **fela**

fælsian *wk verb*: cleanse, purify (**gefælsod** *past part*)

fæmne *fem noun*: woman, female; virgin, maid (**fæmnan, femnan** *acc/dat sing; nom pl;* **fæmnum** *dat pl*)

fæng: see *gefon*

fær *neut noun*: vessel, conveyance

gefæra, gefæran: see **gefera**

færde, færdon: see *geferan*

færen: see *geferan*

færeð: see *gefaran*

færgripe *masc noun*: sudden grasping (**færgripum** *dat pl*)

færgryre *masc noun*: sudden horror (**færgryrum** *dat pl*)

færinga *adv*: suddenly

færlice *adv*: suddenly, violently

færnið *masc noun*: sudden violence (**færniða** *gen pl*)

færsceaða *masc noun*: violent attacker (**færsceaðan** *dat sing*)

færspell, færspel *neut noun*: bad news, news of a sudden calamity

færstice *masc noun*: sudden stabbing pain ("stitch") (**færstice** *dat sing*)

færð: see *gefaran*

fæst *adj*: fast, firmly attached, solid, firm (**fæste** *dat sing masc;* **fæstne** *acc sing masc*)

fæste *adv*: fast, firmly, solidly, securely (**fæstor** *compar*)

fæsten *neut noun*: stronghold, enclosure (**fæstenne, fæstene** *dat sing*)

fæstenbryce *masc noun*: failure to fast when required (**fæstenbrycas** *acc pl*)

fæstene: see **fæsten**

fæstengeat *neut noun*: fortress gate (**fæstengeates** *gen sing*)

fæstenne: see **fæsten**

fæstlice *adv*: firmly, decisively, permanently

fæstne: see **fæst**

gefæstnian *wk verb*: fasten, secure, contract for, settle upon, provide assurances (that) (**gefæstnod** *past part*; **gefæstnodon** *pl pret indic*)

fæstnung *fem noun*: stability; covenant; protection

fæstor: see **fæste**

fæstræd *adj*: steadfast (**fæstrædne** *acc sing masc*)

fæstum: see **fæst**

gefætað: see **fetigean**

fætedhleor *adj*: with decorated cheeks; bearing cheek ornaments (**fætedhleore** *acc pl masc*)

fætels *masc noun*: jar for liquids; bag, sack (**fætels** *acc pl*; **fætelse** *dat sing*)

fæðm, fæþm *masc noun*: embrace, grasp; body, breast (**fæþme, fæðme** *dat sing*; **fæðmum, fæþmum** *dat pl*)

fætt (1) *neut noun*: gold plate, gold ornament (**fættum** *dat pl*); (2) *adj*: ornamented, adorned with gold (**fætte** *acc pl masc*)

gefætte: see **fetigean**

fættum: see **fætt**

fæx: see **feax**

fah, fag (1) *adj*: hostile, criminal, guilty, outlawed (**fagum** *dat sing masc, dat pl*; **fara** *gen pl*; **faum** *dat pl*); (2) *adj*: ornamented, shining; stained, blood-stained (**fagum** *dat pl, dat sing masc*; **fahne, fagne** *acc sing masc*)

Falster *prop name*: Falster

fam *neut noun*: foam

famiheals *adj*: foamy-prowed

fand: see **findan**

fann *fem noun*: winnowing fan (a large basket)

fant *masc noun*: baptismal font (**fante** *dat sing*)

far: see **gefaran**

fara: see **fah**

gefara *masc noun*: companion, follower

gefaran *Class 6 str verb*: go, travel; proceed; (with ge- prefix) depart, die (**færeð, fareð, færð** *3rd pers sing pres indic*; **far** *imper sing*; **farað, faran** *pl pres indic*; **fare** *2nd/3rd pers sing pres subj*; **gefaren** *past part*; **gefor, for** *3rd pers sing pret indic*; **geforan, foran, foron** *pl pret indic*; **gefore** *3rd pers sing pret subj*; **foren** *pl pret subj*)

farað: see **gefaran**

faraðlacende: see **faroðlacend**

fare: see **gefaran**

gefaren, fareð: see **gefaran**

fareðlacend, fareðlacendum: see **faroðlacend**

faroð *masc noun*: shore, bank (**faroðe** *dat sing*)

faroðlacend, fareðlacend *masc noun*: swimmer, sailor (**fareðlacendum** *dat pl*; **faroðlacende, faraðlacende** *nom pl*)

Fastitocalon *prop name*: Fastitocalon, the whale's name

faum: see **fah**

fea: see **feoh**

fea, feawa *adj and pron*: few (**fea** *nom pl masc*)

fea *adv*: little, hardly; even a little, at all

gefea *masc noun*: joy, happiness (**gefean** *acc/dat sing*)

gefeah: see *ge*feon

feaht, gefeaht: see *ge*feohtan

feala: see **fela**

fealdan *Class 7 str verb*: fold (**feoldan** *pl pret indic*)

*ge*feallan *Class 7 str verb*: fall, fall dead (**feallende** *pres part*; **fealleþ** *3rd pers sing pres indic*; **feol, feoll, gefeol, gefeoll** *3rd pers sing pret indic*; **feollon** *pl pret indic*)

fealohilte *adj*: having a yellow (i.e., golden) hilt

fealu *adj*: yellow, gray, dusky (**fealwe** *acc pl masc; acc sing fem*)

gefean: see **gefea**

feasceaft *adj*: indigent, poor, miserable; (w. gen) bereft

feasceaftig *adj*: indigent, poor

feawa: see **fea**

feax, fæx *neut noun*: hair (**feaxe** *dat sing*)

feccan, feccende, gefecgan: see **fetigean**

fedan *wk verb*: feed; bear, give birth to (**fedde** *3rd pers sing pret indic*; **fedeð** *3rd pers sing pres indic*)

feferfuige *fem noun*: feverfew (*tanacetum parthenium*)

fegan *wk verb*: join, attach; confine (**gefeged** *past part*; **fegeð** *3rd pers sing pres indic*)

gefeh: see *ge*feon

fela, feala, fæla *pron and adv*: many, much

felahror *adj*: very strong

felaleof *adj*: very dear (**felaleofan** *gen sing masc*)

*ge*felan *wk verb w. gen*: feel, perceive (**gefele** *3rd pers sing pres subj*; **gefeleð, feleþ** *3rd pers sing pres indic*)

felawlonc *adj*: very proud

feld *masc noun*: plain, field (**felda** *dat sing*; **feldas** *acc pl masc*)

gefele: see *ge*felan

feleleas *adj*: insensible, without sensation

gefeleð, feleþ: see *ge*felan

fell *neut noun*: skin, hide

femnan: see **fæmne**

fen, fenn *neut noun*: fen, moor, marsh (**fenne** *dat sing*)

fenfreoðo *fem noun*: refuge in the fens

feng *masc noun*: grasp (**fenge** *dat sing*)

feng, gefeng, fengon: see *ge*fon

fenhlið *neut noun*: fen-cliff, fen-slope (**fenhleoðu** *acc pl*)

fenhop *neut noun*: dry land in a marsh (**fenhopu** *acc pl*)

fenn, fenne: see **fen**

feo: see **feoh**

feofor *masc noun*: fever (**feofore** *dat sing*)

feoh *neut noun*: livestock, wealth (**fea, feo** *dat sing*; **feos** *gen sing*)

feohgifre *adj*: greedy for property

feohgift *fem noun*: gift of property (**feohgyfte** *gen sing*; **feohgiftum** *dat pl*)

gefeoht *neut noun*: fight, battle (**gefeohte, feohte** *dat sing*; **gefeohtum** *dat pl*)

gefeohtan *Class 3 str verb*: fight; (with ge- prefix) get by fighting (**feaht, gefeaht** *3rd pers sing pret indic*; **feohtende** *pres part*; **gefohten** *past part*; **fuhton, gefuhton** *pl pret indic*)

gefeohte *fem noun*: fight, struggle (**feohtan** *acc/dat sing*; **gefeohte** *dat sing*)

feohte, gefeohte: see *ge*feoht

feohtende: see *ge*feohtan

gefeohtum: see *ge*feoht

feol, gefeol: see *ge*feallan

feolan *Class 3 str verb*: penetrate, enter (**fulgon** *pl pret indic*)

feoldan: see fealdan

feolheard *adj*: file-hard (**feolhearde** *acc pl neut*)

feoll, gefeoll, feollon: see *ge*feallan

gefeon *Class 5 str verb w. dat or gen*: rejoice, exult (**gefægon** *pl pret indic*; **gefeah, gefeh** *3rd pers sing pret indic*; **gefeonde** *pres part*)

feond *masc noun*: enemy, adversary; fiend, devil (**feond** *acc pl*; **feonda** *gen pl*; **feondas** *nom/acc pl*; **feonde** *dat sing*; **feondes** *gen sing*; **feondum** *dat pl*; **fynd** *nom/acc pl*)

gefeonde: see *ge*feon

feondes: see feond

feondgrap *fem noun*: hostile grasp, grip of an enemy (**feondgrapum** *dat pl*)

feondscaða, feondsceaða *masc noun*: hostile enemy (**feondsceaðan** *acc sing*)

feondum: see feond

feor (1) *adv*: far; from afar (**fyr, fyrr** *comp*); (2) *adj*: distant, far (**feorres** *gen sing*)

feora: see feorh

feorbuend *adj*: outsider, foreigner

feore, feores, feorg: see feorh

feorgbold *neut noun*: spirit-house (a kenning for "body")

feorgbona: see feorhbana

feorh, feorg *masc/neut noun*: life, spirit; living being, person (**feora** *gen pl*; **feores** *gen sing*; **feorh** *nom pl*; **feorum** *dat pl*; **fyore, feore** *dat sing*)

feorhbana, feorgbona *masc noun*: killer, murderer (**feorhbanan** *dat sing; acc pl*)

feorhbealo *neut noun*: murderous evil

feorhcwalu *fem noun*: death (**feorhcwale** *dat sing*)

feorhgeniðla *masc noun*: mortal enemy (**feorhgeniðlan** *dat sing*)

feorhhus *neut noun*: life-house, soul-house (a kenning for "body")

feorhlast *masc noun*: bloody track; footprint of (departing) life (**feorhlastas** *nom pl*)

feorhseoc *adj*: mortally wounded

feorm *fem noun*: goods, possessions, provisions; upkeep, management, handling, care; use, benefit (**feorme, fiorme** *acc/dat sing*)

feormend *masc noun*: provider, patron, host (**feormendra** *gen pl*)

feormian *wk verb*: entertain, look after, polish off (**gefeormod** *past part*)

feorran (1) *adv*: far, from afar; (2) **feorran** *wk verb*: remove, withdraw, take away

feorren, feorran *adv*: from afar, far off

feorres: see feor

feorrian *wk verb*: go far off (**feorriað** *pl pres indic*) feorð: see ferhð

feorða *adj and pron*: fourth (**feorðan** *dat sing masc*; **feorðe** *nom sing fem*)

feorum: see feorh

feorweg *masc noun*: distant way, distant journey (**feorwegas** *acc pl*; **feorwegum** *dat pl*)

feos: see feoh

feower, .iiii. *numeral*: four

feowertiene, .xiiii. *numeral*: fourteen (**feowertynum** *dat pl*)

feowertig, .xl. *numeral*: forty

   an and feowertig, .xli. *numeral*: forty-one

feowertynum: see feowertiene

gefera, gefæra *masc noun*: companion (**geferan, gefæran** *acc/dat/gen sing, nom/acc pl*; **geferum** *dat pl*)

geferan, færen *wk verb*: go, travel; accomplish, obtain, bring (**feran** *pl pres subj/indic*; **ferde, geferde, færde** *3rd pers sing pret indic*; **ferdon, færdon** *pl pret indic*; **fere** *1st pers sing pres indic*)

fere: see fær

gefered, geferede, ferede, feredon: see ferian

ferend *neut noun*: traveler (**ferend** *nom pl*)

ferende: see geferan

fergað: see ferian

ferhtgereaht *neut noun*: what is just and right

ferhð, ferð, feorð *masc noun*: spirit, mind, soul (**ferhðe, ferhþe, ferðe, ferþe** *dat sing*; **ferhðes** *gen sing*)

ferhðgleaw *adj*: intelligent, clever (**ferhðgleawe** *acc sing fem*)

ferhðloca, ferðloca *masc noun*: spirit-enclosure (a kenning for "body") (**ferhðlocan** *nom pl*; **ferðlocan** *acc sing*)

ferhweard *fem noun*: protection (**ferhwearde** *acc sing*)

ferian *wk verb*: depart, go; carry, transport, bring (**geferede** *past part nom pl masc*; **geferede, ferede, ferode** *3rd pers sing pret indic*; **ferigeað, fergað** *pl pres indic*; **fyredon** *pl pret indic*)

ferlorene: see forleosan

fers *neut noun*: verse, line of poetry (**fers** *acc pl*)

ferð, ferðe, ferþe: see ferhð

ferðgrim *adj*: fierce-minded

ferðloca, ferðlocan: see ferhðloca

geferum: see gefera

feseð: see fysan

fet: see fot

feter: see fetor

gefeterian *wk verb*: fetter, fasten (**gefeterode** *3rd pers sing pret indic*)

feterum: see fetor

feða *masc noun*: foot-soldier; troop of soldiers (**feðan** *nom/acc pl*)

feþan *wk verb*: make walk, put (back) on feet (**feþað** *pl. pres indic*)

feðe, feþe *neut noun*: power of movement, going, pace (**feðe, feþe** *dat sing*)

   on feðe: on foot

feþegeorn *adj*: eager to travel by foot

feðelast *masc noun*: footstep, footpath (**feðelaste** *dat sing*)

feðer *fem noun*: feather, wing (**feðera, feþra** *acc pl*; **fiþrum** *dat pl*)

fetigean, fetigan, gefecgan, feccan, gefæccan *weak verb*: fetch, bring, carry away (**feccende** *pres part*; **gefetige** *3rd pers sing pres subj*; **gefætað** *pl pres indic*; **gefætte** *past part nom pl neut*)

fetor, feter *fem noun*: fetter (**feterum** *dat pl*)

fierd, fierde: see **fyrd**

fif, .v. *numeral*: five (**fife** *nom/acc pl*)

fifelcynn *neut noun*: the race of giants/monsters (**fifelcynnes** *gen sing*)

fifta *adj*: fifth (**fiftan** *acc sing fem*)

fiftegum: see **fiftig**

fiftene, fiftyne, fiftyno, .xv. *numeral*: fifteen (**XVna, fiftena** *gen pl*)

fiftig, L, .l. *numeral*: fifty (**fiftegum** *dat pl*; **fiftiges** *gen sing*)

fiftyne, fiftyno: see **fiftene**

findan *Class 3 str verb*: find (**fand, funde** *3rd pers sing pret indic*; **findest** *2nd pers sing pres indic*; **findeð** *3rd pers sing pres indic*; **funden** *past part*; **fundon** *pl pret indic*)

finger *masc noun*: finger (**fingra** *gen pl*; **fingras** *nom/acc pl*)

Finnaland *neut noun*: the land of the Finns or Sami peoples

finol *masc noun*: fennel

fiorme: see **feorm**

firas *masc pl noun*: men, human beings (**fira** *gen pl*; **firum** *dat pl*)

firen, fyrn *fem noun*: sin, guilt, crime; torment (**firena, fyrena** *nom/acc/gen pl*; **fyrene** *acc/gen sing*; **fyrnum, firnum, firenum** *dat pl* [as adv: extremely, violently])

firgenstream *masc noun*: mountain current, mountain stream (**firgenstreamum** *dat pl*)

firnum: see **firen**

firum: see **firas**

fisc *masc noun*: fish (**fisca** *gen pl*; **fiscas** *nom pl*; **fisceon** *dat pl*)

fiscað *masc noun*: fishing, fishery

fisceon: see **fisc**

Fitela *prop name*: Fitela

fiþerleas *adj*: without wings (or without feathers)

fiþrum: see **feðer**

fitt *fem noun*: song, poem (**fitte** *acc sing*)

flæsc *neut noun*: flesh, body (**flæsce** *dat sing*)

flæschoma *masc noun*: body (lit. "covering of flesh") (**flæschoman** *acc sing*)

flah *adj*: deceitful, treacherous, wicked

flan *masc/fem noun*: arrow, spear (**flana** *gen pl*; **flane** *acc/dat sing*; **flanes** *gen sing*)

fleag, fleah: see **fleogan**

fleam *masc noun*: flight, rout (**fleame** *dat sing*)

fleogan *Class 2 str verb*: fly, flee (**fleah, fleag** *3rd pers sing pret indic*; **fleogende** *pres part*; **fleoh** *imper sing*; **flugon** *pl pret indic*)

fleohnet *neut noun*: fly-net, thin curtain

fleon *Class 2 str verb*: fly from, avoid, flee (**fleoð** *pl pres indic*)

fleotan *Class 2 str verb*: float, swim

fleotend *masc noun*: sailor, floater (**fleotendra** *gen pl*)

fleotende, fleotendra: see **fleotan**

fleoð: see **fleon**

flet: see **flett**

fletsittende *masc pl noun*: those sitting in a hall; courtiers, warriors (**fletsittendum** *dat pl*)

flett, flet *neut noun*: hall (**flette** *dat sing*)

fletwerod *neut noun*: hall-troop

gefliemde, gefliemdon: see *ge*flyman

flihte: see **flyht**

geflit *neut noun*: dispute, contest

flitan *Class 1 str verb*: fight, contend (**flite** *3rd pers sing pret subj*; **flitende** *past part nom pl masc*)

flod *masc/neut noun*: body of water, wave, stream, current, flood (**flode** *dat sing*; **flodes** *gen sing*)

flodweg *masc noun*: sea-way, sea-path (**flodwegas** *acc pl*)

flodyþ *fem noun*: (sea) wave (**flodyþum** *dat pl*)

flor *masc/fem noun*: floor (**flore** *acc sing*)

flot *neut noun*: sea

    on flot feran: put out to sea

flota, geflota *masc noun*: floater (a kenning for "sailor, ship, fish") (**flotan** *acc sing; nom pl*; **geflotan** *dat sing*)

flotmonn *masc noun*: sailor, shipman, víking (**flotmen** *nom pl*)

flotweg *masc noun*: ship-route

flowan *Class 7 str verb*: flow (**flowende** *pres part*; **floweð** *3rd pers sing pres indic*)

flugon: see **fleogan**

flyht *masc noun*: flight (**flihte** *dat sing*)

    on flihte: in flight, flying

*ge*flyman *wk verb*: drive out, cast out, put to flight (**gefliemde** *3rd pers sing pret indic*; *past part nom pl masc*; **gefliemdon** *pl pret indic*; **geflymed** *past part*)

fodder *neut noun*: food, fodder (**fodre** *dat sing*; **fodres** *gen sing*)

gefohten: see *ge*feohtan

fola *masc noun*: foal, colt (**folan** *acc pl*)

folc *neut noun*: people, nation, tribe (**folca** *gen pl*; **folce** *dat sing*; **folces** *gen sing*; **folcum** *dat pl*)

folccwen *fem noun*: queen (of a people)

folce, folces: see **folc**

folcgefeoht *neut noun*: great battle: engagement fought by the whole national army led by the king (**folcgefeoht** *acc pl*)

folclagu *fem noun*: national law (**folclaga** *nom pl*)

folclond *neut noun*: national land (**folclondes** *gen sing*)

folcscaru *fem noun*: common (people's) land; nation (**folcscare, folcsceare** *acc/dat sing*)

folcstede *masc noun*: national capital, palace; battlefield (**folcstede, folcstyde** *dat sing; nom pl*)

folctoga *masc noun*: chieftain, commander (**folctogan** *nom/acc pl; acc/dat/gen sing*)

folcum: see **folc**

foldan: see **folde**

foldbold *neut noun*: earthly building

foldbuend *masc noun*: earth-dweller (i.e., human being, man) (**foldbuendum** *dat pl*)

folde *fem noun*: earth, ground (**foldan** *acc/dat/gen sing;* **nom** *pl*)

foldweg *masc noun*: path, way, track (on the earth) (**foldwegas** *nom pl;* **foldwege** *dat sing*)

folgað *masc noun*: body of retainers; followership (position in such a body)

folgian *wk verb w. dat*: follow (**folgode** *3rd pers sing pret subj;* **folligende** *pres part*)

folm, folme *fem noun*: hand, palm (**folma, folme** *nom/acc pl;* **folman** *dat sing; dat pl;* **folme** *acc/dat sing;* **folmum** *dat pl*)

gefon *Class 7 str verb*: seize, grasp, take, achieve (**feng, gefeng, fæng** *1st/3rd pers sing pret indic;* **fengon** *pl pret indic;* **gefoð** *pl pres indic*)

   fon to rice: become king, accede to the throne

   fon to þære spræce: begin to speak, take the floor

   fon togædere: (of armies) join battle

fond: see **findan**

for, gefor: see **gefaran**

for (1) *prep*: for, on account of; before, in the presence of; before (temporal), during; before (spatial), in front of; (2) *fem noun*: going, journey, way of life (**fore** *acc sing*)

   for þæm þe: because

   for ðy: for that reason, therefore

foran *adv*: in front

foran, geforan: see **gefaran**

forane *adv*: back, in the other direction; first, ahead of time

foranniht *fem noun*: early in the night; evening (**forannihte** *dat sing*)

forbærn: see **forbearnan**

forbærnan *wk verb*: burn up, cremate (**forbærnað** *pl pres indic;* **forbærned** *past part;* **forbærnedne** *past part acc sing masc;* **forbærnen** *pl pres subj;* **forbærneð** *3rd pers sing pres indic;* **forbernde, forbærnde** *3rd pers sing pret indic*)

forbeah: see **forbugan**

forbeornan *Class 3 str verb*: burn up (**forbærn** *3rd pers sing pret indic;* **forburnon** *past part*)

forberan *Class 4 str verb*: endure, put up with

forbernde: see **forbærnan**

forbigan *wk verb*: humiliate, debase (**forbigde** *3rd pers sing pret indic;* **forbiged** *past part*)

forbugan *Class 2 str verb*: avoid, flee from (**forbeah** *3rd pers sing pret indic*)

forburnon: see **forbeornan**

forceorfan *Class 3 str verb*: cut off (**forcearf** *3rd pers sing pret indic;* **forcurfon** *pl pret indic*)

ford *masc noun*: ford, place to cross water (**forda** *dat sing*)

fordeman *wk verb*: condemn, sentence to death (**fordæmed** *past part*)

fordon *anom verb*: ruin, corrupt, undo, destroy (**fordon** *past part;* **fordyde** *3rd pers sing pret indic*)

fordrifan *Class 1 str verb*: impel, compel, drive away (**fordraf** *3rd pers sing pret indic*)

fordyde: see **fordon**

gefore: see **gefaran**

fore: see **for**

fore *prep*: before, in the presence of; for, instead of; on account of

foregangan *Class 7 str verb*: precede (**foregange** *3rd pers sing pres subj*)

foregenga *masc noun*: escort, servant

foregisl *masc noun*: hostage given to secure an oath (**foregislas** *acc pl*)

foremære *adj*: very famous (**foremærost** *superl*; **formærne** *acc sing masc*)

foremihtig *adj*: pre-eminently powerful

foren: see **gefaran**

foresecgan *wk verb*: say before, say previously (**foresædan** *past part dat sing fem*; **foresædon, foresædan** *pl pret indic*)

forespeca *masc noun*: spokesperson, sponsor at baptism (**forespecan** *nom pl*)

foresprecan *Class 5 str verb*: say before (**foresprecenan** *past part dat sing masc* ["afore-said"])

foreþanc *masc noun*: forethought, prudence, judiciousness

forewyrcend *masc noun*: subordinate, servant (**forewyrcendum** *dat pl*)

forfaran *Class 6 str verb*: do away with, destroy, kill (**forfor** *3rd pers sing pret indic*)

forgeaf, forgeafe: see **forgiefan**

forgeald: see **forgieldan**

forgiefan *Class 5 str verb*: grant, give, bestow upon (**forgeaf** *3rd pers sing pret indic*; **forgiefene** *past part nom sing neut*; **forgif** *imper sing*; **forgifen** *past part*)

forgieldan, forgyldan *Class 3 str verb*: pay back, requite, reward (**forgeald** *3rd pers sing pret indic*; **forgolden** *past part*; **forgylde** *3rd pers sing pres subj*; **forgyldon** *pl pres indic*)

forgif, forgifen, forgifð: see **forgiefan**

forgolden: see **forgieldan**

forgrindan *Class 3 str verb w. dat*: destroy (**forgrand** *1st pers sing pret indic*)

forgyldan, forgylde, forgyldon: see **forgieldan**

forhealdan *Class 7 str verb*: forsake, rebel against; withhold (**forhealdað** *pl pres indic*; **forhealdene** *past part masc pl*)

forheard *adj*: very hard (**forheardne** *acc sing masc*)

forheawan *Class 7 str verb*: cut up, cut to pieces, cut down (**forheawen** *past part*)

forhergian *wk verb*: destroy with war, devastate (**forhergod** *past part*)

forhicgan *wk verb*: reject, disdain (**forhicge** *1st pers sing pres indic*)

forhogdnis *fem noun*: contempt, disdain (**forhogdnisse** *dat sing*)

forhogian *wk verb*: disdain, scorn (**forhogode** *3rd pers sing pret indic*)

forht *adj*: frightened, timid

þy **forhtran**: any the more frightened or timid

forhtian *wk verb*: be frightened (**forhtedon** *pl pret indic*; **forhtiað** *pl pres indic*)

forhtlice *adv*: timidly

forhtran: see **forht**

forhwæga *adv*: somewhere

forlacan *Class 7 str verb*: mislead, deceive; betray (**forlacen** *past part*; **forlec** *3rd pers sing pret indic*)

forlætan *Class 7 str verb*: relinquish, avoid, release, allow to escape, leave behind; let, allow; leave (**forlæt** *imper sing*; **forlætað** *imper pl; pl pres indic*; **forlæte** *1st pers sing pres indic*; **forlæten** *pl pres subj; past part*; **forlætende** *pres part*; **forlæteð** *3rd pers sing pres indic*; **forlet, forlæt** *1st/3rd pers sing pret indic*; **forleton** *pl pret indic*)

forleas: see **forleosan**

forlec: see **forlacen**

forlegen *past part adj*: lewd, impure, licentious, adulterous (**forlegene** *nom pl masc*)

forleogan *Class 3 str verb*: lie (about), commit perjury (regarding) (**forlogen** *past part*; **forlogene** *past part nom pl masc*; **forlugan** *pl pret indic*)

forleosan *Class 2 str verb*: lose, abandon, destroy (**forleas** *1st pers sing pret indic*; **forleosen** *pl pres subj*; **forloren** *past part*; **ferlorene** *past part fem acc sing*; **forlure** *2nd pers sing pret subj*)

forlet, forleton: see **forlætan**

forlicgan, forlycgan *Class 5 str verb*: have sex with

forliden *past part adj*: shipwrecked

forliger *neut noun*: fornication, seduction; prohibited sexual act (**forligre, forlygre** *dat sing*; **forligru** *acc pl*; **forlyres** *gen sing*)

forlogen, forlogene, forlugan: see **forleogan**

forloren, forlure: see **forleosan**

forlycgan: see **forlicgan**

forlygre, forlyres: see **forliger**

forma *adj*: first (**forman** *acc pl; acc/dat sing masc/fem/neut*)

formærne: see **foremære**

formoni *adj*: too many a

forniman *Class 4 str verb*: take away (**fornam, fornom** *3rd pers sing pret indic*; **fornoman** *pl pret indic*; **fornumen** *past part*; **fornumene** *past part nom pl*)

  beon mid ... fornumen: to be overcome with ...

fornydan *wk verb*: coerce, force, compel (**fornydde** *past part nom pl fem*)

foroft *adv*: very often

foron: see **gefaran**

forrædan *wk verb*: plot against, betray (**forrædde** *3rd pers sing pret indic*; **forræde** *3rd pers sing pres subj*)

forsacan *Class 6 str verb*: refuse (**forsoc** *3rd pers sing pret indic*; **forsocon** *pl pret indic*)

forsæcgan *wk verb*: falsely accuse, slander, defame

forsæt, forsæton: see **forsittan**

forsawene: see **forseon**

forscrifan *Class 1 str verb*: condemn, judge (**forscrifen** *past part*)

forscyldigian *wk verb*: condemn, declare to be guilty (**forscyldeguda** *past part nom sing masc*)

forseah: see **forseon**

forsendan *wk verb*: send away (**forsended** *past part*)

forseon *Class 5 str verb*: despise, reject (**forsawene** *past part nom pl*; **forseah** *1st pers sing pret indic*)

forsittan *Class 5 str verb*: obstruct, hinder, resist (**forsæt** *3rd pers sing pret indic*)

forspendan *wk verb*: expend, spend out (**forspendað** *pl pres indic*)

forspildan, forspillan *wk verb*: waste, spoil, ruin, destroy, kill (**forspilde** *3rd pers sing pret indic*)

forsoc, forsocon: see **forsacen**

forst *masc noun*: frost (**forste** *dat sing*)

forstandan *Class 6 str verb*: understand; hinder, prevent; protect (**forstod** *1st/3rd pers sing pret indic*)

forste: see **forst**

forstod, forstode, forstodon: see **forstandan**

forswapan *Class 7 str verb*: drive off, sweep away (**forsweop** *3rd pers sing pret indic*)

forswelgan *Class 3 str verb*: swallow, devour (**forswealg** *3rd pers sing pret indic*; **forswelge** *3rd pers sing pres subj*)

forsweop: see **forswapan**

forsweran *Class 6 str verb*: renounce the use of; swear falsely (**forsworen** *past part*; **forsworene** *past part nom pl masc*)

forswulge: see **forswelgan**

forsyngod *past part adj*: destroyed by sin, overwhelmed by sin (**forsyngodon** *dat sing fem*)

forð *adv*: forth, forwards, away, hence, thence; from now on, from then on; extensively

forþam, forðam, forþan, forþon, forðon, forðan *conj*: because, since; therefore, for that reason

forþbringan *wk verb*: bring forth, produce; speak aloud (**forþbrohte** *3rd pers sing pret indic*)

forþferan *wk verb*: die (**forþferde** *3rd pers sing pret indic*)

forðfor *fem noun*: departure, death (**forðfore** *dat/gen sing*)

forðgeorn *adj*: valiant, eager to press forward in battle

forðgerimed *past part adj*: all told, counted out

forðgesceaft *fem noun*: creation, destiny

forðian *wk verb*: carry out (**geforþod** *past part*)

forþolian *wk verb w. dat*: do without, endure the absence of

forðon, forþon: see **forþam**

forðsiþ *masc noun*: journey forth (**forðsiþes** *gen sing*)

forðteon *Class 2 str verb*: show, display (**forðteah** *3rd pers sing pres indic*)

forðweg *masc noun*: way forth; death (**forðwege** *dat sing*)

forðylman *wk verb*: enclose, shut up, cover (**forðylmed** *past part*)

forwandigende *pres part adj*: hesitant, reverent (**forwandigendre** *dat sing fem*)

forwearð: see **forweorðan**

forwegan *Class 5 str verb*: kill (**forwegen** *past part*)

forweorðan *Class 3 str verb*: be destroyed, perish (**forwearð** *3rd pers sing pret indic*; **forweorðan** *pl pres indic/subj*; **forweorðe** *3rd pers sing pres subj*; **forwurdan** *pl pret indic*) **forweorðan on mode**: to be grieved

forworht, forworhtan, forworhte: see **forwyrcan**

forwrecan *Class 5 str verb*: banish, drive away (**forwræc** *3rd pers sing pret indic*)

forwundian *wk verb*: wound badly (**forwunded, forwundod** *past part*)

forwurdan: see **forweorðan**

forwyrcan *wk verb*: ruin, destroy, lose; barricade, close up (**forworhtan** *pl pret indic*; **forwyrcan** *pl pres indic*)

forwyrd *fem noun*: destruction, ruin

forwyrnan *wk verb*: refuse, withhold, oppose (**forwyrnde** *3rd pers sing pret indic*; **forwyrne** *2nd per sing pres subj*)

foryrman *wk verb*: impoverish, reduce to misery (**forymde** *past part nom pl*)

fostercyld *neut noun*: foster-child (**fostercyld** *nom pl*)

fot *masc noun*: foot (**fet** *nom/acc pl*; **fota** *gen pl*; **fote** *dat sing*; **fotes** *gen sing*; **fotum** *dat pl*)

gefoð: see **gefon**

fotmæl *neut noun*: (the distance of a) foot (**fotmæla** *gen pl*)

fotum: see **fot**

fracod *adj*: criminal, shameful, vile (**fracodes** *gen sing masc*)

fracoðlice, fracodlice *adv*: vilely, shamefully, criminally

fræcne: see **frecne**

gefrǣge (1) *adj*: famous, well-known, respected; (2) *neut noun*: knowledge, report
   mine gefrǣge: as I have heard

gefrǣgen, frǣgn, gefrǣgn: see *gefrignan*

Frǣna *prop name*: Fraena

frǣt: see **fretan**

gefrǣtewod: see *gefrǣtwian*

frǣtewum: see **frǣtwe**

frǣton: see **fretan**

frǣtwa: see **frǣtwe**

gefrǣtwad, gefrǣtwade, frǣtwan, gefrǣtwod: see *gefrǣtwian*

frǣtwe *fem pl noun*: trappings, armor; treasure (**frǣtwa** *gen pl, acc pl*; **frǣtwum,**
   frǣtewum *dat pl*)

gefrǣtwian, **frǣtwan** *wk verb*: adorn, decorate (**gefrǣtwade** *3rd pers sing pret indic*;
   gefrǣtwod, gefrǣtewod, gefrǣtwad, frǣtwed *past part*; **gefretewodon** *pl pret indic*)

frǣtwum: see **frǣtwe**

fram: see **from**

franca *masc noun*: spear, lance (**francan** *acc/dat sing; nom pl*)

frea *masc noun*: lord, king, God; husband (**frean** *acc/dat/gen sing*)

freadrihten *masc noun*: lord, king, God (**freadrihtnes** *gen sing*)

frean: see **frea**

frecen (1) *neut noun*: peril, danger (**frecna** *gen pl*; **frecne** *dat sing*; **frecnes** *gen sing*); (2)
   adj: dangerous, perilous (**frecenra** *gen pl*; **frecne** *nom/acc sing neut; acc sing fem*)

frecne *adj*: dangerous, perilous, evil (**frecnan** *acc sing fem*)

frecne, fræcne *adv*: severely, harshly, dangerously

frecnes: see **frecen**

frefran *weak verb*: comfort, console

fremde *adj*: foreign, strange, alien (**fremdan** *nom/acc pl masc*; **fremdes** *gen sing*; **frem-**
   dum, fremdan *dat pl*)

fremede, gefremede, fremedon, gefremedon: see *gefremman*

gefremman *wk verb*: do, make, carry out, support, perpetuate (**gefremed** *past part*;
   gefremede *past part acc sing fem*; **gefremede, fremede** *1st/3rd pers sing pret indic/subj*;
   gefremedon, fremedon *pl pret indic*; **fremmað** *pl pres indic; 3rd pers sing pres indic*;
   fremme *3rd pers sing pres subj*; **to gefremmanne** *inflect infin*)

fremsumnes *fem noun*: generosity, kindness (**fremsumnesse** *acc sing*; **fremsumnessum**
   dat pl)

fremu *fem noun*: advantage, benefit (**fremum** *dat pl*)

freo *adj*: free, noble; happy (**friora** *gen pl*)

freoburh *fem noun*: (noble) city

freod *fem noun*: affection, good will, peace (**freode** *acc/dat sing*)

freogan *wk verb*: love, cherish (**freoð** *3rd pers sing pres indic*)
   swa þin mod freoð: as you like

freolic *adj*: glorious, beautiful (**freolicu** *fem nom sing*; **freolicu, freolico** *neut nom/acc pl*)

freolsbrice *masc noun*: failure to observe a festival of the church (**freolsbricas** *acc pl*)

freolucu: see **freolic**

freom: see **freo**

freomæg *masc noun*: (free, noble) kinsman (**freomagum, freomægum** *dat pl*)

freond *masc noun*: friend, relative (**freonda** *gen pl*; **freondas** *nom pl*; **freondum** *dat pl*; **frynd, freond** *nom/acc pl; dat sing*)

freondleas *adj*: friendless, lordless (**freondleasne** *acc sing masc*)

freondlice *adv*: in a friendly manner, amicably (**freondlicor** *compar*)

freondscipe, freondscype *masc noun*: friendship, love relationship (**freondscipe** *dat sing*)

freondum: see **freond**

freora: see **freo**

freorig *adj*: cold, chilly, freezing

freoriht *neut noun*: right of free-born people (**freoriht** *nom pl*)

freoð: see **freogan**

freoþian: see **friðian**

freoðo: see **friþu**

freoðo *fem noun*: peace, protection (**freoðo** *dat sing*)

freoðoburh *fem noun*: (protecting) city

freoþode: see **friðian**

freowine *masc noun*: noble lord

fretan *Class 5 str verb*: eat, consume; break (faith, etc.) (**fræt** *3rd pers sing pret indic*; **fræton** *pl pret indic*; **fretað** *pl pres indic*)

gefretewodon: see **gefrætwian**

fricgan, fricgean *Class 5 str verb*: ask, inquire, try to find out (**fricgen** *pl pres subj*; **frige** *imper sing*)

frige: see **fricgan, frigu**

gefrignan, frinan *Class 2 str verb*: ask; (with ge- prefix) find out (**frægn, gefrægn, gefrægen** *1st/3rd pers sing pret indic*; **frignende** *pres part*; **frineð** *3rd pers sing pres indic*; **gefrunen** *past part*; **gefrunon, gefrungon, gefrugnon** *pl pret indic*)

frigu *fem noun*: love, (in pl) affections, embraces (**frige** *nom pl*)

frinan, frineð: see **gefrignan**

friora: see **freo**

friþ, frið *masc noun*: peace, security, tranquility (**friðe, friþe** *dat sing*; **friðes** *gen sing*)

friþ *adj*: beautiful, stately (**friþe** *nom sing fem*)

friþe, friðe, friðes: see **friþ**

friðian, freoþian *wk verb*: cherish, defend, protect (**gefriþod** *past part*; **gefriðode, freoþode** *3rd pers sing pret indic*)

friðo: see **friþu**

gefriþod, gefriðode: see **friðian**

friþu *fem noun*: peace, safety, protection (**friðo, freoðo, fryðo** *acc/dat/gen sing*)

frod *adj*: old, wise (**frodran** *compar nom pl*)

frofor *fem noun*: comfort, consolation (**frofre** *acc/dat/gen sing*)

from, fram *prep*: from

from *adj*: strong, bold (**frome** *nom sing fem; nom pl masc*; **fromne** *acc sing masc*; **fromum** *dat pl*)

fromlice *adv*: boldly, vigorously, quickly

fromne: see **from**

fromsiþ *masc noun*: departure

fromum: see **from**

fromweard *adj*: departing, doomed to die (**fromweardum** *dat sing masc*)

gefrugnon: see *ge*frignan

fruma *masc noun*: origin, cause, creator, founder, progenitor, leader, beginning (**fruman** *acc/dat sing; nom/acc pl*)

frumbearn *neut noun*: first-born child (**frumbearn** *nom/ac pl*; **frumbearne** *dat sing*)

frumcyn *neut noun*: national or tribal origin; lineage

frumgar *masc noun*: leader, chief (**frumgaras** *acc pl*)

frumsceaft *masc noun*: first creation, origin, home (**frumsceafta** *gen pl*; **frumsceafte** *dat sing*)

gefrunen, gefrungon, gefrunon: see *ge*frignan

frymdi *adj*: entreating

  ic eom frymdi to þe: I pray you

frymð *masc noun*: beginning, origin (**frymða** *gen pl*; **frymðe** *dat sing*)

frynd: see **freond**

fryðo: see **friþu**

fugol, fugel *masc noun*: bird (**fuglas** *nom/acc pl*; **fugle, fugele** *dat sing*; **fugles** *gen sing*; **fuglum** *dat pl*)

fuhton, gefuhton: see *ge*feohtan

ful (1) *neut noun*: cup, beaker; (2) *adj*: foul, impure, rotten, unclean (also as noun: "impure person") (**fula** *nom sing masc*; **fulan** *dat sing masc; acc pl neut*; **fule** *nom sing fem; nom pl masc*; **fullum** *dat sing masc*; **fulne** *acc sing masc*)

ful: see **full**

fulboren *past part adj*: live-born (**fulborenum** *dat sing neut*)

fulgon: see **feolan**

fule: see **ful**

fulian *wk verb*: go rotten, decay, decompose (**fuliað** *pl pres indic*)

full, ful (1) *adj*: full (**fulle** *acc sing fem; nom/acc pl masc*; **fullum** *dat sing masc*; **fulne** *acc sing masc*); (2) *adv*: very; entirely

  liges full: full of flame

  to ful, be fullan *adv*: completely, fully

fullic *adj*: principal (**fullicra** *gen pl*)

fullice *adv*: fouly, ignobly

fullicra: see **fullic**

gefullod, gefullode: see **fulwian**

fulluht *masc/fem noun*: baptism (**fulluhte, fulwihte** *dat/gen sing*)

fullum: see **ful, full**

fulne: see **ful, full**

fultum *masc noun*: help, support (**fultume** *dat sing*; **fultumes** *gen sing*)

gefultumian *wk verb*: help, support (**gefultumadon** *pl pret indic/subj*; **gefultumed** *past part*)

fulwian *wk verb*: baptize (**gefullod** *past part*; **gefullode** *past part nom pl neut*)

fulwihte: see **fulluht**

fundast, fundað, fundaþ: see **fundian**

funde: see **findan**

fundedon: see **fundian**

funden: see **findan**

fundian *wk verb*: go, hasten; wish for, strive after (**fundað, fundaþ** *3rd pers sing pres indic;* **fundode** *3rd pers sing pret indic*)

fundon: see **findan**

furh *fem noun*: furrow

furðor, furþur, furður *adv*: further; farther; any more

furðum, furþum *adv*: even, already, before, first

fus *adj*: eager, striving, zealous, quick, brave, noble (**fuse** *nom pl masc; acc sing neut;* **fusne** *acc sing masc*)

fuslic *adj*: ready (**fuslicu** *acc pl neut*)

fusne: see **fus**

fyl: see **fyll**

gefylce *neut noun*: army, division (**gefylcum, gefylcium**)

gefylda, fylde, gefylde: see **gefyllan**

fylgean, fylgan *wk verb*: follow, observe, obey (**fylgen** *pl pres subj*)

fyll, fyl *masc noun*: fall, destruction, death (**fylle** *dat sing*)

fyll *fem noun*: fullness, repletion, feasting (**fylle** *acc/dat/gen sing*)

gefyllan (1) *wk verb*: fill; fulfill, complete (**gefylda** *past part nom pl fem;* **gefylde** *3rd pers sing pret indic;* **gefylle** *imper sing;* **gefylled** *past part*); (2) *wk verb*: fell, cause to fall

fylle: see **fyll**

gefylled: see **gefyllan**

fylstan *wk verb*: help, support (**fylste** *3rd pers sing pret indic*)

fylð *fem noun*: filth, impurity, indecency (**fylðe** *acc sing*)

fylwerig *adj*: weary (i.e., wounded) to death (**fylwerigne** *acc sing masc*)

fynd: see **feond**

fyore: see **feorh**

fyr: see **feor**

fyr *neut noun*: fire (**fyre** *dat sing;* **fyres** *gen sing*)

fyrbend *masc noun*: fire-forged band (**fyrbendum** *dat pl*)

fyrd, fierd *fem noun*: army, military campaign (**fyrde, fierde** *acc/dat sing*)

fyrdrinc *masc noun*: soldier, warrior (**fyrdrinces** *gen sing*)

fyrdsearu *neut pl noun*: armor, war trappings

fyrdwic *neut noun*: military camp, encampment (**fyrdwicum** *dat pl*)

fyre: see **fyr**

fyredon: see **ferian**

fyren, fyrena: see **firen**

fyrendæd *masc noun*: evil or criminal deed (**fyrendædum** *dat sing*)

fyrene: see **firen**

fyrenðearf *fem noun*: dire need (**fyrenðearfe** *acc sing*)

fyres: see **fyr**

fyrgenheafod *neut noun*: mountain top (**fyrgenheafde** *dat sing*)

fyrheard *adj*: tempered, fire-hardened

fyrhtu *fem noun*: fear, terror

fyrmest *adj*: foremost, first

fyrn: see **firen**

fyrn, gefyrn *adv*: long ago, formerly, earlier

fyrndæ *masc noun*: long-ago day (**fyrndagum** *dat pl*)

fyrngeflit *neut noun*: former strife (**fyrngeflitu** *acc pl*)

fyrnstream *masc noun*: distant current (**fyrnstreama** *gen pl*)

fyrnum: see **firen**

fyrr: see **feor**

fyrst *masc noun*: time, period (**fyrste** *dat sing*)

fyrwyt *neut noun*: curiosity

fysan *wk verb*: urge, impel, force; hurry; drive away (**feseð** *3rd pers sing pres indic*; **fysde** *3rd pers sing pret indic*; **gefysed** *past part*)

ga: see *ge*gan

gad: see **gæd**

Gadd *prop name*: Gadd (**Gaddes** *gen sing*)

gegaderian *wk verb*: gather, assemble (**gegaderie** *3rd pers sing pres subj*; **gegadrodon** *pl pret indic*)

gæd, gad *neut noun*: lack, want, need

gælsa *masc noun*: luxury, worldliness (**gælsan** *acc sing*)

gegærwan: see *ge*gyrwan

gæst, gæste, gæstes: see **gast**

gæstlic: see **gastlic**

gæþ, gæð, gegæð: see *ge*gan

gæworht: see *ge*wyrcan

gafol, gofol *neut noun*: tribute, tax (**gafole** *dat sing*)

galan *Class 6 str verb*: chant, sing

galdor: see **gealdor**

galferhð *adj*: lustful

galga, galgan: see **gealga**

galmod *adj*: lecherous (**galmoda** *nom sing masc*)

galnys *fem noun*: lust, lechery (**galnysse** *gen sing*)

gamele: see **gamol**

gamen *neut noun*: joy, mirth, play, sport, amusement (**gomene** *dat sing*)

gamol *adj*: old (**gamele** *nom pl masc*)

gamolfeax, gomelfeax *adj*: (old- i.e.,) gray-haired

gamolferhð *adj*: old

gegan *anom verb*: go; take place; (with *ge*- prefix) observe, carry out; overrun, occupy (**geeode, eode** *3rd pers sing pret indic*; **eodon, geeodon** *pl pret indic*; **ga** *3rd pers sing pres subj*; **gæþ, gæð, gegæð** *3rd pers sing pres indic*; **gan** *pl pres indic/subj*; **gegan** *past part*; **gað** *imper pl*; **gegaþ** *pl pres indic*; **gæð, gegæð** *3rd pers sing pres indic*)

ganet *masc noun*: gannet, sea bird (**ganetes** *gen sing*)

gang *masc noun*: going, departure; flow, stream (**gange** *dat sing*; **ganges** *gen sing*)

gegangan, gongan *Class 7 str verb*: go, walk (**gangænde, gongende** *pres part*; **gange** *3rd pers sing pres subj*; **gangon** *pl pres indic*; **geong, gang** *3rd pers sing pret indic*; **gonge** *1st pers sing pres indic*)

gegangan *Class 7 str verb*: reach, attain, acquire; take place, happen (**gegongen** *past part*; **gegongeð** *3rd pers sing pres indic*)

gange: see **gang,** *ge*gangen

gangende: see *ge*gangan

ganges: see **gang**

gangon: see *ge*gangan

gar *masc noun:* spear (**gara** *gen pl;* **garas** *nom/acc pl;* **gare** *dat sing;* **gares** *gen sing*)

garberend *masc noun:* spear-bearer (i.e., warrior) (**garberend** *nom pl;* **garberendra** *gen pl*)

Gardene *masc pl noun:* the (spear-) Danes (**Gardena** *gen pl;* **Gardenum** *dat pl*)

gare, gares: see **gar**

gargewinn *neut noun:* spear-battle (**gargewinnes** *gen sing*)

garræs *masc noun:* spear-attack

garsecg *masc noun:* ocean, sea (**garsecges** *gen sing*)

gegarwod: see *ge*gearwian

gast, gæst *masc noun:* soul, spirit; ghost (**gasta** *gen pl;* **gastas** *nom/acc pl;* **gaste, gæste** *dat sing;* **gastes, gæstes** *gen sing*)

    se Halig Gast: the Holy Spirit

gastbona *masc noun:* soul-murderer (kenning for "the devil")

gastcyning *masc noun:* the King of Souls or Spiritual King (i.e., God) (**gastcyninge** *dat sing*)

gastes: see **gast**

gastlic, gæstlic *adj:* holy, spiritual; ghostly, ghastly

gastum: see **gyst**

gað, gegaþ: see *ge*gan

gatu: see **geat**

ge (1) *pers pron:* you (pl) (**eow, iow** *acc/dat;* **eower** *gen;* **eowerne** *poss adj acc sing masc;* **eowic** *acc;* **eowra** *poss adj gen pl;* **eowre, eowere** *poss adj nom/acc pl masc; acc pl neut; dat sing neut;* **eowrum** *poss adj dat pl*);

    (2) *conj:* and, or

    ge ... eac, ge ... ge *conj:* both ... and also

    ægðer ge ... ge ... *conj:* both ... and ...

geac *masc noun:* cuckoo

geador *adv:* together

geaf, geafon: see **gifan**

geald: see **gyldan**

gealdor, galdor *neut noun:* spell, incantation

gealga, galga *masc noun:* gallows (**galgan, gealgan** *acc/dat sing*)

gealgtreow *neut noun:* gallows-tree (**gealgtreowe** *dat sing*)

gean: see **gen**

geap *adj:* wide, spacious, high (**geapne** *acc sing masc;* **geapum** *dat sing masc*)

gear *neut noun:* year (**gear** *nom/acc pl;* **geara** *gen pl;* **geare** *dat sing;* **geares** *gen sing;* **gearum** *dat pl*)

    þy geare, þæs geares: in that year

geara *adv:* formerly, once

    geara iu: long ago

*ge*gearcian *weak verb:* prepare (**gegearcod** *past part;* **gegeorcode** *past part nom pl neut*)

geard *masc noun:* dwelling, piece of land, enclosure (**geardas** *acc pl;* **geardum** *dat pl*)

geardæg *masc noun:* former day, day of old; (day of a) lifetime (**geardagum** *dat pl*)

geardas, geardum: see **geard**

geare: see **gear, gearwe**

geares: see **gear**

gegearewod: see *ge*gearwian

gearo *adj*: ready, prepared, finished (**gearowe, gearwe** *nom pl masc*)

gearolice *adv*: certainly, clearly

gearoþoncol *adj*: quick-witted (**gearoþoncolre** *dat sing fem*)

gearowe: see **gearo**

gearrim *neut noun*: number of years (**gearrimum** *dat pl*)

gearum: see **gear**

gearwad: see *ge*gearwian

gearwe: see **gearo**

gearwe, geare, gere *adv*: clearly, readily, entirely (**gearwost** *compar*)

*ge*gearwian, **gegearwigean** *wk verb*: adorn, equip, prepare (**gegearwod, gegarwod, gegearewod, gearwad** *past part*; **gegearwode** *3rd pers sing pret indic/subj*)

geasne *adj w. gen*: deprived of, without

Geat (1) *prop name*: Geat (member of the south-Swedish tribe of Geats) (**Geata, Geotena** *gen pl*; **Geates** *gen sing*; **Geatum** *dat pl*); (2) *prop name*: Geat, husband or boyfriend of Mæðhild in *Deor* (**Geates** *gen sing*)

geat *neut noun*: gate (**gatu** *acc pl*)

Geates: see **Geat**

Geatmecg *masc noun*: Geatish man (**Geatmæcgum** *dat pl*; **Geatmecga** *gen pl*)

geatolic *adj*: decorated, magnificent

Geatum: see **Geat**

gefe: see **giefu**

gegncwide *masc noun*: reply, conversation (**gegncwida** *gen pl*)

gegnum *adv*: forwards, directly; away

geldenne: see **gylden**

gemde: see **gieman**

gen, gean, gien, gena *adv*: still, again, yet

    wrætlicran gien: even more wondrous

    þa gen: yet; anymore

gena, giena *adv*: still, until now, yet

Genesis *prop name*: (the biblical book of) Genesis

genge: see *ge*gangan

geo, iu, giu, gu *adv*: formerly, once, of old

geoc *fem noun*: help (**geoce** *acc/dat sing*)

geocor *adj*: harsh, bitter, sad

geofon, geofen, gifen *neut noun*: ocean, sea (**geofenes** *gen sing*)

geogoð, geoguþ, gioguð *fem noun*: youth; (frequently in contrast with *duguð*) the younger retainers (**geogoðe, geogoþe, geoguþe, geoguðe** *acc/dat/gen sing*)

geogoðfeorh *masc noun*: youth (**geogoðfeore** *dat sing*)

geoguþ, geoguþe, geoguðe: see **geogoð**

geolorand *masc noun*: (yellow) shield

geomor *adj*: sad, miserable (**geomorne** *acc sing masc*; **geomran** *dat sing fem*; **geomorre** *dat sing fem*)

geomore *adv*: sadly, miserably

geomormod *adj*: sad, miserable (-minded) (**geomormodum** *dat sing neut*)

geomorne, geomorre, geomran, geomre: see **geomor**

geond, gynd, giond *prep and adv*: throughout, through, around

geondfolen *past part adj*: completely filled

geondhweorfan *Class 3 str verb*: pass through (**geondhweorfeð** *3rd pers sing pres indic*)

geondsceawian *wk verb*: look around (**geondsceawað** *3rd pers sing pres indic*)

geondsendan *wk verb*: send throughout (**geondsended** *past part*)

geondsprengan *wk verb*: sprinkle about (**geondsprengde** *3rd pers sing pret indic*)

geondþencan *wk verb*: consider, think through (**geondþence** *1st pers sing pres indic*; **geondþenceð** *3rd pers sing pres indic*)

geong: see *ge*gangan

geong *adj*: young (**geonga, gioncga, iunga** *nom sing masc*; **geongan, iungan** *nom pl neut*; *dat sing masc*; **geonge, iunge** *nom/acc pl masc; nom sing fem*; **geongne** *acc sing masc*; **geongum** *dat pl*; **gingran** *compar dat sing fem* [as noun: servant])

georn *adj*: eager, diligent, serious (**georne, giorne** *nom pl masc*)

georne *adv*: eagerly, earnestly, gladly; well, exactly, clearly (**geornor** *compar*; **geornost** *superl*)

geornful *adj*: very eager

geornfulnes *fem noun*: eagerness, zeal (**geornfulnesse, geornfulnysse** *dat sing*)

geornlice *adv*: eagerly, gladly; exactly (**geornlicor** *compar*)

geornor, geornost: see **georne**

Geotena: see **Geat**

gere: see **gearwe**

gesne *adj*: destitute, forlorn; lacking, without

gesthus *neut noun*: guest house, lodgings

gestsele *masc noun*: guest-hall

gidda, gied, giedd, giedde: see **gydd**

giefað: see **gifan**

giefl *neut noun*: morsel, piece of food (**gieflum** *dat pl*)

giefstol *masc noun*: gift-seat (**giefstolas** [*Wanderer* 44] *gen sing*)

giefu, gifu *fem noun*: gift, grace (**gifa** *gen pl*; **gife, gefe, gyfe** *acc/dat sing*; **gifena** *wk gen pl*; **gifum** *dat pl*)

gieldan: see **gyldan**

giellan *Class 3 str verb*: yell (**gielleð** *3rd pers sing pres indic*; **gyllende** *pres part*)

gielp, gilp, gylp *masc noun*: boasting, pride (**gielpes** *gen sing*)

gielpan *Class 3 str verb*: boast, exult (**gulpon** *pl pret indic*; **gylpe** *1st pers sing pres indic*)

gielpes: see **gielp**

gieman, gyman *wk verb w. gen*: keep, keep to, look after, care about (**gemde** *3rd pers sing pret indic*; **gymdon** *pl pret indic*; **gyme** *3rd pers sing pres subj*)

gien: see **gen**

giena: see **gena**

gieng, gienge: see *ge*gangan

gierede, gierwaþ: see *ge*gyrwan

giestliðnyss *fem noun*: hospitality (**giestliðnysse** *acc sing*)

giestum: see **gyst**

giet, git, gyt, gyta, gieta *adv*: yet, still
   þa gyt: in addition; still; then yet
   nu giet, nu git: as of yet, for the present; recently, just now; still
gif, gyf *conj*: if
gif: see **gifan**
gifa: see **giefu**
gifan, gyfan *Class 5 str verb*: give (**geaf** *3rd pers sing pret indic*; **geafon** *pl pret indic*; **giefað** *pl pres indic*; **gif** *imper sing*; **gife** *1st/3rd pers sing pres subj/indic*; *2nd pers sing pres subj*; **gyfen** *past part*)
gife: see **giefu, gifan**
gifen: see **geofon**
gifena: see **giefu**
gifernes *fem noun*: greediness, avarice (**gifernessa** *acc pl*)
gifest: see **gifan**
gifeðe, gifeþe, gyfeðe *adj*: granted
gifheall *fem noun*: gift-hall (**gifhealle** *acc sing*)
gifre (1) *adj*: greedy; (2) *adj*: useful
gifsceatt *masc noun*: gift (**gifsceattas** *acc pl*)
gifstol *masc noun*: gift-seat
gifu, gifum: see **giefu**
gigant *masc noun*: giant (**gigantas** *nom pl*)
Gildas *prop name*: Gildas
gilp: see **gielp**
gilpcwide *masc noun*: boasting speech
gilphlæden *past part adj*: loaded with boasting, i.e., expert in giving praise
gimm *masc noun*: gem, precious jewel (**gimmas** *nom pl*)
ginfæst *adj*: huge, generous, spacious (**ginfæstum** *dat pl*)
gingran: see **geong**
ginn *adj*: wide, spacious (**ginnan** *dat sing masc, dat sing fem*; **ginne** *acc/dat sing neut*)
gioguð: see **geogoð**
gioncga: see **geong**
giond: see **geond**
giorne: see **georn**
gegired: see *gegyrwan*
girnan, girnð: see **gyrnan**
girstandæg *masc noun and adv*: yesterday
girwan: see *gegyrwan*
gisl, gislas, gisle: see **gysel**
gistas, gistum: see **gyst**
git: see **giet**
git, gyt *2nd pers dual pron*: you two (**inc** *acc/dat*; **incer** *gen*; **incit** *acc*)
gitsung *fem noun*: greed (**gitsunga** *acc pl*; **gitsunge** *acc sing*)
giu: see **geo**
glæd *adj*: bright, shining, pleasant (**glæde** *masc nom/acc pl*; **glædne** *acc sing masc*)
glædlice *adv*: happily, brightly
glædman *adj*: gracious, kind
glædmod *adj*: happy, joyful (**glædmode** *nom pl fem*)

glædne: see **glæd**
geglængde: see *ge*glengan
glappe *fem noun*: buck-bean (**glappan** *dat sing*)
gleaw *adj*: wise, skillful (**gleawe** *nom/acc/dat sing fem*; **gleawra** *compar nom sing masc*)
gleawhydig *adj*: wise, clever, intelligent
gleawra: see **gleaw**
gled *fem noun*: glowing coal, ember
*ge*glengan *wk verb*: compose, adorn (**geglængde** *3rd pers sing pret indic*; **geglenged** *past part*)
gleowian *wk verb*: enjoy oneself, joke, play, make music (**gleowiende** *pres part*)
glidan *Class 1 str verb*: glide, slide (**glidon** *pl pret indic*)
gliwian *wk verb*: make delightful (**gliwedon** *pl pret indic*)
gliwstafum *adv*: joyously
gnornian *wk verb*: lament, mourn (**gnornað** *3rd pers sing pres indic*; **gnorngende** *pres part*; **gnornode** *3rd pers sing pret indic*)
god (1) *masc noun*: God; heathen god (usually in pl) (**goda** *gen pl*; **godas, godes, godo** *nom pl*; **gode** *dat sing*; **godes** *gen sing*; **godum** *dat pl*); (2) *neut noun*: good; good thing, benefit, advantage; goods, property (**goda** *gen pl*; **gode** *dat sing*; **godes** *gen sing*; **godum** *dat pl*)
god, good *adj*: good (**betera** *compar nom sing masc* [as noun: "a better, a superior"]; **beteran** *compar acc sing masc; compar acc pl*; **betere, betre** *compar fem nom sing; compar neut nom sing*; **betst** *superl masc/neut nom sing*; **betsta** *superl nom sing masc*; **betstan** *superl dat sing neut*; **betste** *superl fem nom sing*; **goda** *masc nom sing* [as noun: "good one"]; **godan** *masc/neut acc/dat sing*; **goddre** *dat sing fem*; **gode** *fem nom/acc sing; nom/acc pl masc*; **godne** *masc acc sing*; **godra, godena** *gen pl*; **godum** *dat pl*)
godas: see **god**
godbearn *neut noun*: godchild (**godbearn** *acc pl*)
godcund *adj*: divine, sacred (**godcundan** *nom pl masc*; **godcunde** *acc sing fem; nom pl fem*; **godcundra** *gen pl*; **godcundre** *dat/gen sing fem*; **godcundum, godcundan** *dat pl*)
godcundlic *adj*: divine, sacred (**godcundlicum** *dat pl*)
godcundlice *adv*: divinely
godcundlicum: see **godcundlic**
godcundnes *fem noun*: divinity (**godcundnesse** *gen sing*)
godcundra, godcundre, godcundum: see **godcund**
goddæd *fem noun*: good deed (**goddæda** *acc pl*; **goddædan** *dat pl*)
goddre, gode, godena, godes: see **god**
godfremmend *masc noun*: doer of good (**godfremmendra** *gen pl*)
godfyrht *adj*: God-fearing (**godfyrhte** *acc pl masc*)
*ge*godian *wk verb*: give property to (**gegodod** *past part*; **gegododon** *pl pret indic*)
godian *wk verb*: improve, become better, be good (**godiende** *pres part*)
Godmundingaham *prop name*: Goodmanham, Yorkshire (lit. "home of the worship of gods")
godne: see **god**
godnys *fem noun*: goodness, virtue (**godnysse** *dat sing*)
godo: see **god**
gegodod, gegododon: see *ge*godian

godra: see **god**
Godric *prop name*: Godric
Godrum *prop name*: Godrum
godsibb *masc noun*: godparent; sponsor at baptism (**godsibbas** *acc pl*)
godspellic *adj*: occurring in the Gospels (**godspellicum** *dat pl*)
godsunu *masc noun*: godson
godum: see **god**
Godwig *prop name*: Godwig
Godwine *prop name*: Godwine
gofol: see **gafol**
gold *neut noun*: gold (**golde** *dat sing*; **goldes** *gen sing*)
golden: see **gyldan**
goldes: see **gold**
goldfah, goldfag *adj*: gilded, decorated with gold
goldgiefa *masc noun*: gold-giver (i.e., king) (**goldgiefan, goldgifan** *nom pl; acc sing*)
goldhord *neut/masc*: treasury, fortune (**goldhorde** *dat sing*)
goldhroden *adj*: decorated with gold
goldsele *masc noun*: gold-hall
goldsmiþu *fem noun*: goldsmithing; the art of the goldsmith (**goldsmiþe** *acc sing*)
goldwine *masc noun*: ("gold-friend," i.e.,) generous lord
goma *masc noun*: mouth, jaws (**goman** *nom/acc pl*)
gombe *fem noun*: tribute (**gomban, gombon** *acc sing*)
gomelfeax: see **gamolfeax**
gomene: see **gamen**
gomenwaþ *fem noun*: pleasure trip, happy journey (**gomenwaþe** *dat sing*)
gongan, gonge: see *ge*gangan
gegongen: see **gegangan**
gongende: see *ge*gangan
gegongeð: see **gegangan**
good: see **god**
Gorgoneus *prop name*: Gorgoneus, name of a country in *Wonders of the East*
Gota *prop name*: Goth (i.e., member of the Germanic people called the Goths) (**Gotena** *gen pl*)
Gotland *prop name*: Gotland
grædig *adj*: greedy, ravenous; fierce (**grædige** *acc sing fem*)
græf *neut noun*: grave
græg *adj*: gray (**grægan** *dat sing neut*; **græge** *acc pl fem*)
gegræmedan: see *ge*gremian
græshoppa *masc noun*: locust, grasshopper (**græshoppan** *nom pl*)
gram *adj*: angry, hostile (as noun: "the evil one, the devil"; angry one [i.e., warrior]) (**graman** *nom pl masc*; **gramena** *gen pl*; **grames** *gen sing*; **gramum** *dat sing masc; dat pl*; **grome, grame** *nom pl masc*; **gromra** *gen pl*)
grama *masc noun*: anger, rage (**graman** *dat sing*)
graman: see **gram, grama**
gramena, grame, grames, gramum: see **gram**
Grantebrycg *prop name*: Cambridge (**Grantebrycge** *dat*)

grap *fem noun*: grasp, handgrip (**grape** *dat/gen sing;* nom pl; **grapum** *dat pl*)
grap, gegrap: see *gegripan*
grapian *wk verb*: grasp, seize, touch (**grapode** *3rd pers sing pret indic*)
grapum: see **grap**
great *adj*: great, large, huge (**greate** *nom pl masc*)
Grecisc *adj*: Greek (as noun: the Greek language) (**Greciscre** *dat sing fem*)
gegremian *wk verb*: enrage, anger (**gegræmedan** *pl pret indic*; **gegremed, gegremod** *past part*; **gegremede, gegremode** *past part nom pl masc*)
grenan: see **grene**
Grendel *prop name*: Grendel (**Grendle** *dat sing*; **Grendles** *gen sing*)
grene *adj*: green (**grenan** *acc sing masc*; **grene** *dat sing neut; acc pl*; **grenes** *gen sing neut*; **grenne** *acc sing masc*; **grenre** *gen sing fem*)
greot *neut noun*: sand, gravel (**greote** *dat sing*)
greotan *Class 2 str verb*: cry (**greotende** *pres part*)
greote: see **greot**
greotende: see **greotan**
gegretan *wk verb*: greet, address, speak to; touch, injure; attack (**greteð, gegreteð** *3rd pers sing pres indic*; **grette, gegrette** *3rd pers sing pret indic*; **gretton** *pl pret indic*)
grim *adj*: fierce, savage; dire, severe, bitter (**grimma** *nom sing masc*; **grimman** *acc pl; acc fem sing*; **grimme** *neut nom sing; masc nom/acc pl; dat sing masc*; **grimre** *dat/gen sing fem*)
grima *masc noun*: face-protector, metal mask forming part of a helmet (**grimmon** *dat pl*)
Grimbold *prop name*: Grimbold (**Grimbolde** *dat sing*)
grimhelm *masc noun*: helmet with a metal face-protector (**grimhelmas** *acc pl*)
grimlic *adj*: grim, fierce, savage, severe, bitter
grimma, grimman: see **grim**
grimman *Class 3 str verb*: rage, be fierce (**grimmeð** *3rd pers sing pres indic*)
grimme: see **grim**
grimme, grymme *adv*: fiercely, severely
grimmeð: see **grimman**
grimmon: see **grima**
grimre: see **grim**
grindan *Class 3 str verb*: grind, sharpen (**gegrundene** *past part nom/acc pl masc*)
gegripan *Class 1 str verb*: grasp, seize, take (**grap, gegrap** *3rd pers sing pret indic*; **gripe** *2nd pers sing pret indic*; **gripeð** *3rd pers sing pres indic*; **gripon, gegripon** *pl pret indic*)
gristbitian *wk verb*: gnash one's teeth
grið *neut noun*: truce, peace (**griðe** *dat sing*)
griðian *wk verb*: keep from harm, protect
griðleas *adj*: defenseless, unprotected (**griðlease** *nom pl fem*)
grome, gromra: see **gram**
growan *Class 7 str verb*: grow, flourish (**growende** *pres part*; **growendra** *pres part gen pl*)
grund *masc noun*: ground, earth, sea bottom (**grundas** *acc pl*; **grunde** *dat sing*; **grundes** *gen sing*)
grundbuend *masc noun*: earth-dweller (**grundbuendra** *gen pl*)
grunde: see **grund**
gegrundene: see **grindan**

grundes: see **grund**

grundleas *adj*: bottomless (**grundlease** *neut nom sing; nom pl*; **grundleasne** *acc sing masc*)

grundlease *adv*: without end, bottomlessly

grymme: see **grimme**

grynn *neut? noun*: injury (**grynna** *gen pl*)

gryre *masc noun*: horror, terror, violence (**gryra** *gen pl*; **gryre** *dat sing*; **gryrum** *dat pl*)

gryregeatwe *fem pl noun*: terrifying armor (**gryregeatwum** *dat pl*)

gryreleoð *neut noun*: song of terror (**gryreleoða** *gen pl*)

gryrum: see **gryre**

gu: see **geo**

guldon: see **gyldan**

gulpon: see **gielpan**

guma *masc noun*: man, person (**guman** *nom/acc/gen pl; acc/dat/gen sing*; **gumena** *gen pl*; **gumum** *dat pl*)

gumcynn *neut noun*: the human race (**gumcynne** *dat sing*; **gumcynnes** *gen sing*; **gumcynnum** *dat pl*)

gumena: see **guma**

gummann *masc noun*: man (**gummanna** *gen pl*)

gumum: see **guma**

guþ, guð *fem noun*: war, combat (**guþe, guðe** *acc/dat/gen sing*)

guðbeorn *masc noun*: warrior (**guðbeorna** *gen pl*)

guðbill *neut noun*: battle-bill (a kenning for "sword") (**guðbilla** *gen pl*)

guðbyrne *fem noun*: mail coat

guðcræft *masc noun*: skill in war, battle strength

guðcyning *masc noun*: (war-) king

guðe, guþe: see **guþ**

guðfana *masc noun*: war-banner (**guðfanum** *dat pl*)

guðfreca *masc noun*: warrior (**guðfrecan** *nom pl*)

guðfremmend *masc noun*: warrior (**guðfremmendra** *gen pl*)

guðgetawe *fem noun*: armor, battle gear (**guðgeatawum** *dat pl*)

guðgewæde *neut noun*: armor (**guðgewædo** *acc pl neut*)

guþgeweorc *neut noun*: action in battle (**guþgeweorca, guðgeweorca** *gen pl*)

guðhere *masc noun*: army (**guðhergum** *dat pl*)

guðhreð *masc noun*: victory in battle

guþmod *adj*: warlike

guðplega *masc noun*: martial sport, war-play

guðreouw *adj*: fierce in battle

guðrinc *masc noun*: warrior

guðrof *adj*: brave in battle, renowned in battle

guðsceorp *neut noun*: martial equipment, armor and weapons

guðsearo *neut noun*: armor, weapons, war-trappings

guðsele *masc noun*: (battle-) hall (**guðsele** *dat sing*)

gydd, giedd, gied *neut noun*: song, poem (**gidda** *gen pl*; **giedde** *dat sing*; **gyddum** *dat pl*)

gyddian *wk verb*: speak, make a speech (**gyddode** *3rd pers sing pret indic*)

gyddum: see **gydd**

gydene *fem noun*: goddess (**gydenan** *acc sing*)

gyf: see **gif**

gyfan: see **gifan**

gyfe: see **giefu**

gyfen: see **gifan**

gyfeðe: see **gifeðe**

gyfum: see **giefu**

gyld: see **gield, gyldan**

gyldan, gieldan *Class 2 str verb*: repay, pay back (**geald** *3rd pers sing pret indic*; **golden** *past part*; **guldon** *pl pret indic*; **gyld** *imper sing*; **gyldað** *pl pres indic*; **gylde** *3rd pers sing pres subj*)

gylden *adj*: golden, gilt, gilded (**geldenne, gyldenne** *masc acc sing*)

gylian *wk verb*: yell, shout (**gylede** *3rd pers sing pret indic*)

gyllende: see **giellan**

gylp: see **gielp**

gylpe: see **gielpan**

gylpspræc *fem noun*: boasting speech (**gylpspræce** *dat sing*)

gylpword *neut noun*: boastful speech (**gylpworda** *gen pl*; **gylpwordum** *dat pl*)

gylt *masc noun*: guilt, sin, crime (**gyltum** *dat pl*)

gyman, gymdon, gyme: see **gieman**

gynd: see **geond**

gyrdan *wk verb*: gird (**gyrde** *3rd pers sing pret subj*)

gyrde: see **gegyrwan, gyrdan**

gegyred, gegyrede, gyrede, gyredon: see **gegyrwan**

gyrla *masc noun*: dress, apparel (**gyrlan** *acc pl*)

gyrnan, girnan *wk verb*: desire, yearn for (**gyrnde** *3rd pers sing pret indic*; **girnð** *3rd pers sing pres indic*)

gegyrwan, girwan, gegærwan *wk verb*: prepare, adorn, dress, equip (**gegired, gegyrwed, gegyred** *past part*; **gegyrede** *past part acc pl masc*; **gyrede, gyrde, gierede** *3rd pers sing pret indic*; **gyredon** *pl pret indic*; **gyrwað, gyrwaþ, gierwaþ** *pl pres indic*; **to gyrwanne** *inflect infin*)

gysel, gisl *masc noun*: hostage (**gislas** *acc pl*; **gisle** *dat sing*)

gyst *masc noun*: guest, stranger (**gistas, gystas** *nom/acc pl*; **gystum, gistum, giestum, gastum** *dat pl*)

gystern *neut noun*: guest room; guest house (**gysterne** *dat sing*)

gystum: see **gyst**

gyt: see **giet, git**

gyta: see **giet**

gytesæl *masc noun*: happiness at drinking (lit. at pouring out drink) (**gytesalum** *dat pl*)

habban *anom verb*: have (**habban** *pl pres subj*; **habbað, hæbbað** *pl pres indic*; **hæbbe, habbe** *1st pers sing pres indic; 3rd pers sing pres subj*; **hæbben** *pl pres subj*; **hæfde** *1st/3rd pers sing pret indic*; **hæfdon, hæfdun** *pl pret indic*; **hæfst, hafast** *2nd pers sing pres indic*; **hæfð, hafað** *3rd pers sing pres indic*; **hafa** *1st pers sing pres indic; imper sing*; **to habbanne** *inflected infin*; *negative forms combined with ne*: **næbbe** [= ne + hæbbe] *1st/3rd pers sing pres indic*; **næfde** [= ne + hæfde] *3rd pers sing pret indic*; **næfdon** [= ne + hæfdon] *pl pret indic*; **næfð** [= ne + hæfð] *3rd pers sing pres indic neg*)

had *masc noun*: office, position; family; gender; (monastic, priestly, etc.) estate, condition (**hada** *gen pl*; **hadas** *nom pl masc*; **hade** *dat sing*; **hades** *gen sing*)

hadbryce *masc noun*: injury done to someone in holy orders (**hadbrycas** *acc pl*)

hade, hades: see **had**

hadian *wk verb*: ordain, consecrate (**gehadode** *past part nom pl masc*)

hador (1) *neut noun*: brightness; (2) *adj*: clear, bright

hæbbað, hæbbe, hæbben: see **habban**

hæf *neut noun*: sea, ocean (**hafu** *acc pl*)

hæfde, hæfdon, hæfdun, hæfst, hæfð: see **habban**

hæft (1) *adj and masc noun*: captive, slave (**hæfton** *acc sing masc*); (2) *neut noun*: haft, hilt (**hæfte** *dat sing*)

hæftan *wk verb*: bind, fetter (**gehæfte** *past part nom pl fem*; **gehæfted** *past part*)

hæfte: see **hæft**

gehæfted: see **hæftan**

hæfton: see **hæft**

hægl *masc noun*: hail (**hagle** *dat sing*)

hæglfaru *fem noun*: hail-storm (**hæglfare** *acc sing*)

hægtesse *fem noun*: witch (**hægtessan** *gen sing*)

hæl, hal *adj*: safe, sound, healthy, whole (**hale** *nom pl masc*)

hælæð: see **hæleþ**

gehælan *wk verb*: heal, comfort, make whole (**gehæled** *past part*; **gehælede** *past part nom pl masc*)

hæle: see **hælu**

hæle *masc noun*: man, hero

gehælede: see **gehælan**

hælend *masc noun*: the Savior (**hælende** *dat sing*; **hælendes** *gen sing*)

hæleþ, hæleð *masc noun*: man, warrior, hero (**hæleð, hæleþ, hælæð** *nom/acc pl*; **hæleða, hæleþa** *gen pl*; **hæleþas** *nom pl*; **hæleðum, hæleþum** *dat pl*)

hælu, hælo *fem noun*: salvation; health, healing, cure (**hæle** *dat sing*)

hæmed *neut noun*: sexual intercourse, fornication (**hæmede** *dat sing masc*)

hæncgest *masc noun*: steed, horse

hær *neut noun*: hair (**herum** *dat pl*)

hærfæst *masc noun*: autumn, fall, harvest-time (**hærfæste** *dat sing*)

hærgtraf *neut noun*: heathen temple (**hærgtrafum** *dat pl*)

hæs *fem noun*: bidding, command (**hæse** *acc/dat sing*)

hæt: see **gehatan**

hæðen *adj and masc noun*: heathen, pagan (**hæþena** *nom sing masc*; **hæðenan, hæþnan** *nom pl, acc/gen sing masc*; **hæþene, hæðene** *acc sing fem; nom/acc pl masc/fem*; **hæðenes, hæþenes** *gen sing masc*; **hæðenra** *gen pl*; **hæþenum** *dat pl*)

hæðenscype *masc noun*: paganism (**hæðenscype** *dat sing*)

hæðenum, hæþenum, hæþnan, hæðne, hæðnum: see **hæðen**

hæðstapa *masc noun*: heath-walker

Hæðum, æt *prop name*: Hedeby (**Hæðum** *dat pl*)

hafa: see **habban**

hafala *masc noun*: head (**hafalan, hafelan** *acc/dat sing*)

hafast, hafað: see **habban**

hafelan: see **hafala**

hafenian *wk verb*: raise, brandish (**hafenode** *3rd pers sing pret indic*)

hafoc: see **heafoc**
hafu: see **hæf**
hagle: see **hægl**
hagosteald *masc noun*: young man, young warrior (**hagostealdes** *gen sing*)
hal: see **hæl**
haldanne: see *ge*healdan
hale: see **hæl**
halegu: see **halig**
halettan *wk verb*: hail, greet (**halette** *3rd pers sing pret indic*)
Halfdene: see **Healfdene**
Halga *prop name*: Halga
halga, halgan, halgen, halgena: see **halig**
halgian *wk verb*: bless, consecrate, dedicate, worship (**gehalgade** *past part nom pl masc*; **gehalgod** *past part*; **gehalgode** *past part acc sing fem*; *3rd pers sing pret indic*; **halgodon** *pl pret indic*; **gehalgodum** *past part dat sing masc*)
halig *adj*: holy, consecrated; (as noun) holy one, saint (**halegu** *nom sing fem*; **halga** *masc nom sing*; **halgan, haligan, halgen** *masc/fem/neut acc/dat/gen sing*; **halgena** *gen pl*; **halgum** *dat pl*; **halige** *nom/acc pl masc/fem/neut*; *neut nom/acc/dat sing*; *nom/acc/dat sing fem*; *nom pl masc*; **haliges** *gen sing masc/neut*; **haligre** *gen sing fem*)
halignes *fem noun*: holiness; sanctuary; holy thing, relic; religion (**halignessa** *nom pl*; **halignesse** *gen sing*)
haligre: see **halig**
haligwæter *neut noun*: holy water (**haligwætere** *dat sing*)
hals, halse: see **heals**
halwende *pres part adj*: sanctifying, blessing
ham (1) *masc noun*: home, dwelling, estate (**ham, hame** *dat sing*; **hames** *gen sing*); (2) *adv*: home
hama *masc noun*: covering, garment (**haman** *acc sing*)
hame, hames: see **ham**
Hamtunscir *prop name*: Hampshire (**Hamtunscire** *dat*)
hand, hond *fem noun*: hand; side (**handa** *gen pl*; *nom/acc pl*; **handa, honda** *acc/dat sing*; **handæ, hand** *dat sing*; **handum, handon, hondum** *dat pl*)
handbona *masc noun*: (hand-) killer (**handbonan** *dat sing*)
handon: see **hand**
handspor *neut noun*: claw (**handsporu** *acc pl*)
handum: see **hand**
hangella *masc noun*: hanging thing
hangian *wk verb*: hang (**hongað** *3rd pers sing pres indic*)
har *adj*: gray, hoary (**hara** *nom sing masc*; **hare** *acc pl fem*; **harne** *acc sing masc*)
Hareld *prop name*: Harold
harne: see **har**
Hascellentia *prop name*: Hascellentia
hat: see *ge*hatan
hat *adj*: hot; fervent, intense; exciting, enticing (**hatan, haton** *acc/dat/gen sing fem*; **hate** *nom pl masc*; *nom sing neut*; **hatne** *masc acc sing*; **hatran** *compar nom pl*)
*ge*hatan *Class 7 str verb*: command; call, name; be named; promise (**hæt** *3rd pers sing pres*

indic; **hat** *imper sing*; *3rd pers sing pres indic*; **hate, gehate, hat, haten, gehaten** *past part*; **hatene** *past part nom pl*; **hateð** *3rd pers sing pres indic*; **hattan** *pl pres indic*; **hatte** *1st/3rd pers sing pres indic*; **heht, het, gehet** *3rd pers sing pret indic*; **hete** *3rd pers sing pret subj*; **heton, geheton** *pl pret indic*)

hatan: se **hat**

hatað: see **ge**hatan

hate: see **hat, ge**hatan

gehate: see **ge**hatan

haten, gehaten, hatene, hateð: see **ge**hatan

hatheort, gehatheort *adj*: hot-hearted, i.e., impetuous, rash, headstrong

gehatland *neut noun*: the Promised Land (**gehatlandes** *gen sing*)

hatne, haton, hatran: see **hat**

hattan, hatte: see **ge**hatan

he, heo (**hio**), **hit** *pers pron*: he, she, it (**heora, hyra, hiera, hiora** *gen pl*; **hie, heo, hi, hy, hig** *nom/acc pl*; **hie, hi, hig** *fem acc sing*; **him, heom, hym** *dat masc/neut sing*; *dat pl*; **hine, hyne, hiene** *acc sing masc*; **his, hys** *gen sing masc/neut*; **hit, hyt** *nom/acc sing neut*: it; **hire, hyre, hiere** *fem dat/gen sing*)

hea: see **heah**

heafda, heafde, heafdo, heafdum: see **heafod**

heafoc, hafoc *masc noun*: hawk

heafod *neut noun*: head; top; chief, leader (**heafda, heafdo** *nom/acc/gen pl*; **heafde** *dat sing*; **heafdum** *dat pl*)

heafodbeorg *fem noun*: head protection (**heafodbeorge** *acc sing*)

heafodgerim *neut noun*: head-count (**heafodgerimes** *gen sing*)

heafodmæg *masc noun*: chief (i.e., closest) male relation (**heafodmægum** *dat pl*; **heafodmaga** *gen pl*)

heafodsien *fem noun*: vision, eyesight, eye (**heafodsiene, heafodsyne** *acc sing*)

heafodweard *masc noun*: chief leader (**heafodweardas** *nom pl*)

heah, hea *adj*: high, exalted (**hean** *masc/neut dat/gen sing; acc pl masc*; **heanne, heahne** *acc sing masc*; **heanum** *dat pl; dat sing masc*; **hearran, heahran, hearan, hierran** *compar masc acc/dat/gen sing* [also as noun: "a superior"]; **heorra** *compar masc nom sing* [as noun: "a superior"]; **hehsta, hyhsta** *superl masc nom sing* [also as a noun: "the Most High"]; **hehstan** *superl masc/neut acc/dat/gen sing*)

heahcyning *masc noun*: high king (**heahcyninges** *gen sing*)

heahfæder *masc noun*: high father, God the Father (**heahfædere** *dat sing*)

heahfyr *neut noun*: big fire

heahgerefa *masc noun*: chief overseer (**heahgerefan, heahgeræfan** *dat sing*)

Heahmund *prop name*: Heahmund

heahne, heahran: see **heah**

heahreced *neut noun*: high building, citadel, temple

heahsele *masc noun*: high hall

heahstede *masc noun*: high place (**heahstede** *dat sing*)

heahstefn *adj*: high-stemmed

heahðungen *adj*: high-ranking (**heahðungene** *nom pl masc*)

healærn *neut noun*: hall (-building) (**healærna** *gen pl*)

gehealdan *Class 7 str verb*: hold, keep, rule (**geheald, heald** *imper sing*; **healdað, healdaþ**

pl pres indic; **gehealde, healde** *3rd pers sing pres subj*; **healdeð, gehealdeþ** *3rd pers sing pres indic*; **heold, geheold** *1st/3rd pers sing pret indic*; **heolde** *3rd pers sing pret subj*; **heoldon, heoldan, hioldon, gehioldon** *pl pret indic*; **to haldanne** *inflect infin*)

healdend *masc noun*: owner, ruler

healdest, healdeð, gehealdeþ: see **gehealdan**

healf (1) *fem noun*: side, half (**healfa** *acc/gen pl*; **healfe** *acc/dat sing; acc pl*)
    him be healfe: by his side
    (2) *adj*: half (**healfne** *acc sing masc*)

Healfdene, Halfdene *prop name*: Healfdene (**Healfdenes** *gen*)

healfe, healfne: see **healf**

healfhunding *masc noun*: half dog (**healfhundingas** *nom pl*)

healic *adj*: proud, haughty, noble

heall *fem noun*: hall (**healle** *dat sing*)

healreced *neut noun*: hall (-building)

heals, hals *masc noun*: neck (**healse, halse** *dat sing*)

healsgebedda *masc? noun*: (intimate) bed-fellow

healðegn *masc noun*: (hall-) warrior, retainer (**healðegnas** *acc pl*; **healðegnes** *gen sing*)

hean: see **heah**

hean *adj*: lowly, miserable, humiliated (**heane** *nom pl masc*; **heanne** *acc sing masc*)

heanlic *adj*: humiliating, shameful

heanne: see **heah, hean**

heanum: see **heah**

heap *masc noun*: multitude, host, heap (**heape** *dat sing*; **heapum** *dat pl*)

hearan: see **heah**

heard *adj*: hard, tough, miserable (**hearda** *nom sing masc*; **heardan** *dat pl; dat sing masc*; **hearde** *masc nom/acc pl; acc sing fem; dat sing as adv*: firmly, greatly, severely; **heardes** *gen sing masc/neut*; **heardne** *acc sing masc*; **heardost** *superl*; **heardra** *gen pl; compar nom sing masc*; **heardran** *compar acc sing fem; compar acc sing masc*; **heardum, heardan** *dat pl*)

heardhicgende *adj*: tough-minded, stern, resolute (**heardhicgende** *nom pl masc*)

heardlice *adv*: hard, vigorously

heardne, heardost, heardra, heardran: see **heard**

heardsælig *adj*: unlucky, unhappy (**heardsæligne** *acc sing masc*)

heardum: see **heard**

heare: see **heah**

hearm *masc noun*: pain, misery, damage (**hearma** *gen pl*; **hearmas** *nom/acc pl*; **hearmes** *gen sing*)

hearmscaþa *masc noun*: harmful attacker, destructive enemy

hearpe *fem noun*: harp (**hearpan** *acc/dat/gen sing*)

hearpenægl *masc noun*: (harp-) pick or plectrum

hearpestreng *masc noun*: harpstring (**hearpestrengas** *acc pl*)

hearpian *wk verb*: to harp, play the harp

hearra, hearran: see **heah**

heaþodeor *adj*: brave in battle (**heaþodeorum** *dat pl*)

heaðogrim *adj*: (battle-) grim

heaðolac *neut noun*: battle (-play) (**heaðolace** *dat sing*)

Heaþolaf *prop name*: Heatholaf (**Heaþolafe** *dat sing*)

Heaðoræmas *prop name*: Heathoraemas, a people of Sweden

heaðoræs, heaþoræs *masc noun*: rush or onslaught of battle (**heaðoræsa** *gen pl*; **heaþoræsas** *acc pl*)

heaðoreaf *neut noun*: war equipment, weapons

heaðorinc *masc noun*: warrior (**heaðorincas** *nom pl*; **heaðorinces** *gen sing*; **heaðorincum** *dat pl*)

heaþorof *adj*: (battle-) brave (**heaþorofe** *nom pl masc*)

Heaðoscylfing *masc noun*: (battle) Scylfing (i.e., a member of the Scylfing dynasty) (**Heaðoscylfingas** *gen sing*)

heaðowæd *fem noun*: suit of armor (**heaðowædum** *dat pl*)

heaðowelm *masc noun*: violent flame (**heaðowylma** *gen pl*; **heaðowylmas** *nom pl*)

geheawan *Class 7 str verb*: hew, cut (**geheawe** *3rd pers sing pres subj*; **geheawen** *past part*; **heaweþ** *3rd pers sing pres indic*; **heow** *3rd pers sing pres indic*; **heowon** *pl pret indic*)

hebban *Class 6 str verb*: lift, raise up (**hefeð** *3rd pers sing pres indic*)

gehedde: see **gehegan**

hefelic *adj*: heavy, serious

hefeð: see **hebban**

hefgad: see **hefigian**

hefig *adj*: heavy, painful, oppressive (**hefian** *dat sing neut*; **hefige** *nom pl fem*; **hefigran** *compar nom pl fem*)

hefigian *wk verb*: make heavy, oppress, afflict, weaken (**hefgad** *past part*)

hefigran: see **hefig**

hefone: see **heofon**

gehegan *wk verb*: perform, achieve (**gehedde** *3rd pers sing pret subj*)

hege *masc noun*: hedge, enclosure (**hegum** *dat pl*)

hehra, hehsta, hehstan, hehste, hehstne: see **heah**

heht: see **gehatan**

hel: see **hell**

hela *masc noun*: heel (**helan** *acc pl*)

Helenus *prop name*: Helenus

hell, hel *fem noun*: Hell (**helle** *acc/dat/gen sing*)

hellebryne *masc noun*: the burning of Hell (**hellebryne** *dat sing*)

hellesceaða *masc noun*: hellish enemy, devil (**helsceaðan** *nom pl*)

hellewite *neut noun*: pain or torment of hell (**hellewites** *gen sing*)

helm *masc noun*: protection, defense; helmet (**helmas** *acc pl*; **helme** *dat sing*; **helmes** *gen sing*; **helmum** *dat pl*)

Helmingas *prop name*: Helmings (the Scandinavian tribe or family to which Wealhtheow belongs) (**Helminga** *gen pl*)

helmum: see **helm**

help, helpe *fem noun*: help (**helpe** *acc/dat sing*)

helpan *Class 3 str verb w. gen*: help (**helpe** *3rd pers sing pres subj*)

helpe: see **help, helpan**

helruna *masc noun*: demon, inhabitant of hell (**helrunan** *nom pl*)

helsceaðan: see **hellesceaða**

gehende *prep*: close by, within reach of

heo: see **he**

Heodeningas *prop name:* the Heodenings, a Germanic tribe (**Heodeninga** *gen pl*)

heofon *masc/fem noun:* heaven (**heofena, heofona** *gen pl;* **heofenas, heofonas** *acc pl;* **heofenum, heofonum** *dat pl;* **heofnes, heofones, heofenes** *gen sing*)

heofoncyning *masc noun:* the King of Heaven (**heofoncyninge** *dat sing;* **heofoncyninges, hefoncyninges** *gen sing*)

heofones: see **heofon**

heofonlic *adj:* heavenly (**heofonlican, heofonlecan** *dat/gen sing masc/neut;* **heofonlicne** *acc sing masc*)

heofonrice *neut noun:* the kingdom of Heaven (**heofonrice** *dat sing;* **heofonrices, hefonrices** *gen sing*)

heofonum: see **heofon**

heold, geheold, heoldan, heolde, heoldon: see *ge*healdan

heolfor *neut noun:* blood, gore (**heolfre** *dat sing*)

heolfrig *adj:* bloody, gory

heoloþhelm *masc noun:* helmet or cloak of invisibility (**heoloþhelme** *dat sing*)

heolstor, heolster *masc noun:* hiding place, concealment, darkness (**heolstre** *dat sing*)

heolstor *adj:* dark, confining (**heolstran** *dat sing masc*)

heolstre: see **heolstor**

heom: see **he**

heonan, heonane, heonon, heonone *adv:* hence, from here

heonanforð *adv:* henceforth, from now on

heonon, heonone: see **heonan**

heora: see **he**

heord *fem noun:* herding, keeping

heorodreore: see **heorudreor**

heorodreorig *adj:* bloody, drenched in the blood of combat

Heorogar *prop name:* Heorogar

heoroswealwe *fem noun:* battle-swallow (a kenning for "hawk")

Heorot, Heorote, Heorotes: see **Heort**

heorr *masc noun:* hinge (**heorras** *nom pl*)

heorra: see **heah**

heorras: see **heorr**

Heorrenda *prop name:* Heorrenda, the rival scop in the poem *Deor*

Heort, Heorot *prop name:* Heorot (hall of Hrothgar) (**Heorote, Heorute** *dat;* **Heorotes** *gen*)

heorte *fem noun:* heart (**heortan** *acc/dat/gen sing;* **heortum** *dat pl*)

heorð *masc noun:* hearth, area surrounding a fireplace (**heorðe** *dat sing*)

heorðgeneat *masc noun:* (hearth-) companion (**heorðgeneatas** *nom pl*)

heorðwerod *neut noun:* hearth-troop (i.e., troop of retainers)

heortum: see **heorte**

heorudreor *masc noun:* (sword-) gore, blood (**heorudreore, heorodreore** *dat sing*)

Heorute: see **Heort**

heoruwæpen *neut noun:* (sword-) weapon, sword (**heoruwæpnum** *dat pl*)

heow, heowon: see *ge*heawan

her *adv:* here; (in *Anglo-Saxon Chronicle* entries) in this year

herbuende *masc pl noun*: those who live here (i.e., on this earth) (**herbuendra** *gen*)

here *masc noun*: army, host, multitude (**hergas** *nom/acc pl*; **herges, heriges, heres** *gen sing*; **herige, here** *dat sing*)

herebroga *masc noun*: terror of war (**herebrogan** *dat sing*)

hereden, heredon: see **herian**

herefolc *neut noun*: army (**herefolces** *gen sing*)

Heregar *prop name*: Heregar (prince of the Danes)

heregeatu *neut pl noun*: weapons and armor, war-equipment (**heregeatu** *acc*)

heregian: see **herian**

heregrima *masc noun*: war-mask (i.e., protective metal face-covering for battle) (**heregriman** *acc pl*)

herehuþ *fem noun*: spoils of war, booty, loot (**herehuþe** *acc sing*)

Heremod *prop name*: Heremod (**Heremodes** *gen*)

herenes *fem noun*: praise, praising (**herenesse, herenisse** *dat sing*)

herereaf *fem noun*: spoils of war, plunder

heres: see **here**

heresceaft *masc noun*: war-shaft (a kenning for "spear") (**heresceafta** *gen pl*)

heresped *fem noun*: success in war

herewæsm *masc noun*: martial vigor, warlike stature (**herewæsmun** *dat pl*)

herewæða *masc noun*: warrior (**herewæðan** *gen sing*)

herg, herig *masc noun*: (pagan) sanctuary (**hergas** *acc pl*; **herige** *dat sing*)

herga: see **here**

hergade: see **hergian**

hergas: see **here, herg**

herge: see **here**

hergen: see **herian**

herges: see **here**

hergian *wk verb*: attack, plunder, raid (**hergade** *3rd pers sing pret indic*; **hergiað** *pl pres indic*)

hergum: see **here**

herheard *masc noun*: a word of disputed meaning that occurs only in *Wife's Lament* 15. If the first element is the noun "hearg," it means a pagan temple or sacred grove or an altar or idol; the second element means a place of residence.

herian, heregian, herigean *wk verb*: praise (**heredon, heroden, herodon** *pret pl*; **heriað** *pl pres indic*; **herigen, hergen** *pl pres subj*)

herig: see **herg**

herige: see **here, herg**

herigean, herigen: see **herian**

heriges: see **here**

heroden, herodon: see **herian**

heroeacan *adv*: in addition

herpað *masc noun*: path for an army, swath cut through opponents

herra, herran: see **heah**

herum: see **hær**

het, gehet, hete: see *ge*hatan

hete *masc noun*: hate, enmity (**hete** *dat sing*)

hetelice *adv*: violently

heteniŏ *masc noun*: act of enmity, hateful attack (**heteniŏas** *acc pl*)

heteþanc *masc noun*: hateful thought (**heteþancum** *dat pl*)

heteþoncol *adj*: malevolent, hostile (**heteþoncolne** *acc sing masc*)

hetol *adj*: violent (**hetole** *nom pl masc*)

heton, geheton: see *ge*hatan

hi: see **he**

hicgan: see *ge*hycgan

hider, hieder *adv*: here, to here, hither

hie: see **he**

hieder: see **hider**

hiene, hiera: see **he**

hierde: see *ge*hyran

Hierdeboc *fem noun*: shepherd's book, pastoral book

gehierdun: see *ge*hyran

hiere: see **he**

hierran: see **heah**

hiersumian *wk verb*: obey (**hiersumedon** *pl pret indic*)

hig: see **he**

hige: see ·**he, hyge**

Higelac *prop name*: Higelac, king of the Geats (**Higelace** *dat*; **Higelaces, Hygelaces** *gen*)

higerof *adj*: brave-minded (**higerofe** *nom pl masc*; **higerofne** *acc sing masc*)

higeþihtig *adj*: strong-minded (**higeþihtigne** *acc sing masc*)

higeŏoncol *adj*: thoughtful, clever, intelligent (**higeŏoncolre** *dat sing fem*)

higeþrymm *masc noun*: courage, bravery (**higeþrymmum** *dat pl*)

hiht: see **hyte**

hild *fem noun*: battle, war, combat (**hilde** *acc/dat sing*)

hildebill *neut noun*: battle bill, sword (**hildebille** *dat sing*)

hildebord *neut noun*: battle-board (a kenning for "shield") (**hildebord** *nom/acc pl*)

hildecumbor *neut noun*: war-banner

hildedeor *adj*: brave in battle

hildegeatwe *fem pl noun*: war equipment, armor and weapons

hildeleoŏ *neut noun*: battle song

hildemecg *masc noun*: warrior (**hildemecgas** *nom pl*)

hildenædre *fem noun*: battle-snake (a kenning for "arrow") (**hildenædran** *nom/acc pl*)

hilderæs *masc noun*: attack in battle

hilderinc *masc noun*: warrior (**hilderinca** *gen pl*; **hilderincas** *nom pl*; **hilderinces** *gen sing*)

hildesetl *masc noun*: battle-seat (a kenning for "saddle")

hildewæpen *masc noun*: (battle-) weapon (**hildewæpnum** *dat pl*)

gehilte *neut noun (pl has meaning of singular)*: hilt (of a sword) (**gehiltum** *dat pl*)

him: see **he**

hindan *adv*: from behind

hine: see **he**

hinfus *adj*: eager to get away

hinnsiŏ, hinsiþ *masc noun*: death (lit. departure) (**hinsiþe, hinsiŏe** *dat sing*)

hio: see **he**

hioldon, gehioldon: see *ge*healdan
hiora: see **he**
gehirde: see *ge*hyran
hire: see **he**
hired, hyred *masc noun*: family, retinue, household, (monastic) community (**hyrde** *dat sing*; **hyredes** *gen sing*)
hiredmann *masc noun*: man of the household (**hiredmen** *nom pl*)
his, hit: see **he**
hiw *neut noun*: appearance, form, color (**hiwe** *dat sing*; **hiwes** *gen sing*)
gehiwian *wk verb*: disguise (**gehiwodon** *pl pret indic*)
gehladan *Class 6 str verb*: load, burden; take in (water); build (a fire) (**hlade** *3rd pers sing pres subj*; **gehleod** *3rd pers sing pret indic*; **geloden** *past part*)
hlæfdige *fem noun*: lady, mistress (**hlæfdian** *acc sing*; **hlæfdige** *dat sing*)
hlæst *neut noun*: load, burden (**hlæste** *dat sing*)
hlæstan *wk verb*: load, weigh down, adorn (**gehlæste** *past part acc sing fem*)
hlæw *masc noun*: mound, hill; graveyard, barrow
hlaf *masc noun*: loaf, bread
hlaford *masc noun*: lord, husband (**hlaforde** *dat sing*; **hlafordes** *gen sing*)
hlafordleas *adj*: without a lord
hlafordswica *masc noun*: traitor, betrayer or deceiver of a lord (**hlafordswican** *nom pl*)
hlafordswice *masc noun*: treason, treachery, betrayal or deceit committed against a lord
hlanc *adj*: lean, lank (**hlanca** *nom sing masc*)
hleahtor *masc noun*: mirth, laughter
gehleapan *Class 7 str verb*: leap; gallop; (with ge- prefix) leap onto, mount (a horse) (**hleapeð** *3rd pers sing pres indic*; **gehleop, hleop** *3rd pers sing pret indic*)
hlemmeð: see **hlimman**
hleo, hleow *masc or neut noun*: covering, protection, refuge; protector, lord
hleobord *neut noun*: protective board (**hleobordum** *dat pl*)
hleoburh *fem noun*: (protective) city, stronghold
gehleod: see *ge*hladan
hleomæg *masc noun*: (protecting) kinsman (**hleomaga** *gen pl*)
hleop, gehleop: see *ge*hleapan
hleorberg *masc noun*: face-protector; metal mask forming part of a helmet (**hleorbergan** *dat pl*)
hleorbolster *masc noun*: pillow
hleosceorp *neut noun*: protective clothing, protective ornament (**hleosceorpe** *dat sing*)
hleoða, hleoðo: see *ge*hlið
hleoþor *neut noun*: voice, speech, language
hleoðrade: see hleoðrian
hleoðrian *wk verb*: speak (**hleoðrade, hleoðrode** *3rd pers sing pret indic*)
hleoðrum: see hleoðor
hleoðu: see *ge*hlið
hleow: see **hleo**
hlifian, hlifigan, hlifigean *wk verb*: stand tall, tower, loom (**hlifade** *3rd pers sing pret indic*; **hlifige** *1st pers sing pres indic*)
hlihhan *Class 6 str verb*: laugh (**hlihende** *pres part*; **hloh** *3rd pers sing pret indic*)

hlimman *Class 3 str verb*: resound, roar, crash (**hlimmeð, hlemmeð** *3rd pers sing pres indic*; **hlummon** *pl pret indic*)

hlinduru *fem noun*: confining door

hlioðo: see *gehlið*

hlisfullice *adv*: reputably, honorably, excellently

gehlið *neut noun*: slope, hill, cliff (**hliðe** *dat sing*; **hliþes** *gen sing*; **gehliðo, hlioðo, hleoðo, hleoðu, hleoþa** *nom/acc pl*)

hloh: see **hlihhan**

hlud *adj*: loud, noisy (**hlude** *nom pl; dat sing fem*; **hludne** *masc acc sing*)

hlude *adv*: loudly

hlude, hludne: see **hlud**

hlummon: see **hlimman**

hlutor *adj*: clear, pure (**hluttre** *dat sing masc*; **hluttrum** *dat pl*)

hlydan *wk verb*: make noise, be noisy (**hlydde** *3rd pers sing pret indic*)

hlyn *masc noun*: sound, music; din, roar

hlynian *wk verb*: roar, shout (**hlynede** *3rd pers sing pret indic*)

hlynsian *wk verb*: resound, make music (**hlynsode** *3rd pers sing pret indic*)

gehlystan *wk verb*: listen (**gehlyston** *pl pret indic*)

hnægan *wk verb*: humble, humiliate (**gehnæged** *past part*)

hnag, hnah: see **hnigan**

hnag, hnah *adj*: lowly, humble, bent down (**hnagran, hnahran** *compar acc/dat sing masc*)

hnigan *Class 1 str verb*: bend down, bow, sink down (**hnah, hnag** *1st/3rd pers sing pret indic*; **hnigon** *pl pret indic*)

ho: see **hon**

hocer *neut noun*: derision, scorn (**hocere** *dat sing*)

hocorwyrde *adj*: scornful of speech (**hocorwyrde** *nom pl masc*)

hof: see **hebban**

hof *neut noun*: house, building, dwelling (**hof** *nom/acc pl*; **hofe** *dat sing*)

hogian *wk verb*: resolve, intend; wish for (**hogedon, hogodon** *pl pret indic*; **gehogod** *past part*; **hogode** *3rd pers sing pret indic/subj*)

hohful *adj*: thoughtful, anxious, troubled

hol (1) *neut noun*: hole; (2) *neut noun*: slander

gehola *masc noun*: confidant, supporter (**geholena** *gen pl*)

hold *adj*: (of a retainer) faithful, loyal; (of a lord) gracious, generous (**holde** *nom pl masc*; **holdne** *acc sing masc*; **holdost** *superl*; **holdra** *gen pl*)

geholena: see *gehola*

holm *masc noun*: ocean (**holma** *gen pl*; **holmas** *acc pl*; **holme** *dat sing*; **holmes** *gen sing*)

holmclif *neut noun*: sea cliff (**holmclifu** *acc pl*)

holme, holmes: see **holm**

holmmægen *neut noun*: might of the sea (**holmmægne** *dat sing*)

Holofernus *prop name*: Holofernes (**Holofernes, Holofernus** *gen sing*)

holt *masc noun*: wood, forest (**holte** *dat sing*; **holtes** *gen sing*)

holtwudu *masc noun*: forest, grove

homodubii *Latin pl noun*: doubtful men

hon *Class 7 str verb*: hang, suspend (**ho** *imper sing*)

hond, honda: see **hand**

hondlocen *past part adj*: hand-linked
hondum: see **hand**
hongað: see **hangian**
hopian *wk verb*: hope, expect
hord *neut noun*: hoard, treasure (**hordes** *gen sing*)
hordburh *fem noun*: capital city (lit. hoard or treasure city)
hordcofa *masc noun*: treasure chamber, treasury (**hordcofan** *acc sing*)
horde, hordes: see **hord**
hordweard *masc noun*: keeper of the treasury (i.e., king)
hordweorþung *fem noun*: honor (i.e., treasure) from the treasury (**hordweorþunge** *acc sing*)
horing *masc noun*: sexual degenerate, fornicator (**horingas** *nom pl*)
horn *masc noun*: horn (**hornas** *acc pl*)
hornboga *masc noun*: horn-bow (i.e., a bow tipped or reinforced with horn) (**hornbogan** *dat pl*)
horngeap *adj*: having a large distance between gables
hornreced *neut noun*: gabled building
hors *neut noun*: horse (**hors** *nom/acc pl*; **horses** *gen sing*)
horsian *wk verb*: to horse, provide with horses (**gehorsoda** *past part nom sing masc*; **gehorsudan** *past part dat sing masc*; **gehorsude** *past part nom pl masc*)
hos *fem noun*: company, band (**hose** *dat sing*)
hosp *masc noun*: insult, reproach
Hostes *prop name*: Hostes ("enemies"), name of a people in *The Wonders of the East*
hræd *adj*: quick, hasty (**hrædest** *superl*)
hrædding *fem noun*: rescue, rescuers, deliverance (**hræddinge** *acc sing*)
hrædest: see **hræd**
hræding *fem noun*: hurry, haste (**hrædinge** *dat sing*)
  on hrædinge: quickly, in a hurry
Hrædlan: see **Hreþel**
hrædlice *adv*: quickly, speedily
hrædwyrde *adj*: quick-worded, i.e., hasty of speech
hrægl *neut noun*: clothing, garment (**hrægla** *gen pl*; **hrægle** *dat sing*)
hræw *masc noun*: corpse, corpses, carrion (often a collective noun)
hrafyl *masc noun*: slaughter
hran: see **hrinan**
hraðe, hraþe, raþe, raðe, hreðe, hreþe *adv*: quickly, immediately (**hraþor** *compar*; **radost** *superl*)
hream *masc noun*: noise, outcry (**hreame** *dat sing*)
hreaw *adj*: raw (**hreawan** *dat pl*)
hrefn, hremm *masc noun*: raven (**hrefne** *dat sing*; **hremmas** *nom pl*)
hremig *adj*: boastful, exultant
hremm, hremmas: see **hrefn**
hreo: see **hreoh**
hreof *adj*: rough (in texture) (**hreofum** *dat sing masc*)
hreoh, hreo *adj*: rough, fierce, violent
hreoh *neut noun*: storm, tempest

Hreopadun *prop name*: Repton, Derbyshire (**Hreopadune, Hreopedune** *dat sing*)
hreosan *Class 2 str verb*: fall, sink, be ruined (**hreosende** *pres part*)
hreowcearig *adj*: sad-minded, miserable
hreowigmod *adj*: grieving-minded (**hreowigmode** *nom pl masc*)
hreowlice *adv*: grievously, cruelly
hrepian *wk verb*: touch (**hrepode** *3rd pers sing pret indic*)
hreran *wk verb*: move, stir up
hreðe: see **hraðe, reðe**
hreþe: see **hraðe**
Hreþel *prop name*: Hrethel (Geatish king) (**Hrædlan** *gen sing*)
hreðer, hreþer *masc noun*: heart, mind, spirit (**hreþra** *gen pl*; **hreðre** *dat sing*)
hreðerloca *masc noun*: spirit-chamber (a kenning for "the body") (**hreðerlocan** *dat sing*)
Hreðmann *masc noun*: Dane (**Hreðmanna**)
hreþra, hreðre: see **hreðer**
hricg, hrycg, hrincg *masc noun*: back, spine; ridge, surface (**hringe** *dat sing*)
hrim *masc noun*: hoar-frost, rime (**hrime** *dat sing*)
hrimceald *adj*: frosty-cold (**hrimcealde** *acc sing fem*)
hrime: see **hrim**
hrimgicel *masc noun*: icicle (**hrimgicelum** *dat pl*)
hrinan, hrinon *Class 1 str verb w. gen*: touch, affect, injure (**hran** *3rd pers sing pret indic*;
    hrinen *past part*; **hrinon** *pl pret indic*)
hrincg: see **hricg**
hrinen: see **hrinan**
hring *masc noun*: ring, link in a chain (**hringas** *acc pl*; **hringum** *dat pl*)
hringan *wk verb*: ring, clank, clang (**hringdon** *pl pret indic*)
hringas: see **hring**
Hringdene *masc pl noun*: the (ring-) Danes
hringdon: see **hringan**
hringe: see **hricg**
hringedstefna *masc noun*: ("ring-stemmed") ship
hringiren *neut noun*: ring-iron (a kenning for "chainmail")
hringloca *masc noun*: ring-enclosure (a kenning for "chainmail") (**hringlocan** *acc pl*)
hringmæled *past part adj*: ring-ornamented
hringþegu *fem noun*: receipt of rings (**hringþege** *dat sing*)
hringum: see **hring**
hrinon: see **hrinan**
hrið *fem noun*: snow-storm
gehroden *past part adj*: decorated, adorned, covered (**gehrodene** *acc pl masc; acc sing fem*)
hrof, rof *masc noun*: roof; sky; crown (of a helmet) (**hrofe** *dat sing*; **rofes** *gen sing*)
hronfisc *masc noun*: whale (**hronfixas** *acc pl*)
hronrad *fem noun*: the whale road (kenning for "the sea") (**hronrade** *acc sing*)
Hroðgar, Hroþgar *prop name*: Hroðgar (**Hroðgare** *dat sing*; **Hroðgares, Hroþgares** *gen
    sing*)
Hroþulf *prop name*: Hrothulf, nephew of Hrothgar and son of Halga
hruse *fem noun*: ground, soil, the earth (**hrusan** *acc/dat/gen sing*)
hrycg: see **hricg**

hryman *wk verb*: scream, yell (**hrymde** *3rd pers sing pret indic*)

hryre *masc noun*: fall, ruin, decay, death (**hryre** *dat sing*)

hrysian *wk verb*: shake (**hrysedon** *pl pret indic*)

hryðig *adj*: snowy (**hryðge** *nom pl masc*)

hu *conj and interrog adv*: how

huilpan: see **hwilpe**

Humbre *prop name*: the Humber River (**Humbre** *dat/gen sing*)

hund, c *numeral*: hundred

hund *masc noun*: dog, hound (**hunda** *gen pl*; **hundes** *nom pl*; **hundum** *dat pl*)

hundteontig, hunteontig, C *numeral*: one hundred (**hundteontiges** *gen sing*)

hundtwelftig, .cxx. *numeral*: one hundred and twenty

hundum: see **hund**

Hunferþ *prop name*: Hunferth (**Hunferþe** *dat sing*)

hungor, hunger *masc noun*: hunger

hunig *neut noun*: honey

hupseax *neut noun*: hip-carried sax, short sword (**hupseax** *acc pl*)

huru *interj and adv*: indeed, truly

hus *neut noun*: house, building; household, family (**hus** *nom pl*; **husa** *gen pl*; **huse** *dat sing*; **huses** *gen sing*; **husum** *dat pl*)

husl *neut noun*: consecrated wafer: Host (**husles** *gen sing*)

husum: see **hus**

huð, hyþ *fem noun*: plunder, prey, treasure (**huðe, hyþe** *acc/dat sing*)

hwa *pron*: who; anyone; someone; which; each (**hwon, hwan** *dat sing neut*; **hwone, hwæne** *acc sing masc*)

gehwa *pron*: each, every; everyone (**gehwæne** *acc sing masc*; **gehwære** *dat sing fem*; **gehwæs** *gen sing neut*; **gehwam** *dat sing masc/neut*; **gehwone** *acc sing masc*)

hwæl *masc noun*: whale (**hwæles** *gen sing*; **hwale** *dat sing*)

hwælmere *masc noun*: whale-lake (a kenning for "ocean")

hwælweg *masc noun*: whale-way, whale-path (a kenning for "the sea")

hwæne: see **hwa**

gehwæne: see **gehwa**

hwænne: see **hwonne**

hwær, hwar *adv and conj*: where; somewhere

gehwær, gehwer *adv*: everywhere, always; somewhere

gehwære: see **gehwa**

hwærf: see **hweorfan**

gehwæs: see **gehwa**

hwæt (1) *interrog and indef pron*: what; that which; something; (2) *interj*: an attention-getting word used to commence speeches and poetic compositions: lo! hey! well, indeed, so, ...; (3) *adj*: bold, brave, quick, active (**hwætran** *compar nom pl*)

hwætewæstm *masc noun*: wheat crop (**hwætewæstma** *gen pl*)

hwæðer *conj*: whether

gehwæþer *pron and adj*: either (of two), both (**gehwæðere, gehwæþere, gehwæþre** *dat sing fem*; **gehwæþres** *gen sing*)

hwæðere, hwæþere, hwæðre, hwæþre, hwaþere *conj*: nevertheless, however, in any case

swa hwæðere: whichever

on swa hwæþere hond: on whichever side

gehwæþre, gehwæþres: see gehwæþer

hwæthwugu *adv, noun, and pron*: a little, a bit; (a little) something

hwætran: see hwæt

hwale: see hwæl

gehwam: see gehwa

hwan: see hwa

hwanon, hwanan, hwonon *conj*: whence, from where

hwar: see hwær

hwaþere: see hwæðere

hwealf (1) *fem noun*: vault, arch; (2) *adj*: arched, vaulted (**hwealfum** *dat pl*)

hwearf: see hweorfan

hwearf *masc noun*: crowd, throng (**hwearfum** *dat pl*)

hwelc: see hwilc

gehwelc: see gehwilc

hwelce: see hwilc

gehwelcne, gehwelcum: see gehwilc

hwelp *masc noun*: whelp, puppy, cub

hweorfan *Class 3 str verb*: go, turn, move; change (**hwearf** *3rd pers sing pret indic*; **hweor-feð, hwyrfeð** *3rd pers sing pres indic*; **gehwerfde** *3rd pers sing pret indic*; **hwurfe** *3rd pers sing pret subj*)

gehwer: see gehwær

gehwerfde: see hweorfan

hwettan *wk verb*: encourage (**hweteð** *3rd pers sing pres indic*; **hwette** *3rd pers sing pres subj*; **hwetton** *pl pret indic*)

hwi: see hwy

hwider: see hwyder

hwil *fem noun*: while, time (**hwile** *acc pl; acc/dat sing; dat sing as adv*: "for a time"; **hwilum, hwilon, hwylum** *dat pl* [often as adv: "sometimes"])

    ealle hwile: the whole time

    gode hwile: for a good (i.e., long) time

    litle hwile: for a short time

    lange hwile: for a long time

    ða hwile ðe: until; while

hwilc, hwylc, hwelc *pron and adj*: any, someone; some kind of a; what kind of; what; each (**hwelce** *nom pl masc*; **hwylce** *fem acc/dat sing*; **hwylcere** *gen sing fem*; **hwylcne** *acc sing masc*)

    swa hwelce dæge: on whatever day

    swa hwelc swa: whichever

gehwilc, gehwylc, gehwelc *pron*: each (**gehwelcne, gehwylcne** *acc sing masc*; **gehwilcum, gehwylcum, gehwelcum** *dat sing neut/masc, dat pl*; **gehwylce** *dat sing masc; acc/dat sing fem*; **gehwylces** *gen sing masc/neut*; **gehwylcre** *dat/gen sing fem*)

gehwilcum: see gehwilc

hwile: see hwil

hwilen *adj*: transitory (**hwilnan** *acc sing fem*)

hwilon, hwilum: see hwil

hwilpe *fem noun*: some species of sea-bird (**huilpan** *gen sing*)

hwit *adj*: white, bright, shining (**hwitan** *gen pl*; **hwite** *nom pl fem*)

hwitlocced *adj*: white-haired (i.e., shining-haired, blond-haired) (**hwitloccedu** *nom sing fem*)

hwon: see **hwa**

hwon *adj and neut noun*: little, a little

hwone: see **hwa**

gehwone: see **gehwa**

hwonne, hwænne *adv and conj*: when; until; as long as

hwonne *prep*: until, as long as

hwonon: see **hwanon**

hwurfe, hwurfon: see **hweorfan**

hwy, hwi *interrog pron*: why, for what reason
   for hwi: why

hwyder, hwider *conj*: whither, to where

hwylc: see **hwilc**

gehwylc, gehwylce: see **gehwilc**

hwylce, hwylcere: see **hwilc**

gehwylces: see **gehwilc**

hwylcne: see **hwilc**

gehwylcne, gehwylcre, gehwylcum: see **gehwilc**

hwylum: see **hwil**

hwyrfan *wk verb*: change (**hwyrfað, hwyrfaþ** *pl pres indic*; **hwyrfde** *3rd pers sing pret indic*; **gehwyrfde** *3rd pers sing pret subj*; **gehwyrfed** *past part*)

gehwyrfed: see **hwyrfan**

hwyrfeð: see **hweorfan**

hwyrft *masc noun*: movement, turning, going; possibility of movement, escape (**hwyrftum** *dat pl*)

hy: see **he**

gehycgan, hicgan *wk verb*: think, consider (**hycgað** *imper pl*; **hycge** *1st/2nd/3rd pers sing pres subj*; **hycgendne** *pres part acc sing masc*; **to hycgenne** *inflect infin*; **gehyge** *imper sing*)

hydan (1) *wk verb*: hide (**gehydde** *3rd pers sing pret indic*; **hyddon** *pl pret indic*; **hydeð** *3rd pers sing pres indic*); (2) *wk verb*: moor, tie up (a boat) (**hydað** *pl pres indic*)

gehygd *fem noun*: mind, thought

gehyge: see **gehycgan**

hyge, hige *masc noun*: mind, thought, intention (**hyge, hige** *dat sing*)

hygebliþe *adj*: joyful-hearted (**hygebliþran** *compar nom pl*)

hygegal *adj*: lascivious, wanton (**hygegalan** *gen sing fem*)

hygegeomor *adj*: miserable, sad (**hygegeomorne** *acc sing masc*)

Hygelaces: see **Higelac**

hygerof *adj*: brave (-minded)

hygewælm *masc noun*: spiritual agitation

hygewlonc *adj*: proud-minded, haughty

hyhsta: see **heah**

hyht, hiht *masc noun*: hope, trust; joy (**hyhte** *dat sing*)

hyhtwynn *fem noun*: joy, pleasure (**hyhtwynna** *gen pl*)

hyldan *wk verb*: lean, bend down (**hylde** *3rd pers sing pret indic*)

hyldo *fem noun*: grace, protection, favor; allegiance, loyalty (**hyldo** *acc/dat/gen sing*)

hym: see **he**

hynan *wk verb*: humiliate, lay low, kill (**hynað** *pl pres indic*; **hynde** *3rd pers sing pret indic*; **gehynede** *past part nom pl*)

hyne: see **he**

hynð, hynðu, hynðo *fem noun*: shame, humiliation (**hynða, hynðo** *gen pl*)

hyra: see **he**

*ge***hyran** *wk verb*: obey (w. acc or dat); belong to (w. dat); hear (**gehyrað, hyrað** *pl pres indic; imper pl*; **gehyrde, hyrde, gehirde** *3rd pers sing pret indic*; **gehyrdon, hyrdon, gehyrdan gehierdun** *pl pret indic*; **gehyre** *1st pers sing pres indic*; **gehyrst, gehyrest** *2nd pers sing pres indic*; **to gehyranne** *inflect infin*)

    hyran to: belong to

*ge***hyrdan** *wk verb*: harden, temper, make hard (**gehyrdeð** *3rd pers sing pres indic*)

gehyrdan, hyrdon, gehyrdon: see *ge***hyran**

gehyrdan, gehyre: see *ge***hyran**

hyrde *masc noun*: shepherd, pastor, guardian (**hyrdas** *nom pl*)

hyrde: see **hired,** *ge***hyran**

gehyrde: see *ge***hyran**

gehyrdeð: see *ge***hyrdan**

hyrdon, gehyrdon, gehyre: see *ge***hyran**

hyre: see **he**

gehyre: see *ge***hyran**

hyred: see **hired**

hyredcniht *masc noun*: servant, serving boy/man (**hyredcnihtas** *nom pl*)

hyredes: see **hired**

hyredmann *masc noun*: servant, servingman (**hyredmen, hyredmenn** *nom pl*)

gehyrest: see *ge***hyran**

hyrne *fem noun*: corner (**hyrnan** *dat sing*)

hyrnednebba *adj*: horny-beaked

gehyrnes *fem noun*: hearing (**gehyrnesse** *dat sing*)

hyrst *fem noun*: ornament, jewel (**hyrsta** *gen pl*; **hyrste** *gen sing; nom pl*; **hyrstum** *dat pl*)

gehyrst: see *ge***hyran**

hyrsta: see **hyrst**

*ge***hyrstan** *wk verb*: decorate, ornament (**hyrsted** *past part adj*; **hyrstedne** *past part acc sing masc*; **gehyrsteð** *3rd pers sing pres indic*)

hyrste: see **hyrst**

hyrsted, hyrstedne, gehyrsteð: see *ge***hyrstan**

hyrstum: see **hyrst**

gehyrsum *adj*: obedient

hyrwan *wk verb*: despise, deride, abuse (**hyrweð** *3rd pers sing pres indic*)

hys: see **he**

hyse *masc noun*: youth, warrior (**hysas, hyssas** *nom pl*; **hyssa** *gen pl*; **hysses** *gen sing*)

hyt: see **he**

hyte: see **hiht**

hyð *fem noun*: harbor (**hyðe** *dat sing*)

hyþ, hyþe: see **huð**

I: see **an**

Iacintus *prop name*: Iacintus

ic *1st pers pron*: I (**me** *acc/dat;* **mec** *acc;* **min** *gen;* **mine** *poss adj nom/acc pl masc/fem; dat sing masc; nom/acc sing fem; nom/acc sing neut;* **mines** *poss adj gen sing masc;* **minne, mine** *poss adj masc acc sing;* **minra** *poss adj gen pl;* **minre** *poss adj dat/gen sing fem;* **minum** *poss adj dat sing masc/dat pl*)

Icel Eomæring *prop name*: Icel son of Eomaer

idel *adj*: idle, useless, void, desolate (**idelan, idlan** *dat pl masc; acc sing fem;* **idles** *gen sing neut;* **idlu** *nom pl neut*)

ides *fem noun*: woman, lady (**idesa** *nom/acc/gen pl;* **idese** *acc/dat/gen sing*)

idlan, idles, idlu: see **idel**

iecan, ycan *wk verb*: increase, grow, augment (**ihte** *3rd pers sing pret indic;* **ycað** *pl pres indic*)

ieg *fem noun*: island (**iege, ige** *dat sing*)

ieldran: see **eald**

iewan, ywan *wk verb*: show, reveal (**eaweð** *3rd pers sing pres indic;* **iewde** *3rd pers sing pret indic;* **iewe** *1st pers sing pres indic;* **eowdon** *pl pret indic*)

ige: see **ieg**

Iglea *prop name*: Iglea

ihte: see **iecan**

ii: see **tu, twa**

III: see **þriwa**

iiii: see **feower**

ilca *adj and pron*: same (**ilcan, ylcan** *acc/dat/gen sing masc/fem/neut;* **ilce** *nom/acc sing neut*)

Ilfing *prop name*: the Elbing River

in *prep and adv*: in, into, on, onto

inbryrdnes *fem noun*: inspiration (**inbryrdnisse, inbryrdnesse** *dat sing*)

inc: see **git**

inca *masc noun*: grievance, quarrel (**incan** *acc/dat sing*)

incer, incit, incre, incrum: see **git**

Indeum *prop name*: India

indryhten *adj*: noble

indryhto *fem noun*: nobility

ingan *anom verb*: go in, enter (**ineode** *3rd pers sing pret indic*)

ingehyd *fem noun*: meaning, intent, purport (**ingehyde**)

ingeþanc *masc noun*: private thought, conscience (**ingeþancum** *dat pl*)

ingong *masc noun*: entry (**ingonge** *dat sing*)

Ingwine *pl prop name*: Danes ("friends of Ing") (**Ingwina** *gen sing*)

inlædan *wk verb*: admit, lead in

innan, innon *adv and prep*: within, in, inside; into
   on innan, in innan: within

innanbordes *gen sing*: within the country

innanweard *adv*: within, inwardly

inne *adv*: within, inside

inneweard *adj and adv*: inward, within (**innewerdre** *dat sing fem*)

in nomine patris *Latin phrase*: in the name of the Father
    in nomine patris et filii et spiritus sancti *Latin phrase*: in the name of the Father and the Son and the Holy Spirit
innon: see innan
innoþ *masc/fem noun*: innards, guts, stomach (innoþe *dat sing*)
insittend *masc noun*: person sitting within (insittendra *gen pl*)
intinga *masc noun*: matter, business; cause
    blisse intinga: reason for rejoicing
into *prep*: into
Inwære *prop name*: Ingwere (Inwæres *gen sing*)
inweaxan *Class 7 str verb*: grow (inwyxeð *3rd pers sing pres indic*)
inwidda *masc noun*: evil one
inwidhlemm *masc noun*: evil wound (inwidhlemmas *nom pl*)
inwidsorg *fem noun*: (malicious, evil) sorrow (inwitsorge *acc sing*)
inwitþanc *masc noun*: crafty thought (inwitþancum *dat pl*)
inwyxeð: see inweaxan
Iohannes *prop name*: Iohannes, John
iow: see ge
iren *neut noun*: iron; iron sword (irena, irenna *gen pl*; irenes *gen sing*)
irenbend *fem noun*: iron bond, iron fetter (irenbendum *dat pl*)
irenes, irenna: see iren
irenþreat *masc noun*: iron(-armed) troop
geirnan *Class 3 str verb*: run, ride, hasten, move quickly; (with *ge-* prefix) get by running, riding, etc. (ærnað *pl pres indic*; geærneð *3rd pers sing pres indic*; arn *3rd pers sing pret indic*; urnon *pl pret indic*; yrnende *pres part*; yrnendum *pres part dat sing neut*)
is: see beon
Isaac *prop name*: Isaac (Isace *dat sing*)
isceald, iscald *adj*: ice-cold (iscealdne, iscaldne *acc sing masc*)
isern, isen *neut noun*: iron, steel (isenes *gen sing*)
isern *adj*: iron, made of iron or steel (iserna *acc pl neut*)
isernbyrne *fem noun*: iron mail-coat (isernbyrnan *acc sing*)
isig *adj*: icy
isigfeþera *adj*: icy-feathered
Israelas *masc noun*: Israelites (Israhela *gen pl*)
iu: see geo
Iudith *prop name*: Iudith (Judith) (Iudithðe, Iudithe *acc/gen sing*)
iunga, iungan, iunge: see geong
iuwine *masc noun*: former lord, old friend

kende, kennan: see cennan
kynerices: see cynerice
kyning, kyningas, kyninge: see cyning
kyningwuldor: see cyningwuldor

l: see fiftig
la *interj expressing emotion, emphasizing a previous statement, etc.*: oh! ah! indeed!

lac *neut noun*: offering, sacrifice, present (**lac** *acc pl*; **laca** *gen pl*; **lacum** *dat pl*)

gelac *neut noun*: play, sport; tumult, commotion

laca: see **lac**

lacan *Class 7 str verb*: leap, fly, play (**laceð** *3rd pers sing pres indic*)

lacum: see **lac**

gelad *fem noun*: journey; (with *ge-* prefix) path, route, way (**lade** *acc/dat/gen sing*)

læce *masc noun*: doctor, physician (**læces** *gen sing*)

gelædan *wk verb*: lead, conduct, take, bring, do (**lædað, gelædað** *pl pres indic*; **lædde, gelædde** *3rd pers sing pret indic*; **læde** *imper sing*; **gelæded** *past part*; **læddon, gelæddon** *pl pret indic*)

Læden, Leden *adj*: Latin (as noun: the Latin language) (**Lædene** *dat sing*; **Lædenre** *dat sing fem*)

Lædengeðiode *neut noun*: the Latin language (**Lædengeðiode** *dat sing*; **Lædengeðiodes** *gen sing*)

Lædenre: see **Læden**

Lædenware *masc pl noun*: the Romans

læfan *wk verb*: leave, bequeath (**læfde** *3rd pers sing pret indic*; **lefdon, læfdon** *pl pret indic*)

læg, læge, lægon: see **licgan**

Læland *prop name*: Laaland

læn *neut noun*: gift, benefit, loan (**læne** *dat sing*)

  to læne: loaned out

læne *adj*: transitory, temporary, perishable (**lænan, lænum** *dat sing neut*; **lænan** *acc sing fem*; **lænes** *gen sing neut*)

gelæran, læren *wk verb*: teach, instruct (**lærde** *3rd pers sing pret indic*; **gelærdon** *pl pret indic*; **lære** *3rd pers sing pres subj; 1st pers sing pres indic*; **gelæred, læred** *past part*; **gelærede** *past part nom pl masc*; **gelæredestan** *past part acc pl masc* ["most learned"])

lærig *masc? noun*: edge, border

læs *adv and conj*: less, lest

  þy læs, þe læs *adv and conj*: lest; so much the less

  noht þon læs: nevertheless

læssa *adj*: less, smaller, fewer (**læssan** *dat pl; dat/gen sing neut*)

læsste: see **lytel**

læst: see **last**

læsta, læstan: see **lytel**

gelæstan *wk verb*: perform, carry out; follow, help, serve; endure, last (**gelæsted** *past part*; **gelæste** *1st/3rd pers sing pres indic/subj*; **gelæsten** *pl pres subj*; **læstes** *2nd pers sing pres/pret indic*; **gelæston** *pl pret indic*)

læste: see **last**

lætan *Class 7 str verb*: let, allow; consider (**lætað** *imper pl*; **læt** *imper sing*; **læte** *3rd pers sing pres/pret subj*; **læteð** *3rd pers sing pres indic*; **let, læt** *3rd pers sing pret indic*; **leton** *pl pret indic*)

lætbyrd *fem noun*: late birth (**lætbyrde** *gen sing*)

læte, læteð: see **lætan**

læðð *fem noun*: injury, wrong (**læðða** *gen pl*; **læððum** *dat sing*)

læwede *adj*: lay, non-monastic, unlearned (**læwede** *nom pl masc*)

laf *fem noun*: remainder, remnant, what is left; legacy; (heirloom) sword (**lafe** *acc/dat sing*)

laga, lage: see **lagu**

lagian *wk verb*: prescribe by law (**gelagod** *past part*)

lago: see **lagu**

gelagod: see **lagian**

lagon: see **licgan**

lagu, lago *masc noun*: sea, ocean, waters

lagu *fem noun*: law (**laga** *nom/acc pl*; **lage** *acc/dat sing*; **lagum** *dat pl*)

gelagu *neut pl noun?*: expanse? surface? (the meaning and gender of this noun are debated)

lagucræftig *adj*: sea-wise, skilled at sailing

lagulad *fem noun*: sea-route (**lagulade** *acc sing*)

lagum: see **lagu**

lagustræt *fem noun*: sea-road (**lagustræte** *dat sing*)

lagustream *masc noun*: sea-current (**lagostreamum** *dat pl*; **lagustreamas** *nom/acc pl*)

lahbryce *masc noun*: law-breaking (**lahbrycas** *acc pl*)

lahlice *adv*: lawfully

lambyrd *fem noun*: lame (i.e., ineffective) labor (**lambyrde** *gen sing*)

gelamp: see **gelimpan**

land, lond *neut noun*: land, country, dry land (**land** *nom/acc pl*; **landa** *gen pl*; **lande, londe** *dat sing*; **landes, londes** *gen sing*; **londum** *dat pl*)

landbuende *masc pl noun*: earth-dwellers, humans (**landbuendum, londbuendum** *dat*)

lande, landes: see **land**

landfruma *masc noun*: (land-holding) king, prince

landgemyrce *neut noun*: edge of the land; shoreline (**landgemyrcu** *acc pl*)

landgeweorc *neut noun*: national edifice

landriht, londryht *neut noun*: property right, right to own land

lang *adj*: long, tall (**langa** *nom sing masc*; **langan** *dat sing neut*; **lange, longe** *acc sing fem*; *nom pl masc/fem*; **lengra** *compar nom sing masc*; **lengran** *compar gen sing neut*)

Langaland *prop name*: Langeland

langan: see **lang**

lange: see **lang**

lange, longe *adv*: long, for a long time (**leng, lencg** *compar*; **lengest** *superl*)

gelangian *wk verb impers w. acc*: long, yearn for; summon (**longade** *3rd pers sing pret indic*)

langne: see **lang**

langoþe: see **longaþ**

langre: see **lang**

langsum *adj*: long, enduring (**langsumu** *nom sing fem*; **langsumum** *dat sing masc*)

langunghwil *fem noun*: time of longing (**langunghwila** *gen pl*)

lar *fem noun*: teaching, precept, learning (**lara** *nom/acc/gen pl*; **lare** *acc/dat/gen sing*; **larena** *gen pl*; **larum** *dat pl*)

larcwide *masc noun*: teaching, instruction (**larcwidum** *dat pl*)

lare, larena: see **lar**

lareow *masc noun*: teacher (**lareowa** *gen pl*; **lareowas** *nom pl*; **lareowe** *dat sing*; **lareowes** *gen sing*)

larum: see **lar**

last *masc noun*: track, trace, footprint (**lastas** *acc pl*; **laste, læste** *dat sing*; **lastum** *dat pl*) **on last(e)** w. dat: in the track of, behind

lastword *neut noun*: track-word (i.e., subsequent reputation) (**lastworda** *gen pl*)

late *adv*: late

lað, laþ *adj*: hateful, evil, unwelcome, inimical (**laðan, laþan** *acc/dat/gen sing masc/neut/fem*; **laðe** *nom/acc pl masc*; **laðere** *dat sing fem*; **laðes, laþes** *gen sing masc/neut*; **laðestan** *superl gen sing masc; superl dat pl masc*; **laðne, laþne** *acc sing masc*; **laðost** *superl*; **laðra** *gen pl*; **laðra** *compar nom sing masc*; **laðran** *compar nom/acc sing masc*; **laþre** *compar acc sing neut*; **laþum, laðum** *dat sing masc/neut; dat pl*) **se laða** *nom sing masc as noun*: the hateful one

laðe *adv*: evilly, hatefully

laðe, laðere, laðes, laþes, laðestan: see **lað**

laðettan *wk verb*: loathe, hate (**laðet** *3rd pers sing pres indic*)

laðgeteona *masc noun*: (hateful) enemy (**laðgeteonan** *nom pl*)

laðian *wk verb*: invite, summon (**gelaðode** *3rd pers sing pret indic*)

laðlice *adv*: nastily, hatefully, despicably (**laðlicost** *superl*)

laðne, laþne: see **lað**

gelaðode: see **laðian**

laðost, laðra, laðran, laðre, laðum, laþum: see **lað**

latian *wk verb*: delay (**latige** *3rd pers sing pres subj*)

latteow *masc noun*: leader, guide

leaf (1) *neut noun*: leaf (**leafum** *dat pl*); (2) *fem noun*: leave, permission (**leafe** *acc/dat sing*)

geleafa *masc noun*: belief, faith (**geleafan** *acc/dat/gen sing*)

leafe: see **leaf**

geleafful *adj*: believing (**geleaffulne** *acc sing masc*)

leafnesword *neut noun*: word of permission

leafum: see **leaf**

geleah: see *geleogan*

leahtor *masc noun*: sin, crime, vice (**leahtrum** *dat pl*)

lean (1) *neut noun*: reward, compensation, retribution (**leana** *gen pl*; **leane** *dat sing*; **leanes** *gen sing*; **leanum** *dat pl*); (2) *Class 6 str verb*: blame, reproach (**logon** *pl pret indic*; **lyhð** *3rd pers sing pres indic*)

leap *masc noun*: corpse

leas *adj*: (w. gen) without, lacking; lying, false (**leasan** *acc/dat sing fem*; **lease** *fem nom/acc sing; neut nom pl*; **leasne** *acc sing masc*; **leasum** *dat pl; dat sing masc*)

leaslice *adv*: deceitfully, falsely

leasne: see **leas**

leassceawere *masc noun*: spy (**leassceaweras** *nom pl*)

leasum: see **leas**

leasung *fem noun*: lie, falsehood (**leasunga** *dat sing; acc pl*; **leasunge** *gen sing*)

lecgan *wk verb*: lay (**lecgað** *pl pres indic; imper pl*; **lecge** *3rd pers sing pres subj*; **geled** *past part*; **legde** *3rd pers sing pret indic subj*; **legdon** *pl pret indic*; **lege, lecge** *imper sing*; **legeð** *3rd pers sing pres indic*) **lecgan lastas**: journey, travel

Leden: see **Læden**

lef *adj*: feeble, sickly, infirm

lefdon: see **læfan**

leg: see **licgan**

legde, legdon, lege: see **lecgan**

leger *neut noun:* lying-place (bed, grave); (fact of) lying (**legere** *dat sing*)

legerbedd *neut noun:* deathbed, grave (**legerbedde** *dat sing*)

legere: see **leger**

legeð: see **lecgan**

lehtrian *wk verb:* accuse, revile, blame (**lehtreð** *3rd pers sing pres indic*)

lemian *wk verb:* lame, disable (**lemedon** *pl pret indic*)

lencg, leng: see **lange**

lenge *adj:* belonging, related; (of time) close, imminent

lenge: see **lengo**

lengest: see **lange**

lengo *indecl fem noun:* length, distance (**lenge** *dat sing*)

lengra, lengran: see **lang**

leod (1) *masc noun:* man, person (**leoda** *gen pl;* **leode** *dat sing, nom pl;* **leodum, leodon** *dat pl*); (2) *fem noun:* people, nation (**leoda** *nom/acc/gen pl;* **leode** *nom/acc pl; acc/dat/gen sing;* **leodum** *dat pl*)

leodcyning *masc noun:* king (of a people)

leode: see **leod**

leodfruma *masc noun:* patriarch, founder of a people; prince, leader of a people (**leodfruman** *dat/gen sing*)

leodgebyrgea *masc noun:* protector of the people (**leodgebyrgean** *acc sing*)

leodhata *masc noun:* tyrant, enemy of the people (**leodhatan** *acc sing; nom pl*)

leodon, leodum: see **leod**

leof *adj:* dear, beloved (**leofa** *nom sing masc* [also as term of address]; **leofan** *dat sing masc; nom pl masc;* **leofe** *nom pl masc; nom sing fem;* **leofes** *gen sing masc/neut;* **leofesta** *superl nom sing masc;* **leofne** *acc sing masc;* **leofost** *superl;* **leofra** *compar nom sing masc/fem;* **leofre** *gen sing fem*)

leofast, leofaþ, leofað: see **lifian**

leofe, leofes, leofesta, leofne, leofost, leofra, leofre: see **leof**

Leofsunu *prop name:* Leofsunu

*ge*leogan *Class 2 str verb:* deceive, lie, betray (**geleah** *3rd pers sing pret indic;* **leoge** *3rd pers sing pres subj*)

leoht (1) *neut noun:* light (**leohte** *dat sing*); (2) *adj:* bright, light (**leohtne** *acc sing masc;* **leohtum** *dat sing masc*)

leohte *adv:* lightly, brightly, clearly

leohte, leohtne, leohtum: see **leoht**

leolc: see **lacan**

leoma *masc noun:* beam of light, luminary, heavenly body (**leoman** *acc pl; acc sing;* **leomena** *gen pl*)

leomu, leomum: see **lim**

leon *masc noun:* lion (**leona** *gen pl*)

leorna, geleornad, leornade, geleornade: see *ge*leornian

leornere *masc noun:* student, scholar (**leorneras** *acc pl*)

*ge*leornian *wk verb:* learn, consider (**geleornod, geliornod, geleornad** *past part;*

geleornode, leornade, geleornade, geliornode *3rd pers sing pret indic*; **leornodon, geliornodon** *pl pret indic*)

leoð *neut noun*: song, poem, poetry (**leoð** *nom/acc pl*; **leoðe** *dat sing*; **leoþes** *gen sing*)

leoðcræft *masc noun*: poetic ability, skill in poetry

leoðcræftig *adj*: skilled in poetry/song

leoðe, leoþes: see **leoð**

leoþsong *masc noun*: poetic song, poem (**leoþsonges** *gen sing*; **leoþsongum** *dat pl*)

leoþu: see **lið**

leppan *wk verb*: feed (a hawk) (**lepeþ** *3rd pers sing pres indic*)

Lertices *pl prop noun*: Lertices, the name of a wild animal in *Wonders of the East*

let: see **lætan**

letanie *masc noun*: litany (**letanias** *acc pl*)

leton: see **lætan**

gelettan *wk verb*: hinder, prevent (**gelette** *3rd pers sing pret indic*; **letton** *pl pres/pret indic*)

leuua *Latin noun*: league (a distance of 1.5 Roman miles)

lew *fem noun*: injury (**lewe** *acc sing*)

lewian *wk verb*: injured (**gelewede** *past part nom pl masc*)

libban, lybban *wk verb*: live, exist (**libbað** *pl pres indic*; **lifde** *3rd pers sing pret indic*; **lifdon, lyfdon** *pret indic pl*)

lic *neut noun*: body; likeness (**lica** *gen pl*; **lice** *dat sing*; **lices** *gen sing*)

gelic *adj w. dat*: alike; like, similar to (**gelice** *nom pl neut*; **gelicost** *superl*; **gelicum** *dat pl*)

lica: see **lic**

gelica *masc noun*: like, equal, companion (**gelican** *nom pl*)

licað: see **gelician**

gelice *adv*: as, like, similarly (**gelicost** *superl*)

gelice: see **gelic**

lice, lices: see **lic**

licgan, licgean *Class 5 str verb*: lie, be situated, extend; lie dead (**læg, leg** *3rd pers sing pret indic*; **læge** *3rd pers sing pret subj*; **lagon, lægon** *pl pret indic*; **licgað** *pl pres indic*; **licge** *3rd pers sing pres subj*; **licgende** *pres part*; **licgendre** *pres part dat sing fem*; **ligeð** *3rd pers sing pres indic*; **ligst** *2nd pers sing pres indic*; **lið, liþ** *3rd pers sing pres indic*)

lichoma *masc noun*: body (**lichaman, lichoman** *nom/acc pl*; *acc/dat/gen sing*)

lichomlic *adj*: bodily (**lichomlicre** *dat sing*)

gelician *impers wk verb*: please, be liking to (**licað** *3rd pers sing pres indic*; **licode, gelicode** *3rd pers sing pret indic*; **licodon** *pl pret indic*)

Liconia in Gallia *prop name*: Liconia, a land in *The Wonders of the East*

gelicost: see **gelic, gelice**

licrest *fem noun*: cemetery (**licreste** *dat sing*)

licsar *neut noun*: (bodily) wound

licsyrce *fem noun*: mail coat

gelicum: see **gelic**

liden: see **liðan**

lidmann *masc noun*: sailor (**lidmanna** *gen pl*; **lidmen** *nom pl*)

geliefan, gelyfan *wk verb*: believe, trust, believe in (**gelifst** *2nd pers sing pres indic*; **gelyfde** *3rd pers sing pret indic*; **gelyfe, geliefe** *1st pers sing pres indic*; **gelyfe** *3rd pers sing pres subj*; **gelyfeð** *3rd pers sing pres indic*)

lif *neut noun*: life (**life, lyfe** *dat sing*; **lifes** *gen sing*)
lifan *wk verb*: grant, allow (**lyfdest** *2nd pers sing pret indic*)
lifbysig *adj*: struggling for life
lifdagas *pl masc noun*: days of (one's) life (**lifdagum** *dat*)
lifde, lifdon: see **libban**
life: see **lifan, lif**
lifes: see **lif**
liffæst *adj*: vigorous, hearty, lively (**liffæstan** *nom pl neut*)
liffrea *masc noun*: (living) lord, lord of life (**liffrean** *acc/dat/gen sing*)
lifge: see **lifian**
lifgedal *neut noun*: death
lifian *wk verb*: live (**leofast** *2nd pers sing pres indic*; **leofað, leofaþ, lyfað** *3rd pers sing pres indic*; **lifgendne, lifiendne** *pres part acc sing masc*; **lifgendum** *pres part dat sing masc*; **lifgendra** *pres part gen pl* [as noun: the living]; **lifiað, lifiaþ** *pl pres indic*; **lifige, lifge** *3rd pers sing pres subj*; **lifigende, lifgende** *pres part*)
    be him lifgendum: while he lives
gelifst: see **geliefan**
lifwraþu *fem noun*: life-protection (**lifwraþe** *dat sing*)
    to lifwraþe: to save (his) life
lig *masc/neut noun*: flame, fire (**ligas** *acc pl*; **lige, ligge** *dat sing*; **liges** *gen sing*)
ligeð: see **licgan**
ligge: see **lig**
gelignian *wk verb*: show to be a liar (**gelignod** *past part*)
ligst: see **licgan**
lihtan *wk verb*: alight, dismount (**lihte** *3rd pers sing pret indic*)
lim *neut noun*: limb, branch (**leomu** *nom/acc pl*; **leomum, limum** *dat pl*)
gelimp, gelymp *neut noun*: event, occurrence, fortune, misfortune (**gelimpum** *dat pl*)
gelimpan *Class 3 str impers verb*: happen, occur, exist (**gelamp, gelomp** *pret indic*; **gelimpe** *3rd pers sing pres subj*; **limpeð, gelimpð** *3rd pers sing pres indic*; **gelumpen** *past part*)
gelimplic *adj*: appropriate, suitable (**gelimplicre** *dat sing fem*)
gelimpð: see **gelimpan**
gelimpum: see **gelimp**
limum: see **lim**
limwerig *adj*: weary-limbed (**limwerigne** *acc sing masc*)
lind *fem noun*: (linden-wood) shield (**linde** *acc/dat/gen sing; acc pl*; **lindum** *dat pl*)
Lindesig, Lindesse *prop name*: Lindsey, Lincolnshire (**Lindesige** *dat sing*)
lindhæbbend *masc noun*: linden(-wood shield)-possessor (a kenning for "warrior") (**lindhæbbende** *nom pl masc*)
Lindisfarnea *prop name*: Lindisfarne
lindum: see **lind**
lindwig *neut noun*: (linden-wood-shield-bearing-) army
lindwiggend *masc noun*: (linden-wood-shield-bearing-) warrior (**lindwiggende** *nom pl masc*)
linnan *Class 3 str verb w. dat*: lose, cease from
geliornod, geliornode, geliornodon: see **geleornian**

liornung *fem noun*: learning, scholarship (**liournunga** *dat sing*)

lioðobend *masc noun*: bond, fetter (**lioðobendum** *dat pl*)

liss *fem noun*: joy, peace; grace, love (**lisse** *acc sing*; **lissum** *dat pl*)

list *masc noun*: skill, craft (**listum** *dat pl*; **listum** *dat pl as adv*: cunningly, artfully)

geliste: see **lystan**

listum: see **list**

lið, liþ: see **licgan**

lið *neut noun*: limb, member (**leoþu, liþu** *nom pl*)

liðan *Class 1 str verb*: sail, travel (**liden** *past part*; **liðendum** *pres part dat sing masc*)

liðend *masc noun*: sailor, traveler (**liðende** *nom pl masc*)

liðendum: see **liðan**

liþnes *fem noun*: gentleness (**liþnesse** *dat sing fem*)

liþu, liðum: see **lið**

litle: see **lytel**

lixan *wk verb*: shine (**lixte** *3rd pers sing pret indic*)

locian *wk verb*: look, see, gaze (on) (**locað** *3rd pers sing pres indic*; **locude** *3rd pers sing pret indic*)

Locotheo *prop name*: Locotheo, name of a district in *Wonders of the East*

locude: see **locian**

geloden: see **gehladan**

lof *neut noun*: praise, glory, reputation (**lofe** *dat sing*)

lofdæd *fem noun*: famous deed, praiseworthy action (**lofdædum** *dat pl*)

lofe: see **lof**

gelogian *wk verb*: lodge, place (**gelogode** *3rd pers sing pret indic*; **gelogodon** *pl pret indic*)
 up **logian**: lay up, deposit

logon: see **lean**

gelome *adv*: often, frequently
 oft and **gelome** (an idiomatic set phrase): often

gelomp: see **gelimpan**

lond, londe, londes: see **land**

londbuendum: see **landbuende**

londbunes *fem noun*: settlement, district

londryht: see **landriht**

londstede *masc noun*: location (on land)

londum: see **land**

gelong *adj*: belonging, present

longade: see **gelangian**

longaþ *masc noun*: longing, unhappiness (**langoþe** *dat sing*; **longaþes** *gen sing*)

longe: see **lang, lange**

longsum *adj*: overlong, wearisome, long-lasting

longung *fem noun*: longing, sadness (**longunge** *acc sing*)

losian *impers wk verb*: to be lost, perish; escape (**losað** *3rd pers sing pres indic*)

Loth *prop name*: Loth (Lot) (**Lothe** *dat*; **Lothes** *gen*)

lucan *Class 2 str verb*: lock, intertwine (**lucon** *pl pret indic*)

Lucas *prop name*: Luke

lucon: see **lucan**

lufan, lufe: see **lufu**

lufian, lufigean *wk verb*: love, cherish (**lufiað** *pl pres indic*; **lufigend** *pres part*; **lufode** *3rd pers sing pret indic*; **lufodon** *pl pret indic*)

luflice *adv*: kindly, lovingly, in a friendly way

lufode, lufodon: see **lufian**

lufu *fem noun*: love; settlement, kind action (**lufan** *acc/dat/gen sing*; **lufe** *acc/dat sing*)

gelumpen: see *ge*limpan

Lundenburg *prop name*: the city of London (**Lundenbyrig** *dat*)

lungre, lengre *adv*: quickly, soon

lust *masc noun*: pleasure, lust (**lustas** *nom/acc pl*; **luste** *dat sing*; **lustum** *dat pl*)
> **lustum** *dat pl as adv*: with pleasure, joyfully
> **on lustum, on luste** *adj phrase*: delighted

gelustfullice *adv*: with pleasure, happily (**gelustfullicor** *compar*)

lustum: see **lust**

lybban: see **libban**

lyblac *masc noun*: witchcraft, sorcery (**lyblaca** *gen pl*; **lyblace** *dat sing*)

*ge*lyfan *wk verb*: believe (**gelyfde** *3rd pers sing pret indic*; **gelyfe** *1st pers sing pres indic*)

gelyfan: see **geliefan**

lyfað: see **lifan, lifian**

gelyfde: see **geliefan**, *ge*lyfan

lyfdest: see **lifan**

lyfdon: see **libban**

gelyfdre: see **gelyfed**

gelyfe: see *ge*lyfan

lyfe: see **lif**

gelyfe: see **geliefan**

gelyfed *past part adj*: (of age) advanced (**gelyfdre** *gen sing fem*)

gelyfeð: see **geliefan**

lyft *masc/fem noun*: the air, sky, clouds (**lyfte** *acc/dat sing*)

lyftsceaþa *masc noun*: airborne pest, flying molester (**lyftsceaþan** *dat sing*)

lyftswift *adj*: air-swift, swift-flying (**lyftswiftne** *acc sing masc*)

lyhð: see **lean**

gelymp: see **gelimp**

lysan *wk verb*: release, ransom

lystan *wk impers verb*: please, cause longing (**gelyste, geliste** *past part nom pl masc*; **lysteþ** *3rd pers sing pres indic*)

lyt (1) *adv*: little; (2) *pron*: few

lytegian *wk verb*: act cunningly

lytel *adj*: little, small, short (**læsste** *superl nom sing neut*; **læsta** *superl nom sing masc*; **læstan** *superl acc sing masc*; **lytelre** *dat sing fem*; **lytle, litle** *fem acc sing; dat sing neut; nom/acc pl fem*; **lytlum** *dat pl*)
> **litle ær**: a short time ago
> **lytle hwile**: for a short time
> **lytle werede**: with a small army, thinly defended

lyðre *adj*: corrupt, debased, wicked

lythwon (1) *adv, adj*: little; (2) *pron*: few

lytligan *wk verb*: diminish, become smaller (**lytlað** *3rd pers sing pres indic*)

m: see **þusend**
ma *adv and pron*: more
  þy ma, þon ma: the more; so much the more
Maccus *prop name*: Maccus
madm, maþðum *masc noun*: treasure, precious thing (**madma, maðma** *gen pl*; **madmas, maþmas** *acc pl*; **madmum, maþmum, maðmum** *dat pl*)
gemæc *adj*: suitable as a companion or spouse; similar, equal (**gemæcne** *acc sing masc*)
mæcg *masc noun*: man, son (**mæcga** *gen pl*; **mæcgum** *dat pl*)
gemæcne: see **gemæc**
mæden *neut noun*: maiden, girl, virgin (**mædene, mædenne** *dat sing*; **mædenes** *gen sing*)
mædenman *masc noun*: maiden, young girl
mædenne: see **mæden**
mæder: see **modor**
mæg: see **magan**
mæg *fem noun*: maiden, woman, wife
gemæg *masc noun*: kinsman, male relative; kindred, family (**mægas, gemagas, magas** *nom pl*; **mæge** *dat sing*; **mæges** *gen sing*; **maga** *gen pl*; **magum, mægum** *dat pl*)
mægburg, mægburh *fem noun*: nation, tribe, race, family (**mægburge** *acc/dat/gen sing*)
mæge: see **gemæg, magan**
mæge, mege *fem noun*: female relative
mægen: see **magan**
mægen *neut noun*: might, strength, power; host, troop, army (**mægene, mægne** *dat sing*; **mægenes, mægnes** *gen sing*; **mægna** *acc/gen pl*; **mægnu** *acc pl*)
mægencræft *masc noun*: strength, might
mægene: see **mægen**
mægeneacen *adj*: might-endowed, empowered
mægenellen *neut noun*: power, bravery
mægenes: see **mægen**
mægenwudu *masc noun*: power-wood (a kenning for "spear")
mæges: see **gemæg**
mægeð: see **mægð**
mægna: see **mægen**
gemægnde: see **gemengan**
mægne, mægnes, mægnu: see **mægen**
mægræs *masc noun*: attack on a close relative (**mægræsas** *acc pl*)
mægslaga *masc noun*: killer of kin (**mægslagan** *nom pl*)
mægð *fem noun*: kindred, people, clan, tribe (**mægþa, mægða** *gen pl*; **mægþe, mægðe** *acc/dat/gen sing*; **mægþum** *dat pl*)
mægð *fem noun*: maiden, girl, woman (**mægð** *nom/acc pl*; *gen sing*; **mægþa** *gen pl*)
mægðhad *masc noun*: virginity (**mægðhade** *dat sing*)
mægþum, mægðum: see **mægð**
mægum: see **gemæg**
mæl *neut noun*: time; mark, sign, cross (*form*: **mæla** *gen pl*; **mælo, mæla** *nom/acc pl*; **mælum** *dat pl*)

gemælan *wk verb*: speak (**gemælde, mælde** *3rd pers sing pret indic*)

mælcearu *fem noun*: (contemporary) trouble or sorrow, trouble of the time (**mælceare** *dat sing*)

mælde, gemælde: see *gemælan*

mæles, mælo, mælum: see **mæl**

mænan *wk verb*: mention, tell of (**mænað** *pl pres indic*; **mæned** *past part*)

gemæne *adj*: common, general, universal; subdued, controlled; between (usually two) people (**gemænum** *dat sing masc*)

mæned: see **mænan**

mænege: see **monig**

mænegeo, mænego: see **mænigo**

mænegum: see **monig**

mængeo: see **mænigo**

mænig: see **monig**

mænige: see **mænigo, monig**

mænigeo: see **mænigo**

mænigfeald: see **manigfeald**

gemænigfealda: see *gemænigfealdian*

mænigfealde: see **manigfeald**

gemænigfealdian *wk verb*: to become multiplied (**gemænigfealda** *imper sing*)

mænigne: see **monig**

mænigo, mænigeo, mænego, menigeo, manigeo, mengeo, mænegeo, meniu, mæniu, mængeo: *fem noun*: multitude, host (**mænige** *dat sing*)

gemænum: see **gemæne**

mæra, mæran: see **mære**

gemæran *wk verb*: praise, honor, glorify (**mærað** *pl pres indic*; **gemæred** *past part*)

mære *adj*: famous, splendid, excellent (**mæra** *nom sing masc*; **mæran, mæron** *acc/dat/gen sing masc/fem*; **mære** *nom/acc pl masc/fem*; **mæres** *gen sing masc*; **mærne** *masc acc sing*; **mærost** *superl*; **mærra** *compar gen pl*; **mærum** *dat sing masc*)

se **mæra** *wk masc nom sing as noun*: the splendid one

gemæred: see **gemæran**

mæres: see **mære**

Mæringas *prop name*: the Maerings, an Ostrogothic or Visigothic people (**Mæringa** *gen pl*)

mærlice *adv*: gloriously, splendidly

mærne, mæron, mærost, mærra: see **mære**

mærsian *wk verb*: praise, glorify (**mærsigende** *pres part*)

mærð, mærþo, mærðo *fem noun*: fame, famous exploit (**mærða, mærþa** *acc/gen pl*; **mærðe** *acc/dat sing*)

mærum: see **mære**

mæsse *fem noun*: mass, service (**mæssan** *acc pl*)

mæssepreost, messepreost *masc noun*: (mass-saying-) priest (**mæssepreoste, messepreoste** *dat sing*)

mæsserbana *masc noun*: priest-killer (**mæsserbanan** *nom pl*)

mæst *masc noun*: mast (**mæste** *dat sing*)

mæst, mæsta, mæstan: see **micel**

mæste: see **mæst**

mæste, mæstne: see **micel**

mæt: see **metan**

gemætan *wk impers verb*: dream (**gemætte** *3rd pers sing pret indic*)

mæte *adj*: small, poor (**mæte** *inst sing*)
    mæte weorode: with a small host

mæð *fem noun*: propriety, decency; honor, respect (**mæþe** *acc/dat/gen sing*)

mæþe: see **meðe, mæð**

Mæðhild *prop name*: Maethhild, mythical bride or girlfriend of Geat (**Mæðhilde** *dat sing*)

mæðlan: see **maðelian**

mæton: see **metan**

gemætte: see **gemætan**

mæw *masc noun*: gull, sea-mew (**mæwes** *gen sing*)

maga *masc noun*: son, young man; male relative (**magan** *acc sing*)

maga: see **gemæg**

magan: see **maga**

magan *verb*: to be able to, be strong, avail (**mæg** *1st/3rd pers sing pres indic*; **mæge** *1st/2nd/3rd pers sing pres subj*; **mægen** *pl pres subj*; **magon, magan** *pl pres indic*; **meaht, miht** *2nd pers sing pres indic*; **meahte, mihte, mehte** *1st/3rd pers sing pret indic*; **meahton, meahtan, mihton** *pl pret indic*; **mihten** *pl pret subj*)

magas, gemagas: see **gemæg**

magaþiht *adj*: powerful-bellied (**magaþihtan** *acc sing masc*)

magnificat *Latin verb*: let (Him) be exalted

mago *masc noun*: son, male kinsman, young man

magodriht *fem noun*: band of men

magon: see **magan**

magorinc *masc noun*: male relative, man (**magorinca** *gen pl*; **magorincas** *nom pl*; **magorince** *dat sing*)

magoðegn: see **maguþegn**

magum: see **gemæg**

maguþegn, magoðegn *masc noun*: man, servant, retainer (**maguþegnas** *nom/acc pl*)

gemah *adj*: bad, shameless

Malchus *prop name*: Malchus

man (1) *neut noun*: sin, crime (**mana** *gen pl*; **mane** *dat sing*; **manes** *gen sing*); (2) *adj*: bad, evil, criminal, false (**manum** *dat pl*)

man: see **man(n)**

man, mon, mann *indef pron*: one, anyone (often forming a phrase passive in sense)

geman: see **gemunan**

manan: see **mane**

mancus *masc noun*: mancus or "gold penny" (a historical monetary unit worth thirty silver pennies) (**mancessa** *gen pl*)

mancyn, mancynn, mancynne, mancynnes: see **moncynn**

mandæd *fem noun*: sin, crime (**mandæda** *gen pl*; **mandædum** *dat pl*)

mandrihten, mondryhten *masc noun*: liege lord (**mandrihtne** *dat sing*)

mane: see **man**

mane *fem noun*: mane (**manan** *acc pl*)

gemane *adj*: maned (i.e., having a lion's mane) (**gemona** *nom pl neut*)

manega, manegan, manege, manegum: see **monig**

manes: see **man**

manfordædla *masc noun*: evil-doer (**manfordædlan** *nom pl*)

gemang, gemong *neut noun*: mixture, multitude, assembly

> **on gemang, on gemong, in gemong, in gemang**: into (a place); into the midst of
> **on gemonge**: in (a place); in the midst of

gemanian *wk verb*: remind, warn, admonish (**manode, gemanode, monade** *3rd pers sing pret indic*; **gemanode** *past part acc pl masc*; **monað** *3rd pers sing pres indic*; **gemoniað** *pl pres indic*)

manig, manige: see **monig**

manigeo: see **mænigo**

manigfeald, mænigfeald *adj*: various, numerous, many (**manigfealde, mænigfealde** *acc pl masc/fem*; **manigfealdre** *compar nom sing neut*; **manigfealdum** *dat pl*)

manigne, manigra, manigre: see **monig**

manlice *adv*: nobly ("manfully")

man(n), mon(n) *masc noun*: man, person (**mannes, monnes** *gen sing*; **men[n]** *nom/acc pl*; *dat sing*; **monna, manna** *gen pl*; **monnum, mannum** *dat pl*)

mann: see **man**

manna *masc noun*: man (**mannon, mannan, monnan** *acc sing*)

manncynnes: see **moncynn**

mannes: see **man(n)**

mannon: see **manna**

mannslaga *masc noun*: manslaughterer (**mannslagan** *nom pl*)

mannsylen *fem noun*: sale of a free person into slavery (**mannsylena** *acc pl*)

mannum: see **man(n)**

manode, gemanode: see *gemanian*

manscaða *masc noun*: criminal destroyer

manslyht *masc noun*: manslaughter (**manslyhtas** *acc pl*)

manswora *masc noun*: perjurer, swearer of false oaths (**mansworan** *nom pl*)

manum: see **man**

mara *compar adj*: greater, more, bigger (**maran** *acc/dat/gen sing masc/fem/neut; acc pl*; **mare** *nom/acc/dat sing neut; nom sing fem*)

maran: see **micel, mara**

Marcus *prop name*: Mark

mare: see **mara**

Maria *prop name*: Mary (**Marian** *acc*)

Martimianus *prop name*: Martimianus

martyrdom *masc noun*: martyrdom

Maserfeld *prop name*: Maserfield (traditionally identified with Oswestry) (**Maserfelda** *dat*)

maðelian, mæðlan *wk verb*: speak (**maðelode, maþelode** *3rd pers sing pret indic*)

Matheus *prop name*: Matthew

maðma, maþmas, maþmum, maðmum, maþðum: see **madm**

maþþumgyfa *masc noun*: treasure-giver, i.e., lord, king maðþumsweord *neut noun*: precious sword

Maximianus *prop name*: Maximianus

me: see **ic**

meaht: see **magan**

meaht, miht *fem noun*: power, strength, might (**mihte, meahte** *acc/dat sing*; **mihtum, meahtum** *dat pl*)

meahtan: see **magan**

meahte: see **magan, meaht, miht**

meahtig *adj*: mighty, powerful (**meahtigra** *compar nom sing masc*)

meahton: see **magan**

meahtum: see **meaht**

gemealt: see **gemeltan**

mear, meara, mearas: see **mearh**

gemearc *fem/masc noun*: mark, limit, term, border (**gemearces** *gen sing*)

gemearcian *wk verb*: mark, stain; designate; design, create; remark, note (**gemearca** *imper sing*; **mearcað** *3rd pers sing pres indic*; **gemearcode** *3rd pers sing pret indic*)

mearcstapa *masc noun*: walker in border-regions

mearh, mearg, mear *masc noun*: horse (**meara** *gen pl*; **mearas** *acc pl*; **meare** *dat sing*; **mearum** *dat pl*)

mearn: see **murnan**

mearum: see **mearh**

mec: see **ic**

mece *masc noun*: sword (**mece** *dat sing*; **meces** *gen sing*; **mecum** *dat pl*)

med *fem noun*: reward, compensation (**meda** *nom pl*; **mede** *acc/dat sing*; **medum** *dat pl*)

Medas *masc pl noun*: Medes (**Meda** *gen pl*)

mede: see **med**

meder: see **modor**

medmicel *adj*: short (**medmiclum** *dat sing neut*)

medo *masc noun*: mead (**medo, meodo** *dat sing*)

medoærn *neut noun*: mead hall

medoburg *fem noun*: (mead-) city (**medobyrig** *dat sing*; **meoduburgum** *dat pl*)

medodrinc *masc noun*: mead, mead-drinking (**medodrince** *dat sing*)

medoful, meoduful *neut noun*: mead cup

medoheal, medoheall *fem noun*: mead hall (**medohealle, meoduhealle** *dat sing*)

medostig *fem noun*: path to the mead-hall (**medostigge** *acc sing*)

medowerig *adj*: drunk, hung-over (**medowerige** *acc pl*; **medowerigum** *dat pl*)

gemedu *neut noun*: consent

medubenc, meodubenc *fem noun*: (mead-) bench (**medubence, meodubence** *dat sing*)

medugal, meodugal *adj*: drunk (with mead) (**meodugales** *gen sing*)

medum: see **med**

mege: see **mæge**

mehte: see **magan**

Melantia *prop name*: Melantia (**Melantian** *acc/dat/gen*)

melo *neut noun*: flour, meal

gemeltan, gemyltan *Class 3 str verb*: melt, burn up, dissolve (**gemealt** *3rd pers sing pret indic*)

*ge*mengan *wk verb*: mix, mingle (**gemægnde** *3rd pers sing pret indic*; **gemenged** *past part*)

mengeo: see **mænigo**

menigeo: see **mænigo**

meniu: see **mænigo**

men(n): see **man(n)**

mennisc *adj*: human (as noun: human being, people, race) (**mennisces** *gen sing*; **menniscra** *gen pl*; **menniscum** *dat sing neut*)

menniscnes *fem noun*: humanity, incarnation (**meniscnesse** *dat sing*)

menniscra, menniscum: see **mennisc**

meodo: see **medo**

meododream *masc noun*: joy of mead (**meododreama** *gen pl*)

meodosetl *neut noun*: mead-seat, place at mead-drinking (**meodosetla** *gen pl*)

meodubenc, meodubence: see **medubenc**

meoduburgum: see **medoburg**

meoduful: see **medoful**

meoduhealle: see **medoheal**

meodugal, meodugales: see **medugal**

meolc, meoluc *fem noun*: milk (**meolce** *dat sing*)

Meore *prop name*: Möre

meoto *fem noun*: thought (**meoto** *acc pl*)

meotod, meotodes, meotud, meotudes: see **metod**

meotudgesceaft: see **metodsceaft**

meowle *fem noun*: woman, maiden (**meowlan** *acc sing*)

meox *neut noun*: dung, filth

Merantun *prop name*: Merton, Surrey (**Merantune** *dat*)

mere *masc noun*: sea, ocean, lake, pond (**mere** *dat sing*)

meredeor *neut noun*: sea animal

merefara *masc noun*: seafarer, sailor (**merefaran** *gen sing*)

merefisc *masc noun*: (sea-) fish (**merefixa** *gen pl*)

mereflod *masc noun*: sea, ocean (**mereflode** *dat sing*)

merelad *fem noun*: sea-route (**merelade** *acc sing*)

mereliðend *masc noun*: sailor (**mereliðende** *nom/acc pl*)

merestræt *fem noun*: sea path (**merestræta** *acc pl*)

merestream *masc noun*: sea-stream, sea-water (**merestreamas** *acc pl*)

merestrengo *fem noun*: sea-strength (i.e., strength in swimming)

Meretun *prop name*: Marden, Wiltshire? Merton, Surrey?

mereweard *masc noun*: lord of the sea

merewerig *adj*: sea-weary (**merewerges** *gen sing masc*)

mergen, mergenne: see **morgen**

messepreost, messepreoste: see **mæssepreost**

gemet (1) *neut noun*: measure, ability, capacity, rule, law; poetic meter (**gemete** *dat sing*)

    mid gemete: by (any) means

    (2) *adj*: fitting, right, appropriate

metan *Class 5 str verb*: measure, measure out, traverse (**mæt** *3rd pers sing pret indic*; **mæton** *pl pret indic*)

*ge*metan *wk verb*: meet, encounter (**gemeted** *past part*; **mette, gemette** *3rd pers sing pret indic*; **metton** *pl pret indic*)

mete *neut noun*: food, meat (**mete** *dat sing*; **metes** *gen sing*)

gemeted: see *ge*metan

metelist *fem noun*: lack of food (**meteliste** *nom pl*)

metes: see **mete**

meteþiht *adj*: strong because of eating (**meteþihtan** *dat sing fem*)

meðe, mæþe *adj*: tired, worn out; sad

meþelstede *masc noun*: place of assembly (**meþelstede** *dat sing*)

meðelword *neut noun*: formal utterance, speech (**meðelwordum** *dat pl*)

gemetlice *adv*: moderately, mildly

metod, meotod, meotud *masc noun*: the Creator, God (**metode** *dat sing*; **metodes, meotodes, meotudes, metudes** *gen sing*)

metodsceaft, meotudgesceaft *fem noun*: death, doom, fate

mette, gemette, metton: see *ge*metan

mettrum *adj*: weak, infirm (**mettrume** *nom pl masc*)

metudes: see **metod**

miccle: see **micel, micle**

micel, mycel *adj and pron*: great, much (**mæst** *superl*; **mæsta** *superl nom sing masc*; **mæstan** *superl acc/dat sing masc*; *acc sing fem*; **mæste** *superl dat sing neut*; *superl acc pl neut*; *superl nom/acc/dat sing fem*; **mæstne** *superl acc sing masc*; **maran** *compar acc/inst sing masc/fem*; *compar acc pl fem*; **micelne** *acc sing masc*; **micelre, mycelre** *dat/gen sing fem*; **micla** *nom sing masc*; *nom pl fem*; **miclan, micelan** *acc/dat/gen sing masc/neut/fem*; **micle, mycle, miccle** *nom/acc sing neut*; *acc sing fem*; *nom/acc pl masc/fem*; *inst sing masc/neut*; **micles, miceles, miccles** *gen sing*; **miclum, myclum, mycclum, micclum** *dat pl*; *dat sing masc/neut* also as adverb: greatly, very)

micelnys *fem noun*: large size, bigness (**micelnysse** *dat sing*)

micelre: see **micel**

micla, micle, micles: see **micel**

micle, miccle *adv*: much, greatly

miclum: see **micel**

mid *prep*: with, by means of, together with, among

    mid þi þe *conj*: when

midd *adj*: middle, mid (**midne** *masc acc sing*; **midre** *dat sing fem*)

middaneard: see **middangeard**

middaneardlic *adj*: earthly, worldly (**middaneardlice** *acc pl masc*)

middangeard, middaneard *masc noun*: earth, the world (esp. in opposition to heaven and/or hell); mankind (**middangeardes** *gen sing*)

midde *fem?* *noun*: middle

    on middan (w. gen): in the middle of

middeneaht *fem noun*: midnight

    ofer middeneaht: after midnight

midne, midre: see **midd**

Mierce, Miercena, Miercna: see **Myrce**

miht: see **magan, meaht**

mihte: see **magan, meaht**

mihten: see **magan**

mihtig *adj*: mighty, powerful (as noun: "the mighty one") (**mihtiga** *masc nom sing*; **mihtigan** *nom pl neut*; **mihtiges** *masc gen sing*; **mihtigne** *masc acc sing*)

mihton: see **magan**

mihtum: see **meaht**

mil *fem noun*: mile (**mila, milia** *gen pl*; **mile** *nom pl; dat sing*; **milum** *dat pl*)

milde *adj*: mild, gentle, merciful

mile: see **mil**

milgetæl *neut noun*: method of measuring a mile (**milgetæles** *gen sing*)

milia: see **mil**

milts *fem noun*: mercy, favor, kindness (**miltse** *acc/dat/gen sing*; **miltsum** *dat pl*)

gemiltsian *wk verb*: have mercy, show mercy (**gemiltsa** *3rd pers sing pres subj*; **gemiltsigend** *pres part*)

miltsum: see **milts**

milum: see **mil**

min, mina: see **ic**

mine: see **ic, myne**

mines, minne, minra, minre, minum: see **ic**

misbeodan *Class 2 str verb*: injure, do wrong to

misdæd *fem noun*: evil deed, misdeed (**misdæda** *acc/gen pl*; **misdædan, misdædum** *dat pl*)

mislic *adj*: various (**mislicum** *dat pl*; **mistlice** *dat sing fem; acc pl neut/fem*)

mislimpan *wk impers verb*: go badly for (**mislimpe** *3rd pers sing pres subj*)

missarum: see **missere**

missenlic *adj*: diverse, various, different (**missenlicum** *dat pl*)

missenlice *adv*: diversely, variously, in different ways or places

missenlicum: see **missenlic**

missere *neut noun*: half year, season, year (**missera** *gen pl*; **misserum, missarum** *dat pl*)

mistglom *masc? noun*: misty gloom (**mistglome** *dat sing*)

misthliþ *neut noun*: misty slope (**misthleoþum** *dat pl*)

mistig *adj*: misty (**mistige** *acc pl masc*)

mistlice: see **mislic**

miðan *Class 1 str verb*: hide, conceal (**miðendne** *pres part acc sing masc*)

gemitte, gemitton: see **gemetan**

mod *neut noun*: mind, heart, spirit; pride, arrogance; courage (**mod** *nom pl*; **mode** *dat sing*; **modes** *gen sing*; **modum** *dat pl*)

modceare: see **modcearu**

modcearig *adj*: anxious-minded, sad-hearted

modcearu *fem noun*: anxiety, sadness (of mind) (**modceare** *acc/gen sing*)

mode: see **mod**

modega: see **modig**

modelice *adv*: bravely

moder: see **modor**

modes: see **mod**

modgan, modge: see **modig**

modgehygd *fem noun*: thought (**modgehygdum** *dat pl*)

modgemynd *fem noun*: thought, intelligence, memory

modges: see **modig**

modgeþanc *masc noun*: mind, understanding, plan

modig, modi *adj*: proud, valiant (**modgan** *gen sing*; **modges, modiges** *gen sing masc*; **modgum** *dat pl*; **modiga, modega** *nom sing masc*; **modige, modge** *nom pl masc*; **modigra** *gen pl*; **modigre** *dat sing fem*)

modiglic *adj*: proud, brave (**modiglicran** *compar acc pl masc*)

modigra, modigre: see **modig**

modlufu *fem noun*: love (of heart) (**modlufan** *dat sing*)

modor, moder *fem noun*: mother (**meder, mæder** *dat/gen sing*)

modsefa *masc noun*: mind, spirit (**modsefan** *acc/dat/gen sing*)

modþracu *fem noun*: courage (**modþræce** *dat sing*)

modum: see **mod**

modwlonc *adj*: proud-minded

molda *masc noun*: crown of the head (**moldan** *acc sing*)

molde *fem noun*: world, earth (**moldan** *acc/dat/gen sing*)

moldern *neut noun*: grave (lit. "earth-building")

mon: see **man**

mon(n): see **man(n)**

*ge*mon: see *ge*munan

mona *masc noun*: moon (**monan** *acc sing*)

*ge*mona: see **gemane**

monade: see *ge*manian

monan: see **mona**

monað: see *ge*manian

monað, monaþ *masc noun*: month (**monðes** *gen sing*)

moncynn, mancyn, mancynn *neut noun*: mankind, humanity (**mancynnes, moncynnes, manncynnes** *gen sing*; **moncynne, mancynne** *dat sing*)

mondrihten, mondryhten *masc noun*: liege lord

mondryhten: see **mandrihten, mondrihten**

monegum: see **monig**

*ge*mong: see *ge*mang

monge: see **monig**

*ge*moniað: see *ge*manian

monig, manig, mænig *adj and pron*: many (**manega** *nom pl masc*; **manegan** *nom/acc pl*; **manigne, mænigne** *acc sing masc*; **manigra, monigra** *gen pl*; **manigre** *dat/gen sing fem*; **monige, manige, monge, manege, mænege, mænige** *nom/acc pl fem/masc*; **monegum, manegum** *dat sing masc; dat pl*)

*ge*monige: see *ge*manian

moniges, monigra: see **monig**

mon(n), monna: see **man(n)**

monnan: see **manna**

monnes, monnum: see **man(n)**

monðes: see **monað**

mor *masc noun*: moor, hilly region, mountain (**moras** *acc pl*; **more** *dat sing*)

morfæsten *neut noun*: moor-fastness (i.e., a natural stronghold in hilly or mountainous country) (**morfæstenum** *dat pl*)

morgen, mergen *masc noun*: morning (**mergenne, morgenne** *dat sing*; **morgena** *gen pl*)

morgencolla *masc noun*: morning slaughter (**morgencollan** *acc sing*)

morgenleoht *neut noun*: morning light, dawn

morgenne: see **morgen**

morgensweg *masc noun*: morning noise

morgentid *fem noun*: morning (-time)

morhop *neut noun*: moor retreat (**morhopu** *acc pl*)

morðbealu *neut noun*: murderous evil (**morðbeala** *acc sing*)

morðdæd *fem noun*: murderous deed (**morðdæda** *acc pl*)

morðor, morðer *masc or neut noun*: murder; crime, sin; torment (**morðra** *gen pl*; **morðre** *dat sing*; **morðres** *gen sing*)

morþorwyrhta *masc noun*: murderer (**morþorwyrhtan** *nom pl*)

morðra, morðre, morðres: see **morðor**

most, moste, moston: see **motan**

gemot *neut noun*: meeting, sitting of council; encounter, fight (**gemotes** *gen sing*)

motan *anom verb*: to be able to, to be allowed to (**most** *2nd pers sing pres indic*; **moste** *1st/2nd/3rd pers sing pret indic*; **moston** *pl pret indic*; **mot** *1st/3rd pers sing pres indic*; **mote** *1st/2nd/3rd pers sing pres subj*; **moton, motan** *pl pres indic*)

gemotes: see **gemot**

moððe *fem noun*: moth

moton: see **motan**

Moyses *indecl prop name*: Moses

multiplicamini *Latin verb*: be multiplied (*imper*)

gemunan *anom verb*: remember, be mindful of, pay attention to (**geman, gemon** *1st/3rd pers sing pres indic*; **gemunað** *imper pl*; **gemunde** *1st/3rd pers sing pret indic/subj*; **gemundon** *pl pret indic*; **gemyne** *imper sing*)

mund *fem noun*: hand; protection, security (**munde** *dat/gen sing*; **mundum** *dat pl*)

mundbyrd *fem noun*: protection, patronage, help (**mundbyrde** *acc/dat sing; acc pl*)

munde: see **mund**

gemunde: see **gemunan**

mundgripe *masc noun*: hand-grasp (**mundgripe** *dat sing*)

gemundon: see **gemunan**

mundum: see **mund**

munuchad *masc noun*: life as a monk, monastic orders

murcnung *fem noun*: grief (**murcnunge** *acc/dat sing*)

murnan *Class 3 str verb*: mourn, be sorrowful (**mearn** *3rd pers sing pret indic*; **murnende** *pres part*; **murnon** *pl pret indic*)

muð *masc noun*: mouth, door, opening (**muðe, muþe** *dat sing*)

muða *masc noun*: door, opening; mouth or estuary of a river (**muðan, muþan** *acc/dat sing*)

muðe, muþe: see **muð**

muð-ful *masc noun*: mouthful (**muð-fulne** *acc sing*)

mycclum, mycel, mycelre, mycle, myclum: see **micel**

gemyltan: see **gemeltan**

myltestre *fem noun*: floozie, slut, prostitute (**myltestran** *nom pl*)

gemynd *fem noun*: memory, thought, intellect (**gemynde** *acc/dat/gen sing*; **gemyndum** *dat pl*)

gemyndgian *wk verb*: remember (**gemyndgade** *3rd pers sing pret indic*)

gemyndig *adj w. gen*: mindful (of), keeping in mind, remembering

gemyndum: see **gemynd**

gemyne: see **gemunan**

myne, mine *masc noun*: love, desire; intention; memory

mynster *neut noun*: monastery, minster (**mynstre** *dat sing*)

mynsterhata *masc noun*: monastery-hater (**mynsterhatan** *nom pl*)

mynsterlic *adj*: monastic (**mynsterlicre** *dat sing fem*)

mynstermann *masc noun*: monk, inhabitant of a minster (**mynstermenn, mynstermen** *nom pl*)

mynstre: see **mynster**

myntan *wk verb*: mean, intend; think (**gemynt** *past part*; **mynte** *3rd pers sing pret indic*; **gemynted** *past part*; **mynteð** *3rd pers sing pres indic*; **mynton** *pl pret indic*)

myran: see **myre**

Myrce, Mierce *pl masc noun*: Mercians, Mercia (**Mierce** *dat*; **Myrcena, Miercena, Miercna** *gen pl*; **Myrcon, Myrcan** *dat pl*)

myrcels *masc noun*: sign, token, warning (**myrcelse** *dat sing*)

Myrcena, Myrcon: see **Myrce**

myre *fem noun*: mare (**myran** *dat/gen sing*; *acc/dat pl*)

myrhð *fem noun*: joy, pleasure (**myrhða** *acc pl*)

myrðu *fem noun*: trouble, affliction (**myrðe** *acc/gen sing*)

na, no *adv*: not, not at all, never

naca *masc noun*: ship (**nacan** *acc/dat/gen sing*)

nacod *adj*: naked

nædre *fem noun*: snake, serpent (**næddrena** *gen pl*; **nædran, næddran** *dat sing*; *nom/acc pl*)

næfde, næfdon: see **habban**

næfne: see **nefne**

næfre *adv*: never

næfð: see **habban**

nægl *masc noun*: nail, finger- or toe-nail, claw (**nægla** *gen pl*; **næglum** *dat pl*)

nægled *past part adj*: nailed, decorated with nails (**næglede** *acc pl masc*)

næglum: see **nægl**

næmnað: see **genemnan**

nænig *pron and adj*: not any, none (**nænigne** *acc sing masc*; **nænigra** *gen pl*; **nænigum, nænegum, nængum** *dat sing masc*)

nænne: see **nan**

nære, næren, næron: see **beon**

næs: see **beon, nalles**

genæs: see **genesan**

næs *masc noun*: cliff, headland; ground, earth

nagon, nah, nahte, nahton: see **agan**

naht: see **noht**

nalles, nales, næs, nalæs *adv*: not (emphatic), not at all, never

nam, genam: see **geniman**

nama, noma *masc noun*: name (**naman, noman** *acc/dat/gen sing*; *nom/acc pl*)

genaman: see *gen*iman

namcuþ *adj*: whose name is known (**namcuþre** *gen sing fem*)

name, gename, namon, genamon: see *gen*iman

nan *pron*: none, not one (**nanne, nænne** *acc sing masc*; **nanre** *dat sing fem*)

nanðing, nanþuncg *neut noun*: nothing

nanwuht *neut noun and adv*: nothing, not at all

nap, genap: see *gen*ipan

nast, nat: see *ge*witan

nateshwon *adv*: not at all, not by any means

naþor: see **nohwæðer**

nathwær *adv*: somewhere or other

nathwæt *pron*: something or other

nawiht: see **noht**

neah, neh *adj, adv and prep*: near (**near, nior** *compar adv*: nearer; **niehstan, nehstan** *superl dat sing*; **nyhst, niehst** *superl*)
   æt nehstan, æt nyhstan: soon, immediately, at the earliest opportunity

neahbuend *masc noun*: neighbor (**neahbuendum** *dat pl*)

geneahhe, geneahe, genehe *adv*: very, enough, sufficiently, often (**genehost** *superl*)

neahte: see **niht**

genealæcan, genealecan *wk verb*: approach, come near (**nealæcð** *3rd pers sing pres indic*; **nealæhte, nealehte, nealæcte, nealecte** *3rd pers sing pret indic*; **genealæhton** *pl pret indic*)

nean *adv*: near, from nearby

near: see **neah**

nearo *adj*: narrow, oppressive (**nearore** *compar acc sing neut*; **nearwan** *acc sing masc*; **nearwe** *dat sing masc*)

nearon: see **beon**

nearore: see **nearo**

nearoþearf *fem noun*: oppressive misery (**nearoþearfe** *acc sing*)

nearu *neut noun*: difficulty, confinement, narrow place (**nearwe** *dat sing*)

genearwad: see *gen*earwian

nearwan: see **nearo**

nearwað: see *gen*earwian

nearwe *adv*: tightly

nearwe: see **nearu, nearo**

genearwian *wk verb*: oppress, afflict, confine; become confined, become narrow; make narrow, diminish, make restrictive (**genearwad, genearwod** *past part*; **nearwað** *3rd pers sing pres indic*; **nearwode** *3rd pers sing pret indic*; **genyrwde** *past part nom pl*)

neat *neut noun*: cow, ox (**neata** *gen pl*)

geneat *masc noun*: companion, retainer, vassal (**geneatas** *nom pl*)

neawest *fem? noun*: nearness, proximity, touch (**neaweste** *dat sing*)
   in neaweste: nearby

neb *neut noun*: nose, bill, beak; face (**neb** *acc pl*)

nede: see **niede, nyd**

nefa *masc noun*: nephew (**nefan** *dat sing*)

nefne, næfne, nemne *adv*: unless

nefugol *masc noun*: death-bird, carrion bird (**nefuglas** *nom pl*)

neh: see **neah**

genehe, genehost: see **geneahhe**

nehstan: see **neah**

nele, nellaþ, nellað, nelle: see **willan**

genemnan *wk verb*: name, call (**næmnað, nemnað** *pl pres indic*; **nemde, nemnde** *3rd pers sing pret indic*; **nemdon** *pl pret indic*; **nemned, genemned** *past part*; **nende** *past part nom pl masc*)

nemne: see **nefne**

nemned, genemned: see **genemnan**

nemþe: see **nymþe**

nende: see **genemnan**

neod *fem noun*: desire, longing, lack; pleasure (**neode** *dat sing*)

neodlice *adv*: eagerly, earnestly (**neodlicor** *compar*)

neomian *wk verb*: sound harmoniously (**neomegende** *pres part*)

geneosian, neosan *wk verb w. gen or acc*: find out, inspect, seek out, visit (**geneosode** *3rd pers sing pret indic/subj*)

neotan, niotan *Class 2 str verb with gen*: use, enjoy (**niotað** *imper pl*)

neoðan, neoþan, neoðone *adv*: beneath, below

neoþeweard *adj*: down, downwards (**neoþeweardne** *acc sing masc*)

neoðone: see **neoðan**

neowel *adj*: precipitous, steep; deep (**neowelne** *acc sing masc*)

genered, nerede, generede, nereð: see **nerian**

nergend *masc noun*: saviour (**nergende** *dat sing*; **nergendes** *gen sing*)

nerian *wk verb*: save, protect (**genered** *past part*; **nerede, generede** *3rd pers sing pret indic*; **nereð** *3rd pers sing pres indic*)

genesan *Class 5 str verb*: survive, escape from (**genæs** *3rd pers sing pret indic*)

nest *neut noun*: food, provisions

netele *fem noun*: nettle

neten *neut noun*: animal, beast

geneþan *wk verb w. dat or acc*: to venture, dare, risk (**geneðde, neðde** *3rd pers sing pret indic*; **neþdon, neðdon, geneðdon** *pl pret indic*; **neþeð** *3rd pers sing pres indic*)

nicer *masc noun*: water monster (**nicera** *gen pl*; **niceras** *acc pl*)

nidgripe *masc noun*: unavoidable grasp (**nidgripe** *dat sing*)

niedbeðearf *adj*: necessary, needed, wanted (**niedbeðearfosta** *superl acc pl fem*)

niede, nyde, nede *dat sing as adv*: necessarily, by force

niehst, niehstan: see **neah**

nigen, nigon, .viiii. *numeral*: nine (**nigene** *acc pl masc*)

 nigon and þritig, xxxviiii *numeral*: thirty-nine

nigon: see **nigen**

nigoða *numer adj*: ninth (**nigoðan** *dat sing masc*)

niht *fem noun*: night (**niht** *nom/acc pl; dat sing*; **nihta** *gen pl*; **nihte, neahte** *acc/dat/gen sing*; **nihtes** *gen sing*; **nihtum** *dat pl*)

nihtbealu *neut noun*: night-evil (**nihtbealwa** *gen pl*)

nihte, nihtes: see **niht**

nihthelm *masc noun*: the covering of night

nihtlong, nihtlang *adj*: night-long (**nihtlongne, nihtlangne** *acc sing masc*)
nihtrest *fem noun*: bed (**nihtreste** *acc sing*)
nihtscua *masc noun*: the darkness of night (**nihtscuwan** *dat sing*)
genihtsumnys *fem noun*: abundance
nihtum: see **niht**
nihtwaco *fem noun*: night-watch, night-wakefulness
nihtweorc *neut noun*: night work (**nihtweorce** *dat sing*)
Nilus, Nil *prop name*: the river Nile (**Nile** *dat sing*)
geniman *Class 4 str verb w. acc or gen*: take (**nam, genam, nom** *3rd pers sing pret indic*;
   gename *3rd pers sing pret subj*; **namon, genamon, genaman** *pl pret indic*; **nim, genim**
   imper sing; **nimað** *pl pres indic*; *imper pl*; **nime, genime** *3rd pers sing pres subj*; **nimen** *pl
   pres subj*; **nimest** *2nd pers sing pres indic*; **genimeð, nimeð, nimeþ, nymeð, nimð** *3rd
   pers sing pres indic*; **genumen** *past part*; **to nimanne** *inflect infin*)
   friþ niman (wiþ): make peace (with)
nior: see **neah**
niotan, niotað: see **neotan**
genipan *Class 1 str verb*: darken, grow dark (**nap, genap** *3rd pers sing pret indic*; **nipende**
   pres part; **nipeð** *3rd pers sing pres indic*)
Niðhad *prop name*: Nithhad, a legendary king (the name is a compound meaning "evil
   nature") who cut the hamstrings of Weland to enslave him to his service
niðheard *adj*: tough, brave in battle
niðhycgende *pres part adj*: intending evil
nis: see **beon**
niþ, nið *masc noun*: evil, hatred, strife, enmity; oppression, affliction; attack (**niða** *gen pl*;
   niðas *nom/acc pl*; **niðe** *dat sing*; **niþes, niðes** *gen sing*; **niðum** *dat pl*)
niðas: see **niððas, niþ**
niðe: see **niþ**
niðer, niþer *adv*: down, downwards
niðerian *wk verb*: put down, oppress, condemn (**genyðerad** *past part*)
niðerweard, niþerweard *adj*: downward
niðes, niþes: see **niþ**
niþgeweorc *neut noun*: deed in battle, evil deed (**niþgeweorca** *gen pl*)
niþgrim *adj*: grievous, terrible, horrific
niððas, niðas *pl masc noun*: men (**niðþa, niððа, niþða, niþþa** *gen*; **niþþum, niððum,
   niþum** *dat*)
niðum: see **niþ**
geniwad: see **geniwian**
niwe *adj*: new, fresh, unheard of (**niwan** *masc dat sing*; *acc pl*; **niwes** *gen sing neut*; **niwra**
   gen pl; **niwre** *dat/gen sing fem*)
geniwian *wk verb*: renew, repeat; make anew, afresh (**niwiað** *pl pres indic*; **geniwod,
   geniwad** *past part*)
niwra, niwre: see **niwe**
niwtyrwyd *past part adj*: recently tarred (**niwtyrwydne** *acc sing masc*)
no: see **na**
genog, genoh *adj and pron*: enough, numerous, many, much (**genoge** *nom pl masc*;
   genohra *gen pl*)

genoh *adv*: plenty, sufficiently

noht, nawiht, nowiht *neut noun and pron*: nothing

noht, naht *adv*: not, not at all
  noht þon læs: nevertheless

nohwæðer, nawæðer, noðer, noþer, naþor *conj*: neither, and not
  nohwæðer ne ... ne ... : neither ... nor

noldan, nolde, noldon: see willan

nom: see geniman

noma, noman: see nama

norð *adv*: north

norðan *adv*: from the north

Norþanhymbra, Norþanhymbre: see Norðhymbre

norþanwind *masc noun*: north wind

Norðdene *masc pl noun*: (North-) Danes (Norðdenum *dat pl*)

Norðhymbre, Norþanhymbre *masc pl noun*: Northumbrians, Northumbria
  (Norðhymbra, Norþanhymbra *gen pl*; Norþhymbre *dat sing*; Norðhymbron *dat pl*)

nosu *fem noun*: nose

noþ *fem noun*: plunder, loot (noþe *acc sing*)

noþer, noðer: see nohwæðer

nowiht: see noht

nu *adv*: now

genumen: see geniman

nyd *fem noun*: necessity, compulsion; duty, errand, business (nyde, nede *acc/dat sing*)
  on nede: by compulsion, by force

genydan *wk verb*: force, impel by necessity (genydde *past part*)

nydbad *fem noun*: tariff, toll, enforced payment (nydbade *acc sing*)

genydde: see genydan

nyde: see niede, nyd

nydgestealla *masc noun*: comrade, companion in necessity (nydgesteallan *nom pl*)

nydgyld *neut noun*: oppressive tax, extorted payment (nydgyld *nom pl*)

nydmage *fem noun*: close female relative; sister, niece, or cousin (nydmagan *acc sing*)

nydþearf *adj*: necessary, needful

nydwracu *fem noun*: (enforced) distress, misery

nyhst: see neah

genyhtsumnys *fem noun*: abundance

nymeð: see geniman

nymþe, nymðe, nemþe *conj*: unless, except

genyrwde: see genearwian

nys: see beon

nyste, nyston: see gewitan

nyt: see nytt

genyðerad: see niðerian

nytnis, nytnisse: see nyttnes

nytt, nyt *adj*: useful, beneficial (nytte *masc nom pl*)

nytt *fem noun*: use, benefit (**nytte** *acc/dat sing*)
nyttnes, nytnis *fem noun*: usefulness, benefit (**nytnisse** *gen sing*)

o: see **a**
Odda *prop name*: Odda (**Oddan** *gen sing*)
of *prep*: of, from, out of
ofaslean *Class 6 str verb*: strike off, cut off
ofclipian *wk verb*: call, get by calling (**ofclypode** *3rd pers sing pret subj*)
ofdune *adv*: down
ofeode: see **ofgan**
ofer *prep*: over, above, across, throughout, during, after, without, against
    ofer bæc *adv*: backwards, away
    ofer middeneaht: after midnight
ofer *masc noun*: edge, shore (**ofre** *dat sing*)
ofercuman *Class 4 str verb*: overcome (**ofercomon** *pl pret indic*; **ofercumen** *past part*)
oferdrencan *wk verb*: make (too) drunk (**oferdrencte** *3rd pers sing pret indic*)
oferdrifan *Class 1 str verb*: overcome, defeat
ofereode: see **ofergan**
oferflitan *Class 1 str verb*: beat, best, overcome (**oferflat** *3rd pers sing pret indic*)
oferfreosan *Class 2 str verb*: freeze over (**oferfroren** *past part*)
oferfyllu *fem noun*: excess, gluttony (**oferfylla** *acc pl*)
ofergan *anom verb*: pass over, end (**ofereode** *3rd pers sing pret indic*)
    þæs ofereode: that ended; it ended as far as that is concerned
oferhoga *masc noun*: despiser (**oferhogan** *nom pl*)
oferlice *adv*: excessively
ofermod *neut noun*: pride (**ofermode** *dat sing*)
oferseon *Class 5 str verb*: oversee, supervise, observe, look upon, see (**ofersawon** *pl pret indic*)
ofersittan *Class 5 str verb*: renounce, refrain from
oferswyðan *Class 1 str verb*: overcome, vanquish (**oferswað** *3rd pers sing pret indic*; **oferswyðeþ** *3rd pers sing pres indic*)
oferwinnan *Class 3 str verb*: outfight, overcome, vanquish (**oferwunnen** *past part*)
ofest, ofeste: see **ofost**
ofestlice: see **ofostlice**
ofestum: see **ofost**
Offa *prop name*: Offa (**Offan** *gen*)
Offa Wærmunding *prop name*: Offa son of Wærmund
Offan: see **Offa**
offrian *wk verb*: make an offering (**ofrað** *3rd pers sing pres indic*)
ofgæfon: see **ofgiefan**
ofgan *anom verb*: go out of, exit (**ofeode** *3rd pers sing pret indic*)
ofgiefan *Class 5 str verb*: relinquish, give up (**ofgeaf** *3rd pers sing pret indic*; **ofgeafon, ofgeafun** *pl pret indic*)
oflætan: see **oflæte**
oflæte *fem noun*: offering, sacramental wafer (**oflætan** *acc pl; dat sing*)

oflangian *wk verb*: be overcome with longing (**oflongad** *past part*)

ofost, ofest *fem noun*: haste, speed (**ofeste, ofste** *dat sing*; **ofostum, ofestum, ofstum** *dat pl* [also as adv: hastily, speedily])

ofostlice, ofstlice, ofestlice *adv*: quickly, hurriedly

ofostum: see **ofost**

ofre: see **ofer**

ofridan *Class 1 str verb*: overtake by riding; cut off by riding ahead of

ofsættum: see **ofsettan**

ofsceamian *wk verb*: humiliate, shame (**ofsceamod** *past part*)

ofsceotan *Class 2 str verb*: kill (by shooting or with a thrown weapon) (**ofsceat** *3rd pers sing pret indic*)

ofsettan *wk verb*: possess, oppress (**ofsættum** *past part dat pl masc*)

ofslean *Class 6 str verb*: kill, strike down (**ofslægen** *past part*; **ofslægenne** *past part acc sing masc*; **ofslægenra** *past part gen pl* [as noun: "of the slain"]; **ofslagen, ofslægen** *past part*; **ofslegene, ofslægene** *past part nom pl masc*; **ofslogon** *pl pret indic*; **ofsloh, ofslog** *3rd pers sing pret indic*)

ofstang: see **ofstingan**

ofste: see **ofost**

ofstingan *Class 3 str verb*: stab to death (**ofstang** *3rd pers sing pret indic*)

ofstlice: see **ofostlice**

ofstum: see **ofost**

oft *adv*: often, frequently (**oftor** *compar*; **oftost** *superl*)

ofteon *Class 2 strong verb*: take away, remove, withdraw (w. gen: of thing taken away) (**ofteah** *3rd pers sing pret indic*; **oftihð** *3rd pers sing pres indic*)

oftor, oftost: see **oft**

olecung *fem noun*: flattery, charm, seduction (**olecunge** *dat sing*)

olfend *masc noun*: camel (**olfenda** *gen pl*)

oll *neut noun*: contempt, insult (**olle** *dat sing*)

ombeht: see **ombiht**

ombiht *neut noun*: service

ombiht, ombeht *masc noun*: servant, officer (**ombihtum** *dat pl*)

ombihtþegn *masc noun*: serving man (**ombihtþegne** *dat sing*)

ombihtum: see **ombiht**

on: see *ge*unnan

on, an *prep*: on, in, onto, into

onælan *wk verb*: kindle, inflame, arouse (**onæled, onælæd** *past part*; **onæleð** *3rd pers sing pres indic*)

onarn: see **onirnan**

onbærnan *wk verb*: kindle, ignite, inspire (**onbærnde** *past part nom pl neut*; **onbærned** *past part*)

onband: see **onbindan**

onberan *Class 4 str verb*: carry, wear

onbidan *Class 1 str verb w. gen*: await

onbindan *Class 3 str verb*: unbind, loose, release (**onband** *3rd pers sing pret indic*)

onblotan *Class 4 str verb*: sacrifice (**onbleot** *3rd pers sing pret indic*)

onbregdan *Class 3 str verb*: move, burst (**onbrægd, onbræd** *3rd pers sing pret indic*)

onbryrdan *wk verb*: inspire, encourage (**onbryrd** *past part*; **onbryrde** *3rd pers sing pret indic*)

onbyrigan *wk verb w. gen*: taste, experience

oncierran *wk verb*: change, alter, turn (w. reflex pron) (**oncyrreð** *3rd pers sing pres indic*)

oncnawan *Class 7 str verb*: know, understand, recognize (**oncnawe** *1st pers sing pres indic*; **oncneow** *3rd pers sing pret indic*)

oncweðan *Class 5 str verb*: say, speak, answer (**oncwæð** *3rd pers sing pret indic*)

oncyrrap *masc noun*: (anchor-) rope, cable (**oncyrrapum** *dat pl*)

oncyrreð: see **oncierran**

oncyð *fem noun*: grief, distress (**oncyþðe** *acc sing*)

ond: see **and**

ondette: see **andettan**

ondhweorfan *Class 3 str verb*: turn against, (of wind) blow in a contrary direction (**ondhwearf** *3rd pers sing pret indic*)

ondrædan *Class 7 str verb*: dread, fear; frighten (**ondrædeþ** *3rd pers sing pres indic*; **ondredon** *pl pret indic*)

ondrysne *adj*: awe-inspiring, venerable

ondsaca *masc noun*: adversary (**ondsacan** *acc sing*)

ondswarade: see **andswarian**

ondsware: see **andswaru**

ondswarede, ondswaredon, ondswarode, ondswarodon, ondsworede: see **andswarian**

ondweardum: see **andweard**

Onela *prop name*: Onela (**Onelan** *gen sing*)

onemn *prep*: by, beside

onettan *wk verb*: hurry, move rapidly (**onette** *3rd pers sing pret indic*; **onetteð** *3rd pers sing pres indic*; **onetton, onettan** *pl pret indic*)

onfeng, onfengc, onfenge, onfengon: see **onfon**

onfeohtan *Class 3 str verb*: fight (**onfeohtende** *pres part*)

onfindan *Class 3 str verb*: find, discover, experience (**onfindað** *pl pres indic*; **onfunde, onfond** *3rd pers sing pret indic*; **onfunden** *past part; pl pret subj*; **onfundon** *pl pret indic*)

onfon *Class 7 str verb w. acc, dat or gen*: receive, accept, take, take up (**onfeng, onfengc** *3rd pers sing pret indic*; **onfenge** *3rd pers sing pret subj*; **onfengon** *pl pret indic*; **onfongne** *past part acc sing fem*; **onfoð** *pl pres indic; imper pl*)

onfond: see **onfindan**

onfongne, onfoð: see **onfon**

onfunde, onfunden, onfundon: see **onfindan**

ongæt: see **ongietan**

ongalan *Class 6 str verb*: recite (a charm)

ongan, ongann: see **onginnan**

ongean, ongen *prep and adv*: towards, against; back, opposite

ongeat, ongeaton: see **ongietan**

Ongelþeod *fem noun*: the English people, the English nation (**Ongelþeode** *dat*)

ongemang *prep*: among

ongen: see **ongean**

ongietan, ongytan, ongyton *Class 5 str verb*: perceive, understand (**ongeat, ongæt** *3rd pers sing pret indic*; **ongeaton** *pl pret indic*; **ongieten** *past part*; **ongitað** *pl pres indic*; **ongite** *1st pers sing pres indic*)

onginnan, aginnan *Class 3 str verb*: begin, attempt, try, undertake (**aginnan** *pl pres indic*;

ongan, ongann, ongon *3rd pers sing pret indic*; **ongin** *imper sing*; **onginnað** *imper pl*; **onginnen** *pl pres subj*; **onginneð** *3rd pers sing pres indic*; **ongunnen** *past part*; **ongunnon, ongunnan, ongunnen** *pl pret indic*; **ongynneð** *3rd pers sing pres indic*)

ongitað, ongite: see **ongietan**

ongon, ongunnan, ongunne, ongunnen, ongunnon, ongyn, ongynneð: see **onginnan**

ongyrwan *wk verb*: strip, unclothe (**ongyrede** *3rd pers sing pret indic*)

ongytan, ongyton: see **ongietan**

ongytenes *fem noun*: awareness, knowledge (**ongytenesse** *dat/gen*)

onhætan *wk verb*: kindle, inflame (**onhæted** *past part*)

onhawian *wk verb*: observe, gaze at (**onhawoden** *pl pret indic*)

onhreodan *Class 2 str verb*: adorn (**onhread** *3rd pers sing pret indic*)

onhreran *wk verb*: move, stir up (**onhrered** *past part*)

onhweorfan *Class 3 str verb*: turn, change, reverse (**onhworfen** *past part*)

onhyldan *wk verb*: lean down (**onhylde** *3rd pers sing pret indic*)

onirnan *Class 3 str verb*: swing open (**onarn** *3rd pers sing pret indic*)

onlædan *wk verb*: bring in, introduce (**onlædde** *3rd pers sing pret indic*)

onlag, onlah: see **onleon**

onleac: see **onlucan**

onleon *Class 1 str verb*: give, grant, lend (w. gen: of what is granted or lent) (**onlag, onlah, onleah** *3rd pers sing pret indic*)

onlucan *Class 2 str verb*: unlock, open (**onleac** *3rd pers sing pret indic*)

onlutan *Class 2 str verb*: bow, stoop (**onlut** *imper sing*)

onlysan *wk verb*: loose, release (**onlysde** *3rd pers sing pret indic*)

onmedla *masc noun*: pride, arrogance, pomp (**onmedlan** *nom pl*)

onmunan *str/wk verb w. gen*: care about, mind (**onmunden** *pl pret subj*)

ono *interj*: but, moreover, lo!

   ono hwæt: lo and behold

onridan *Class 1 str verb*: ride (**onridon** *pl pret indic*)

onsæge *masc noun*: decline, fall, ruin

onsælan *wk verb*: untie, loosen, reveal (**onsæl** *imper sing*)

onsæton: see **onsittan**

onsagu *fem noun*: accusation, assertion (**onsage** *acc/dat/gen sing*)

onsceotan *Class 2 str verb*: open (**onsceote** *3rd pers sing pres subj*)

onscyte *masc noun*: attack (**onscytan** *dat pl*)

onsecgan *wk verb*: dedicate, offer (a sacrifice)

onsendan *wk verb*: send, dispatch, deliver up (**onsend** *imper sing*; **onsende** *3rd pers sing pret indic*; **onsended** *past part*; **onsendeð** *3rd pers sing pres indic*; **onsendon** *pl pret indic*)

onsittan (1) *Class 5 str verb*: sit on or in, occupy, oppress; fear (**onsit** *3rd pers sing pres indic*; **onsite** *imper sing*; **onsittað** *pl pres indic*); (2) *Class 5 str verb*: fear, dread (**onsæton** *pl pret indic*)

onslepan *wk verb*: fall asleep (**onslepte** *3rd pers sing pret indic*)

onspringan *Class 3 str verb*: burst apart (**onsprungon** *pl pret indic*)

onstal *masc noun*: supply

onstellan *wk verb*: institute, initiate, begin, exemplify (**onstealde** *3rd pers sing pret indic*; **onstealdest** *2nd pers sing pret indic*)

onsund, andsund, ansund *adj*: sound, whole, healthy, uninjured (**onsundne** *acc sing masc*)

onsundran, onsundron *adv*: separately, apart, privately

    niman onsundran: take aside, speak to privately

onsyn: see **ansien**

ontendnyss: see **ontyndnys**

onðeon *Class 1 str verb*: prosper; be useful to (**onðah** *3rd pers sing pret indic*)

ontynan *wk verb*: open, reveal (**ontyneð** *3rd pers sing pres indic*)

    toðum ontynan: utter

ontyndnys, ontendnyss *fem noun*: spark, kindling, incitement

ontyneð: see **ontynan**

onwacan, awacan *Class 6 str verb*: arise, begin, be born, awake (**onwoc, awoc** *3rd pers sing pret indic*; **onwoce** *3rd pers sing pret subj*; **onwocon** *pl pret indic*)

onwadan *Class 6 str verb*: seize, take (**onwod** *3rd pers sing pret indic*)

onwæcnan *wk verb*: awake (**onwæcneð** *3rd pers sing pres indic*)

onweald, onwald *masc noun*: ownership, control

onwendan *wk verb*: change; transgress (a commandment) (**onwendeð** *3rd pers sing pres indic*)

onwoc, onwocan, onwoce, onwocon: see **onwacan**

onwod: see **onwadan**

onwreon *Class 2 str verb*: display, reveal (**onwreoh** *2nd pers sing pres subj*)

onwriðan *wk verb*: unwrap

open *adj*: open, visible (**opene** *nom pl masc*)

openlice *adv*: openly, publicly

or *neut noun*: origin, beginning; front (of an army) (**ore** *dat sing*)

ora *masc noun*: edge, border, shoreline (**oran** *dat sing*)

orc *masc noun*: cask, pitcher (**orcas** *nom pl*)

orcneas *pl masc noun*: monsters

ord *masc noun*: point, spear; source; front; vanguard, troop of front fighters (**orde** *dat sing*)

ordfruma *masc noun*: author, creator; leader, chief

ore: see **or**

oretmecg *masc noun*: warrior (**oretmecgas, oretmæcgas** *nom/acc pl*)

orfcwealm *masc noun*: cattle-plague, murrain

orfeorme *adj*: useless, empty; lacking, without

orsawle *adj*: without a soul, inanimate, lifeless

orþanc *masc noun*: skill, art, contrivance (**orþancum** *dat pl*)

oruð *neut noun*: breath

orwena *adj w. gen*: without hope of, despairing of

os *masc noun*: a noun derived from the general word for the Germanic pagan gods, the Aesir or Ases, but which in Metrical Charm 4 must have a reduced meaning, i.e., "fairy," "evil spirit," or some such (**esa** *gen pl*)

Osbearn *prop name*: Osbearn

Osbryht *prop name*: Osbryht

Oscytel *prop name*: Oscytel

Osmod Eawing *prop name*: Osmod son of Eawa

Osric *prop name*: Osric

Oswig *prop name*: Oswig

Oswold *prop name*: Oswald (**Oswolde** *dat sing*; **Oswoldes** *gen sing*)

oð, oþ *conj*: until

oþberan *Class 4 str verb*: carry along, carry away (**oþbær** *3rd pers sing pret indic*)

oþer, oðer *adj and pron*: other, another, a second, one (of two) (**oðerne, oþerne** *masc acc sing*; **oðerra, oðra** *gen pl*; **oþerre** *dat sing fem*; **oðre, oþre** *masc/fem nom/acc pl*; *inst sing masc/neut*; *acc/dat sing fem*; *nom/acc sing neut*; **oðres, oþres** *gen sing masc/neut*; **oðran** *nom/acc/dat pl*; **oþru** *acc pl neut*; **oðrum, oþrum, oðran** *dat pl*; *dat sing masc/neut*)

oðfæstan *wk verb*: apply, set to a task (**oðfæste** *past part nom pl*)

oðfeallan *Class 7 str verb*: decline, fall away, fail (**oðfeallenu** *past part nom sing fem*)

oðle: see **eðel**

oðra, oðran, oðre, oþre, oðres, oþres, oþru, oðrum, oþrum: see **oþer**

oðþæt, oððæt, oþþæt, oþðæt, oð þæt, oþ þæt, oðð þæt *conj*: until

oððe, oþðe, oþþe, oððon *conj*: or

oðþringan *Class 3 str verb*: drive out; deprive (**oðþringeð, oþþringeð** *3rd pers sing pres indic*; **oðþrong** *1st pers sing pret indic*)

oðð þæt: see **oðþæt**

owiht: see **awiht**

owðer: see **ahwæðer**

oxa *masc noun*: ox (**oxan** *nom pl*)

Pante *prop name*: the river Blackwater (Essex) (**Pantan** *acc/dat/gen sing*)

paralysis *masc? noun*: paralysis (**paralisyn** *dat sing*)

Pastoralis *Latin adj*: pastoral

Pater Noster *Latin phrase*: Our Father (the Lord's Prayer)

Paul *prop name*: Paul (**Paules** *gen sing*)

Paulinus *prop name*: Paulinus

Penda *prop name*: Penda

Peohtas *prop name*: Picts

Persia *prop name*: Persia (**Persiam** *acc sing*)

Peter *prop name*: Peter (**Petres** *gen sing*)

Philippus *prop name*: Philippus (**Philippe** *dat*; **Philyppus** *gen*)

pipor *masc noun*: pepper (**piperes** *gen sing*)

plega *masc noun*: sport; festivity; fighting (**plegan** *dat sing*)

plegan *wk verb*: play, perform as an actor (**plegode** *3rd pers sing pret indic*)

plegan: see **plega**

Plegmund *prop name*: Plegmund (**Plegmunde** *dat*)

plegode: see **plegan**

post *masc noun*: post (**poste** *dat sing*)

prass *masc? noun*: military force (**prasse** *dat sing*)

Protus *prop name*: Protus

Pryfetesfloda *prop name*: (the stream of) Privett, Hampshire (**Pryfetesflodan** *dat*)

pryte *fem noun*: pride (**prytan** *dat sing*)

pund *neut noun*: pound (**punda** *gen pl*)

Pybba Creoding *prop name*: Pybba son of Creoda
pyt *masc noun*: pit, hole

racente *fem noun*: chain (**racentan** *gen sing*; **racentum, racentægum** *dat pl*)
rad: see *ge*ridan
rad *fem noun*: ride, expedition, journey, road (**rade** *dat sing*)
gerad: see *ge*ridan
gerad *adj*: ready, able (**gerade** *acc sing neut*)
rade: see **rad**
radost: see **hraðe**
***ge*rǣcan** *wk verb*: reach, extend; offer, give; obtain, get; reach with a weapon, wound
      (**rǣhte, gerǣhte** *3rd pers sing pret indic*)
rǣcede: see **reced**
rǣd *masc noun*: counsel, plan, decree, ordinance, gain, profit (**rǣda** *gen pl*; **rǣde** *dat sing*)
***ge*rǣdan** *wk verb*: rule, make decisions, advise; instruct (**rǣdde** *3rd pers sing pret indic*;
      gerǣdest *2nd pers sing pres indic*)
rǣde: see **rǣd**
gerǣdest: see ***ge*rǣdan**
gerǣdu *neut pl noun*: trappings, harness (**gerǣdum** *dat pl*)
gerǣfa: see **gerefa**
rǣfnian *wk verb*: carry out, do (**rǣfndon** *pl pret indic*)
rǣhte, gerǣhte: see ***ge*rǣcan**
rǣran *wk verb*: raise, build, create, elevate, lift up (**rǣrde** *3rd pers sing pret indic*)
rǣsan *wk verb*: attack (**rǣseð** *3rd pers sing pres indic*)
      rǣsan on w. acc: rush upon
rǣst *fem noun*: resting place, bed (**rǣste** *acc/dat sing*)
rǣswa *masc noun*: leader, lord, king (**rǣswan** *nom pl; dat sing*)
ranc *adj*: noble, brave, strong, proud (**rancne** *acc sing masc*)
rand, rond *masc noun*: shield (**randas** *acc pl*)
randwiggend *masc noun*: (shield-) warrior (**randwiggendra** *gen pl*)
raþe, raðe: see **hraðe**
read *adj*: red (**reada** *nom sing masc*; **readan** *dat sing fem*; **reade** *masc/neut dat sing; acc pl
      masc; nom sing fem*; **reades** *gen sing neut*; **readum** *dat sing neut*; **reodne** *acc sing masc*)
Readingas *pl prop name*: Reading (Berkshire), west of London (**Readingum** *dat*)
readum: see **read**
reaf *neut noun*: clothing (**reafes** *gen sing*; **reafum** *dat pl*)
reafað: see **reafian**
reafere *masc noun*: robber, despoiler (**reaferas** *nom pl*)
reafes: see **reaf**
reafian *wk verb*: rob, despoil (**reafað** *3rd pers sing pres indic*; **reafiað** *pl pres indic*; **reafige**
      3rd pers sing pres indic; **reafode** *1st pers sing pret indic*)
reaflac *masc noun*: plundering, rapine
reafode: see **reafian**
reafum: see **reaf**
recan *anom verb w. gen or acc*: care about, be interested in (**rohte** *3rd pers sing pret indic*;
      rohton, rohtan *pl pret indic*)

reccan (1) *wk verb*: tell, narrate (**rehton** *pl pret indic*; **to gereccenne** *inflect infin*); (2) *wk verb*: care about, consider (**recceð** *3rd pers sing pres indic*; **rehton** *pl pret indic*)

recceleas *adj*: careless, negligent (**reccelease** *nom pl masc*)

reccendne: see **reocan**

gereccenne, recceð: see **reccan**

reced *masc noun*: building, palace (**receda** *gen pl*; **recede, ræcede** *dat sing*; **recedes** *gen sing*)

recene, ricene, rycene *adv*: quickly, immediately

gerefa, geræfa *masc noun*: steward, reeve, prefect (**gerefan** *nom pl*)

regnheard *adj*: very tough (**regnhearde** *acc pl masc*)

geregnian, renian *wk verb*: adorn, decorate; set (a trap), prepare (a trick) (**geregnad, gerenod** *past part*; **geregnode** *past part acc sing fem*)

regollic *adj*: having to do with the monastic rule (**regollicum** *dat pl*)

regollice *adv*: according to the (monastic) rule

regollicum: see **regollic**

rehton: see **reccan**

geren *neut noun*: ornament (**gereno** *acc pl*)

renian: see **geregnian**

renig *adj*: rainy

gereno: see **geren**

gerenod, renodest: see **geregnian**

renweard *masc noun*: guardian of a building (**renweardas** *nom pl*)

reoc *adj*: savage, furious

reocan *Class 2 str verb*: smoke, steam (**reccendne** *pres part acc sing masc*; **reocende** *pres part*)

reodne: see **read**

reon: see **rowan**

reonigmod *adj*: weary (**reonigmode** *nom pl masc*)

reord *fem noun*: voice, language (**reorde** *acc/dat sing*)

reordberend *masc noun*: speech-bearer (i.e., human being) (**reordberend** *nom pl*; **reordberendum** *dat pl*)

reorde: see **reord**

reotan *Class 2 str verb*: cry, lament (**reoteð** *3rd pers sing pres indic*)

reotig *adj*: weeping, mournful (**reotugu** *nom sing fem*)

replete *Latin verb*: fill, fill up (*imper sing*)

rest *fem noun*: rest, sleep; resting place, bed (**reste** *acc/dat/gen sing*)

gerestan *wk verb*: rest (**restað** *imper pl*; **reste** *3rd pers sing pret indic/subj*; **reston** *pl pret indic*)

reste: see **rest, gerestan**

reston: see **gerestan**

reðe, hreðe, reþe *adj*: cruel, harsh; terrible (**reðan** *nom pl neut*; **reðre** *gen sing fem*)

reðre: see **reðe**

rice (1) *adj*: powerful, mighty, rich (**rica** *masc nom sing* [**se rica**: the mighty one]; **rican** *dat sing masc*; **ricne** *acc sing masc*; **ricost** *superl*; **ricostan** *superl nom pl masc*; **ricra** *gen pl*; **ricum** *dat pl*); (2) *neut noun*: kingdom, rule (**rice** *dat sing*; **rices** *gen sing*)

ricene: see **recene**

ricne, ricost, ricostan, ricra: see rice

ricsian *wk verb*: rule, reign (ricsode *3rd pers sing pret indic*)

ricsian: see rixian

ricsode: see rixian, ricsian

ricum: see rice

geridan *Class 1 str verb*: ride, control; float, sail; (with *ge-* prefix) ride all over, conquer by riding (rad, gerad *3rd pers sing pret indic*; ride *1st pers sing pres indic*; rideð *3rd pers sing pres indic*; ridon, ridan, geridon *pl pret indic*)

ridda *masc noun*: rider, horseman

ride, rideð, ridon, geridon: see geridan

geriht *neut noun*: a right, duty, obligation; what is right, justice, truth; law, rule (gerihta *nom/acc/gen pl*; rihte, gerihte *dat sing*)

   on gerihte: straight, directly

riht *adj*: right, just, fitting, true (rihtan *gen sing masc*; rihte *dat sing masc*; rihtne *acc sing masc*; rihtum *dat pl*)

gerihtan *wk verb*: set up, assign, direct (geriht *past part*)

rihte *adv*: rightly, correctly, truly

rihte, gerihte: see geriht, riht

gerihtlæcan *wk verb*: make straight (gerihtlæced *past part*)

rihtlagu *fem noun*: just law (rihtlaga *gen pl*)

rihtlice *adv*: rightly, properly

rihtne, rihtum: see riht

rihtwis *adj*: righteous (rihtwisra *gen pl*)

geriman *wk verb*: count, tell forth, enumerate (rimde *3rd pers sing pret indic*)

rinan *wk impers verb*: rain (rine *3rd pers sing pres subj*)

rinc *masc noun*: man, warrior (rinca *gen pl*; rincas *nom/acc pl*; rince *dat sing*; rinces *gen sing*; rincum *dat pl*)

rine: see rinan

gerisena: see gerysne

gerisenlecor: see gerisenlice

gerisenlic *adj*: fitting, appropriate, suitable (gerisenlice *acc pl neut*; gerisenlicre *compar acc sing neut*)

gerisenlice *adv*: fittingly, appropriately (gerisenlecor *compar*)

gerisenlicre: see gerisenlic

gerisne *adj*: appropriate, fitting

rixian, ricsian *wk verb*: rule, dominate, oppress (rixode, ricsode *3rd pers sing pret indic*)

rod *fem noun*: cross (rode *acc/dat sing*)

roderas, roderum: see rodor

rodetacen *neut noun*: the sign of the Cross (rodetacne *dat sing*)

rodor *masc noun*: sky, firmament, heavens (roderas *nom/acc pl*; roderum *dat pl*; rodores *gen sing*)

rof: see hrof

rof *adj*: noble, strong (rofe *nom pl masc*; rofra *gen pl*; rofum *dat pl*)

rofes: see hrof

rofra, rofum: see rof

rohte, rohtan, rohton: see recan

rom *masc noun*: ram (male sheep) (**rommes** *gen sing*)

Rom *prop name*: Rome (**Rome** *dat*)

romanisc *adj*: Roman (**romaniscan** *acc sing fem*)

Rome: see **Rom**

rommes: see **rom**

rond: see **rand**

rond *masc noun*: round shield (**rondas** *acc pl*)

rondhæbbend *masc noun*: shield-owner (a kenning for "warrior") (**rondhæbbendra** *gen pl*)

rondwiggend *masc noun*: (shield-) warrior (**rondwiggende** *nom pl*)

rotlice *adv*: cheerfully

rowan *anom verb*: row, swim (**reon** *pl pret indic*)

ruh *adj*: rough, coarse; hairy, shaggy

gerum (1) *adj*: spacious, broad, wide, roomy; expansive, unoppressed (**rume** *neut nom/acc sing; acc pl masc*; **rumne** *masc acc sing*); (2) *masc noun*: space, time

rume *adv*: widely, for a long distance, frequently, for a long time, spaciously

gerumlice *adv*: widely, liberally (**gerumlicor** *compar*: "farther away")

rumne: see **gerum**

rumor: see **rume**

rumre, rumum: see **gerum**

run *fem noun*: counsel, discussion (**rune** *dat sing*)

runung *fem noun*: private conversation, whispering (**rununga** *gen pl*)

rycene: see **recene**

ryhtfæderencyn *neut noun*: direct line of paternal ancestry

geryman *wk verb*: enlarge, clear, open up, make space for, manifest (**rymde, gerymde** *1st/3rd pers sing pret indic*; **rymdon** *pl pret indic*; **gerymed** *past part*)

rypan *wk verb*: rob, plunder (**rypaþ** *pl pres indic*)

rypere *masc noun*: robber, despoiler (**rypera** *gen pl*; **ryperas** *nom pl*)

gerysne *neut noun*: what is appropriate (**gerisena** *gen pl*)

sacan *Class 6 str verb*: fight, contest, struggle

sadol *masc noun*: saddle

sæ *masc/fem noun*: sea (**sæ** *acc/dat/gen sing*; **sæm** *dat pl*)

sæbat *fem noun*: (sea-) boat, ship

sæcc *fem noun*: strife, battle (**sæce, sæcce, secce** *acc/dat/gen sing*)

sæcgan: see **gesecgan**

sæd *neut noun*: seed (**sæda** *gen sing*)

gesæd, sæde, sædon, gesæde: see **gesecgan**

sæfan: see **seofon**

sæfisc *masc noun*: sea fish (**sæfisca** *gen pl*)

sæfor *fem noun*: sea voyage (**sæfore** *gen sing*)

sægan *wk verb*: fell, cause to fall, destroy (**gesæged** *past part*)

gesægd, sægde, gesægde, sægdest, sægdon: see **gesecgan**

sægrund *masc noun*: sea bottom (**sægrundas** *acc pl*; **sægrunde** *dat sing*)

sæl *fem/masc noun*: time, occasion; joy, happiness (**sæles** *gen sing*; **salum, sælum** *dat pl*)

sæl, sel *neut noun*: hall, castle (**salo** *acc pl*)

sælan *wk verb*: bind, fetter; moor (**sældon** *pl pret indic*; **gesæled** *past part*)

*ge*sælan *wk impers verb*: happen, take place (**gesælde** *3rd pers sing pret indic*)
   me gesælde: it happened to me

sæles: see **sæl**

sælida *masc noun*: sailor, seafarer (**sælidan** *acc sing*)

*ge*sælig *adj*: happy, blessed (**gesæligan** *acc pl fem*; **gesælige** *masc pl nom*)

gesæliglic *adj*: happy, blessed (**gesæliglica** *nom pl fem*)

sæliþend *masc noun*: sailor, seaman (**sæliþende, sæliðend** *nom/acc pl*)

sælum: see **sæl**

sæm: see **sæ**

sæmann *masc noun*: seaman, sailor, viking (**sæmanna** *gen pl*; **sæmannum** *dat pl*; **sæmen**
   nom pl)

sæmearh *masc noun*: sea horse (a kenning for "ship") (**sæmearas** *acc pl*)

sæmen: see **sæmann**

sæmeðe *adj*: sea-weary, tired out from sailing

sæmra *compar adj*: weaker (**sæmran** *dat sing masc*)

sænaca *masc noun*: (sea-) ship (**sænacan** *acc sing*)

sænæss *masc noun*: seaside headland (**sænæssas** *acc pl*)

sændan: see **sendan**

gesæne: see **gesyne**

Særgius *prop name*: Særgius (**Særgium** *acc*)

særinc *masc noun*: seaman, sailor (**særinca** *gen pl*)

sæs: see **sæ**

sæt, gesæt, sætan, sæte: see *ge*sittan

gesætla *masc noun*: one sitting beside; fellow judge (**gesætlan** *nom pl*)

sæton, gesæton: see *ge*sittan

gesætte: see *ge*settan

gesættnys *fem noun*: law (**gesættnysse** *acc sing*)

gesætton: see *ge*settan

sæwudu *masc noun*: sea-wood (a kenning for "ship")

sæwylm *masc noun*: surge of the sea, wave (**sæwylmas** *acc pl*)

saga, gesaga: see *ge*secgan

sal *masc noun*: bond, rope, collar (**sale** *dat sing*)

salde, saldon: see *ge*sellan

sale: see **sal**

salo *adj*: dark, dusky

salo: see **sæl**

salowigpada: see **salwigpad**

salum: see **sæl**

salwigpad, salowigpada *adj*: having a dark coat

sam ... sam *correl conj*: whether ... or

*ge*samnian, gesomnian *wk verb*: assemble, congregate (**gesamnode** *past part nom pl masc*;
   gesomnad *past part*)

samod, somod, somed *adv and prep*: together; together with

sancta: see **sanctus**

Sancta Marian Cirice *prop name*: the Church of St. Mary (**Sancta Marian Ciricean** *dat*)

sancte *masc noun*: saint

sanctus *Latin adj and noun*: holy, saint (**sancta** *acc sing fem*)

sand *neut noun*: sand, shore, beach (**sande, sonde** *dat sing*)

sang: see **singan**

sang, song *masc noun*: song, singing (**sanga** *gen pl*; **sange** *dat sing*; **sanges, songes** *gen sing*)

sape *fem noun*: soap, salve, ointment (**sapan** *acc sing*)

sar (1) *neut noun*: pain, affliction, sorrow (**sare** *dat sing*); (2) *adj*: painful, unhappy (**sare** *nom sing fem; nom pl fem*; **sarra** *gen pl*)

sare *adv*: painfully, sorrowfully, grievously

sarlic *adj*: painful, sad, pained (**sarlicre** *dat sing fem*; **sarlicum** *dat sing masc*)

sarnys *fem noun*: pain, distress (**sarnissum** *dat pl*; **sarnysse, sarnesse** *acc/dat sing*)

sarost, sarra: see **sar**

saula, saule, saulum: see **sawol**

sawan *Class 7 str verb*: sow (i.e., plant seeds) (**sawen** *past part*)

gesawe: see *geseon*

sawelleas *adj*: without a soul (**sawelleasne** *acc sing masc*)

sawen: see **sawan**

gesawen: see *geseon*

sawl, sawla: see **sawol**

sawlberend *masc noun*: soul-bearer (a kenning for "person, human being") (**sawlberendra** *gen pl*)

sawle: see **sawol**

sawlhord *neut noun*: soul-hoard (a kenning for "body")

sawol, sawul, sawl *fem noun*: soul, spirit, being (**saula, sawle, saule** *acc sing*; **sawla** *acc pl*; **sawle** *dat/gen sing*; **sawlum, saulum** *dat pl*)

gesawon: see *geseon*

gescad *neut noun*: separation, discernment, understanding

scaduhelm *masc noun*: covering of shadows (**scaduhelma** *gen pl*)

scæcen: see **sceacan**

gescæphwil *fem noun*: appointed time; death (**gescæphwile** *dat sing*)

scæron: see **scieran**

gescaft: see *gesceaft*

scal: see **sculan**

scamian, scamigan *wk verb*: be ashamed (**scamað** *pl pres indic*)

scamu: see **scomu**

scan: see **scinan**

scandlic, sceandlic *adj*: shameful, cowardly (**scandlice** *nom pl neut*; **sceandlican** *dat pl*)

sceacan *Class 6 str verb*: shake, brandish; hasten, flee, depart (**scæcen** *past part*)

sceacol *masc noun*: plectrum

sceadu, sceado *fem noun*: shadow, darkness (**sceade** *acc sing*)

sceadugenga *masc noun*: walker in shadow; shadowy walker

sceaf: see **scufan**

sceaft *masc noun*: spear-shaft; shaft of wheat (**sceafta** *gen sing*)

gesceaft, gescaft *fem noun*: creation (**gesceafta** *gen pl*; **gesceafte** *acc/gen sing*)

sceafta: see **sceaft**

gesceafte: see *gesceafte*

sceal: see sculan

scealc *masc noun*: man, warrior (scealcas *nom pl*; scealcum *dat pl*)

sceall, scealt: see sculan

sceanca *masc noun*: shank, lower leg (sceancan *acc pl*)

sceand *fem noun*: slut, whore (sceande *dat sing*)

sceandlic, sceandlican: see scandlic

sceap *neut noun*: sheep (sceape *dat sing*; sceapes *gen sing*)

gesceap *neut noun*: shape, form; creation, action (gesceape *dat sing*; gesceapu, gesceapo *nom/acc pl*)

sceape: see sceap

gesceape: see gesceap

sceapes: see sceap

gesceapo, gesceapu: see gesceap

scearp *adj*: sharp, keen, discerning, shrewd (scearpe *nom pl masc*; scearpne *acc sing masc*)

sceat *masc noun*: surface (of the earth); covering, garment (sceata *gen pl*; sceatas *nom/acc pl*; sceate *dat sing*; sceattum, sceatum *dat pl*)

sceat: see sceatt, sceotan

sceates: see sceatt

sceað *fem noun*: sheath, scabbard (sceaðe, sceðe *dat sing*; sceaðum *dat pl*)

sceaða *masc noun*: enemy, destroyer (sceaðena, sceaþena, sceaðona *gen pl*)

sceaðe: see sceað

sceaðen *fem noun*: hurt, harm

sceaðena, sceaþena, sceaðona: see sceaða

sceaðum: see sceað, sceaða

sceatt, sceat *masc noun*: property, wealth, money, amount (sceattas *acc pl*; sceattum *dat pl*)

sceattum: see sceat, sceatt

sceatum: see sceat

gesceawian *wk verb*: show; look upon; consider to be; respect, show consideration for (sceawa *imper sing*; gesceawað *3rd pers sing pres indic*; sceawedon *pl pret indic*; sceawode *3rd pers sing pret indic*)

Scedeland *prop name*: the southern end of the Scandinavian peninsula (Scedelandum *dat pl*)

scel: see sculan

scencan *wk verb*: serve liquid to (scencte *3rd pers sing pret indic*)

scendan *wk verb*: degrade, dishonor (scendað *pl pres indic*)

sceoc: see sceacan

sceod, gesceod: see *gesceððan*

sceof: see scufan

sceolan, sceolde, sceolden, sceoldon, sceole, sceolon: see sculan

sceop, gesceop: see scieppan

sceotan *Class 2 str verb*: throw (a spear, etc.); shoot (arrows, etc.); kick in (money to a common kitty) (sceat *3rd pers sing pret indic*; sceotað *pl pres indic*; scoten *past part*)

sceotend *neut noun*: spearman, archer (sceotend *nom pl*; sceotendra *gen sing*; sceotendum, scotendum *dat pl*) sceðe: see sceað

gesceððan, sceðþan, sceþðan *Class 6 str verb*: harm, injure (sceod, gesceod *3rd pers sing pret indic*; sceþþe *1st pers sing pres indic*)

scieppan *Class 6 str verb*: make, create, arrange, design (gesceapene *past part acc fem*; sceop, gesceop, scop *3rd pers sing pret indic*)

scieran *Class 4 str verb*: cut, cleave, hew (scæron *pl pret indic*)

scild, scildas: see scyld

scildburh *fem noun*: shield wall

scima *masc noun*: brightness, radiance (sciman *acc/dat sing*)

scinan *Class 1 str verb*: shine (scan *3rd pers sing pret indic*; scinað *pl pres indic*; scineð *3rd pers sing pres indic*; scionon, scinon *pl pret indic*)

scinn *neut noun*; scinna *masc noun*: evil spirit, ghost (scinna *gen pl*; scinnum *dat pl*)

scinon, scionon: see scinan

scip *neut noun*: ship (scipa *gen pl*; scipe, scype *dat sing*; scipes *gen sing*; scipu *acc pl*; scipum *dat pl*)

scipen *fem noun*: cattle shed (scipene *dat sing*)

scipes: see scip

sciphere *masc noun*: fleet, naval force (scipherge, sciphere *dat sing*)

sciphlæst *masc noun*: shipload (sciphlæstas *acc pl*)

scippend, scippende: see scyppend

scipu, scipum: see scip

scir (1) *adj*: bright, shining, radiant (scira *gen pl*; scire *acc pl masc*; scirne *acc sing masc*); (2) *fem noun*: shire, district (scire *acc sing*)

Scireburne *prop name*: Sherborne, Dorset (Scireburnan *dat sing*)

scirian *wk verb*: ordain, assign, allot (scyrede *3rd pers sing pret indic*; scyreð *3rd pers sing pres indic*)

scirmæled *adj*: brightly decorated

scirne: see scir

scofen: see scufan

scoldan, scolde, scolden, scoldon: see sculan

scolu *fem noun*: host, multitude; school (scole *dat sing*)
   Angelcynnes scolu: a hostelry in Rome for English pilgrims and ecclesiastical visitors established in the late 8th century

scomu, scamu *fem noun*: shame (scome *acc/dat sing*)

Sconeg *prop name*: Skane

scop *masc noun*: singer, poet, story-teller (scopes *gen sing*)

scop: see scieppan

scopes: see scop

scopgereord *neut noun*: poetic speech (scopgereorde *dat sing*)

gescot *neut noun*: shot, act of shooting or spear-throwing (gescotes *gen sing*)

scoten: see sceotan

scotendum: see sceotend

gescotes: see gescot

gescraf: see scrifan

scralletan *wk verb*: sound loudly, resound

scridan *wk verb*: clothe, dress (scridde *3rd pers sing pret indic*)

scrifan *Class 1 str verb*: prescribe, ordain, impose; care about, mind, be troubled by (**scrifað** *pl pres indic*; **scrifeð** *3rd pers sing pres indic*)

scrin *neut noun*: shrine, reliquary (**scrine** *dat sing*)

scriðan *Class 1 str verb*: glide, creep (**scriþað** *pl pres indic*)

scucca *masc noun*: demon (**scuccum** *dat pl*)

scufan *Class 2 str verb*: expel, push out; thrust; advance, cause to move forward (**sceof, sceaf** *3rd pers sing pret indic*; **scofen** *past part*; **scufeð** *3rd pers sing pres indic*; **scufon** *pl pret indic*)

sculan *anom verb*: shall, must, be obliged; would, should (**sceal, sceall, scal, scel** *1st/3rd pers sing pres indic*; **scealt** *2nd pers sing pres indic*; **sceolde, scolde** *1st/3rd pers sing pret indic*; **sceolden, scolden** *pl pret subj*; **sceoldon, scoldon, scoldan** *pl pret indic*; **sceole** *pl pres indic*; **sculon, sceolon, sceolan** *pl pres indic*; **scylan** *pl pres subj*; **scyle** *2nd/3rd pers sing pres subj*)

scur *masc noun*: shower, storm; (storm of) battle (**scuras** *nom/acc pl*; **scurum** *dat pl*)

scurheard *adj*: ("shower-," i.e., battle-) hard

scurum: see **scur**

scylan: see **sculan**

scyld, gescyld: see *ge*scyldan

scyld, scild *masc noun*: shield (**scyldas, scildas** *nom/acc pl*; **scylde** *dat sing*)

*ge*scyldan *wk verb*: shield, protect, defend (**scyld** *imper sing*; **gescyld** *past part*; **gescylt** *3rd pers sing pres indic*)

scyldas: see **scyld**

scyldburh *fem noun*: shield-wall (defensive formation of side-by-side shields)

scylde: see **scyld**

Scyldes: see **Scyld Scefing**

scyldfreca *masc noun*: shield-man, warrior

Scylding *prop noun*: Dane, Scylding, descendant of Scyld (**Scyldinga, Scildinga** *gen pl*; **Scyldingas** *nom/acc pl masc*; **Scyldingum** *dat pl*)

Scyld Scefing *prop name*: the eponymous founder of the Danish dynasty of the Scyldings. Since the name means "Shield, son of Sheaf," this founder of the dynasty may originally have been conceived of as a divine being able to bring protection and food to the Danes (**Scyldes** *gen sing*)

scyldwiga *masc noun*: (shield-) warrior

scyle: see **sculan**

gescylt: see *ge*scyldan

scyndan *wk verb*: hasten (**scynded** *past part*)

scyne *adj*: bright, brilliant, shining

scynscaþa *masc noun*: ghostly or magical enemy

scype: see **scip**

scyppend, scippend *masc noun*: Creator (**scippende** *dat sing*; **scyppendes** *gen sing*)

scyr *fem noun*: district, region, shire (**scyre** *dat sing*)

scyrede, scyreð: see **scirian**

*ge*scyrpan *wk verb*: equip, deck out (**gescyrpedne** *past part acc sing masc*)

scyte *masc noun*: shooting, throwing (of a spear)

se *demonst*: the, that (in pl: those) (**seo, sio** *nom sing fem*; **þa, ða** *nom or acc pl*; *acc sing fem*; **þam, ðam, þæm, ðæm, þan, ðan, þon** *masc/neut dat sing; dat pl*; **þara, þæra,**

ðæra, ðara, þære *gen pl*; þære, ðære, þare, ðare *fem dat/gen sing*; þæs, ðæs *masc/neut gen sing*; þæt, ðæt, þat *neut nom/acc sing*; þone, ðone, þæne, þonne *masc acc sing*; þy, ðy, þe, ðe, þon *inst sing masc/neut*)

þy *adv and conj*: for that reason; because

þy læs, þe laðran, þon ma etc.: so much the less, so much the more hateful, so much the greater, etc.

þon ma þe: any more than

þæs lang etc.: so long

þæs þe, þæs: as, since, because; after

þæs deop: so deep

to þæs hwæt: so vigorous

seah, geseah: see *geseon*

geseald, sealde, gesealde, sealdest, sealdon, gesealdon: see *gesellan*

sealt *noun and adj*: salt (**sealte** *nom pl masc*; **sealtne** *acc sing masc*)

sealtyþ *fem noun*: salt wave (**sealtyþa** *gen pl*)

Sealwudu *prop name*: Selwood, Somerset (**Sealwyda** *dat*)

searacræft *masc noun*: artifice, treachery (**searacræftas** *acc pl*)

searian *wk verb*: become dried-out, barren (**searað** *3rd pers sing pres indic*)

searo *neut noun*: art, skill, cunning; armor, weaponry; trick, trap (**searwum** *dat pl*)

searogrim *adj*: grim in battle

searohæbbend *masc noun*: armor-possessor (a kenning for "warrior, man") (**searohæbbendra** *gen pl*)

searonet *neut noun*: net of armor (kenning for "chainmail corselet")

searonið *masc noun*: treachery; armed strife, battle (**searoniða** *gen pl*)

searoþonc *masc noun*: cunning, skill in contrivance (**searoþoncum** *dat pl*)

searoðoncol *adj*: clever, cunning, skillful (**searoþoncelra** *gen pl*)

searoþoncum: see **searoþonc**

searowundor *neut noun*: marvel, strange wonder

searwum: see **searo**

seað: see **seoðan**

seaþ *masc noun*: pit, hole (**seaþe** *dat sing*)

seax *neut noun*: sax (long knife of the Anglo-Saxons) (**seax** *acc pl*; **seaxses** *gen sing*)

secan, secean, gesecean, gesecan *anom verb*: seek, wish for, desire; seek out, go to; visit; attack (**gesece** *1st pers sing pres indic, 1st/2nd pers sing pres subj*; **secen** *pl pres subj*; **secest** *2nd pers sing pres indic*; **seceð, geseceð** *3rd pers sing pres indic*; **sohte, gesohte** *1st/3rd pers sing pret indic; 1st/3rd pers sing pret subj*; **sohtest** *2nd pers sing pret indic*; **sohton, gesohton, sohten** *pl pret indic*)

Seccandun *prop name*: Seckington, Warwickshire (**Seccandune** *dat sing*)

secce: see **sæcc**

gesece, secean, gesecean, secen, seceð, geseceð: see **secan**

secg (1) *masc noun*: man (**secga** *gen pl*; **secgas** *nom/acc pl*; **secgum** *dat pl*); (2) *fem noun*: sword (**secge** *acc sing*)

gesecgan, secgean, sæcgan *wk verb*: say, tell (**gesægd, gesæd** *past part*; **sægde, sæde, gesægde, gesæde** *3rd pers sing pret indic*; **sægdest** *2nd pers sing pret indic*; **sægdon, sædon** *pl pret indic*; **saga, gesaga, sege** *imper sing*; **secgað** *pl pres indic*; **secge** *1st pers sing pres indic; 1st/2nd/3rd pers sing pres subj*; **segeð** *3rd pers sing pres indic*; **to secganne** *inflect infin*)

secgas: see **secg**
secgað: see *ge*secgan
secge: see **secg**, *ge*secgan
secgean: see *ge*secgan
secgum: see **secg**
sefa *masc noun*: spirit, mind (**sefan** *acc/dat/gen sing*)
sefteadig *adj*: comfortably happy, rich in luxuries
sege: see *ge*secgan
gesegen: see *ge*seon
segen, segn *masc noun*: sign, banner (**segnas** *acc pl*)
segen *fem noun*: account, story (**segene** *dat sing fem*)
segeð: see *ge*secgan
segl *masc noun*: sail (**segle** *dat sing*)
segn: see **segen**
segnade: see *ge*segnian
segnas: see **segen**
*ge*segnian *wk verb*: make the sign of the cross over, consecrate (**segnade, gesegnode** *3rd pers sing pret indic*; **segniende** *pres part*)
sel: see **sæl**
sel (1) *adj*: good (**selest, selost** *superl nom/acc sing*; **selesta** *super nom sing masc*; **selestan** *superl nom/acc pl*; *superl acc sing fem*; **sellan** *compar acc pl masc*; **selra** *compar nom sing masc*; **syllan** *compar acc/dat sing*); (2) **sel** *adv*: better
geselda *masc noun*: hall-companion (**geseldan** *acc pl masc*)
seldcyme *masc noun*: infrequent visit (**seldcymas** *nom pl*)
seldguma *masc noun*: retainer, servant
sele *masc noun*: hall (**sele** *dat sing*)
seledream *masc noun*: joy of the hall (**seledreamas** *nom pl*)
seledreorig *adj*: miserable because lacking a hall
seleful *neut noun*: ceremonial cup, hall-cup
selerædend *masc noun*: (hall-) councillor (**selerædende** *nom pl*)
selerest *fem noun*: hall-bed (**selereste** *dat sing*)
selesecg *masc noun*: hall-man, retainer, warrior (**selesecgas** *acc pl*)
selest, selesta, selestan: see **sel**
seleð: see *ge*sellan
seleweard *masc noun*: hall-guard
self *pron*: (him, her, etc.) self, own (**selfa, seolfa, sylfa, sylf, sylfa** *nom sing masc*; **selfes, sylfes, seolfes** *gen sing masc*; **seolfan** *nom pl masc*; **sylf, silf** *nom/acc sing masc/neut; nom sing fem*; **sylfe** *acc sing fem, nom/acc sing neut*; **sylfne, selfne, seolfne** *acc sing masc*; **sylfra** *gen pl*; **sylfre** *gen sing fem*; **sylfum, selfum** *dat sing masc; dat pl*)
sellan: see **sel**
*ge*sellan, *ge*syllan, sillan *wk verb*: give, sell; give up; consign (**sealde, gesealde, salde** *3rd pers sing pret indic*; **gesealde** *past part nom pl*; **sealdon, gesealdon, saldon** *pl pret indic*; **selle** *1st pers sing pres indic; 2nd/3rd pers sing pres subj*; **syleð** *3rd pers sing pres indic*; **syllað** *pl pres indic*; **syllon** *pl pres indic*)
sellic, sellices: see **syllic**
selost, selra: see **sel**

*ge*seman *wk verb*: reconcile, settle

semian: see **seomian**

semninga *adv*: suddenly, all at once, immediately

sencan *wk verb*: sink, submerge; cause to sink, thrust down (i.e., to death)

sendan, sændan *wk verb*: send; throw (**sende, sent** *3rd pers sing pret indic*; **sende** *3rd pers sing pres subj*; **sendon, sændan** *pl pret indic*)

gesene: see **gesyne**

sent: see **sendan**

seo: see **beon, se**

*ge*seo: see *ge*seon

seoc *adj*: sick, wounded (**seoce** *nom pl masc; acc sing fem*)

seofian *wk verb*: sigh, lament (**seofedun** *pl pret indic*)

seofon, sæfan, VII, syfan, .vii. *numeral*: seven (**seofone** *acc masc*)

seofoða *numerical adj*: seventh (**seofoðan**)

geseoh: see *ge*seon

seolf, seolfa, seolfan, seolfes, seolfne: see **self**

seolfor *neut noun*: silver (**seolfre** *dat sing*; **seolfres** *gen sing*)

seolhbaþo *neut pl noun*: seal baths (a kenning for "ocean")

seomian *wk verb*: stay, continue, lie at rest, lie in wait (**seomade, seomode** *3rd pers sing pret indic*)

*ge*seon, gesion *Class 5 str verb*: see, look, perceive, consider (**gesawe** *1st/2nd/3rd pers sing pret subj*; **gesawen, gesewen** *past part*; **gesawon** *pl pret indic*; **geseah, seah** *1st/3rd pers sing pret indic*; **gesegen** *past part*; **geseo** *1st pers sing pres indic*; *2nd pers sing pres subj*; **geseoh** *imper sing*; **geseoð** *3rd pers sing pres indic*; **gesihð** *3rd pers sing pres indic*; **gesyhst** *2nd pers sing pres indic*)

seono *fem noun*: sinew, muscle fibre (**seonowe** *nom pl*)

seonobend *fem noun*: bond of sinew (**seonobende** *acc pl*)

seonobenn *fem noun*: injury to a sinew or muscle (**seonobennum** *dat pl*)

seonowe: see **seono**

geseoð: see *ge*seon

seoðan *Class 2 str verb*: be troubled, be afflicted; seethe, boil (**seað** *3rd pers sing pret indic*)

seowian *wk verb*: sew, knit, link (**seowed** *past part*)

Serafion *prop name*: Serafion

geset *neut noun*: seat (**gesetu** *nom pl*)

sete, geseted: see *ge*settan

gesetena: see *ge*sittan

seþeah *adv*: nevertheless

setl *neut noun*: residence, place, seat, throne (**setla** *gen pl*; **setle** *dat sing*)

setlan *wk verb*: bring to a halt, settle (**setlað** *pl pret indic*)

setle: see **setl**

setlgang *masc noun*: setting (**setlgange** *dat sing*)

    sunnan setlgang: sunset

*ge*settan *wk verb*: set, place, appoint, ordain, create, establish; settle (**sete** *imper sing*; **geseted** *past part*; **gesette, sette, gesætte** *1st/3rd pers sing pret indic/subj*; **setton, gesetton, gesætton** *pl pret indic*)

gesetu: see **geset**

gesewen: see *ge*seon

si: see **beon**

gesib: see **gesibb**

sibb *fem noun*: peace, friendship, happiness (**sibbe** *acc sing*)

gesibb, gesib *adj and masc or fem noun*: related; relative, kinsman, kinswoman (**gesibbra** *gen pl*; **gesibbum, gesibban** *dat pl*)

sibbe: see **sibb**

sibbegedriht, sibgedriht *fem noun*: troop of relatives; peaceful company

gesibbra, gesibbum: see **gesibb**

sibgedriht: see **sibbegedriht**

sibleger *neut noun*: sexual intercourse between people within the prohibited range of consanguinity; incest (**siblegeru** *acc pl*)

Sibyrht *prop name*: Sibyrht (**Sibyrhtes** *gen sing*)

siclian *wk verb*: become sick (**gesicclod** *past part*)

sid *adj*: wide, extensive, broad (**side** *masc nom/acc pl; acc sing fem; dat sing neut*; **sidne** *masc acc sing*; **sidra** *gen pl*)

sidan: see **side**

side: see **sid**

side (1) *adv*: widely, extensively

    wide and side, side and wide: far and wide

    (2) *fem noun*: side (**sidan** *acc/dat sing; acc pl*)

sidfæþmed *adj*: (of a ship) broad-beamed, capacious

sidne, sidra, sidre: see **sid**

Sidroc *prop name*: Sidroc

sie, sien, siendon: see **beon**

gesiene: see **gesyne**

sigan *wk verb*: sink, descend, fall; move, go (**sigeð** *3rd pers sing pres indic*; **sigon** *pl pret indic*)

sige *masc noun*: victory

sigebeam *masc noun*: tree/cross of victory, victorious tree/cross

Sigebryht *prop name*: Sigebryht (**Sigebryhtes** *gen sing*)

sigedrihten *masc noun*: the victorious Lord, the Lord of Victories; victorious king

sigefæst *adj*: victorious, triumphant (**sigefæstran** *compar nom pl*)

sigefolc *neut noun*: victorious people (**sigefolca** *gen pl*; **sigefolce** *dat sing*)

sigehreð *neut noun*: triumph, victory

sigehreþig *adj*: triumphant

sigeleas *adj*: vanquished, defeated (**sigelease** *masc nom/acc pl*; **sigeleasne** *acc sing masc*)

sigelian *wk verb*: sail (**sigelede** *3rd pers sing pres indic*)

Sigemund *prop name*: Sigemund (**Sigemunde** *dat sing*; **Sigemundes** *gen sing*)

sigerof *adj*: victorious, famous for victories (**sigerofe** *nom pl masc*)

Sigescylding *prop name*: (victory-) Scylding (**Sigescyldinga** *gen pl*)

sigeð: see **sigan**

sigeþeod *fem noun*: victorious people (**sigeþeode** *dat sing*)

sigeþuf *masc noun*: victory banner (**sigeþufas** *acc pl*)

sigewæpen *neut noun*: (victory-) weapon (**sigewæpnum** *dat pl*)

sigewong *masc noun*: field of victory

sigon: see **sigan**

sigor *masc noun*: victory (**sigora, sigoro** *gen pl*; **sigore** *dat sing*; **sigores** *gen sing*)

sigorfæst *adj*: victorious

sigorlean *neut noun*: reward for victory (**sigorleanum** *dat pl*)

sigoro: see **sigor**

gesihð *fem noun*: power of sight, vision; sight, view (**gesihðe, gesyhðe** *acc/dat sing*)

gesihð: see *ge*seon

silf: see **self**

sillan: see *ge*sellan

simle: see **symble**

sin *reflex possess pron*: his, her, its (**sine** *acc sing masc/fem; nom/acc pl masc; dat sing masc*; **sinre** *dat sing fem*; **sinum** *dat pl, dat sing masc/neut*)

sinc *neut noun*: treasures, riches (**since** *dat sing*; **sinces** *gen sing*)

sincfæt *neut noun*: precious cup (**sincfato** *acc pl*)

sincfag *adj*: decorated with treasure (**sincfage** *acc sing neut*)

sincfato: see **sincfæt**

sincgyfa *masc noun*: treasure-giver (a kenning for "lord, king") (**sincgyfan** *acc/dat sing*)

sinchroden *past part adj*: adorned with treasure

sincþegu *fem noun*: receiving of treasure (**sincþege** *acc sing*)

sind: see **beon**

sinder *neut noun*: cinder, slag (**sindrum** *dat pl*)

sindon: see **beon**

sindrum: see **sinder**

sine, sines: see **sin**

sing: see **singan**

singal *adj*: continual, perpetual (**singale** *acc sing fem*)

singala *adv*: continually, perpetually, always

singale: see **singal**

singallice *adv*: continually, perpetually, all the time

singan *Class 3 str verb*: sing (**sing** *imper sing*; **singende** *pres part*; **singeð** *3rd pers sing pres indic*; **song, sang** *3rd pers sing pret indic*; **sungon, sungen** *pl pret indic*)

sinne: see **sin**

sinnian *wk verb*: do wrong, be at fault (**gesinnodest** *2nd pers sing pret indic*)

sinnihte *adv*: in perpetual night

gesinnodest: see **sinnian**

sinre: see **sin**

sinsorg *fem noun*: great sorrow (**sinsorgna** *gen pl*)

sint: see **beon**

sinum: see **sin**

sio: see **se**

siodo, siodu *masc noun*: custom, manner, morality, good conduct

gesion: see *ge*seon

sit: see *ge*sittan

sit benedicti *Latin phrase*: may it (they?) be blessed

site, siteð: see *ge*sittan

sið (1) *masc noun*: journey; fate, destiny; time, occasion (**siða, siþa** *gen pl*; **siðas, siþas** *acc pl*; **siðe, siþe** *dat sing*; **siðes, siþes** *gen sing*; **siþon** *acc pl*)

oðre siðe: for a second time

(2) *adv*: late

gesið *masc noun*: follower, companion; company (**gesiðas** *nom pl masc*; **gesiþþe** *dat sing*; **gesiþum** *dat pl*)

siða, siþa: see **sið**

siþade: see **siðian**

gesiðas: see **gesið**

siþas, siðas, siðe, siþe: see **sið**

siðedon: see **siðian**

siðes, siþes: see **sið**

siðfæt *masc noun*: expedition, journey; path, road (**siðfate** *dat sing*)

siðian *wk verb*: journey, go, travel (**siþade** *3rd pers sing pret indic*; **siðie** *3rd pers sing pres subj*)

siþon: see **sið**

siððan, siþðan, siþþan, syððan, syþþan, syþðan, syðþan *adv and conj*: after, when; afterwards, since

gesiþþe, gesiþum: see **gesið**

gesittan *Class 5 str verb*: sit; live, inhabit; settle (**sæt, gesæt** *1st/3rd pers sing pret indic*; **sæte** *3rd pers sing pret subj*; **sæton, gesæton, sætan** *pl pret indic*; **sit** *3rd pers sing pres indic*; **site** *imper sing*; **siteð** *3rd pers sing pres indic*; **sitte** *2nd pers sing pres subj*)

six: see **syx**

sixtig: see **syxtig**

geslægen, geslægene: see **slean**

slæp *masc noun*: sleep (**slæpe** *dat sing*)

slæpan *Class 7 str verb*: sleep (**slæpende** *pres part*; **slæpendne** *pres part acc sing masc*)

slæpe: see **slæp**

slæpende, slæpendne: see **slæpan**

slat: see **slitan**

slean *Class 6 str verb*: beat, forge; kill; strike; erect (a tent) (**geslægen** *past part*; **geslægene, geslegene** *past part nom pl masc*; **slea** *3rd pers sing pres subj*; **sleah** *imper sing*; **sleað** *pl pres indic*; **slog, sloh, gesloh** *3rd pers sing pret indic*; **sloge** *3rd pers sing pret subj*; **slogon** *pl pret indic*)

slege *masc noun*: killing (**slege** *dat sing*)

slegefæge *adj*: doomed to die by blows

geslegene: see **slean**

slitan *Class 1 str verb*: tear, cut, torture (**slat** *3rd pers sing pret indic*; **slite** *1st pers sing pres indic*; **sliteð** *3rd pers sing pret indic*)

sliðe, sliðen, sliþen *adj*: cruel, savage (**sliðne** *acc sing masc*)

slog, sloge, slogon, sloh: see **slean**

smæte *adj*: pure (**smætum** *dat sing neut*)

smeagan *wk verb*: consider, inquire into, think about (**smeade** *3rd pers sing pret indic*; **smeage** *3rd pers sing pres subj*)

smiþ, smið *masc noun*: smith, metal-worker (**smiþa** *gen pl*; **smiðas** *nom pl*; **smiþes** *gen sing*)

smolt *adj*: peaceful, gentle (**smylte** *dat sing masc*; **smyltre** *dat sing fem*)

gesmyrian *wk verb*: anoint, apply a lotion, embrocate (**gesmyrode** *3rd pers sing pret indic*)

snædan *wk verb*: cut, slice, devour (**snedeþ** *3rd pers sing pres indic*)

snað: see **sniðan**

snaw *masc noun*: snow

snedeþ: see **snædan**

snel *adj*: quick, bold (**snelle** *nom pl masc*; **snelra** *gen pl*)

snellic *adj*: quick, bold

snellice *adv*: quickly

snelra: see **snel**

sner *fem noun*: harpstring (**snere** *acc sing*)

sniðan *Class 1 str verb*: cut (**snað** *3rd pers sing pret indic*)

sniwan *wk verb*: snow (**sniwde** *3rd pers sing pret indic*; **sniwe** *3rd pers sing pres subj*)

Snotengaham *prop name*: Nottingham

snotor, snottor *adj*: wise, clever, intelligent, skillful (**snoteran** *acc sing fem*; **snotere** *nom pl masc; nom sing fem*)

snude *adv*: quickly, immediately

snyrian *wk verb*: hurry, move quickly (**snyredon** *pl pret indic*)

snytru *fem noun*: wisdom, cleverness, skill, intelligence (**snytro** *acc/dat/gen sing*; **snyttrum** *dat pl*)

snyttrum: see **snytru**

softe *adv*: softly, gently

sohte, gesohte, sohten, sohtest, sohton, gesohton: see **secan**

somed: see **samod**

gesomnian, gesomnad: see **gesamnian**

gesomnung *fem noun*: assembly, congregation (**gesomnunge** *dat sing*)

somod: see **samod**

sona *adv*: soon, immediately

sondbeorg *masc noun*: sand-bank, dune (**sondbeorgum** *dat pl*)

sonde: see **sand**

song: see **sang, singan**

songcræft *masc noun*: skill in composing songs, art of song-making

songes: see **sang**

sorg, sorh *fem noun*: sorrow, pain, distress (**sorga** *gen pl*; **sorge** *acc/gen sing*; **sorgum** *dat pl*)

sorgcearig *adj*: sorrowful

sorge: see **sorg**

sorgful, sorhful *adj*: sorrowful, miserable (**sorhfullne** *acc sing masc*)

sorgian *wk verb*: to be sorrowful, grieve; worry about, take pains over

sorglufu *fem noun*: unhappy love

sorgum, sorh: see **sorg**

sorhful, sorhfullne: see **sorgful**

sorhleoð *neut noun*: lament, burial hymn

sorhwylm *masc noun*: wave of sorrow (**sorhwylmas** *nom pl*)

soð, soþ (1) *neut noun*: truth, justice, righteousness, rectitude (**soðe** *dat sing*; **soðes, soþes** *gen sing*); (2) *adj*: true (**soðan, soþan** *acc/dat/gen sing masc/fem/neut*; **soðe** *acc pl fem*; **soðra, soþra** *gen pl*; **soðne** *acc sing masc*; **soðum, soþum** *dat sing masc/neut*)
  soðe, to soðe, to soþe: truly

soðcyning *masc noun*: the true king; God (**soðcyninges** *gen sing*)

soðe, soðes, soþes: see **soð**

soðfæst *adj*: trustworthy, honest; just, righteous (**soðfæste** *nom sing fem*)

soðgied *neut noun*: true story, song, or poem

soðlice, soþlice *adv*: truly

soðne, soðra, soþra, soðum, soþum: see **soð**

spæcan: see *ge*specan

sparian *wk verb*: abstain from, save, use sparingly (**sparedon** *pl pret indic*)

spearca *masc noun*: spark (**spearcan** *nom pl*)

spearwa *masc noun*: sparrow

gespecan *Class 1 str verb*: speak, say (**spæcan** *pl pret indic*; **to specenne** *inflect infin*)

sped *fem noun*: success, prosperity, power, speed, riches (**speda** *acc pl*)

gespedan *wk verb*: be successful; be wealthy; be quick (**spedað** *pl pres indic*)

speddropa *masc noun*: successful drop, effective drop (**speddropum** *dat pl*)

spedig *adj*: successful

spedum: see **sped**

spel, spell *neut noun*: story, speech (**spel** *nom pl*; **spelles** *gen sing*; **spellum** *dat pl*)

speow, gespeow: see *ge*spowan

spere *neut noun*: spear (**spere** *dat sing*; **speru** *nom/acc pl*)

spillan *wk verb*: destroy, spoil, kill (**spilde** *3rd pers sing pret indic*)

spiwan *Class 1 str verb*: spit, spit out (**spiwe** *3rd pers sing pres subj*)

spor *neut noun*: trace, track, spoor (**spore** *dat sing*)

gespowan *Class 7 impers strong verb*: succeed, prosper, thrive (**speow, gespeow** *3rd pers sing pret indic*)

spræc, gespræc: see *ge*sprecan

spræc, gesprec *fem noun*: speech, conversation (**spræca** *gen pl*; **spræcan** *gen sing*; **spræce** *acc/dat/gen sing*)

   to þinre spræce: for speech with you, to speak to you

spræcan: see *ge*sprecan, **spræc**

spræcaþ, spræce, gespræce, spræcon, gespræcon, gespræconn: see *ge*sprecan

sprang: see *ge*springan

gesprec: see **spræc**

gesprecan *Class 5 str verb*: speak, speak to, say (**spræc, gespræc** *3rd pers sing pret indic*; **spræcaþ** *pl pres indic*; **spræce, gespræce** *2nd/3rd pers sing pret indic*; **spræcon, gespræcon, gespræconn, spræcan** *pl pret indic*; **sprecen** *past part*; **sprecende** *pres part*; **spriceð** *3rd pers sing pres indic*)

sprengan *wk verb*: break, split (**sprengde** *3rd pers sing pret indic*)

spriceð: see *ge*sprecan

gespringan *Class 3 str verb*: spread, grow; spring, leap (**sprang, gesprong** *3rd pers sing pret indic*)

spyrian, syrigean *wk verb*: make a track, travel, go; investigate, ask (**spyrede** *3rd pers sing pret indic*)

staca *masc noun*: pin, spike, stake (**stacan** *dat sing*)

stadium *Latin noun*: stadium (Roman measure of distance of about 185 meters) (**stadia** *pl*)

stædefæste *adv*: steadfastly, unyieldingly

stæf *masc noun*: staff; (in pl) writing, text (**stafum** *dat pl*)

stæfne: see **stefn**

stælgiest *masc noun*: thieving intruder, burglar

stæmne: see **stefn**

stænen *adj*: stone, made of stone (**stænene** *nom pl masc*; **stænnene, stænenne** *acc sing masc*)

stæppan, steppan *Class 6 str verb*: step (**stæppe** *3rd pers sing pres subj; 1st pers sing pres indic*; **stop** *3rd pers sing pret indic*; **stopon** *pl pret indic*)

stær *neut noun*: narrative, history (**stæres** *gen sing*)

stæð *neut noun*: shore, beach, river-bank (**staþe, staðe, stæðe** *dat sing*; **staþu** *acc pl*)

stafum: see **stæf**

stah, gestah: see *ge*stigan

stalu *fem noun*: theft, thievery (**stala** *acc pl*)

stan *masc noun*: stone (**stane** *dat sing*)

stanclif *neut noun*: stone cliff (**stanclifu** *acc pl*)

*ge*standan, stondan *Class 6 str verb*: stand, remain, extend; exist, be (**stande, stonde** *3rd pers sing pres subj; 1st pers sing pres indic*; **standeð, stondeð** *3rd pers sing pres indic*; **stod, gestod** *1st/3rd pers sing pret indic*; **stodon, gestodon** *pl pret indic*; **stondað, stondaþ** *pl pres indic*; **stynt** *3rd pers sing pres indic*)

stane: see **stan**

stanfah *adj*: decorated (paved) with stones

stang: see **stingan**

stanhlið *neut noun*: stone slope or cliff (**stanhleoþu** *acc pl*; **stanhliþe** *dat sing*)

stapol *masc noun*: front step (**stapole** *dat sing*)

starian *wk verb*: gaze, stare (**staraô** *3rd pers sing pret indic*)

staþe, staðe: see **stæð**

staþel, staðol, staþol *masc noun*: foundation; location; support, security; stance, position, state (**staþelum** *dat pl*; **staðole** *dat sing*)

*ge*staþelian *wk verb*: establish, found; confirm, restore (**gestaþelað** *3rd pers sing pres indic*; **gestaþelade** *3rd pers sing pret indic*; **gestaðelige** *1st pers sing pres indic*)

staþelum, staðol, staþol, staðole: see **staþel**

staþu: see **stæð**

*ge*steal *neut noun*: foundation

stealc *adj*: steep

steam *masc noun*: steam, moisture (**steame** *dat sing*)

steap *adj*: steep, high, deep (**steape** *nom/acc pl masc; nom/acc sing fem*; **steapne** *acc sing masc*)

steapheah *adj*: erect, towering

steapne: see **steap**

stearn *masc noun*: tern

steda *masc noun*: stud-horse, stallion (uncastrated male horse) (**stedan** *acc sing/pl*)

stede *masc noun*: place, position

stedefæst *adj*: steadfast, unyielding (**stedefæste** *nom pl masc*)

stedeheard *adj*: very hard (**stedehearde** *nom pl masc*)

stefn, stemn *fem noun*: voice (**stefne, stæmne, stæfne** *acc/dat sing*)

stefn *masc noun*: prow or stern of a ship; (by synecdoche) a ship; stump or root of a tree (**stefne** *dat sing*)

stefna *masc noun*: prow or stern of a ship (**stefnan** *dat sing*)

stefne, stemn, stemne: see **stefn**

stemnettan *wk verb*: stand firm (**stemnetton** *pl pret indic*)

stenc *masc noun*: smell, odor, fragrance, stench

steorbord *neut noun*: starboard .

steorfa *masc noun*: death, famine

steow: see **stow**

steppan: see **stæppan**

stercedferhð *adj*: harsh-spirited (**stercedferhðe** *nom pl masc*)

stician *wk verb*: stick, prick, stab (**sticaþ** *3rd pers sing pres indic*; **sticode** *3rd pers sing pret indic*)

stieran: see **styran**

stig *fem noun*: road

*ge*stigan *Class 1 str verb*: arise, mount, get onto, climb (**gestah** *3rd pers sing pret indic*; **stige** *3rd pers sing pret subj*; **gestigest** *2nd pers sing pres indic*; **stigon** *pl pret indic*)

stihtan *wk verb*: command, order (**stihte** *3rd pers sing pret indic*)

*ge*stillan *wk verb*: to still (cause to be still) (**gestylled** *past part*)

stille *adv and adj*: still, quiet, motionless

gestilled: see *ge*stillan

stilnes *fem noun*: stillness, peace, quiet (**stilnesse** *acc/dat sing*)

stingan *Class 3 str verb*: stab (**stang** *3rd pers sing pret indic*)

stið, stiþ *adj*: strong, hard (**stiþe** *acc pl masc*; **stiðra** *gen pl*; **stiðum** *dat pl*)

stiðhicgende *adj*: resolute, brave (**stiðhicgende** *nom pl masc*)

stiðhydig *adj*: resolute, stern

stiðlice *adv*: firmly, boldly

stiðmod *adj*: strong, brave, resolute (**stiðmoda** *nom sing masc*)

stiðra, stiðum: see **stið**

stod, gestod: see *ge*standan

stodhors *neut noun*: stud-horse, stallion (uncastrated male horse)

stodon, gestodon: see *ge*standan

stondan, stondað, stondaþ, stonde, stondeð: see *ge*standan

stop, stopon: see **stæppan**

stor *masc noun*: incense

storm *masc noun*: storm (**stormas** *nom pl*; **storme** *dat sing*)

stow, steow *fem noun*: place (**stowa** *nom/acc pl*; **stowe** *acc/dat/gen sing*; **stowum** *dat pl*)

Stræcled Walas *prop name*: the Strathclyde Welsh

stræl *masc noun*: arrow (**strælas** *nom pl*; **strælum** *dat pl*)

stræt *fem noun*: street, road (**stræte** *acc/dat sing*)

strand *neut noun*: seashore, strand (**strande** *dat sing*)

strang *adj*: strong, powerful (**stranga** *nom sing masc*; **strangan** *gen sing masc*; **strange** *nom pl masc*; **strangran** *compar acc pl*; **strangre, strange** *dat sing fem*; **strangum, strongum** *dat pl; dat sing masc/neut*; **strengest** *superl*)

stream *masc noun*: current, river (**streamas** *nom/acc pl*; **streame** *dat sing*; **streames** *gen sing*; **streamum** *dat pl*)

stregan *wk verb*: scatter, strew

strengest, strengum: see **strang**

gestreon *neut noun*: property, treasure (**gestreon** *nom pl*; **gestreona** *acc/gen pl*)

stric *neut? noun*: pestilence

strongum: see **strang**

strudung *fem noun*: plundering, thievery, robbery (**strudunga** *acc pl*)

gestrynan *wk verb*: get, acquire; (w. gen) beget (**gestrynde, strynde** *3rd pers sing pret indic*; **stryndon** *pl pret indic*)

stund *fem noun*: space of time

  æfre embe stunde: every once in a while

  stundum *dat pl as adv*: from time to time

Sturmere *prop name*: Sturmere (Sturmer in Essex)

style *neut noun*: steel (**style** *dat sing*)

gestylled: see **gestillan**

stynt: see **gestandan**

styran, stieran *wk verb*: guide, restrain (**styrde, gestyrde** *3rd pers sing pret indic*)

styrian *wk verb*: stir up; mention, tell about (**styrge** *1st pers sing pres indic*)

styrman *wk verb*: storm, rage (**styrmde** *3rd pers sing pret indic*; **styrmdon** *pl pret indic*; **styrme** *3rd pers sing pres subj*)

styrnmode *adv*: sternly, with determination

sulh *masc noun*: plow (**sules** *gen sing*)

sulhgeteogo *neut pl noun*: plowing implements

sum *adj and pron*: some, a certain; a certain one, a certain amount (**sume** *nom/acc pl masc/fem*; *acc sing fem*; *dat sing masc*; **sumes** *gen sing masc*; **sumne** *acc sing masc*; **sumre** *dat sing*; **sumu** *acc pl neut*; **sumum, suman, sumon** *dat sing masc/neut*; *dat pl masc*)

sumor *masc noun*: summer (**sumera** *inst sing*; **sumeres** *gen sing*)

  þy sumera: that summer

sumorlang *adj*: summer-long (**sumorlangne** *acc sing masc*)

sumorlida *masc noun*: summer naval force

Sumorsæte, Sumursæte *pl prop noun*: people of Somerset (**Sumursætna** *gen*)

sumre, sumu, sumum: see **sum**

Sumursæte, Sumursætna: see **Sumorsæte**

suna: see **sunu**

sund *neut noun*: sea; swimming, sailing; the sea, water (**sunde** *dat sing*; **sundes** *gen sing*)

gesund *adj*: sound, whole, healthy (**gesunde** *nom/acc pl masc/neut*; **gesundne** *acc sing masc*; **gesundran** *compar nom pl*)

sunde, sundes: see **sund**

sundhelm *masc noun*: protection of water (**sundhelme** *dat sing*)

sundhwat *adj*: quick-swimming (**sundhwate** *nom pl masc*)

gesundne: see **gesund**

sundor *adv*: separately, apart

sundornytt *fem noun*: special assignment, special duty (**sundornytte** *acc sing*)

sundorspræc *fem noun*: private conversation (**sundorspræce** *dat sing*)

  niman on sundorspræce: take (someone) aside, speak to (someone) privately

sundoryrfe *neut noun*: inherited private property (**sundoryrfes** *gen sing*)

gesundran: see **gesund**

sundwudu *masc noun*: sea-wood (a kenning for "ship")

sunganges *adv*: clockwise (lit. following the direction of the sun's path)

sungen, sungon: see **singan**

sunnan: see **sunne**

sunnbeam *masc noun*: sunbeam, sunshine

sunne *fem noun*: sun (**sunnan** *acc/dat/gen sing*)

sunu *masc noun*: son (**suna** *nom/acc/gen pl*; **suno** *nom/acc pl*; **sunu** *dat sing; acc/gen pl*; **sunum** *dat pl*)

gesupan *Class 2 str verb*: sip (**gesupe** *3rd pers sing pres subj*)

susl *neut noun*: misery, torment (**susle** *dat sing*)

suð *adv and adj*: south

suðan, suþan, suðon *adv*: from the south

 be suþan, be suðan *prep*: to the south of

Suðdene *masc pl noun*: (South-) Danes (**Suðdena** *gen pl*)

suþern *adj*: southern (**suþerne** *acc sing masc*)

suðhealf *fem noun*: southern half, southern part (**suðhealfe** *acc sing*)

suðon: see **suðan**

swa, swæ (1) *adv*: so, thus, also, as; when; (2) *conj*: likewise; as

 swa hwæt swa: whatever

 swa þætte: so that

 swa þeah: nevertheless

 swa swa, swæ swæ *conj*: just as, like

 swa leng swa wyrse: the longer (i.e., later) the worse

 swæ same *adv*: likewise, in the same way

swæf: see **swefan**

swæfne: see **swefn**

swæfon: see **swefan**

swægende: see **swegan**

swær *adj*: sluggish, weak (**swæran** *gen sing fem*)

swærtum: see **sweart**

geswæs *adj*: dear, own, beloved, sweet (**swæse, swase, geswæse** *nom pl masc/fem; acc sing fem; acc pl fem*; **swæsne** *acc sing masc*; **swæsra** *gen pl*)

swæsendu *neut pl noun*: dinner, meal, feasting (**swæsendum** *dat*)

swæsne, swæsra, swæsum: see **geswæs**

swætan *weak verb*: sweat, bleed (**swætað** *pl pres indic*)

swæð *neut noun*: track, footprint

swan *masc noun*: swineherd, herdsman

Swanawic *prop name*: Swanage, Dorset

swancor *adj*: thin, trim, lithe, weak (**swoncre** *acc pl fem*)

swanrad *fem noun*: swan-road (kenning for "sea") (**swanrade** *dat sing*)

swase: see **geswæs**

swat *neut/fem noun*: sweat; blood (**swates** *gen sing*)

swaðe: see **swaðu**

swaðrian *wk verb*: become calm, subside (**swaþredon** *pl pret indic*)

swaðu *fem noun*: path, track, footstep (**swaðe** *dat sing*)

swaþul *masc? noun*: heat? flame? (**swaþule** *dat sing*)

swatig *adj*: sweaty, bloody (**swatigne** *acc sing masc*)

swealg, swealh: see **swelgan**

swealt: see **sweltan**

sweart *adj*: black, dark (**sweartan** *acc/dat/gen sing masc/fem/neut; acc pl;* **swearte** *nom/acc pl masc;* **sweartes** *gen sing neut;* **sweartne** *acc sing masc;* **sweartum, swærtum** *dat pl; dat sing masc*)

sweartlast *adj*: leaving black tracks

sweartne: see **sweart**

sweartnys *fem noun*: blackness (**sweartnysse** *dat sing*)

sweartost, sweartum: see **sweart**

swebban *wk verb*: put to sleep, kill (**swefeð** *3rd pers sing pres indic*)

swefan *Class 5 str verb*: sleep (**swæf** *3rd pers sing pret indic;* **swæfon** *pl pret indic;* **swefeþ** *3rd pers sing pres indic*)

swefeð, swefeþ: see **swebban, swefan**

swefn *neut noun*: sleep; dream (**swefna** *gen pl;* **swefne, swæfne** *dat sing*)
  þurh swefn: in a dream

sweg *masc noun*: sound, music

swegan *wk verb*: make noise, crash, roar, rush (**swægende** *pres part*)

swegcræft *masc noun*: musicianship, musicality (**swegcræfte** *dat sing*)

swegl *neut noun*: the sky, the heavens, Heaven (**swegles** *gen sing*)

sweglwered *adj*: covered in brightness

swelc: see **swilc**

swelce: see **swilce**

swelgan *Class 3 str verb w. dat*: swallow (**swealg, swealh** *3rd pers sing pret indic;* **swelgað** *pl pres indic;* **swulge** *3rd pers sing pres subj*)

sweltan *Class 3 str verb*: die (**swealt, sweolt, swylt** *3rd pers sing pret indic*)

swencan *wk verb*: afflict (**geswenced** *past part*)

sweng *masc noun*: stroke (**swenges** *gen sing*)

sweolt: see **sweltan**

Sweon *pl prop name*: Swedes

sweora *masc noun*: neck (**sweoran** *acc/dat sing*)

gesweorc *neut noun*: darkness, mist

sweorcan *Class 3 str verb*: darken, grow dark; become gloomy (**gesweorce** *3rd pers sing pres subj;* **sweorceð** *3rd pers sing pres indic*)

sweorcendferhð *adj*: gloomy (**sweorcendferhðe** *nom pl masc*)

sweorceð: see **sweorcan**

sweord, swurd *neut noun*: sword (**sweorda** *gen sing;* **sweorde, swurde** *dat sing;* **sweordes** *gen sing;* **sweordum, swyrdum** *dat pl;* **swurd, swyrd** *acc pl*)

sweostor, sweostar, gesweostor *fem noun*: sister (**gesweostor** *nom/acc pl;* **swyster** *acc sing*)

sweot *neut noun*: host, troop (**sweotum** *dat pl*)

sweoðe: see **swiðe**

sweotol, swutol *adj*: clear, manifest (**sweotolan** *dat sing neut*)

sweotole, sweotule *adv*: clearly, openly

gesweotolian *wk verb*: make clear, make manifest, reveal (**geswutelod** *past part;* **geswutelode** *3rd pers sing pret indic*)

sweotollice *adv*: clearly

sweotule: see **sweotole**

sweotum: see **sweot**

swer *masc noun*: pillar, column (**sweras** *nom pl*)

swerian *Class 6 str verb*: swear (**swerige** *1st pers sing pres indic*; **swor** *3rd pers sing pret indic*; **sworon** *pl pret indic*)

swete *adj*: sweet (**sweta** *nom sing masc*; **sweteste** *superl acc sing neut*; **swetne** *acc sing masc*)

sweðrian *wk verb*: cease (**sweðrode** *3rd pers sing pret indic*)

swetne: see **swete**

swetnis *fem noun*: sweetness (**swetnisse, swetnesse** *dat sing*)

geswican *Class 1 str verb*: depart, abandon, deceive, betray (**swice** *3rd pers sing pres subj*)

swicdom *masc noun*: deception, trickery (**swicdomas** *acc pl*)

swice: see **geswican**

swice *masc noun*: escape

swician *wk verb*: deceive, betray (**swicode** *3rd pers sing pret indic*)

swicol *adj*: deceitful, untrustworthy (**swicole** *nom pl fem*)

swicon: see **geswican**

swifan *Class 1 str verb*: sweep, swipe, stroke (**swifeð**)

swift, swiftan, swifte, swiftoste: see **swyft**

swige (1) *adj*: quiet, silent (**swigra** *compar nom sing masc*); (2) *fem noun*: quiet, silence

swigian *wk verb*: remain silent (**swigende** *pres part*; **swigode** *3rd pers sing pret indic*)

swigra: see **swige**

swilc, swelc, swylc *adj and pron*: such; such as; such a thing (**swilces, swulces** *gen sing masc/neut*; **swylcne** *acc sing masc*; **swylcra** *gen pl*; **swylcum, swilcan** *dat sing masc; dat pl*)

swilce, swylce, swelce *adv and conj*: likewise, also; as, such as; as if

swilces, swilcum: see **swilc**

swima *masc noun*: head-spinning drunkenness; episode of fainting or unconsciousness (**swiman** *dat sing*)

swimman *Class 3 str verb*: swim, sail, fly (**swimmað** *pl pres indic*)

swincan *Class 3 str verb*: labor, struggle (**swuncon** *pl pret indic*)

geswincdæg *masc noun*: day of hardship (**geswincdagum** *dat pl*)

geswing *neut noun*: surge, clash

swinsian *wk verb*: make music, be musical, sing (**swynsode** *3rd pers sing pret indic*)

swinsung *fem noun*: melody, music (**swinsunge** *dat sing*)

swið, swyð *adj*: strong, mighty; **swiðra** etc. (*compar*): right (hand) (**swiðran** *acc/dat sing fem*; **swiþre** *compar nom sing fem*)

swiðe, swiþe, swyðe, swyþe, sweoðe *adv*: very, exceedingly, severely (**swiðor, swiþor, swyðor** *compar*; **swiðost, swyþost** *superl*)

swiðferhð, swyðferhð *adj*: bold, brave (**swiðferhþe** *nom pl masc*; **swiðferhþes** *gen sing*; **swiðferhðum** *dat pl*)

swiðhicgende *adj*: resolute, brave, strong-minded

swiðlic, swiðlice *adv*: greatly, extremely

swiðmod *adj*: proud-minded, bold-hearted

swiðne: see **swið**

swiðor, swiþor, swiðost: see swiðe

swiðra: see swið

swiðrade: see swiðrian

swiðran: see swið, swiðre

swiþre: see swið

swiðre *adj*: right (**swiðran** *acc sing masc; acc sing fem*)

swiðrian *wk verb*: vanish, disappear, diminish (**geswiðrod** *past part*; **swiðrode, swiðrade** *3rd pers sing pret indic*)

swoncre: see swancor

swor: see swerian

sworcenferð *adj*: with darkened mind: unconscious, insensible

sworon: see swerian

geswugian *wk verb w. gen*: keep silent about (**geswugedan** *pl pret indic*)

swulces: see swilc

swulge: see swelgan

swuncon: see swincan

swurd, swurde: see sweord

swustersunu *masc noun*: sister's son, nephew

geswutelod, geswutelode: see gesweotolian

swutelung *fem noun*: revelation, explanation (**swutelunge** *acc sing*)

swutol: see sweotol

swyft, swift *adj*: swift, fast (**swiftan** *nom pl neut*; **swifte** *nom pl*; **swyftoste, swiftoste** *acc pl neut; acc sing neut*)

swylc: see swilc

swylce, swylc *conj*: such as; just as

swylce: see swilce

swylcne, swylcra: see swilc

swylc swa *conj*: just as if

   swylc(e) swa *conj*: just as

swylcum: see swilc

swylt *masc noun*: death (**swylte** *dat sing*)

swylt: see sweltan

swynsode: see swinsian

swyrd: see sweord

swyrdgeswing *neut noun*: sword-swinging, sword-cutting

swyrdum: see sweord

swyster: see sweostor

swyð: see swið

swyðe, swyþe: see swiðe

swyðferhð: see swiðferhð

swyðor, swyþost: see swiðe

sy: see beon

syfan: see seofon

gesyhst: see geseon

gesyhðe: see gesihð

syleð: see gesellan

sylf, sylfa, sylfan: see self

sylfcwalu *fem noun*: suicide (**sylfcwale** *dat sing*)
sylfe, sylfes, sylfne, sylfra, sylfre, sylfum: see **self**
syll *fem noun*: floor (**sylle** *dat sing*)
syllan: see **sel**
***ge*syllan, syllað**: see ***ge*sellan**
sylle: see ***ge*sellan, syll**
gesylle: see ***ge*sellan**
syllic, sellic *adj*: rare, marvelous (**sellices** *gen sing neut*; **syllicre** *compar acc sing neut*)
syllon: see ***ge*sellan**
symbel *neut noun*: feast (**symbla** *gen pl*; **symble, symle** *dat sing*)
symble, symle, simle *adv*: always, continually
symle: see **symbel, symble**
syn, synd, syndan: see **beon**
synderlic *adj*: singular, special (**synderlicre** *dat sing fem*)
syndolh *neut noun*: large wound
syndon: see **beon**
syndriglice *adv*: especially, singularly
gesyne, gesæne, gesene *adj*: visible, obvious
gesyne, gesiene, gesene *adj*: evident, manifest, clear
syngian *wk verb*: sin (**syngian** *pl pres indic*)
synleaw *fem noun*: damage from sin (**synleawa** *acc pl*)
synn, synne *fem noun*: sin, guilt, crime (**synna** *acc/gen pl*; **synnan** *dat sing*; **synne**
    acc/dat/gen sing; **synnum, synnan** *dat pl*)
synsceaþa *masc noun*: sinful enemy, sinful devil (**synscaðan** *acc sing*)
synsnæd *fem noun*: large piece (of food) (**synsnædum** *dat pl*)
synt: see **beon**
gesynto *fem noun*: health, welfare, salvation (**gesynta** *gen pl*)
syrce *fem noun*: coat of mail (**syrcan** *acc pl*)
syrede: see **syrwan**
syrigean: see **spyrian**
syrwan *wk verb*: plot, plan; equip with armor (**syrede** *3rd pers sing pret indic*; **gesyrwed**
    past part)
syððan, syþþan, syþðan, syðþan: see **siððan**
syx, six, vi *numeral*: six
syxhund, .dc. *numeral*: six hundred
syxtig: see **sixtig**

tacen, tacn *neut noun*: sign, token (**tacen** *acc pl*; **tacne** *dat sing*)
getacnian *wk verb*: betoken, show by signs (**getacnod** *past part*)
getæcan *wk verb*: teach, show, instruct; allot, assign (**tæcaþ, tæcan** *pl pres indic*; **getæce**
    1st pers sing pres indic; **getæhte, tæhte** *3rd pers sing pret indic*)
tæfl *fem noun*: "tables," a board game, perhaps referring to chess (**tæfle** *gen sing*)
tæhte, getæhte, getæhton: see **getæcan**
getæl *neut noun*: number, series, sequence
tælan *wk verb*: reprove, blame, insult, deride (**tæleð** *3rd pers sing pres indic*; **tælst** *2nd pers
    sing pres indic*)
tæsan *wk verb*: tease (wool); tear, wound (**tæsde** *3rd pers sing pret indic*)

talian *wk verb*: consider, claim (**talast** *2nd pers sing pres indic*; **talige** *1st pers sing pres indic*)

teag *fem noun*: cord, band, fetter (**teage** *acc sing*)

teah, geteah: see **teon**

teala: see **tela**

teald, geteald, tealde, getealdon: see **tellan**

tealt *adj*: untrustworthy, shaky (**tealte** *nom pl fem*)

tear *masc noun*: tear (**tearas** *nom pl*)

tearighleor *adj*: having a tear-stained face

tela, teala, teola *adv*: well

geteld *neut noun*: tent

geteled: see **tellan**

telg *masc noun*: dye, ink

tellan *wk verb*: count, reckon, tell; think, consider (**tealde** *3rd pers sing pret indic*; **geteald** *past part*)

Temese *prop name*: the river Thames

temian *wk verb*: tame (**temiaþ** *pl pres indic*)

templ *neut noun*: temple

tene, tyne, X *numeral*: ten

getenge *prep*: near, on

teode, teodan, geteoh: see **teon**

teohhian *wk verb*: appoint, assign (**teohhode** *3rd pers sing pret indic*)

teola: see **tela**

teon (1) *Class 2 str verb*: bring, grant, take; bring up, educate (**teah, geteah** *3rd pers sing pret indic*; **geteoh, geteah** *imper sing*; **getogen** *past part*)

    forð teon: bring forth, present, perform

    (2) *wk verb*: prepare, ordain, create; arrange, adorn (**teode** *3rd pers sing pret indic*; **teodan** *pl pret indic*)

teosu *fem noun*: harm, injury

teran *Class 4 str verb*: tear

terre *Latin noun*: earth

Tharsus *prop name*: Tarsus (**Tharsum** *dat*)

tiber *neut noun*: offering, sacrifice (**tibre** *dat sing*)

tid *fem noun*: time, hour (**tida** *nom/acc pl*; **tide** *dat/gen sing*; **tidum** *dat pl*)

    sumre tide: on one occasion, one time

tiddæg *masc noun*: lifespan, allotted time (**tiddæge, tidege** *dat sing*)

tide: see **tid**

tidege: see **tiddæg**

tidum: see **tid**

getigan *wk verb*: tie up (**getigað** *pl pres indic*)

tihte: see **tyhtan**

tiir: see **tir**

til *adj*: good (**tile** *nom pl masc*; **tilne** *acc sing masc*; **tilra** *gen pl*)

tilian *wk verb*: to till; (w. gen: of the result) provide, work for (**tilgende** *pres part*; **tilien** *pl pres subj*)

tilne, tilra: see **til**

tihting *fem noun*: exhortation, instruction (**tihtinge** *dat sing*)

getimber *neut noun*: building material; act of building; structure, building (**getimbro** *acc pl*)

timbran *wk verb*: build, erect, construct (**timbred** *past part*)

getimbro: see **getimber**

getimian *wk verb*: happen (**getimode** *3rd pers sing pret indic*)

Tine *prop name*: the river Tyne (**Tinan** *dat sing*)

getingnys *fem noun*: rhetoric (**getingnysse** *dat sing*)

tintreglic *adj*: tormenting

tiode: see **teon**

tir, tyr, tiir *masc noun*: glory, honor, fame (**tires** *gen sing*)

tirfæst *adj*: victorious, glorious (**tirfæste** *acc sing fem*)

tirleas *adj*: without glory, honor, or fame; humiliated, vanquished (**tirleases** *gen sing*)

tið *fem noun*: gift, grant, favor, boon (**tiðe** *acc sing*)

to (1) *prep*: to, into; for; from

   weorce to leane: as a reward for (their) work

   to hearran: as a superior

   (2) *adv*: too, also; excessively, very

toætycan *wk verb*: to increase, add (something to what one has already said) (**toætyhte** *3rd pers sing pret indic*)

toberstan *Class 3 str verb*: burst apart, shatter (**tobærst** *3rd pers sing pret indic*)

tobræd, tobrægd: see **tobregdan**

tobrecan *Class 4 str verb*: break apart, destroy (**tobrocen** *past part*; **tobrocene** *past part nom pl neut*)

tobregdan, tobredon *Class 3 str verb*: tear apart, divide (**tobræd, tobrægd** *3rd pers sing pret indic*)

   slæpe tobregdan: to awake suddenly

tobrocen, tobrocene: see **tobrecan**

tocyme *masc noun*: coming, arrival (**tocyme** *dat sing*)

todæg *adv*: today

todælan *wk verb*: divide, separate (**todælað** *pl pres indic*; **todælden** *pl pret subj*)

todrifan *Class 1 str verb*: drive apart (**todraf** *3rd pers sing pret indic*)

toeacan *adv and prep*: moreover, in addition, besides, in addition to

toforan *prep*: before, in front of

togædere, togædre *adv*: together

togeanes, togenes *prep*: before; against, opposite; towards

getogen: see **teon**

tohlidan *Class 1 str verb*: burst, spring apart (**tohlidene** *past part nom pl masc*)

getoht *neut? noun*: battle (**getohte** *dat sing*)

tohte *fem noun*: battle, fight (**tohtan** *dat sing*)

tolicgan *Class 5 str verb*: extend between, form the border of (**tolið** *3rd pers sing pres indic*)

tolucan *Class 2 str verb*: pull apart, disassemble, destroy

tomiddes *prep*: in the middle of, amid

torht *adj*: bright (**torhtan** *acc sing fem*; **torhte** *masc dat sing*; **torhtum** *dat pl, dat sing neut*)

torhtlic *adj*: bright (**torhtlicne** *acc sing masc*)

torhtmod *adj*: glorious, noble

torhtum: see **torht**

torn (1) *neut noun*: anger, misery, trouble; (2) *adj*: grievous, miserable, troubled (**torne** *nom sing neut*)

toslitan *Class 1 str verb*: rip apart, cut apart (**tosliteð** *3rd pers sing pres indic*)

toteran *Class 4 str verb*: tear apart (**totær** *3rd pers sing pret indic*)

toð *masc noun*: tooth (**toðum, toðon** *dat pl*)

togeþeodan *wk verb*: add, join (**togeþeodde** *3rd pers sing pret indic*)

toðon, toðum: see **toð**

totwæman, totweman *wk verb*: separate, divide, break up (**totwæmed** *past part*)

toweard (1) *adj*: approaching, future (**toweardan** *dat sing fem; gen sing masc*); (2) *prep*: towards; with respect to, for

towearp: see **toweorpan**

totweman: see **totwæman**

toweorpan *Class 3 str verb*: cast down, destroy (**towearp** *3rd pers sing pret indic*)

træde: see **tredan**

træf *neut noun*: tent, pavillion, building (**træfe** *dat sing*)

tredan *Class 5 str verb*: tread, step on (**triedeð** *3rd pers sing pres indic*)

treddan *wk verb*: tread, step (**treddode, tryddode** *3rd pers sing pret indic*)

treocyn: see **treowcynn**

treow (1) *fem noun*: trust, faith; pledge, promise, agreement (**treowe** *acc sing*); (2) *neut noun*: tree (**treowes** *gen sing*)

treowcynn, treocyn *neut noun*: kind of tree (**treowcynnes** *gen sing*)

ge-**treowe, getrywe** *adj*: faithful, trustworthy, true (**getreowra** *gen pl*)

treowe, treowes: see **treow**

ge-**treowra:** see *ge*-**treowe**

ge-**treowþ** *fem noun*: pledge, covenant, loyalty (**getreowþa, getrywða** *nom/acc pl*)

triedeð: see **tredan**

ge-**trimian, getrymman, trymian** *wk verb*: arrange, ordain, prepare; address, exhort; strengthen, comfort (**trymedon** *pl pret indic*; **getrymmed** *past part*; **getrymmende** *pres part*)

trodu *fem noun*: track, footprint (**trode** *acc sing*)

trum *adj*: firm, steadfast (**trumne** *acc sing masc*)

ge-**trum** *neut noun*: troop, company (**getrume** *dat sing*)

ge-**truma** *masc noun*: troop, army, company (**getruman** *dat sing*)

ge-**trume:** see *ge*-**trum**

trumne: see **trum**

Truso *prop name*: Truso

ge-**truwian** *wk verb w. dat or gen*: trust (**truwode** *3rd pers sing pret indic*)

tryddode: see **treddan**

trym *neut noun*: distance, length

trymedon, trymian, *ge*-**trymman, getrymmed, getrymmende:** see *ge*-**trimian**

ge-**trywe:** see *ge*-**treowe**

ge-**trywlice** *adv*: truthfully, faithfully, honorably

trywð: see **treowan**

ge-**trywða:** see *ge*-**treowþ**

tu, .ii. *numeral*: two

tuæm: see twa

tucx *masc noun*: tusk (tucxas *acc pl*)

tudor *neut noun*: offspring (tudre *dat sing*)

tuelftan: see twelfta

tun *masc noun*: town, estate, house (tune *dat sing*)

tunge *fem noun*: tongue (tungan *acc sing*)

tungerefa *masc noun*: town or estate administrator (tungerefan *dat sing*)

Turecesieg *prop name*: Torksey, Lincolnshire (Turecesiege *dat*)

turf, turfa, turfon: see tyrf

twa, .ii. *numeral*: two (twa *fem/neut nom/acc*; twæm, tuæm *dat*; twam *masc/neut dat*; twega *gen pl*; twegen, twegin, twægen *masc/neut nom*)

getwæfan *wk verb*: stop, end; prevent, deprive of

twægen, twæm: see twa

getwæman *wk verb*: separate from (w. gen: of thing), hinder

twam, twega, twegen, twegin: see twa

twelf, XII, .xii. *numeral*: twelve (twelfe *nom masc*)

twelfta *num adj*: twelfth (tuelftan *acc sing fem*)

twelft niht: Twelfth Night (the night of the last of the days of Christmas)

twentig, .xx. *numeral*: twenty (twentiges *gen*)

twa and tweontig, .xxii. *numeral*: twenty-two

þreo and tweontig, .xxiii. *numeral*: twenty-three

tweo *masc noun*: doubt, dubiousness (tweon *dat sing*)

to tweon weorðan: become a cause of uncertainty or anxiety

tweode: see tweon

tweon *wk verb*: doubt, hesitate, be fearful (tweode *3rd pers sing pret indic*)

tweon: see tweo

twylic *adj*: doubtful, dubious, ambiguous (twylice *nom pl*)

tyhtan *wk verb*: draw, pull; persuade, teach (tihte *3rd pers sing pret indic*; tyhtað *pl pres indic*)

tyhð: see teon

tyne: see tene

tyr: see tir

tyrf *neut noun*: turf, piece of sod (turfa *gen pl*; turfon *dat pl*; tyrf, turf *acc pl*)

þa, ða: see se

þa, ða *adv and conj*: then, when; it being the case that

þægn: see þegn

geþægon: see geþicgan

þæm, ðæm, þæne: see se

þænne: see þonne

þær, ðær, ðar, þar *adv and conj*: there, where; in such a case where

þæra, þære, ðære: see se

þærfe: see þearf

þær in *adv*: therein, in it, into it

þær on, ðæron *adv*: thereon, on it; therein, in it

þæs, ðæs: see se, þes

þæt, ðæt: see se

þætte, ðætte *conj and rel pron*: that, so that; which
geðafian, geþafian *wk verb*: consent, agree to (þafode, geþafade *3rd pers sing pret indic*)
geþafung *fem noun*: permission, consent, agreement (þafunge, geþafunge *acc sing*)
þah: see *geþeon*
geþah: see *geþicgan*
geðah: see *geþeon*
þam, ðam, þan, ðan: see se
geþanc, þonc, ðonc *masc noun*: thanks; thought (þance, geðonce, geþance *dat sing*;
  þances *gen sing*; geþancum *dat pl*)
geþancian *wk verb*: thank (þancedon *pl pret indic*; geþancie *1st pers sing pres indic*;
  þanciende, þancigende *pres part*; þancode *3rd pers sing pret indic*)
þancolmod *adj*: thoughtful, wise (þancolmode *acc sing fem*)
geþancum: see *geþanc*
þanon, ðanon, ðonon, ðonan, þonan, þanan, þanonne *adv*: thence, from there
ðar, þar: see þær
þara, ðara, þare, ðare, þat: see se
þas: see þes
þe, ðe: see se, þu
þe, ðe *rel particle*: which, that, who
þeah: see *geþeon*
þeah, ðeah, þeh *conj and adv*: although, nevertheless
  þeah þe: although
  swa þeah: nevertheless
geþeah: see *geþicgan*
geþeaht *neut noun*: thought, advice, scheme
þeaht, þeahte: see þeccan
geþeahtere *masc noun*: advisor, counselor (geþeahteras *nom pl*)
geþeahtne, þeahton: see þeccan
þearf, ðearf: see þurfan
þearf *fem noun*: need (þearfe, ðearfe, þærfe *acc/dat sing*)
þearfa *adj*: needy, poor; (w. gen) needing, lacking (þearfum *dat pl*)
þearfan, þearfendre, þearft: see þurfan
þearfum: see þearfa
þearle *adv*: severely, violently, greatly, extremely, very
þearlmod *adj*: severe, violent, mighty, severe
þeaw, ðeaw *masc noun*: custom, habit, manner; virtue (þeawa *gen pl*; ðeawas *acc pl*;
  þeawum, ðeawum *dat pl*)
þec: see þu
þeccan *wk verb*: cover, cover over; be stretched out upon (þeaht *past part*; þeahte *3rd pers
  sing pret indic*; þehton *pl pret indic*)
þecen *fem noun*: covering, roof, thatch (þecene *acc sing*)
þecest: see þeccan
þegen, þegenas, þegene, þegenes: see þegn
þegengylde *neut noun*: price payable as wergild for killing a thegn
þegenlice *adv*: like a (good) thane or retainer; nobly
þegn, þegen, þægn, ðegn *masc noun*: servant, man; officer, minister; nobleman, thane,

retainer (þegenes *gen sing*; þegna *gen pl*; þegne, þegene *dat sing*; þegnas, ðegnas, þegenas *nom/acc pl*; þegnum, þenan *dat pl*)

þegnian, þenian *wk verb*: serve, be humiliated (þenode *1st pers sing pret indic*)

þegnsorg *fem noun*: sorrow for followers (þegnsorge *acc sing*)

þegnum: see þegn

þegnung, þening *fem noun*: service, mass; meal (ðeninga *acc pl*)

þegon: see geþicgan

þeh: see þeah

þehton: see þeccan

þenan: see þegn

geþencan, geþencean, geðencean *wk verb*: think, think of, imagine, consider, intend, plan (geþenc, geðenc *imper sing*; þencað, þencaþ *pl pres indic*; þence *1st pers sing pres indic*; þencest *2nd pers sing pres indic*; þenceð *3rd pers sing pres indic*; þohte *3rd pers sing pret indic*; þohton *pl pret indic*)

þenden, ðenden *conj*: as long as, while

þenden *adv*: meanwhile, during that time

þenian: see þegnian

þening, ðeninga: see þegnung

þenode: see þegnian

þeo *neut noun*: thigh, hip

geþeod, ðeod *fem noun*: people, nation, tribe, family (ðeoda, ðioda *nom/acc/gen pl*; þeode, ðeode *acc/dat/gen sing*; geðeodes *gen sing*; þeodum *dat pl*)

geðeoda: see geðiode

geþeodan *wk verb*: join, enter (a monastic order) (geþeodde *3rd pers sing pret indic/subj*)

þeodcyning *masc noun*: king (of a people) (þeodcyninga *gen pl*; þeodcyningas *nom pl*)

þeodde: see þeowan

geþeodde: see geþeodan

þeode: see geþeod, þeowan

ðeode: see geþeod

þeoden, ðeoden *masc noun*: lord, king (þeodne, ðeodne *dat sing*; þeodnes, ðeodnes *gen sing*)

geðeodes: see geþeod

Þeodford *prop name*: Thetford, Norfolk (Þeodforda *dat sing*)

þeodgestreon *neut noun*: national treasure (þeodgestreonum *dat pl*)

þeodguma *masc noun*: (national) warrior (þeodguman *nom pl*)

þeodne, ðeodne, þeodnes, ðeodnes: see þeoden

geþeodnis *fem noun*: joining, association, society (geþeodnisse *dat sing*)

Ðeodric *prop name*: Theodoric, a historical king of the Ostrogoths who ruled Italy from 493 to 526 CE

þeodscipe *masc noun*: nation, people; discipline, training, teaching (þeodscipum *dat pl*)

Þeodscylding *masc noun*: (national-) Scylding, Dane (Þeodscyldingas *nom pl*)

þeodþrea *fem noun*: distress of a people; national disaster (þeodþreaum *dat pl*)

þeodum: see geþeod

þeodwita *masc noun*: (national-) counselor, scholar

þeof *masc noun*: thief

geþeon Class 3 str verb: thrive, prosper (þeah, þah *3rd pers sing pret indic*; geþungen *past part*: successful, excellent, virtuous)

þeos, ðeosse, þeossum: see þes

þeostru *fem noun*: darkness, shadow (þeostra *gen pl*; þeostrum *dat pl*)

þeow *masc noun*: servant, slave (þeowa, ðiowa *gen pl*; þeowas *nom/acc pl*)

þeowa *masc noun*: servant, slave (þeowan *nom/acc pl*)

þeowa: see þeow

ðeowa-manna: see ðeow-mann

þeowan *wk verb*: serve, follow (þeode, þeodde *3rd pers sing pret indic*)

þeowan: see þeowa

þeowas: see þeow

þeowdom *masc noun*: slavery, servitude; service (þeowdome *dat sing*)

þeowdon, geþeowede: see þeowian

þeowen *fem noun*: female servant, female slave

þeowian, ðeowian *wk verb w. dat*: serve; press into servitude (þeowdon *pl pret indic*; geþeowede *past part nom pl*; þeowige *3rd pers sing pres indic*)

ðeow-mann *masc noun*: male servant (ðeowa-manna *gen pl*; ðeowum-mannum *dat pl*)

þes *demonst pron*: this (in plural: these) (þas *nom/acc pl*; þas, þisse *fem acc sing*; þeos *fem nom sing*; þes, þæs, ðæs *masc nom sing*; þis, ðis *neut nom/acc sing*; þissa, ðissa, þyssa *gen pl*; þisse, ðisse, þysse, ðysse, ðeosse *acc/dat/gen sing fem*; þisses, þysses, ðisses *masc/neut gen sing*; þissum, ðissum, þyssum, ðyssum, þysson, þysum, ðysum, þisum, þison, þysan, þeossum, ðisum *dat pl; masc/neut dat sing*; þys, ðys, þis *masc/neut dat sing*; þysan *dat sing masc/neut/fem*; þysne, þisne, ðysne *masc acc sing*; þyssere, þissere *dat/gen sing fem*)

geþicgan, ðicgean, geþicgean Class 5 str verb: receive, accept; eat, drink, partake of (geþah, geþeah *1st/3rd pers sing pret indic*; þegon, geþægon *pl pret indic*; þigeð *3rd pers sing pres indic*; to þicgenne *inflect infin*)

þider: see þyder

þigeð: see *geþicgan*

þin, ðin, þina: see þu

geþincan impers verb: seem, appear (þince *3rd pers sing pres subj*; þinceað *pl pres indic*; þinceð, þynceð, ðyncð *3rd pers sing pres indic*; þuhte *3rd pers sing pret indic; past part nom sing fem*; þuhton *pl pret indic*)

þincg: see þing

Þincgferþ Eanwulfing *prop name*: Thincgferth son of Eanwulf

Þincgferþing *adj*: son of Thincgferth

þindan Class 3 str verb: swell

þine: see þu

þinen *fem noun*: (female) servant, handmaid (þinenne, þinene *acc/dat sing*)

þines: see þu

þing, ðing, þingc *neut noun*: thing; meeting, assembly; contest; circumstance (þing, ðing, þingc *nom/acc pl*; þinga *gen pl*; þinge *dat sing*; ðinges *gen sing*; þingum *dat pl*)

þingade: see þingian

þingc: see þing

geþinge *neut noun*: conclusion, agreement (geþingea *gen pl*; geþinges *gen sing*)

þinge: see þing

geþingea: see geþinge
geþinged: see þingian
ðinges: see þing
geþinges: see geþinge
þingian *wk verb*: speak, ask; arrange, settle; make peace with; intend, determine; inter-
cede for (þingode *1st pers sing pret indic*; geþinged, geþingod *past part*; þingian *pl pres
indic/subj*)
þingum: see þing
þinne, ðinne, þinra, ðinra, þinre, þinum: see þu
ðioda: see *geþeod*
geðiode *neut noun*: language (geðeoda *gen pl*; geðiode *dat sing*)
ðiowa: see þeow
ðiowotdom *masc noun*: service (ðiowotdomas *acc pl*)
þis, ðis, þisne, þison, þissa, ðissa, þisse, ðisse, þissere, þisses, ðisses, þissum, ðissum,
þisum, ðisum: see þes
geþoht *masc noun*: thought, mind (geþohtas *nom/acc pl*; geþohte *dat sing*)
þohte, þohton: see *geþencan*
þolian *wk verb*: endure, suffer, allow (w. gen: forgo, lose) (þolað *3rd pers sing pres indic*;
þoledon, þolodan *pl pret indic*; þoliað *pl pres indic*; þoligende *pres part*; geþolode,
þolode *3rd pers sing pret indic*)
þon: see **þonne, se**
ðonan, þonan: see **þanon**
þonc, ðonc, geðonce: see *geþanc*
þoncwyrðe *adj*: thank-worthy, i.e., worth giving thanks (to God) for (þoncwyrðe *acc
sing neut*)
þone, ðone, þonne: see **se**
þonne, ðonne, þænne *conj and adv*: then, when; than; than that
þonne, þon *conj*: than
ðonon: see **þanon**
þorfte, ðorfte, þorfton: see *þurfan*
geþræc *neut noun*: pressure, force, violence
þræl *masc noun*: serf, slave (þræla *gen pl*; þræle *dat sing*)
þrælriht *neut noun*: a right belonging to slaves or serfs (þrælriht *nom pl*)
þrag *fem noun*: time, period, season (þrage *acc/gen sing*)
    þrage *dat sing as adv*: for a time
    lange þrage: for a long time
    ealle þrage: all the time
geþrang *neut noun*: throng, crowd, press of battle
þreanyd *fem noun*: dire distress (þreanydum *dat pl*)
þreat *masc noun*: troop, company (þreate *dat sing*; þreatum, ðreatum *dat pl*)
þreatian *wk verb*: press, menace (þreatedon *pl pret indic*)
þreatum, ðreatum: see þreat
þreo, .iii., III *numeral*: three (þreo *nom/acc fem/neut*; þreora *gen*; þry, ðry *nom/acc
masc/neut*; þrym *dat*)
þridda *numeral*: third (þriddan *acc/dat/gen sing masc/fem/neut*)
þrindan *Class 3 str verb*: swell (þrindende *pres part*)

þringan *Class 3 str verb*: press, throng, press forward, advance (geþrungen, geðrungen
    past part; þrungon *pl pret indic*)
ðrist *adj*: bold, audacious, shameless (ðriste, þriste *nom pl masc; nom sing fem*)
þriste *adv*: shamelessly, boldly
þritig, þrittig, XXX *numeral*: thirty (XXXtiges *gen sing*; þritiga *gen pl*)
    þritiga *sum*: as one of thirty; with twenty-nine others
    an and þritig, .xxxi. *numeral*: thirty-one
þriwa, III *adv*: three times
þrowian, ðrowian *wk verb*: suffer, endure (þrowade, þrowode *3rd pers sing pret indic*)
þrowung *fem noun*: suffering (þrowunge *dat sing*)
geþrungen, geðrungen, þrungon: see þringan
þry, ðry: see þreo
þryccan *wk verb*: afflict, oppress (þrycced *past part*)
þrym: see þreo, þrymm
ðrym: see þrymm
þrymfæst *adj*: mighty, powerful, glorious (þrymfæstne *acc sing masc*)
þrymful *adj*: mighty, powerful
þrymlic *adj*: glorious, magnificent
þrymm, þrym, ðrym *masc noun*: glory, majesty; force, power; host, troop (þrymme *dat
    sing*; þrymmes *gen sing*; þrymmum, ðrymmum *dat pl* [as adv: mightily])
ðrynes *fem noun*: trinity (ðrynesse *gen sing*)
þryð *fem noun*: strength; host, company (þryþe *nom pl*; þryðum *dat pl*)
ðryþærn *neut noun*: majestic building, hall
þryþe: see þryð
þryðlic *adj*: mighty, powerful
ðryðswyð, þryðswyð *adj*: very mighty, strong and powerful
þryðum: see þryð
þryðword *neut noun*: powerful word, brave speech
þu, ðu *pers pron 2nd per sing*: thou, you (þe, ðe *acc/dat sing*; þec *acc sing*; þin, ðin *gen*;
    þina *poss adj nom/acc pl fem*; þine *poss adj nom/acc pl neut/masc/fem, acc fem sing, dat
    sing masc/neut*; þines *poss adj masc gen sing*; þinne, þine, ðinne *poss adj acc sing masc*;
    þinra, ðinra *poss adj gen pl*; þinre *poss adj dat/gen sing fem*; þinum *poss adj dat sing
    masc/neut, dat pl*)
þuhte, ðuhte, geþuhton, þuhton: see geþincan
geþungen: see geþeon
þunian *wk verb*: be prominent, be lifted up
þurfan, þearfan *wk verb*: need, have occasion to (þearf, ðearf *1st/3rd pers sing pres indic*;
    þearfendre *past part dat sing fem*; þearft *2nd pers sing pres indic*; þorfte, ðorfte *3rd pers
    sing pret indic*; þurfe *pl pres indic*; þurfon *pl pres indic*; þyrfen *pl pres subj*)
þurh, ðurh, þuruh *prep*: through, by means of, for the sake of
þurhdrifan *Class 1 str verb*: pierce, drive (a nail) through (þurhdrifan *pl pret indic*)
þurhfleon *Class 2 str verb*: fly through (þurhfleo *3rd pers sing pres subj*)
þurhwadan *Class 6 str verb*: go through, pierce (þurhwod *3rd pers sing pret indic*)
þurhwunian *wk verb*: remain (þurhwunade *3rd pers sing pret subj*)
Þurstan *prop name*: Thurstan (Þurstanes *gen sing*)
þuruh: see þurh

þus *adv*: thus, in this way

þusend, .m. *numeral*: thousand (þusenda, þusendra *gen pl*; þusendo *acc pl*)

þusendmælum *adv*: in thousands

þusendo, þusendra: see þusend

geþwære *adj*: obedient

þwean *Class 6 str verb*: wash, cleanse (ðwoh *3rd pers sing pret indic*)

þy, ðy: see se

þyder, þider *adv*: there, to there, thither

þyfþ *fem noun*: theft (þyfþe *dat sing*)

geþyldig *adj*: patient, longsuffering

þynceð, ðyncð: see geþincan

þyrel *neut noun*: hole, opening

þyrfen: see þurfan

þyrs *masc noun*: giant, ogre (þyrse *dat sing*)

ðys, þys, þysan: see þes

þyslic *adj*: such, thus, of this kind or manner

þysne, ðysne, þyssa, ðysse, þysse, þyssere, þysses, þysson, þyssum, ðyssum: see þes

þystre *adj*: dark, shadowy, gloomy

þystro *fem noun*: darkness, shadow (þystro *nom pl; dat sing*; þystrum *dat pl*)

þysum, ðysum: see þes

þywan *wk verb*: crush, press (þyð *3rd pers sing pres indic*)

ufon, ufan *adv*: down (from above); above

uhtan: see uhte

uhtcearu *fem noun*: dawn sadness, early morning misery (uhtceare *acc sing*)

uhte *fem noun*: morning twilight, dawn, early morning (uhtan *dat sing*; uhtna *gen pl*)

uhtsong *masc noun*: matins, early morning service

umborwesende *pres part adj*: being a child

unbefohten *past part adj*: unfought, uncontested (unbefohtene *nom pl masc*)

unbliðe *adj*: sad, unhappy, sorrowful

unc, uncer, uncerne: see wit

uncoðu *fem noun*: mortal illness

uncræft *masc noun*: inability; craftiness (uncræftan *dat pl*)

uncre, uncres: see wit

uncuð *adj*: unknown, strange (uncuþes *gen sing*; uncuðne *acc sing masc*)

undæd *fem noun*: evil action, wicked deed (undæde *dat sing*)

under, undor *prep*: under; by means of

   under þam: given that (oath)

underfænge, underfeng, underfengan, underfengon: see underfon

underflowan *Class 7 str verb*: flow under (underflowen *past part*)

underfon *Class 7 str verb*: receive, accept (underfænge *3rd pers sing pret subj*; underfeng *3rd pers sing pret indic*; underfengan *pl pret indic*; underfengon *past part*)

understandan, understondan *Class 6 str verb*: understand (understandað *imper pl*; understande *3rd pers sing pres subj*)

underþeodan *wk verb*: subject, submit (underþeodde *3rd pers sing pret indic*; underþeoded *past part*)

undor: see **under**

undyrne (1) *adj*: clear, manifest, obvious; (2) *adv*: clearly, manifestly, openly

unearg *adj*: not timid, not fearful, brave, resolute (**unearge** *nom pl masc*)

unfæge *adj*: not doomed to die (**unfægne** *acc sing masc*)

unfæger *adj*: ugly, unlovely

unfægne: see **unfæge**

unfeor *adj*: not far

Unferð *prop name*: Unferth, a Danish courtier

unforbærned *past part adj*: not burnt up, uncremated

unforcuð *adj*: highly regarded, reputable, noble, brave

unforht *adj*: not timid or afraid: brave, resolute (**unforhte** *nom pl masc/neut*)

unforhte *adv*: not timidly or fearfully, bravely

unforworht *adj*: innocent (**unforworhte** *nom pl*)

ungeara *adv*: recently, just now; soon, shortly, momentarily

ungecnawen *past part adj*: unfamiliar, unknown

ungecynd *adj*: unrelated to the royal family; unnatural (**ungecyndne** *acc sing masc*)

ungedefe *adj*: improper, wrong

ungefealice *adv*: unhappily

ungefoge *adv*: immensely, excessively

ungefullod *past part adj*: unbaptized

ungelic *adj*: unlike (**ungelice** *acc sing fem*)

ungelice *adv*: differently

ungelimp *masc? noun*: disaster, misfortune (**ungelimpa** *gen pl*)

ungemetlic *adj*: immeasurable

ungerim: see **unrim**

ungesibb *masc noun or adj*: unrelated, unpeaceful (**ungesibbum** *dat sing masc or dat pl*)

ungeþuærnes *fem noun*: disagreement, dispute, quarrelsomeness

ungetrywþ *fem noun*: treachery, disloyalty, perfidy, unfaithfulness (**ungetrywþa** *nom pl*)

ungewunlic *adj*: unfamiliar, strange, unexpected

ungyld *neut noun*: unjust tax (**ungylda** *nom pl*)

unhæl *adj*: sick, unsound, evil (**unhælo** *nom sing fem*)

unheanlice *adv*: not miserably (i.e., valiantly, nobly)

unheore, unhyre *adj*: monstrous, wild (**unheoru** *acc pl neut*)

unhlisa *masc noun*: dishonor (**unhlisan** *gen sing*)

unhyre: see **unheore**

unieþelice *adv*: with difficulty

unlæd *adj*: evil, wicked (**unlædan** *gen sing masc*)

unlagu *fem noun*: lawlessness, injustice, crime (**unlaga** *acc pl*)

unland *neut noun*: non-land, false land (**unlonde** *dat sing*)

unlifigende *pres part adj*: unliving, dead (**unlyfigendes** *gen sing masc*; **unlyfigendum** *dat pl*)

unlonde: see **unland**

unlyfigendes, unlyfigendum: see **unlifigende**

unlytel *adj*: not little; great (**unlytle** *acc pl fem*)

unmæðlice *adv*: immoderately, without restraint

unmurnlice *adv*: without compunction, remorselessly

geunnan *anom verb w. dat of person and gen. of thing*: grant, allow, offer (**an, on** *1st/3rd pers sing pres indic*; **geunne** *3rd pers sing pres subj*; *imper sing*; **uðe, uþe, geuðe** *3rd pers sing pret indic*; *1st pers sing pres subj*; **uþon** *pl pret indic/subj*)

unnyt *adj*: useless

unorne *adj*: simple

unræd *masc noun*: evil counsel; folly; treachery; mischief (**unræde** *dat sing*; **unrædes** *gen sing*)

unriht (1) *neut noun*: sin, crime, unrightful act, injustice (**unrihta** *gen pl*; **unrihte** *dat sing*); (2) *adj*: unjust, criminal, unrightful (**unryhtum** *dat pl*)

unrihtlice *adv*: wrongly, criminally

unrihtwisnys *fem noun*: unrighteousness, sinfulness (**unrihtwisnysse** *dat sing*)

unrim, ungerim *neut noun*: countless number

unrot *adj*: dejected (**unrote** *nom pl masc*)

unryhtum: see **unriht**

unscyldig *adj*: innocent (**unscildigan** *nom pl neut*; **unscyldige** *acc pl masc*)

unsidu *fem noun*: vice, impurity, depravity (**unsida** *acc pl*)

unsofte *adv*: not gently: roughly

unspedig *adj*: unsuccessful, unpromising, not wealthy (**unspedigan** *nom pl masc*)

unstille *adj*: restless

unstillnes *fem noun*: disturbance, commotion, rumpus (**unstilnesse** *acc sing*)

unswæslic *adj*: unpleasant (**unswæslicne** *acc sing masc*)

unsyfre *adj*: impure, filthy, unclean, lecherous (**unsyfra** *nom sing masc*)

unþanc *masc noun*: displeasure, ingratitude (**unþances** *gen sing*)

   hyre unþances: against her will, despite her wishes

unþinged *past part adj*: without intercession, unatoned

untrum *adj*: infirm, sick (**untrume** *acc pl masc*; **untrumra** *gen pl*; **untrumran** *compar acc pl masc*)

untrymnes *fem noun*: illness, infirmity (**untrymnesse** *dat sing*)

untydre *masc noun*: evil offspring, misshapen birth (**untydras** *nom pl*)

unwaclice *adv*: not weakly; forcefully, toughly

unwærlice *adv*: unwarily, carelessly

unwæstm *fem noun*: crop failure (**unwæstma** *acc pl*)

unwæstmberendlic *adj*: agriculturally unproductive (**unwæstmberendlicu** *nom sing fem*)

unwar *adj*: unwary, gullible (**unware** *nom pl masc*)

unwearnum *adv*: irresistably

unweaxen *past part adj*: not adult, immature, young

unweder *neut noun*: extreme and unseasonable weather, climatic disaster (**unwedera** *nom pl*)

unwillum *adv*: unwillingly, involuntarily, unintentionally

unwis *adj*: unwise, foolish, stupid (**unwisum** *dat sing masc*)

up, upp *prep and adv*: up, upon

upastignes *fem noun*: ascension (**upastignesse** *dat sing*)

upganga *masc noun*: landing, disembarkment (**upgangan** *acc sing*)

uphea *adj*: tall, high, elevated

upheofon *masc noun*: heaven above

uplang *adj*: upright

upp: see **up**

uppe *adv*: up, above

uppon *prep*: upon, on

uprodor, uproder *masc noun*: the heavens, Heaven (as opposed to what lies beneath, so "Heaven above")

ura, ure, ures: see **we**

urigfeþra, urigfeðera *adj*: dewy-feathered

uriglast *masc noun*: damp track, dewy path

urne: see **we**

urnon: see *ge*irnan

urum, us: see **we**

user: see **wit**

usic: see **we**

usser: see **we, wit**

ussum: see **we**

ut *adv*: out, outwards, outside

utan: see *ge*witan

utan, uton *prep and adv*: outside

utanbordes *adv*: abroad, in other countries

ute *adv*: out, outside

uteode: see **utgan**

utfus *adj*: ready for departure

utgan *anom verb*: depart, go out (**uteode** *3rd pers sing pret indic*)

utgong *masc noun*: departure (**utgonge** *dat sing*)

uðe, uþe, geuðe, uþon: see *ge*unnan

uðwytegung *fem noun*: philosophy (**uðwytegunge** *dat sing*)

uton: see **utan,** *ge*witan

utræsan *wk verb*: charge out (**utræsde** *3rd pers sing pret indic*)

utsiþ *masc noun*: exit, way out

utweard *adj*: (turned) outwards, i.e., positioned for departure

uuoldon: see **willan**

v: see **fif**

vi: see **syx**

vii: see **seofon**

viii: see **eahta**

viiii: see **nigen**

wa *indecl adj and noun*: miserable, woeful; woe

wac *adj*: weak, slender (**wacne** *acc sing masc*; **wacran** *compar nom pl masc*)

wacan *Class 6 str verb*: wake, arise, be born; be wakeful, keep watch (**waca** *imper sing*; **wocun** *pl pret indic*)

wace: see **wac**

wacian *wk verb*: become or be weak

wacne, wacran: see **wac**

wada: see **wadu**

*ge*wadan *Class 6 str verb*: move, go, wade (**gewaden** *past part*; **wod, gewod** *3rd pers sing pret indic*; **wodon** *pl pret indic*)

wadu, wado *neut pl noun*: sea, water (**wada** *acc*)

wæccan *wk verb*: wake, be awake, be watchful (**wæccende** *pres part*)

wæcnan *wk verb*: arise, come to exist (**wæcned** *past part*)

wæd (1) *fem noun*: garment, clothing (**wæda** *acc/gen pl*; **wædo** *inst sing*; **wædum, wedum** *dat pl*); (2) *masc noun*: sea, water (**wædes** *gen sing*)

gewæde *neut noun*: armor, clothing (**gewædu** *acc pl*)

wædes: see **wæd**

wædla *adj*: poor, destitute (**wædlum** *dat pl*)

wædo: see **wæd**

gewædu: see **gewæde**

wædum: see **wæd**

wæfersyn *fem noun*: spectacle, display, show (**wæfersyne** *dat sing*)

wæg: see **weg, wegan**

wæg *masc noun*: wave; water, sea (**wæge** *dat sing*; **wegas** *nom/acc pl*)

wægholm *masc noun*: (wave-) sea, ocean

wægliðend *masc noun*: sailor, sea traveler (**wægliðende, wægliþende** *nom/acc pl*; **wægliðendum** *dat pl*)

wæl *neut noun*: corpse; litter of corpses on a battlefield (**wæle** *dat sing*; **walu** *nom pl*)

wælbedd *neut noun*: bed of slaughter; grave (**wælbedde** *dat sing*)

wælcyrginc *masc noun*: offspring of a witch or sorceress

wælcyrie *fem noun*: sorceress (**wælcyrian** *nom pl*)

wældeað *masc noun*: violent death, slaughter

wæle: see **wæl**

wælfyllu, wælfyll *fem/masc noun*: (plenty of) slaughter (**wælfylle** *dat sing*; **wælfylles** *gen sing*)

wælgifre *adj*: greedy for carrion (**wælgifru** *nom pl neut*; **wælgifrum** *dat pl*)

wælhreow, wælreow *adj*: fierce, bloody, savage (**welhreowan** *acc sing fem*; **wælhreowe, wælreowe** *nom/acc pl masc/fem*)

wælig: see **welig**

wælisc *adj*: enslaved, foreign (**wælisca** *nom sing masc*)

wælmist *masc noun*: slaughter-mist (i.e., the blindness of death) (**wælmiste** *dat sing*)

wælnið *masc noun*: deadly hostility (**wælniðe** *dat sing*)

wælræs *masc noun*: murderous attack (**wælræse** *dat sing*)

wælrest *fem noun*: grave (lit. "bed of slaughter") (**wælreste** *acc sing*)

wælreow, wælreowe: see **wælhreow**

Wæls *prop name*: Wæls (**Wælses** *gen*)

wælsceaft *masc noun*: murderous shaft (kenning for "spear") (**wælsceaftas** *nom/acc pl*)

wælscel *neut?* noun: carnage

Wælses: see **Wæls**

Wælsing *masc noun*: offspring of Wæls (**Wælsinges** *gen sing*)

wælsleaht, wælsliht *masc noun*: deadly battle, slaughter (**wælsleahta** *gen pl*)

wælspere *neut noun*: (deadly) spear (**wælspera** *acc pl*)

wælstow *fem noun*: battlefield (lit. place of slaughter) (**wælstowe** *acc/dat/gen sing*)

wælwulf *masc noun*: carnage-wolf (a kenning for "warrior") (**wælwulfas** *nom pl*)

gewænde, gewændon: see *gewendan*

wæpen *neut noun*: weapon (**wæpen** *nom/acc pl*; **wæpna** *gen pl*; **wæpne** *dat sing*; **wæpnes** *gen sing*; **wæpnum** *dat pl*)

wæpengewrixl *neut noun*: armed conflict

wæpmonn, wæpmonna: see **wæpnedmann**

wæpna, wæpne: see **wæpen**

wæpnedmann, wæpmonn *masc noun*: man, male person (**wæpmonna** *gen pl*)

wæpnes, wæpnum: see **wæpen**

wær *fem noun*: protection, keeping, promise, covenant (**wære, ware** *acc/dat/gen sing*; **wæra** *acc pl*)

wæran: see **beon**

wæras: see **wer**

wære: see **beon, wær**

wæren: see **beon**

wærfæst *adj*: honorable, faithful, trustworthy (**wærfæstne** *acc sing masc*; **wærfæstra** *gen pl*)

Wærferð *prop name*: Waerferth

wærlecum: see **werlic**

wærlice *adv*: truthfully

wærlices, wærlicum: see **werlic**

wærloga *masc noun*: deceitful one, liar; devil (**wærlogan** *dat pl; acc sing; acc pl*; **wærlogona** *gen pl*)

Wærmund Wyhtlæging *prop name*: Waermund son of Wyhtlaeg

wæron: see **beon**

wærð: see *geweorþan*

wærun, wæs: see **beon**

wæstm, wæstum, westem *masc or neut noun*: fruit, increase; stature (**wæstma** *gen pl*; **wæstmas** *nom/acc pl*; **wæstmum** *dat pl*)

wæt *adj*: wet, moist

wæta *masc noun*: moisture, fluid (**wætan** *dat sing*)

wætan *wk verb*: to wet, moisten (**wæteð** *3rd pers sing pres indic*; **wætte** *3rd pers sing pret indic*)

wæter *neut noun*: water, river (**wæter** *nom pl*; **wætere, wætre** *dat sing*; **wæteres** *gen sing*)

wæterþisa *masc noun*: water-rusher (i.e., ship or whale)

wæteð: see **wætan**

wætre, wætres, wætrum: see **wæter**

wætte: see **wætan**

wag *masc noun*: wall (**wagum** *dat pl*)

wagon: see **wegan**

wagum: see **wag**

wala *interj*: woe! alas!

gewald: see *geweald*

wald, walde: see **weald**

waldend, wealdend *masc noun*: ruler, king, the Lord (**waldend** *nom pl*; **waldende, wealdende** *dat sing*; **wealdendes, waldendes** *gen sing*)

wale *fem noun*: female slave, maidservant

walu: see **wæl**

walu *fem noun*: a protective ridge running from front to back of a helmet

wan: see **wann,** *ge*winnan

wancgturf *neut noun*: turf (from the surface of the ground) (**wancgturf** *acc pl*)

wand, gewand: see **windan**

wandian *wk verb*: flinch, draw back (**wandode** *3rd pers sing pret indic*)

wang, wong *masc noun*: field, plain; (surface of the) earth (**wongas** *nom/acc pl*; **wonge** *dat sing*)

wanhal *adj*: sickly, unhealthy, weak (**wanhalum** *dat pl*)

wanhydig *adj*: careless, reckless

*ge*wanian *wk verb*: wane, diminish, waste away; lessen, take from (**wanedan** *pl pret indic*; **gewanod** *past part*; **gewanode** *past part nom pl*)

wanigean *wk verb*: lament, bewail

wann: see *ge*winnan

wann, wan, wonn, won *adj*: dark, dusky (**wanna** *nom sing masc*; **wanre** *dat sing fem*; **wonnan** *dat sing masc*; **wonne** *nom/acc masc/fem pl*; *acc/dat sing masc*)

gewanod, gewanode: see *ge*wanian

wanre: see **wann**

war *neut noun*: seaweed (**ware** *dat sing*)

waraðð: see **warian**

ware: see **wær, war**

warian *wk verb*: beware, defend, protect; hold, possess (**waraðð** *3rd pers sing pres indic*; **wariaðð** *imper pl*)

warnian *wk verb*: warn; take warning, take heed

waroðð *masc noun*: shore, seaside (**waroððe** *dat sing*)

waron, was: see **beon**

wast, wat, gewat: see *ge*witan

waðum *masc noun*: wave (**waþema** *gen pl*)

we *pers pron*: we (**ure** *gen*; **ura** *poss adj gen pl*; **ures** *poss adj gen sing masc*; **urne** *poss adj acc sing masc*; **urum** *poss adj dat pl*; *poss adj dat sing masc/neut*; **us** *acc or dat*; **usic** *acc*)

wea *masc noun*: woe, distress, harm, grief (**wean** *acc/dat/gen sing*; *nom/acc pl*; **weana** *gen pl*)

weagesiðð *masc noun*: evil companion (**weagesiððas** *nom pl*)

weaht: see **weccan**

weal: see **weall**

wealas: see **wealh**

*ge*wealc *neut noun*: tossing, rolling, swell (of the sea)

wealcan *Class 7 str verb*: toss around (**gewealcen** *past part*)

*ge*weald, gewald *neut noun*: might, power, control, command (**gewealde** *dat sing*)
  wælstowe geweald: victory in battle (lit. control of the battlefield)

weald, wald *masc noun*: forest, wood (**wealdas** *acc pl*; **wealde, walde, gewealde** *dat sing*)

*ge*wealdan *Class 7 str verb (w. gen or dat)*: rule, control, govern, wield (**gewealdenne** *past part acc sing masc*; **weold, geweold** *1st/3rd pers sing pret indic*; **weoldan** *pl pret indic*)

wealdas, wealde: see **weald**

gewealde: see *ge*weald, weald

wealdend, wealdende, wealdendes: see **waldend**

gewealdenne: see *gewealdan*

wealgat *neut noun*: gate (in a wall) (**wealgate** *dat sing*)

wealh *masc noun*: slave (**wealas** *acc pl*)

wealhstod *masc noun*: interpreter, translator (**wealhstodas** *acc pl*)

Wealhþeow, Wealhþeo *prop name*: Wealhtheow (**Wealhþeon** *dat*)

wealic *adj*: woeful, miserable

weall, weal *masc noun*: wall, cliff (**weallas** *nom/acc pl*; **wealle** *dat sing*; **wealles** *gen sing*; **weallum** *dat pl*)

weallan *Class 7 str verb*: boil, seethe (**weallendan** *pres part acc sing masc*; **weallende** *pres part*; **weallendu** *pres part nom pl neut*; **weol** *3rd pers sing pret indic*)

weallas, wealle: see weall

weallendan, weallende, weallendu: see weallan

wealles, weallum: see weall

wealsteal *masc noun*: location for walls, foundation

wealwian *wk verb*: thrash about, wallow, roll around (**wealweode** *3rd pers sing pret indic*; **wealwigende** *pres part*)

wean, weana: see wea

weard (1) *masc noun*: guardian, protector, lord, king (**weardes** *gen sing*); (2) *fem noun*: guardianship, oversight, responsibility (**wearde** *acc sing*); (3) *adv*: towards, to **wið hyre weard**: towards her

weardian *wk verb*: keep, protect, dwell in (**weardode** *3rd pers sing pret indic*)

weardian, weardigan *wk verb*: guard, rule, inhabit (**weardiað** *pl pres indic*; **weardode** *3rd pers sing pret indic*)

weardum: see weard

wearn *fem noun*: refusal (**wearne** *acc sing*)

wearp: see weorpan

wearð, gewearð, wearþ: see *geweorþan*

weaþearf *fem noun*: dire need (**weaþearfe** *dat sing*)

geweaxan, wexan *Class 7 str verb*: grow, increase (**weaxendum** *pres part dat sing masc*; **weaxeð, weaxet** *3rd pers sing pres indic*; **geweox, weox** *3rd pers sing pret indic*; **wexe** *imper sing*; **gewexen** *past part*; **wexendra** *pres part gen pl*)

web *neut noun*: woven fabric, hanging, tapestry (**web** *nom pl*)

weccan, weccean *wk verb*: arouse, produce, set in motion; kindle (a fire) (**weaht** *past part*; **weccað** *pl pres indic*; **wecceð** *3rd pers sing pres indic*)

wed: see wedd

wedan *wk verb*: be insane (**wedde** *3rd pers sing pret indic*)

wedbryce *masc noun*: pledge-breaking (**wedbrycas** *acc pl*)

wedd, wed *neut noun*: pledge, agreement (**wed** *nom pl*; **wedde** *dat sing*)

wedde: see wed, wedd

weder *neut noun*: weather, storm, wind (**wedera** *gen pl*; **wedres** *gen sing*)

Weder *masc noun*: Weder (alternate name for a member of the Geats) (**Wedera** *gen pl*)

wedera: see weder

Wedermearc *prop name*: Wedermark, the land of the Geats (also known as Weders) (**Wedermearce** *dat*)

wedres: see weder

wedum: see wæd

gewef *neut noun*: destiny (**gewiofu** *acc pl*)

weg *masc noun*: altar, idol

weg, wæg *masc noun*: way, road, path (**wegas** *nom/acc pl*; **weges** *gen sing*; **wegum** *dat pl*)
  on weg: away

wegan *Class 5 str verb*: bear, wear, carry; perform, carry out (**wæg** *3rd pers sing pret indic*; **wagon, wegon** *pl pret indic*; **wegeð, wigeð** *3rd pers sing pres indic*)

wegas: see **wæg, weg**

wegbrade *masc noun*: plantain

weges: see **weg**

wegeð: see **wegan**

wegfarende *adj*: wayfaring, traveling

wegnest *neut noun*: provisions for a journey (**wegneste** *dat sing*)

wegon: see **wegan**

wegum: see **weg**

wel, well *adv*: well

wela *masc noun*: prosperity, happiness, riches (**welan** *acc/dat/gen sing; acc pl*)

Weland, Welund *prop name*: Weland, a legendary smith (**Welandes** *gen*)

gewelede: see **welwian**

weler *masc noun*: lip (**weleras** *acc pl*)

welhold *adj*: very faithful

welhreowan: see **wælhreow**

*g*ewelhwær *adv*: everywhere; nearly everywhere

*g*ewelhwylc *adj and pron*: each and every; each and every thing (**gewelhwilcan, gewelhwylcan** *dat sing masc*)

welig, wælig *adj*: rich, prosperous (**weligne** *acc sing masc*)

well: see **wel**

welme: see **wylm**

Welund: see **Weland**

welwian *wk verb*: huddle? join? (**gewelede** *past part acc pl masc*)

welwillendnes *fem noun*: generosity, kindness, benevolence (**welwillendnesse** *dat sing*)

weman *wk verb*: persuade, convince, lead astray (**wemað** *pl pres indic*)

wen: see **wenan**

wen *fem noun*: expectation, belief (**wena** *nom pl*; **wenum, wenan** *dat pl*)

wenan *wk verb*: believe, expect, consider; (w. gen) anticipate, expect (**wenað, wenaþ** *pl pres indic*; **wende** *1st/3rd pers sing pret indic*; **wendon** *pl pret indic*; **wene, wen** *1st/3rd pers sing pres indic*; **gewenede** *past part nom pl masc*; **weneð, weneþ** *3rd pers sing pres indic*)

*g*ewendan *wk verb*: change, alter; translate; turn, go; (reflex) take oneself (**wend, wende** *imper sing*; **wende, gewende, gewænde** *3rd pers sing pret indic/subj*; **wenden** *pl pres subj*; **wendeþ** *3rd pers sing pres indic*; **wendon, gewændon** *pl pret indic*)

wende: see **wenan,** *g*ewendan

gewende, wenden, wendeþ: see *g*ewendan

Wendlas *masc pl noun*: name of a tribe or nation (**Wendla** *gen*)

wendon: see **wenan,** *g*ewendan

wene: see **wenan**

wenede: see **wenian**

gewenede: see wenan

weneð, weneþ: see wenan

wenian *wk verb*: accustom, train, habituate, entice, entertain (**wenede** *3rd pers sing pret indic*)

wenum: see wen

weobedd: see wigbed

weofod *neut noun*: altar (**weofode** *dat sing*)

weol: see weallan

weold, geweold, weoldan: see *ge*wealdan

Weonoðland, Weonodland *prop name*: the land of the Wends (**Weonodlande, Winodlande** *dat*)

weop: see wepan

weorc, worc *neut noun*: work, labor, deed; suffering, pain (**weorc** *nom/acc pl*; **weorcum** *dat pl*; **worca** *gen pl*)

geweorc *neut noun*: work, workmanship, construction, creation; fortification, fort (**geweorc** *nom pl*; **geweorce** *dat sing*)

weorcan *wk verb*: make, construct, do (**geworht** *past part*; **worhte, geworhte** *3rd pers sing pret indic*)

geweorce: see geweorc

weorcum: see weorc

weorod, weoroda, weorode: see werod

weorold: see woruld

weorpan *Class 3 str verb*: throw, throw down; (reflex) change, transform (**weorpaþ** *pl pres indic*; **wurpon** *pl pret indic*)

weorð: see *ge*weorþan

weorð (1) *neut noun*: money, price (**weorðe, weorþe** *dat sing*)

    wið weorðe: for money

    (2) *adj*: worthy, noble, honored (**weorþe** *nom sing neut*; **wyrðes** *gen sing masc*)

geweorðad, geweorþade: see weorðian

*ge*weorðan, weorðan, *ge*wurþan, wurðan *Class 3 str verb*: become, be (**wearð, gewearð, wearþ, wærð** *3rd pers sing pret indic*; **weorð** *3rd pers sing pres indic/subj*; **weorðe, weorþe, wurðe, geweorþe** *3rd pers sing pres subj*; **weorðen** *pl pres subj*; **geworden, worden** *past part*; **wurde, gewurde** *3rd pers sing pret subj*; **wurdon** *pl pret indic/subj*; **wurðað, wurðaþ, weorðaþ, weorþað** *pl pres indic*; **wyrð, wurðeþ, weorð, weorðeð, weorþeð** *3rd pers sing pres indic*)

weorðaþ, weorþað: see *ge*weorþan

weorðe: see weorð, *ge*weorþan

weorþe: see weorð, *ge*weorþan, wurðe

geweorþe, weorðen, weorðeð, weorþeð: see *ge*weorþan

weorðian, weorþian, wurðian *wk verb*: honor, cherish; worship (**geweorþade, geweorðode, weorðude, wurðode** *3rd pers sing pret indic*; **weorðiað** *pl pres indic*; **geweorðod, geweorðad, gewurþad** *past part*; **geweorðode** *past part acc sing neut*)

weorðinga: see weorðung

weorðlice: see wurðlice

weorðmynd *fem/neut noun*: honor, distinction (**weorðmynde** *acc sing*; **weorðmyndum, wurðmyndum** *dat pl* [as adv: honorably, nobly]) geweorðod, geweorðode: see weorðian

weorðscipe, wurðscipe *masc noun*: honor (weorðscipe *dat sing*; wurðscipes *gen sing*)

weorðude: see weorðian

weorðung *fem noun*: honor (weorðinga, weorðunge *dat sing*)

weorþuste: see wurðe

weorude: see werod

weoruld: see woruld

weoruldhad, woruldhad *masc noun*: wordly life, secular estate (weoruldhade *dat sing*)

weox, geweox, weoxon: see geweaxan

wepan *Class 7 str verb*: weep, cry (weop *3rd pers sing pret indic*)

wer *masc noun*: man (wera *gen pl*; weras, wæras *nom/acc pl*; were *dat sing*; weres *gen sing*; werum *dat pl*)

wered: see werod

wereda: see werod

werede: see gewerian, weord

weredes: see werod

weredon: see gewerian

weres: see wer

wereð: see gewerian

werg, werig *adj and noun*: accursed, wicked; accursed one, outlaw, criminal (wergan *gen sing masc*; wergas *acc pl*; wergum *dat sing neut*)

wergðo: see werhþo

wergum: see werg

Werham *prop name*: Wareham, Dorset

werhþo, wergðo, werhðo *fem noun*: curse, punishment

gewerian *wk verb*: clothe, cover; defend, protect (werede *past part masc pl*; *3rd pers sing pret indic*; weredon *pl pret indic*; wereð *3rd pers sing pres indic*)

werig: see werd

werig *adj*: weary, miserable, sad; weak, incapacitated (e.g., because of wounds) (werige *masc nom pl*; werigne *acc sing masc*)

  werige *masc dat sing as adv*: wearily, sadly, miserably

werigferhð *adj*: weary (werigferhðe, werigferðe *nom pl masc*)

werigmod *adj*: miserable, weary

werigne: see werig

werlic *adj*: masculine (wærlices *gen sing*; wærlicum, wærlecum *dat sing neut*)

werod, weorod, wered, werud *neut noun*: throng, host, band, company, army (wereda, weroda, weoroda, weruda *gen pl*; werode, werede, weorode, weorude *dat sing*; werodes, weredes *gen sing*)

  lytle werode: with a small army, thinly defended

werþeod *fem noun*: people, nation (werþeoda *nom/acc/gen pl*; werþeode *acc pl; dat sing*)

werud, weruda: see werod

werum: see wer

wes: see beon

wesan *anom verb*: be (infinitive of verb that forms the past tenses of beon)

Wesseaxna: see Westseaxe

west *adv*: west

Westdene *masc pl noun*: (West-) Danes (**Westdenum** *dat pl*)

weste *adj*: waste, barren, desolate, uninhabited

westem: see **wæstm**

westen *masc noun*: wasteland, wilderness, desert (**westene** *dat sing*; **westenne** *acc sing*)

Westseaxe *masc pl noun*: West Saxons (**Wesseaxna, Westseaxna** *gen*; **Westseaxum** *dat*)

westu: see **beon**

weðer *masc noun*: male sheep, ram (**weðeras** *nom pl*)

Weþmor *prop name*: Wedmore, Somerset

wexan, wexað, wexe, gewexen, wexendra: see *ge*weaxan

wibed: see **wigbed**

wic *neut/fem noun*: dwelling, habitation, mansion, castle (**wica** *gen pl*; **wicum** *dat pl*)

wiccan: see **wycce**

wicg *neut noun*: horse (**wicga** *gen pl*; **wicge** *dat sing*)

gewician *wk verb*: camp (**gewiciað** *pl pres indic*)

wicing *masc noun*: viking (**wicinga** *gen pl*; **wicingas** *acc pl*; **wicinge** *dat sing*; **wicingum** *dat pl*)

wicum: see **wic**

wid *adj*: wide, spacious (**wida** *masc nom sing*; **widan** *dat sing masc/neut*; **wide** *nom/acc pl masc; acc sing neut*; **widre** *compar nom sing neut as adv*: more remotely)

  to widan feore: in (my, etc.) whole life

widcuþ *adj*: widely known, famous (**widcuþes** *gen sing*)

widdor: see **wide**

wide: see **wid**

wide *adv*: widely, far (**widdor** *compar*; **widost** *superl*; **widre** *compar*)

  wide and side, side and wide: far and wide

  gewidost *superl*: most widely separated

wideferhð *adv*: always, forever; ever

widgil *adj*: broad, ample, extensive (**widgillan** *acc sing masc*)

widl *masc? noun*: filth (**widle** *dat sing*; **widlum** *dat pl*)

widlast (1) *adv, adj*: far and wide, far-wandering (**widlastum** *dat pl*); (2) *masc noun*: distant journey (**widlastum** *dat pl*)

widle, widlum: see **widl**

widne: see **wid**

widost: see **wide**

widre: see **wid, wide**

widscofen *past part adj*: widespread, extensive

widweg *masc noun*: distant path (**widwegas** *acc pl*)

wiecan: see **wucu**

wif *neut noun*: woman, wife (**wif** *nom/acc pl*; **wifa** *gen pl*; **wife** *dat sing*; **wifes** *gen sing*; **wifum** *dat pl*)

wifcyþþ *fem noun*: "knowing" a woman (i.e., being intimate with her) (**wifcyþþe** *dat sing*)

wife: see **wif**

Wiferþ *prop name*: Wiferth

wifes: see **wif**

wifmann, wifman, wifmon, wimman *masc noun*: woman (**wimmanna** *gen pl*) wifum: see wif

wig *neut noun*: war, battle (wige *dat sing*; wiges *gen sing*)

wiga *masc noun*: warrior (wigan *acc/dat sing*; *nom/acc pl*; wigena *gen pl*)

wigbed, wibed, weobedd *neut noun*: altar (wigbedo, wigbed *acc pl*)

wige: see wig

Wigelm *prop name*: Wigelm (Wigelmes *gen sing*)

wigena: see wiga

wigend *masc/neut noun*: warrior (wigend *nom pl*; wigendra *gen pl*)

wiges: see wig

wigeð: see wegan

wigfruma *masc noun*: war-leader

wiggend *masc/neut noun*: warrior (wiggend *nom pl*; wiggendum *dat pl*)

wiggetawe *fem pl noun*: accoutrements of war, armor (wiggetawum *dat*)

wigheap *masc noun*: war-band

wigheard *adj*: battle-hard (wigheardne *acc sing masc*)

wigplega *masc noun*: martial sport (i.e., battle) (wigplegan *acc/dat sing*)

wigsped *fem noun*: success in battle (wigspeda *gen pl*)

wigweorðung *fem noun*: idol worship; offering to an idol (wigweorðunga *acc sing*)

wihaga *masc noun*: battle-hedge (a defensive wall of shields) (wihagan *acc sing*)

wiht, wuht *indef pron*: anything (wihtæ *gen pl*; wihte, wuhte *dat sing*)

wiht, wihte, wuhte *adv*: at all; by any means

wiht *fem/neut noun*: being, creature (wuhta *gen pl*)

gewihte *neut noun*: weight

Wihtlæg Wodening *prop name*: Wihtlaeg son of Woden

wiites: see wite

wilcuma *masc noun*: welcome guest (wilcuman *nom pl*)

wilde *adj*: wild (wildne *acc sing masc*)

wilddeor *neut noun*: wild animal (wildeor *nom pl*)

wildne, wildu: see wilde

wile: see willan

Wilfingas, Wylfingas *masc pl noun*: the Wilfingas, a Germanic tribe (Wilfingum, Wylfingum *dat*)

wilgesið *masc noun*: willing follower, willing companion (wilgesiðas *nom pl*)

willa *masc noun*: will, purpose, desire, wish; delight, pleasure (willan, wyllan *acc/dat/gen sing*; *nom/acc pl*; wilna *gen pl*)

willan: see willa, wille

willan *wk verb*: wish, desire, will, intend (wile, wille, wylle, wyle *1st/2nd/3rd pers sing pres indic*; willað, willaþ, wyllað, willan *pl pres indic*; willende *pres part*; wilt *2nd pers sing pres indic*; woldan, woldon, uuoldon *pl pret indic*; wolde *1st/3rd pers sing pret indic*; wolden *pl pret subj*; woldest *2nd pers sing pret indic*; *negative forms combined with ne*: nellaþ, nellað [= ne + willaþ] *pl pres indic*; nelle, nele [= ne + wille] *1st/3rd pers sing pres indic*; noldan, noldon [= ne + woldan] *pl pret indic*; nolde [= ne + wolde] *3rd pers sing pret indic*)

wille *masc noun*: fountain, spring, well (willan *dat sing*)

willende: see willan

willum, wilna: see willa

wilnian *wk verb*: desire, wish for; petition for

wilnung *fem noun*: desire (**wilnunge, wilnunga** *dat sing*)

Wilsætan *pl noun*: the people of Wiltshire

wilsið *masc noun*: desired expedition

wilsumnes *fem noun*: willingness, obedience (**wilsumnesse** *dat sing*)

wilt: see **willan**

Wiltun *prop name*: Wilton, Wiltshire (**Wiltune** *dat sing*)

Wiltunscir *prop name*: Wiltshire (**Wiltunscire** *gen*)

wimman, wimmanna: see **wifman**

gewin: see **gewinn**

win *neut noun*: wine (**wine** *dat sing*)

wina: see **wine**

winærn *neut noun*: wine-building, hall (**winærnes** *gen sing*)

winas: see **wine**

Winburne *prop name*: Wimborne, Dorsetshire (**Winburnan** *dat sing*)

wincel *masc noun*: corner (**wincle** *dat sing*)

wind *masc noun*: wind (**winde** *dat sing*)

windæg *masc noun*: day of struggle or toil (**windagum** *dat pl*)

gewindan *Class 3 str verb*: wind, twist; go, fly; escape; wave in a circular motion (**wand, gewand** *3rd pers sing pret indic*; **wunden** *past part*; **wundon** *pl pret indic*)

winde: see **wind**

windig *adj*: windy, windswept (**windige** *acc pl masc*)

wine: see **win**

wine *masc noun*: friend, lord (**wina** *gen pl*; **winas** *nom/acc pl*; **wine** *dat sing; nom pl*)

winedrihten, winedryhten *masc noun*: (friend and) lord (**winedrihtne** *dat sing*; **winedry-htnes** *gen sing*)

wineleas *adj*: friendless, lordless

winemæg *masc noun*: dear kinsman (**winemaga, winemæga** *gen pl*; **winemagas** *nom/acc pl*; **winemagum, winemægum** *dat pl*)

winetreow *fem noun*: promise of friendship (**winetreowe** *acc sing*)

wingal *adj*: drunk with wine

wingedrinc, wingedrync *neut noun*: wine-drinking (**wingedrince** *dat sing*)

winhate *fem noun*: invitation to drink wine (**winhatan** *acc sing*)

gewinn, gewin *neut noun*: struggle, contention, strife, war (**gewinne** *dat sing*; **gewinnes** *gen sing*)

gewinnan *Class 3 str verb*: fight, struggle; work; obtain, gain (**wann, wan, won, wonn** *3rd pers sing pret indic*; **winnende** *pres part*; **wunne** *3rd pers sing pret subj*; **wunnon** *pl pret indic*)

gewinne: see **gewinn**

winnende: see **gewinnan**

gewinnes: see **gewinn**

Winodlande: see **Weonoðland**

winreced *neut noun*: wine-building, i.e., hall

winsad *adj*: drunken (**winsade** *nom pl masc*; **winsadum** *dat sing masc*)

winsæl *neut noun*: wine-hall (**winsalo** *nom pl*)

winsele *masc noun*: (wine-) hall (**winsele** *dat sing*)

winsum, winsumum: see **wynsum**

Wintanceaster *prop name*: Winchester (**Wintanceastre** *dat*)

winter *masc noun*: winter, year (**winter** *nom/acc pl*; **wintra** *gen pl*; *dat/gen sing*; **wintre** *dat sing*; **wintres, wintrys** *gen sing*; **wintrum** *dat pl*)

winterceald *adj*: winter-cold (**wintercealde** *acc sing fem*)

wintercearig *adj*: despondent because of winter, wintry-minded

wintersetl *neut noun*: winter quarters

wintertid *fem noun*: wintertime (**wintertide** *dat sing*)

wintra, wintre, wintres, wintrum, wintrys: see **winter**

gewiofu: see **gewef**

wiotan, wiotena: see **wita**

wiotonne: see **gewitan**

wir *masc noun*: wire (**wire** *dat sing*; **wirum** *dat pl*)

wis *adj*: wise (**wise** *dat sing masc; acc pl masc*; **wisum** *dat pl*)

gewis: see **gewiss**

wisa *masc noun*: leader, guide (**wisan** *nom pl*)

wisade: see **wisian**

wisan: see **wise, wisa**

wisdom *masc noun*: wisdom (**wisdome** *dat sing*)

wise: see **wis**

wise *fem noun*: way, manner, conduct (**wisan** *acc sing*; **wisum** *dat pl*; **wysan, wisan** *dat sing*)

wisfæst *adj*: wise (**wisfæste** *nom/acc pl masc*)

wisian, wissian *wk verb*: advise, guide; show, point out (**wisade, wisode, gewissode** *3rd pers sing pret indic/subj*; **wisige** *1st pers sing pres indic*)

Wisle *prop name*: the Vistula River

Wislemuða *masc noun*: the mouth of the Vistula River (**Wislemuðan** *acc sing*)

wislic *adj*: true, certain (**wislicne** *acc sing masc*)

gewislice *adv*: certainly, truly, clearly (**gewislicor** *compar*)

wislicne: see **wislic**

gewislicor: see **gewislice**

wisode: see **wisian**

gewiss, gewis *adj*: certain, trustworthy; aware, informed (**gewissan** *dat sing neut*)

wisse: see **gewitan**

wissian, gewissode: see **wisian**

wisson: see **gewitan**

wist *fem noun*: abundance, plenty; food, provisions (**wiste** *acc/dat/gen sing*)

Wistan *prop name*: Wistan

wistan: see **gewitan**

wiste: see **wist, gewitan**

wistfyllo *fem noun*: fill of food (**wistfylle** *gen sing*)

wiston: see **gewitan**

wisum: see **wis, wise**

gewit: see **gewitan**

wit, wyt *pers pron dual*: we two (**unc** *dat/acc*; **uncerne** *poss adj acc sing masc*; **user, usser, uncer** *gen*)

gewit(t) *neut noun*: understanding, wit, knowledge (**gewitte, wite** *dat sing*)

wita, gewita *masc noun*: wise man, king's councillor; witness; (in pl) council (**witan,**
   gewitan, wiotan, gewytan *nom/acc pl*; **witena, wiotena** *gen pl*; **witum, wytum** *dat pl*)

witan *Class 1 str verb*: reproach, blame (**wite** *1st pers sing pres indic*)

gewitan (1) *anom verb*: know, be aware of; show (respect etc.) (**to witanne, to wiotonne**
   inflect infin; **wast** *2nd pers sing pres indic*; **wat** *1st/3rd pers sing pres indic*; **wisse** *3rd pers*
   sing pret subj; **wiste, wyste** *1st/3rd pers sing pret indic*; **wiston, wisson, wistan** *pl pret*
   indic; **witan** *pl pres indic*; **wite** *2nd pers sing pres subj*; *imper sing*; *negative forms combined*
   with ne **nast** [= **ne** + **wast**] *2nd pers sing pres indic neg*; **nat** [= **ne** + **wat**] *1st/3rd pers*
   sing pres indic neg; **nyste** [= **ne** + **wiste**] *3rd pers sing pret indic neg*; **nyston** [= **ne** +
   wiston] *pl pret indic neg*)

   (2) *Class 1 str verb*: go, depart; die (**gewat** *3rd pers sing pret indic*; **gewit** *imper sing*;
   gewitan, gewiton *pl pret indic*; **gewitaþ, gewitað** *imper pl*; *pl pres indic*; **gewite** *1st/3rd*
   pers sing pres subj; *1st pers sing pres indic*; **gewitene** *past part nom/acc pl masc*; **gewitenes**
   past part gen sing masc; **gewiteþ, gewiteð, gewitað** *3rd pers sing pres indic*)

   wuton, uton, utan *pl pres subj of* **witan** used with an infinitive for commands and
   requests: let us ...

witan, gewitan: see **wita, gewitan**

witanne, gewitaþ, gewitað: see *ge*witan

wite: see *ge*wit(t), **witan**, *ge*witan

wite *neut noun*: torture, punishment, misery (**wiites** *gen sing*; **wita, wyta** *nom/acc/gen pl*;
   wite *dat/gen sing*; **witu** *nom pl*; **witum, wytum** *dat pl*)

gewite: see *ge*witan

witega: see **witig**

witelac *neut noun*: punishment (**witelac** *nom pl*)

witelocc *masc noun*: tormenting lock (i.e., of hair): a kenning for "flame" (**witeloccas** *acc pl*)

witena: see **wita**

gewitene, gewitenes: see *ge*witan

gewitenes *fem noun*: passing, departure (**gewitenesse** *gen sing*)

witeswinge *fem noun*: torment, punishment (**witeswingum** *dat pl*)

gewiteð, gewiteþ: see *ge*witan

wið, wiþ *prep*: with, against; near, beside; in exchange for; (w. gen) towards, to, against,
   onto

wiþerlean *neut noun*: pay-back, retaliation

wiðertrod *neut noun*: retreat, return

wiðfon *Class 7 str verb w. dat*: seize, grapple with (**wiðfeng** *3rd pers sing pret indic*)

wiðhabban *anom verb*: withstand (**wiðhæfde** *3rd pers sing pret indic*)

wiðhogian *wk verb*: reject (**wiðhogode** *3rd pers sing pret indic*)

wiðmetenes *fem noun*: comparison (**wiðmetenesse** *dat sing*)

wiðsacan *Class 6 str verb*: resist, oppose, forsake (**wiðsace** *3rd pers sing pres subj*)

wiðstondan *Class 6 str verb w. dat or acc*: withstand, resist

witig *adj*: wise (**witega** *nom sing masc*)

Witland *prop name*: Witland

gewitloca *masc noun*: mind, understanding (**gewitlocan** *dat sing*)

gewiton: see *ge*witan

gewitte: see *ge*wit(t)

witu: see **wite**

witum: see **wita, wite**

wlanc, wlonc *adj*: proud, splendid, rich (**wlancan** *dat sing neut*; **wlance, wlonce** *nom/acc pl masc*; **wlancne, wloncne** *acc sing masc*; **wloncum** *dat pl; dat sing masc/neut*)

wlat: see **wlitan**

wlencu, wlenco *fem noun*: pride, arrogance, splendor (**wlence** *dat sing*)

wlitan *Class 1 str verb*: gaze, look (**wlat** *3rd pers sing pret indic*; **wlitað** *pl pres indic*; **wliten** *pl pres subj*; **wlitest** *2nd pers sing pres indic*)

wlite *masc noun*: brightness, splendor, beauty (**wlite** *dat sing*)

wlitebeorht *adj*: brilliant, brightly shining (**wlitebeorhtne** *acc sing masc*)

gewlitegad: see **wlitigian**

wlitegan, wlitegost, wlitegra: see **wlitig**

wliten: see **wlitan**

wlitesciene *adj*: brilliant, bright, beautiful

wlitest: see **wlitan**

wlitig *adj*: beautiful, bright (**wlitegan, wlytegan** *gen sing fem; dat sing neut*)

wlitigian, wlitigan *wk verb*: become bright, become beautiful; make beautiful (**gewlitegad** *past part*; **wlitigað** *pl pres indic*)

wlitigre: see **wlitig**

wlonc, wlonce, wloncne, wloncum: see **wlanc**

wlytegan: see **wlitig**

wocun: see **wacan**

wod, gewod: see **gewadan**

wod *adj*: crazy, insane (**wodum** *dat pl; dat sing masc*)

wodnys *fem noun*: madness, insanity (**wodnysse** *dat sing*)

wodon: see **gewadan**

wodum: see **wod**

wohdom *masc noun*: evil deed (**wohdomas** *acc pl*)

wohgestreon *neut noun*: ill-gotten gain (**wohgestreona** *gen pl*)

wolcen *neut noun*: cloud; the sky (**wolcna** *gen pl*; **wolcnu** *nom pl*)

woldan, wolde, wolden, woldest, woldon: see **willan**

woma *masc noun*: tumult

womfull *adj*: sinful, guilty, defiled

womm *masc noun*: evil, sin; spot, stain (**womme** *dat sing*; **wommum** *dat pl*)

won: see **wann, gewinnan**

wonfeax *adj*: dark-haired

wong, wongas, wonge: see **wang**

wonhyd *fem noun*: carelessness, daring (**wonhydum, wonhygdum** *dat pl*)

wonn: see **wann, gewinnan**

wonnan, wonne: see **wann**

wonsæli *adj*: unhappy

wonsceaft *fem noun*: unhappiness, misery (**wonsceaftum** *dat pl*)

wonung *fem noun*: dwelling (**wununge** *dat sing*)

wop *masc noun*: weeping, lamentation (**wope** *dat sing*)

worc, worca: see **weorc**

word *neut noun*: word, speech, utterance (**word** *nom/acc pl*; **worda** *gen pl*; **worde** *dat sing*; **wordes** *gen sing*; **wordum, wordon** *dat pl*)

wordbeotung *fem noun*: (verbal-) promise (**wordbeotunga** *acc pl*)

wordcwyde *masc noun*: word, utterance, command

worde: see **word**

worden, geworden: see *geweorþan*

wordes: see **word**

wordhord *neut noun*: treasury of words

   wordhord onlucan: to unlock the treasury of words (i.e., begin to speak)

wordlean *neut noun*: reward for words (**wordleana** *gen pl*)

wordon, wordum: see **word**

geworht: see **weorcan,** *gewyrcan*

worhtan: see *gewyrcan*

worhte, geworhte: see **weorcan,** *gewyrcan*

geworhtne, worhton, geworhton: see *gewyrcan*

worian *wk verb*: wander, crumble, become worn (**woriað** *pl pres indic*; **worie** *3rd pers sing pres subj*)

worn *masc noun*: multitude, large number (**wornum** *dat pl*)

worold: see **woruld**

woroldare: see **woruldar**

worolde: see **woruld**

woroldscamu *fem noun*: earthly humiliation (**woroldscame** *dat/gen sing*)

woroldstrudere *masc noun*: (worldly) robber (**woroldstruderas** *nom pl*)

woruld, worold, weoruld, weorold *fem noun*: the world; situation, way of life (**woruld** *acc/gen sing*; **worulde, worolde** *dat/gen sing; nom pl*)

woruldar *fem noun*: worldly honor (**woroldare** *acc sing*)

woruldbuend *masc noun*: earth-dweller, human being (**woruldbuendra** *gen pl*)

woruldcund *adj*: secular (**woruldcundra** *gen pl*)

worulde: see **woruld**

woruldgesælig *adj*: prosperous, happy, rich in earthly possessions

woruldhad: see **weoruldhad**

woruldlic *adj*: worldly (**woruldlicra** *dat sing fem*)

woruldnytt *fem noun*: worldly benefit (**woruldnytte** *dat sing*)

woruldrice *neut noun*: (the kingdom of) the world (**woruldrice** *dat sing*)

woruldstrengu *fem noun*: worldly strength (**woruldstrenga** *dat/gen sing*)

woruldðing *neut noun*: worldly business, secular affair (**woruldðinga** *gen pl*)

woruldwela *masc noun*: worldly prosperity (**woruldwelum** *dat pl*)

woruldwisdom *masc noun*: worldly wisdom, secular learning (**woruldwysdome** *dat sing*)

woðbora *masc noun*: speaker, counselor, prophet (**woðboran** *dat sing*)

woðcræft *masc noun*: art of poetry (**woðcræfte** *dat sing*)

woðgiefu *fem noun*: gift of speech (or song)

wrace: see **wræc, wracu**

wracu *fem noun*: revenge, retribution; misery, distress (**wrace, wræce** *acc sing*)

wræc *neut noun*: exile, misery (**wrace, wræce** *dat sing*; **wræces** *gen sing*)

gewræc, wræc: see *gewrecan*

wræcca *masc noun*: wretch, exiled person (**wræccan** *gen sing*)

wræce: see **wræc,** *gewrecan*

wræces: see **wræc**

wræclast *masc noun*: track of exile, miserable track (**wræclastas** *acc pl*)

wræcsið *masc noun*: (journey of) exile (**wræcsiþa** *gen pl*; **wræcsiþas** *acc pl masc*; **wræc-siðum** *dat pl*)

wrægenne: see **wregan, wreon**

wrægistre *fem noun*: (female) accuser

wræstan *wk verb*: pluck (with a plectrum)

wrætlic *adj*: splendid, curious, wondrous (**wrætlicne** *acc sing masc*; **wrætlicran** *compar acc sing neut*; **wrætlicu** *nom sing fem*)

wrætlice *adv*: splendidly, wondrously

wrætlicne, wrætlicran, wrætlicu: see **wrætlic**

wrætt *fem noun*: ornament, decoration, jewel (**wrættum** *dat pl*)

wrah: see **wreon**

wrað *adj*: wrathful, angry; evil, cruel (**wraðe** *nom pl masc*; **wraðra, wraþra** *gen pl*; **wraþum** *dat pl; dat sing masc*)

wraþ *fem noun*: cruelty (**wraðe** *dat sing*)

on wraðe: cruelly, wrathfully

wraðe, wraþe *adv*: angrily, cruelly, with evil consequence

wreah: see **wreon**

gewrecan *Class 5 str verb*: avenge, punish; exile, expel; be exiled; speak about, utter (**gewræc, wræc, wrec** *1st/3rd pers sing pret indic*; **wræce, wrece, gewræce** *1st/3rd pers sing pret subj*; **gewrec** *imper sing*)

wrecca *masc noun*: exile, outcast; adventurer (**wreccena** *gen pl*)

wreccan *wk verb*: wake up (**wrehton** *pl pret indic*)

wreccena: see **wrecca**

wrece: see *gewrecan*

wregan *wk verb*: stir up; accuse (**gewreged** *past part*; **to wrægenne** *inflect infin*)

wrehton: see **wreccan**

wreon, wryon *Class 1 str verb*: hide, conceal; protect (**to wrægenne** *inflect infin*; **wreah, wrah** *3rd pers sing pret indic*; **wrugon** *pret pl*; **wry** *3rd pers sing pres subj*)

wreoton: see **writan**

wridan *Class 1 str verb*: grow, flourish (**wridendra** *pres part gen pl*)

wrihst: see **wreon**

gewrit *neut noun*: writing, document, book, letter; (usually pl) Scripture (**gewrites** *gen sing*; **gewrytum** *dat pl*)

writan *Class 1 str verb*: write (**wreoton** *pl pret indic*; **write** *3rd pers sing pres subj*)

gewrites: see **gewrit**

wriþan *Class 1 str verb*: bind, fetter

wrixendlice *adv*: in return, in turn

gewrixlan *wk verb w. dat*: exchange, receive in exchange; (of words) vary, substitute (**gewrixled** *past part*)

wrugon, wry, wryon: see **wreon**

gewrytum: see **gewrit**

wucu, wuce *fem noun*: week (**wucan, wiecan** *acc/dat sing; acc pl*)

wuda: see **wudu**

wudewan: see **wuduwe**

wudu *masc noun*: wood, forest (also kenning for "ship," "shield," "cross") (**wuda** *gen pl; dat sing*; **wudum** *dat pl*)

wudubeam *masc noun*: (forest) tree (**wudubeames** *gen sing*)

wudufæsten *neut noun*: wooden stronghold, forest stronghold

wudum: see **wudu**

wuduwe, wydewe *fem noun*: widow (**wudewan** *acc sing*; **wydewan** *nom/acc pl*)

wuht, wuhta, wuhte: see **wiht**

wuldor *neut noun*: glory, splendor, honor (**wuldre** *dat sing*; **wuldres** *gen sing*)

wuldorblæd *masc noun*: glorious fame, wondrous success

wuldorcyning *masc noun*: king of glory, glorious king

Wuldorfæder *masc noun*: the Father of Glory, the Glorious Father (**Wuldorfæder** *gen sing*)

wuldorgast *masc noun*: glorious spirit

wuldorgesteald *neut noun*: glorious dwelling (**wuldorgestealdum** *dat pl*)

wuldortorht *adj*: gloriously bright

wuldre, wuldres: see **wuldor**

wulf *masc noun*: wolf (**wulfe** *dat sing*; **wulfum** *dat pl*)

Wulf *prop name*: Wulf (**Wulfes** *gen sing*)

Wulfgar *prop name*: Wulfgar

Wulfmær, Wulmær *prop name*: Wulfmær

Wulfstan *prop name*: Wulfstan (**Wulfstane** *dat sing*; **Wulfstanes** *gen sing*)

wulfum: see **wulf**

wull *fem noun*: wool (**wulle** *acc/dat sing*)

Wulmær: see **Wulfmær**

gewuna *masc noun*: habit, practice (**gewunan** *dat sing*)

wunade, gewunade: see **wunian**

gewunan: see **gewuna**

wunað: see **wunian**

wund (1) *adj*: wounded (**wunde** *nom pl masc*); (2) *fem noun*: wound (**wunde** *acc sing*; **wundum** *dat pl*)

gewundad: see **gewundian**

wunde: see **wund**

wunden: see **windan**

wundenhals *adj*: "wound-necked": having a bound or twisted prow

wundenlocc *noun and adj*: braided-haired (or perhaps curly-haired); braided-haired person (i.e., woman)

wundenstefna *masc noun*: wound-stemmed one (i.e., ship)

wunder: see **wundor**

gewundian *wk verb*: wound (**gewundod, gewundad** *past part*; **gewundode** *3rd pers sing pret indic*)

wundon: see **windan**

wundor, wunder *neut noun*: wonder, marvel (**wundra** *gen pl*; **wundre** *dat sing*; **wundrum** *dat pl*, *also as adv*: wondrously, marvellously)

wundorgiefu *fem noun*: wondrous gift (**wundorgiefe** *nom pl*)

wundorlic *adj*: wondrous, marvelous, strange (**wundorlicran** *compar acc sing masc*; **wunderlicu** *nom sing fem*)

wundorsion *fem noun*: marvelous sight (**wundorsiona** *gen pl*)

wundra: see **wundor**

wundrade: see **wundrian**

wundre: see **wundor**

wundrian *wk verb*: marvel, wonder, be amazed (**wundrigende** *pres part*; **wundrode, wundrade** *1st/3rd pers sing pret indic*; **wundrodon** *pl pret indic*)

wundrum: see **wundor**

wundrung *fem noun*: wonder, amazement (**wundrunge** *dat sing*)

wundum: see **wund**

wunian *wk verb*: live, dwell, remain; inhabit; (with inf) be in the habit of (**wunað** *3rd pers sing pres indic*; **wunedon** *pl pret indic*; **wuniað, wuniaþ** *pl pres indic*; *imper pl*; **wuniende** *pres part*; **gewunigen** *pl pres subj*; **wunode, wunade, gewunade** *3rd pers sing pret indic*)

gewunne, wunnon: see *gewinnan*

wunode: see **wunian**

wunung: see **wonung**

wunung *fem noun*: dwelling, house (**wununge** *dat sing*)

wununge: see **wonung, wunung**

wurde, gewurde, wurdon: see *geweorþan*

wurman: see **wyrm**

wurpon: see **weorpan**

gewurþad: see **weorðian**

gewurþan, **wurðan, wurðaþ, wurðað**: see *geweorþan*

wurðe, wyrðe, weorþe *adj*: worthy, esteemed, honored; (w. gen) worthy of, deserving of (**weorþuste** *superl nom pl masc*; **wyrðra** *compar nom sing masc*)

wurðe, wurðeþ: see *geweorþan*

wurðian: see **weorðian**

wurðlic *adj*: honorable, noble (**wurðlicum** *dat sing neut*)

wurðlice, weorðlice *adv*: honorably, nobly (**wurðlicost** *superl*)

wurðlicum: see **wurðlic**

wurðmyndum: see **weorðmynd**

gewurðnys *fem noun*: honor (**gewurðnysse** *dat sing*)

wurðode: see **weorðian**

wurðran: see **wurðe**

wurðscipe, wurðscipes: see **weorðscipe**

wuton: see *gewitan*

wycce *fem noun*: witch (**wiccan** *nom pl*; **wyccum** *dat pl*)

wydewan, wydewe: see **wuduwe**

wyle: see **willan** .

wyleasran: see **wynleas**

wylfen *adj*: wolfish, cruel, rapacious (**wylfenne** *acc sing masc*)

Wylfingas, Wylfingum: see **Wilfingas**

wyllan *wk verb*: boil (**wyll** *imper sing*)

wyllan: see **willa**

wyllað, wylle: see **willan**

wylm *masc noun*: surge, current, flame (**wylme, welme** *dat sing*)

wyln *fem noun*: (female) servant, slave

gewylnung *fem noun*: desire (**gewylnunga** *nom pl*)

wyn: see **wynn**

wyndæg *masc noun*: joyful day (**wyndagum** *dat pl*)

wynleas *adj*: joyless (**wyleasran** *compar acc sing neut/fem*)

wynlic *adj*: beautiful, joyful (**wynlicran** *compar acc sing neut*; **wynlicu** *nom sing fem*)

wynn, wyn *fem noun*: joy, delight, happiness (**wynna** *gen pl*; **wynne** *acc/dat sing*; **wynnum** *dat pl*)

wynnum *dat pl as adv*: joyously, delightfully

wynstre *adj*: left

wynsum, winsum *adj*: delightful, beautiful, pleasant (**wynsume** *nom pl neut*; **wynsumu** *nom pl neut*; **winsumum** *dat sing masc*)

** gewyrcan, gewyrcean** *wk verb*: work, make, create; carry out, do (**geworht, gæworht** *past part*; **worhte, geworhte** *3rd pers sing pret indic/subj*; **geworhte** *past part acc pl masc*; **geworhtne** *past part masc acc sing*; **worhton, geworhton, worhtan** *pl pret indic*; **gewyrc** *imper sing*; **wyrcað** *pl pres indic*; **gewyrcað** *pl pres indic*; **gewyrce** *3rd pers sing pres subj*; **wyrcð** *3rd pers sing pres indic*)

wyrd *fem noun*: fate, destiny (**wyrda** *gen pl*; **wyrde** *acc/dat/gen sing*)

gewyrht *fem noun*: accomplished deed (**gewyrhtum** *dat pl*)

wyrm *masc noun*: snake, worm, dragon (**wurman, wyrmum** *dat pl*; **wyrme** *dat sing*; **wyrmes** *gen sing*)

wyrman *wk verb*: to warm (**gewyrmed** *past part*; **wrymeð** *3rd pers sing pres indic*)

wyrme: see **wyrm**

gewyrmed: see **wyrman**

wyrmes: see **wyrm**

wyrmeð: see **wyrman**

wyrmlic *neut noun*: body of a worm/snake/dragon? likeness of a worm/snake/dragon? (**wyrmlicum** *dat pl*)

wyrmsele *masc noun*: hall of worms or serpents

wyrmum: see **wyrm**

wyrnan *wk verb*: refuse, deny (**wyrnde** *3rd pers sing pret indic*)

wyrp *masc noun*: throwing

wyrpel *masc noun*: jess (strap for a falcon's leg) (**wyrplas** *acc pl*)

wyrs, wyrse *adv*: worse

wyrsa *compar adj*: worse (**wyrsan** *dat/gen sing neut; nom/acc pl*)

wyrse: see **wyrs**

wyrsian *wk verb*: become worse, decline (**wyrsedan** *pl pret indic*)

wyrt *fem noun*: plant, herb, vegetable (**wyrte** *gen sing*)

wyrð: see *ge*weorþan

wyrðe: see **wurðe**

wyrðes: see **weorð**

wyrðra: see **wurðe**

wyrtruma *masc noun*: root, bottom, lower end (**wyrtruman** *dat sing*)

wysan: see **wise**

wyscan *wk verb*: wish (**wyscte** *3rd pers sing pres indic*)

wyste: see *ge*witan

wyt: see **wit**

wyta: see **wite**

gewytan: see **wita**

wytum: see **wita, wite**

xii: see twelf
xiiii: see feowertiene
xl, xli: see feowertig
xv, XVna: see fiftene
xx, xxii, xxiii: see twentig
xxx, xxxi, XXXtiges: see þritig
xxxviiii: see nigen

ycan, ycað: see iecan
yfel (1) *neut noun*: evil, wickedness (**yfele** *dat sing*; **yfeles** *gen sing*); (2) *adj*: evil, bad
  (**yfelan** *dat sing masc*; **yfele** *nom pl masc*)
yfele *adv*: badly, evilly
yfele, yfeles: see yfel
yfelian *wk verb*: become evil
yfles: see yfel
ylcan: see ilca
ylda: see ylde
yldan *wk verb*: delay, prolong
ylde: see yldo
ylde *masc pl noun*: men (**yldo, ylda, ælda** *gen*; **yldum** *dat pl*)
yldesta, yldestan: see eald
yldo: see ylde
yldo *fem noun*: age, old age (**ylde** *dat/gen sing*)
yldra, yldre, yldrum: see eald
yldum: see ylde
ylfa, ylfe: see ælf
ylfetu *fem noun*: swan (**ylfete** *gen sing*)
ylpend *masc noun*: elephant (**ylpenda** *gen pl*)
ymb, ymbe, embe *prep*: about, around; after
  þæs ymb iii niht: after three nights
ymbclyppan *wk verb*: embrace, hug (**ymbclypte** *3rd pers sing pret indic*)
ymbgan *wk verb*: walk around, process (**ymbeode** *3rd pers sing pret indic*)
ymbsæton: see ymbsittan
ymbsellan *wk verb*: surround, clothe (**ymbseald** *past part*)
ymbsettan *wk verb*: place around (**ymbsette** *past part*)
ymbsittan *Class 5 str verb*: surround, sit around (**ymbsæton** *pl pret indic*)
ymbsittend *masc noun*: one living nearby, neighbor; someone sitting nearby
  (**ymbsittendan** *nom/acc pl*; **ymbsittendra** *gen pl*)
ymbutan *prep and adv*: about
yrfe *masc noun*: inheritance, property, livestock (**yrfes** *gen sing*)
yrfelaf *fem noun*: heirloom, (inherited) sword (**yrfelafe** *acc sing*)
yrfes: see yrfe
yrgan *wk verb*: intimidate (**geyrgde** *past part nom pl masc*)
yrhðo *fem noun*: cowardice (**yrhðe** *acc sing*)
yrmðu, yrmð *fem noun*: misery, wretchedness (**yrmða** *acc/gen pl*; **yrmðe, yrmþe**
  acc/dat/gen sing; **yrmðum** *dat pl*)

yrnende, yrnendum: see *ge̅irnan*

yrre (1) *adj*: angry (**yrrum** *dat sing*); (2) *neut noun*: anger, ire

yrremod *adj*: angry, enraged

yrrum: see **yrre**

yrþ *fem noun*: ploughing, crop

ys: see **beon**

yst *fem noun*: storm

yþ *fem noun*: wave, current (**y̅ða, yþa, y̅ðe** *nom/acc/gen pl*; **y̅ðe** *dat sing*; **y̅ðum, yþum** *dat pl*)

y̅ðan *wk verb*: lay waste, destroy (**y̅ðe** *1st/3rd per sing pret indic*)

y̅ðe: see **ea̅ðe, yþ**

y̅ðlad *fem noun*: sea voyage (**y̅ðlade** *nom pl*)

y̅ðlaf *fem noun*: beach (**y̅ðlafe** *dat sing*)

y̅ðlida *masc noun*: wave-sailor (kenning for "ship") (**y̅ðlidan** *acc sing*)

y̅ðmearh *masc noun*: wave-horse (kenning for "ship") (**y̅ðmearas** *acc pl*)

y̅ðum, yþum: see **yþ**

ytmæst *adj*: utmost, final (**ytmæstan** *acc pl neut*)

ywan: see **iewan**

MIX
Paper from
responsible sources
FSC® C013916